守望者
The Catcher

阅读　你的生活

列城志 05

CHICAGO: A BIOGRAPHY

芝加哥的喧嚣与梦想

[美]多米尼克·A. 帕西加　著
（Dominic A. Pacyga）

迟文成　谢军　张宏佳　译

湖畔风城

中国人民大学出版社
·北京·

书写一部城市传记

　　芝加哥一直有很多不同的称呼。纽约记者曾给它取了个"风之城"的绰号，用以讽刺城里那些吹牛的政治家。一些人把它叫作"劳动之城"，更多的人把它叫作"最美国的城市"，其他一些观察家则一直称它是一座"真正的"城市、"巨肩之城"甚至"屠猪之城"。芝加哥人夸耀自己的家园是"美国中西部地区的巴黎"——一个漂亮并富有文化的地方，另一些人则把它看成一个冷酷的、过度资本主义的、没有灵魂的地方，用当地著名作家之一纳尔逊·阿尔格伦（Nelson Algren）的话来说，就是一座"追逐名利之城"。

　　无论芝加哥被赋予何名，它都从一开始就给人们留下深刻的印象。诗人、艺术家、国王、君主、总统以及平民百姓一直以来都在试图了解这座城市的精髓。一些人的努力让人们对这座城市有所感知，但没有人能完全了解它。鉴于这座城市的历史，要想完全了解它的精髓并非聪明之举。身处街道的每一个角落、每一家酒吧或者每一所公寓、每一座两居房舍、每一座小屋、每一座平房，都会让你感觉似乎身处一座不同的城市。作为移民城市或者满是薄情富豪的城市（你也许会这样说），芝加哥几乎是排斥对其进行定义的。从许多方面来看，芝加哥就像一条每隔 30 年左右蜕一次皮并为适应新环境而重装上阵的蛇。

书写一个这样的地方的历史，很明显会困难重重。历史学家会采取什么样的方式呢？我宁愿把这叫作一部城市传记，因为我感觉用传记作家的手法也许才能捕捉到这个地方的一些精神。一位传记作家会对他选题的生命力进行甄别并重点关注那些能够代表个体精髓的人物、地点、事件和关系。这不是芝加哥的一部完整历史，如果是那样的话，一本书是承载不了的。但即便如此，这座城市的发展趋势和精彩表现仍不失为一个扣人心弦的故事，这个故事我已经讲述了 30 年，无论是在我的课堂上还是在课堂外，或时不时地在发表的文章里。简而言之，我的目的就是尽量通过大小事件向人们讲述芝加哥的故事，而这些故事在我看来是对美国乃至整个世界都有着重要影响的。

芝加哥也许已经是世界上被撰写得最多的城市[1]。它有很多的追随者，它一直以来都是一座移民城市，是一个让追梦人把他乡变故乡的理想之地。从当初传教士到此地探险到如今的新"移民"遍布全城，芝加哥既向那些来到密歇根湖西南岸的人们提出

LINSEED OIL
WHEN BUYING
QUALITY Is ALWAYS Important
YOU can't afford to take CHANCES

"THE KING" Is Always THE BEST
THEREFORE ORDER
"THE KING"
MADE ONLY BY
The Chicago White Lead & Oil Co.
Green and Fulton Streets, - CHICAGO, ILLINOIS

自芝加哥建成之日起，它逐渐发展成为一个多元经济中心，为周边地区提供着丰沛的资源和工业产品。图中是产自芝加哥的一种亚麻籽油的广告。

了挑战，也为他们提供了机会。文化冲突一直都存在。土著人与法国、英国和北美①入侵者之间冲突不断。一些身为企业家的美国佬②离开他们乱石遍布的新英格兰和纽约北部地区的家，来到当时的芝加哥，想给这座城市带来文化与经济气息并以此开创城市的未来，他们把它发展成一座美国式城市，并让它同纽约地区和东海岸建立起联系。结果，外来人口蜂拥而至。同样，这些外来人口也带来了财富，他们移居到郊区和向西的一些地方，这对后来者起到了示范作用。入侵者在芝加哥总能找到落脚之地，无论是法国的皮货商、德国的政治避难者、爱尔兰的工人、其他欧洲国家的基督徒或犹太人、南方的非洲裔美国人、墨西哥人、中国人、越南人、尼日利亚人、印度人、巴勒斯坦人，还是许许多多

① 这里指当时的北美十三州，是英国于 1607—1733 年在北美洲大西洋沿岸建立的一系列殖民地。这些殖民地最终成为美利坚合众国独立时的组成部分。独立之前，十三个殖民地是英属美洲殖民地的一部分。
② 这里指当时在美国东北部新英格兰地区定居的殖民者。

的在寻找人生机遇的人。芝加哥的历史在很大程度上源于这种连续不断的侵扰。在这座城市里，街道的名字和教堂的基石以及它的一些制度和政治体系都在向人们诉说着这种变迁的历史。这是一个很难讲清但又对美国历史非常重要的故事。

　　他们为什么来这里？在厄普顿·辛克莱（Upton Sinclair）史诗般的小说《屠场》（*The Jungle*）中有所描述：在芝加哥南部的屠宰加工厂和公寓里工作和生活着一群立陶宛人，他们希望在这里挣大钱并过上美好生活，梦想着有朝一日挣足能够购买土地并能过上贵族生活的钱，再回到家乡。但事实却与此相反，他们面对的是美国工业资本主义的恐怖和在泥泞街道上上演的社会达尔文主义的残酷现实。虽然辛克莱的表达有些夸张，但哈姆林·加兰（Hamlin Garland）、西奥多·德莱塞（Theodore Dreiser）和其他一些作家都一次次地表达过同样的观点。芝加哥当时可能是一个冷酷无情之地。一位年轻的挪威移民会劝诫他的家人和朋友返回家乡，因为这里不是一个工作和生活很轻松的地方。然而，这座城市也提供机会，这吸引着殖民者，他们顺着那条缓缓流淌的联系着这个正在兴起的国家的小河来到这个地方。威廉·B. 奥格登①（William B. Ogden）从纽约来到芝加哥，出售了他妻弟的土地并留了下来，后来成了市长并发了大财。像奥格登这样的一些人修建了连接东西海岸的铁路网，并把芝加哥建成了全国的经济中心。后来者众多，却很少有人能取得他那么高的成就。

————————

　　① 威廉·B. 奥格登：美国政治家和铁路大亨，芝加哥第一任市长，被称为"芝加哥的阿斯特"。

　　早在美国南北战争爆发之前，芝加哥就已经成为一个重要的湖畔港埠和通往西部的门户。随后的一番努力竞争使芝加哥成为西部商业中心和国家扩张驱动力的源泉。到了南北战争末期，芝加哥的成就贡献和稳固地位已不可动摇 —— 甚至 1871 年和 1874 年发生的毁灭性火灾也没能让它屈服。那些成功事例伴随着大规模的工业化进程，在处于新时代的芝加哥和其他美国城市的文化、社会、经济动荡中起着引领作用。在 19 世纪的最后 30 多年里，芝加哥逐渐成为激进思想的一个重要中心、一个试图改变甚至摧毁正在兴起的工业资本主义体系的重要中心。

　　芝加哥以不同的方式对这些变革进行了抗争和反思：从乔治·普尔曼（George Pullman）"有利润的乌托邦"的期望到简·亚当斯（Jane Addams）的社会服务所，再到在整个城市和郊区建立社区的无数民族团体。有时，他们的目标会有冲突，于是，这个伟大的商业中心就变成了一座暴力之城。1877 年那个血腥的夏日事件（"秣市惨案"和普尔曼罢工）困扰着美国，并给芝加哥带来一个完全不同的形象，这是市政上层集团不希望看到的。从干草市场暴乱到 1968 年民主党大会以来，无政府主义一直让芝加哥和全国的富人们感到不安，似乎这群暴徒与这个城市的生活如影随形，并一直在用他们自己的方式制造着混乱。

　　任何一座在美国经济发展中起到如此重大作用的城市都必然处在技术变革的前沿。实际上，这座城市的发展源于一条规划好的运河。之后，随着铁路建设开始繁荣，运河随即遭到废弃。芝加哥对许多技术变革敞开怀抱，这些技术变革有的是出于和平的需要，有的是出于战争的需要。卢普区①让芝加哥成了建筑领域的领头羊，该区令人震惊的摩天大楼彰显出对古代建筑艺术进行的美国式的新诠释。这个开始被一条封闭缆车环路线禁锢、后被高架铁路线环绕的城区矗立着一座座直插天宇的大楼。在那次震惊世界的火灾之后，芝加哥吸引来一些年轻建筑师，他们对城市进行了几次重建。同时，一些令人惊喜的欧洲和美国的参观者也来到这里，相较于 1893 年哥伦布世界博览会上的白色城市理念，他们对未来的憧憬要更加现实。

芝加哥在创造新型经济方面也引领潮流。1848 年，同业公会为全国农场创设了一种新的管理方法。17 年后，联合牲畜交易市场开办。这两种做法扩大了芝加哥作为变革先锋的影响力。与此同时，当城里商人在全世界范围内控制着谷物、木材和牲畜的流通时，这里也成为贪得无厌的桥头堡。从许多方面来看，城市的屠宰市场象征着工业经济，芝加哥的商人们迅速抓住了机会，而工人则与商人的权势对抗着。

当然，判断一座城市好坏不能只看经济。芝加哥也被称为"社区之城"和"教堂之城"，它的民族商店、教堂以及无处不在的酒吧有助于打造城市及其声誉。在许多方面，对于市区的商业精英来说，这些东西体现出的是不同本质的信念和理解。什么是社区？这是一个让芝加哥人很纠结的问题，他们对待这个问题的方式比任何社会学家、社会工作者或者历史学家更发自肺腑。芝加哥人一直以他们的社区来区别身份，多数情况下以他们的教区

---

① 卢普区是"the Loop"的音译，也称为"内环区"。

这是 1885 年从麦迪逊大街附近向北眺望国家大道的一幅图片。当时的卢普区已发展成为一个经济强区，所有交通系统都可到达这个零售中心。

即天主教堂的地方特色来加以区分，甚至新教教徒和犹太教的儿童也会经常提及本地的天主教堂，这反映出了一个绝对移民城市身上的欧洲传统。你来自什么样的教区？你是做什么的？这两个问题通常是用来问候城市新来者的。回答两个问题中的任意一个都意味着同时回答了两个问题。例如，在 20 世纪 20 年代甚或 20 世纪 50 年代，如果有人说自己来自南林肯大街上的圣心教区，那么，他不仅仅是波兰裔美国人，也肯定属于劳动阶级，而且很有可能认识许多在饲养场工作的人。到了 20 世纪末，那个民族工业化的芝加哥已经在很大程度上衰亡了，因为新的移民潮和限制工业化改变了城市面貌。圣心教区在 1990 年关闭了，这一事件及其他教堂的关闭在"社区之城"的历史上开启了新时代。

今天的芝加哥经历了一场巨大的工业变革，这一变革源于冷战过程中释放出来的力量。它正在重新将自己定位为一座与全世界建立联系的国际都市。但是，正如我们将要看到的那样，芝加哥一直都是一座与国际经济、社会和文化活动有联系的国际都市——从神父雅克·马奎特（Jacques Marquette）和路易斯·若利埃①（Louis Jolliet）划船穿过芝加哥波蒂奇②的那个时刻起，它就已经迈出了国际步伐，因为这一区域毫无阻挡地融入了快速成长的欧洲经济和文化氛围中。

芝加哥南区在这本传记中有着重要的地位，它在我的人生中也一样重要，所以，我希望读者朋友能够对在书中看到的我对南区的些许偏爱抱以宽容的态度。除了短短的几年外，我一直都尽可能住在离白袜队③主场很近的地方，而且我必须承认我希望南区伟大的美式足球队能够返回家乡，而不要继续在西部流浪了。但是，更重要的是，芝加哥面临的许多重大问题都在芝加哥河以南

①　雅克·马奎特：法国耶稣会牧师兼探险家。路易斯·若利埃：法国制图师兼探险家。二人于 1673 年带领探险队探险密西西比河，以考证密西西比河是否流入太平洋，结果发现密西西比河注入墨西哥湾，与大西洋相连。

②　波蒂奇是英语"Portage"的音译，原意是水路间的陆上运输线，从这一点可以看出芝加哥波蒂奇这个区域位置的重要性。波蒂奇曾经是法国皮草商人往来五大湖之间的必经之地。现在，人们在这里可以沿着先辈们开拓的道路，寻找早期定居者、著名探险家以及美洲印第安人的印记。

③　芝加哥白袜队是美国职业棒球大联盟中的棒球队之一。

的那部分城区以一种极具戏剧性的方式解决了。姑且不说其他诸如普尔曼区的大规模工业开发，大量的屠宰加工厂和钢铁厂都曾在南区蓬勃发展。在南区大片的白人定居点与非洲裔美国人贫民区之间也冲突不断，但居民们创建了有效的社区组织来解决那些由于工业化而产生的城市问题，也就是阿诺德·赫希（Arnold Hirsch）所称的制造第二个贫民区的问题。工会在这些像庞然大物一样的企业的阴影中起起落落，而这些企业又在去工业化和全球化的冲击下最终消失。20世纪几乎所有的芝加哥市长都来自罗斯福大道以南的那些社区。南区无法涵盖芝加哥的全部历史，但它却从一开始就凸显出芝加哥一直面临的许多问题。

目
录

第一章

地利，地利，还是地利

曾经的它真的算不上什么好地方。一片大湖岸边的沼泽上缓缓流淌着一条散发着臭味的小河，河水蜿蜒漫过平坦的草场，穿过一片片规模不大的林地，告诉人们这里是一片过渡区域。该区域以东是广袤的森林，以西则是无边无际的草原。这里是水牛、麋鹿、海狸、野狼以及蚊子的家园。印第安人也曾在这里生活，至少会在一年中的某个时段来此居住。在漫长艰辛的伊利诺伊冬季之后，他们会回到这个被他们称为芝加哥的地方。芝加哥这一称谓在当时是指该地区漫山遍野生长着的散发独特气味的山韭和圆葱。在夏季，西南方向的沼泽会干涸，到此的各印第安部落在离开伊利诺伊河时就会把他们的独木舟从陆地运到小河边。在春季和秋季，如果雪和雨水充沛的话，他们就可以划着独木舟穿过泥湖。这片"远之地"当然没能让已经来到北美定居的欧洲人看到多大希望。当时，迈阿密部落控制着该地区，后来由波特瓦托米部落接管。其他诸如奥吉布瓦部落和伊利诺伊部落等印第安土著都对此地非常熟悉，但没有人会全年居住在芝加哥河沿岸。

法国人来了

法国人是第一批从密歇根湖西南岸而来在这块沼泽地登陆的白人。1673 年，神父雅克·马奎特和探险家路易斯·若利埃从格林湾出发去探索西部。他们此次任务受命于法属殖民地新法兰西的总督（法国人）弗龙特纳克伯爵（Comte de Frontenac）和"负责加拿大、阿卡迪亚、纽芬兰以及法属其他北部领地的司法、治安、财政等事务"的行政长官让·塔隆（Jean Talon）。此次探险的目的是为正在迅猛发展的法兰西帝国寻找新陆地，并把神的旨意传递给沿途他们可能见到的那些族落。1673 年 5 月 17 日，带着对圣母玛利亚圣灵感孕说的虔诚，神父、探险家以及 5 位随行人员乘坐两艘独木舟离开了位于麦基诺圣伊格纳斯的布道所，开启了驶向密西西比的发现之旅。像其他许多欧洲人一样，马奎特和若利埃在寻找一条横跨北美大陆并通往中国的水路，也在寻找传说中的那条西北航道以及几个据说与加拿大为邻的拥有黄金的传奇王国。两位法国人既没发现黄金也未找到通往中国的水路，但他们却发现了离西北航道最近的地点，虽然这个地方并不通向太平洋。从某种程度上来说，这一发现带来的广阔前景，也是 17 世纪法国人想象不到的。

　　马奎特和若利埃沿途经过了各种印第安部落。每个部落都会用一些关于敌对部族、战争、魔鬼甚至一个守护密西西比不被入侵的河神的故事来劝他们不要再继续前行。马奎特感谢那些印第安人的建议，但为了上帝和法兰西的更大荣耀，他选择继续前进。在 6 月 10 日，两个迈阿密人作为向导加入了探险小队，带领他们穿过了陆路，并帮助他们在 6 月 17 日顺利到达密西西比河。在这些探险者顺流而下时，伊利诺伊部落对他们表示了欢迎，但也警告这些法国人不要继续前往河口。在 6 月末，探险小队一行人离开了伊利诺伊部落，沿着密西西比河向南进发，最终到达了阿肯色河。在这里，当地的印第安人告诉他们再往南就是西班牙人的领地了，他们决定避免与那些敌对的欧洲人会面的危险。最终，他们返回格林湾，正是在这次归途中，这几个法国人标出了芝加哥的位置。

　　探险队曾到过卡斯卡西亚的伊利诺伊部落，这个地方在今尤蒂卡市的附近。在这里，马奎特以天主教徒的真诚向这些印第安人许诺他会回来给他们讲道。伊利诺伊部落的人劝探险队抄近路返回格林湾，告诉他们可以通过伊利诺伊河，一路向北到达泥湖，然后到达密歇根湖。马奎特和若利埃之前从没见过这样一条河。肥沃的草原和森林生机盎然，不计其数的湖泊和溪流遍布乡野。把船搬运到伊利诺伊河只有大约 1 里格①远的陆路。伊利诺伊人护送这些法国人到达了密歇根湖。尽管先前曾有一位法国传教士和一些毛皮商人到过此地，但这次才是发现芝加哥的关键之旅。

---

　　①　距离单位，1 里格大约是 4.8 千米。

　　1674 年，马奎特计划重回伊利诺伊去给那里的印第安人建立
一个布道所。尽管当时身体状况欠佳，但他还是在 11 月的时候带
着两位随从离开了圣伊格纳斯的布道所。冬雪飘飞的时候，马奎
特和他的随从被迫在芝加哥河的南支流上宿营，这个地方就在今
天的达曼大道附近。这位神父又一次病倒了，但他临死也希望死
在这里。在这初冬乍寒的日子里，他不断祈祷并做着死亡的准备。
圣诞节一过，他和他的伙伴就做了一个特殊的连续九天的祷告，
祈祷他们得到上帝保佑以便完成向那些印第安人传道的计划。他
的身体在好转，河里的冰也开始融化。3 月 29 日，这位耶稣会信
徒继续向西南方向的伊利诺伊领地进发。在给那些印第安人布道
完之后，马奎特打算回到麦基诺，但于 1675 年 5 月 19 日不幸去
世，时年 38 岁。随行的探险家将他埋葬在荒野。两年后，一群印
第安基督徒挖出马奎特的尸体并将其运回麦基诺圣伊格纳斯的布
道所[1]。

　　马奎特和若利埃的密西西比之旅象征着欧洲在北美扩张的双
翼。其一，马奎特神父代表着蕴含在基督教中的欧洲文化的扩张，
而且此次表现出来的主要是蕴含在罗马天主教会中的欧洲文化的
扩张。其二，若利埃代表着欧洲在北美的那种世俗的、政治的和
经济的扩张。这两个人在白人的北美扩张史上都占有很重要的地
位。传教士、探险家以及毛皮商人也许对这种入侵起到了先导作
用，随后才有大批的跟随者蜂拥而至。这两个人只能算是之后大
规模入侵的探路者，这种入侵将把这个 17 世纪的荒蛮之地改造成
一个国际大都市。

　　若利埃堪称一位眼光敏锐的观察家。他看到了芝加哥在水陆

联运方面的前景和它对法兰西帝国的潜在意义。若利埃认为，泥湖非常关键。他建议这里的法国人修建一条把五大湖区和密西西比河连接起来的运河，以确保法国人在这片内陆的统治。在 1673 年旅行的归途中，若利埃的独木舟倾覆，两位船夫和那位引导探险队穿越伊利诺伊河谷的印第安男孩遇难。此外，若利埃在这次事故中也失去了一些文件和地图。他的日记很明显幸免于难，但却毁于那一年晚些时候发生的一次印第安人袭击事件。从若利埃凭记忆画出的一幅地图中，可以看出这位探险家当时多么重视芝加哥这个地方。尽管若利埃名声显赫且反复提议，但是法兰西并没有理睬他的意见。与他作对的探险家勒内-罗伯特·卡维利耶·德·拉萨尔（René-Robert Cavelier Sieur La Salle）否定了若利埃修建运河的倡议。但历史将证明若利埃关于芝加哥这个地方的前瞻性意见以及对芝加哥的宏伟设想是多么正确。芝加哥最终把这片大陆整合在一起并确定了在这一内陆地区的统治地位，但促成这一切的并不是法国人[2]。

欧洲的一些重大事件常常会对北美产生影响。若利埃希望能够永久地定居在伊利诺伊河谷。1676 年，他向当时的法兰西国王路易十四请愿，允许他带上 20 个人进入伊利诺伊地区建立一个殖民地。若利埃虽然是一位才能出众的地理学家和无所畏惧的探险家，但在政治领域却没有出色的表现。虽然他与耶稣会信徒过从甚密，但他对巴黎皇家法院却知之甚少。作为地方官员的让·杜契斯诺（Jean Duchesneau）同意把若利埃的请求递送给巴黎。但遗憾的是，杜契斯诺在法国没有多大的影响力，而且他的主要精力都用于对付长官了。结果可想而知，若利埃的计划如泥牛入海。

国王和他的财务大臣不想扩张法国的殖民地，而是想更集中地捞取财富。他们梦想着，遍布北美内陆并与土著一起生活或通婚的法国人将会大量地定居在相对较密集的地区，就像他们的对手在新英格兰做的那样[3]。

现在看来，拉萨尔对该地区的评估在当时基本上是正确的。就当时的条件来看，若利埃的计划也许有些过于理想。拉萨尔几次到访这一地区并希望在这里扩大法国人的影响。德斯普兰斯河与泥湖的水情随季节变化很大，所以说若利埃开凿运河的计划对于当时的技术现实来说确实太过乐观了。

不管怎么说，芝加哥波蒂奇的重要地理位置还是吸引了大量的法国皮货商和传教士。1677 年，耶稣会的信徒们再一次造访芝加哥，神父克劳德·阿卢埃（Claude Allouez）也来了。拉萨尔作为弗龙特纳克的代表跟随神父来到这里。在第一次航行失败后，拉萨尔于 1681 年选择了芝加哥波蒂奇这一路线。拉萨尔在那里建造了一所小屋和一圈围栏，这样就可以为那些过往的传教士和皮货商提供歇脚的地方。1696 年，皮内特神父（Father Pinet）在芝加哥创建了一座布道所，但是弗龙特纳克命令将其关闭。此后不久，印第安人发起的几次战争对法国人构成了威胁，使得贸易活动开始向南转移，因此芝加哥的地位有所削弱。芝加哥偶尔也会被作为一处过冬之地或军事要塞，但 18 世纪上半叶时，芝加哥的名声还很小。

在 1756—1763 年的"法国-印第安人战争"期间，贸易活动再一次沿着波蒂奇区域活跃起来。欧洲的影响再一次在这个远离权力、声望和战争的地区发生作用。此次战争以英国人的胜利结束。尽管战争对伊利诺伊和芝加哥产生的直接影响很小，但《巴黎条约》（Treaty of Paris）的长期影响将重新塑造这一地区。法国人在欧洲-加拿大的战场上失去了其在北美的领地[4]。当然，看上去并没发生什么太大的变化。沿着五大湖的那些地区没有英国人居住，虽然法国的旗帜不再飘扬，但法国—印第安人家庭仍在密西西比河两岸进行贸易。就当时的技术条件来说，英国人确实很难打入这一法国人和印第安人混居地区的贸易活动（在 1783 年签署第二个《巴黎条约》之后，美国人也面临同样的问题）。书面上的领地所有权转移没有多大意义，除非士兵和居民能够真正贯彻这种转移。1774 年，英国当局把新法兰西重建为魁北克，而芝加哥地区处于实际上由当地旧政权操纵的新政治秩序中。《魁北克法案》（Quebec Act）和《皇家公告》（Proclamation Act）规定了英国居民可以在阿巴拉契亚山脉①以东居住，这让原住民很恼火。如果没有向西部的探险，法国-印第安人战争就不可能爆发。原住民的利益再一次被一个千里之外的国会和帝国官僚侵害[5]。

皮货商塞布尔及美国人的登场

1775 年，当战争在实力上升的美国人和英国人之间爆发时，芝加哥似乎没有受到多大的影响，尽管大英帝国对此表示担心，

---

　　①　阿巴拉契亚山脉位于美国东部。英国最初的 13 个殖民地就建立在阿巴拉契亚山脉以东的北起新罕布什尔、南至佐治亚的狭长地带。

害怕那些反叛者会利用波蒂奇的地利优势在西部搞破坏。此刻，一位混血的皮货商让·巴普蒂斯特·普安·德·塞布尔（Jean Baptiste Point de Sable）第一次登上了历史舞台[6]。到了 18 世纪 70 年代后期，塞布尔在北印第安纳的毛皮生意已经很成功，此地大概就在今密歇根城附近。1779 年，英国当局逮捕了他并将他送到麦基诺，原因很可能是因为他被怀疑亲法和亲美。在确认塞布尔不是反叛者之后的第二年，英国副总督辛克莱（Sinclair）委派塞布尔管理他的私人地产，这个地方毗邻底特律北部的"辛克莱城堡"。塞布尔一直管理这块地产，直到 1784 年副总督将其卖掉。之后，塞布尔举家迁往底特律并在那里结识了在芝加哥有商栈的富商威廉·伯内特（William Burnett）。不久，塞布尔来到了芝加哥并在河口安了家[7]。他很有可能是在美国独立战争之后来到这里的。到 1790 年的时候，他已经在芝加哥享有盛誉了，因此，现在人们把他看作芝加哥的第一位永久居民。他的到来标志着河口有居民永久居住的开始。第一次，芝加哥不再仅仅是一个商人和印第安人偶尔停留之地——此时它已经拥有了一位永久性居民。塞布尔经营了一个农场，该农场被看作这一地区农产品的唯一来源地。作为一名英籍人士，他工作的区域在事实上仍处于英国统治的行政区，尽管 1783 年条约①中规定这一地区属于美国。英国在伊利诺伊和西部地区的影响直到 1812 年的战争之后才有所减弱。

　　塞布尔与一位名叫凯瑟琳的波特瓦托米女人结了婚并育有两

---

　　①　这里指的是《巴黎条约》，主要内容包括：英国承认美国是自由的、自主的、独立的国家，英国国王及其后嗣和继任者放弃对其及每个部分的管辖权、所有权和领土主权。

个孩子。他们生活在芝加哥河的北岸，就在后来的密歇根大街和先锋广场附近。他们的家境非常殷实：有好几处房屋，包括一个牛奶场、一个养鸡场、一个可容纳 30 头牲畜的牲畜棚。更重要的是，塞布尔还保留着一处供印第安人和皮货商这些人聚会的地方。他与波特瓦托米人建立了良好的关系，并在边境上为任何支付得起费用的人提供其所需物资[8]。

刚成立的美国政府与印第安人之间签订的《格林维尔条约》①（The Treaty of Greenville）也许是导致塞布尔于 1800 年离开这一地区的直接原因，因为美国人到来的迹象愈加明显。为了粉碎印第安人与英国的联盟，"疯狂的"安东尼·韦恩②（"Mad" Anthony Wayne）将军发动了对印第安人的战争。在格林维尔，印第安人被迫签署了条约，同意割让连同皮奥里亚湖沿岸土地在内的芝加哥河口一带地区，并允许美国政府无偿使用芝加哥港、波蒂奇及伊利诺伊河。该条约特别提到了"在流入密歇根湖西南端的芝加哥河口处的一片方圆六英里的土地上曾建有一座城堡"。这个城堡很可能是 17 世纪由拉萨尔建立的，但很快这被传言成是一座新的美国人的城堡[9]。

1800 年，塞布尔以 6 000 法国里弗③的价格把他的地产卖给了让·拉·利姆（Jean La Lime），随后迁往密西西比河西岸，远离

---

① 《格林维尔条约》：美国在成立后不久就动用军队，连续对西北地区的印第安人进行征剿，迫使他们于 1795 年 8 月 3 日签订了《格林维尔条约》。
② 安东尼·韦恩：美国独立战争时期的杰出将领，曾任美国陆军司令，在 1794 年的鹿角战役中击败了西北印第安人联盟。
③ 里弗：旧时的法国货币单位。

了美国人的统治。美国白人到达芝加哥河口地区对于塞布尔来说前景暗淡，因为他的黑皮肤使他在这些白人心里注定低人一等。另外，联盟英国的行为很有可能是他决定离开的重要原因。塞布尔与波特瓦托米人之间建立的不仅仅是婚姻家庭上和经济贸易上的关系。现在有人推测，他当时应该还担任着某种政治或军事上的要职，但这在很大程度上只是推测。塞布尔继续向西部迁移，这样他就可以在印第安人和毛皮商人中保持他最熟悉的生活方式，而这位芝加哥城的第一位居民也不会是最后一位迁移的芝加哥人[10]。

拉·利姆又把地产卖给了约翰·金西（John Kinzie）。约翰·金西是 1804 年从印第安纳的圣约瑟夫来到此地的。金西在早期历史中通常被称为"芝加哥之父"，其实他应该算是这一地区的后来者，公平来讲，这一头衔本应属于塞布尔。在 1812 年战争①期间，金西打破了同英国的联盟，转而同美国联盟，把自己的命运同年轻的共和国联系起来。对于早期的芝加哥人和撰写他们历史的作家来说，一位拥有白肤色的从事贸易和政治活动的苏格兰新教徒是象征芝加哥河沿岸白人定居者的再好不过的人选了。

美国军队从底特律出发，经过 35 天的陆地行军，于 1803 年 8月 17 日到达芝加哥，比金西早了几个月。约翰·惠斯勒（John Whistler）上尉指挥这支远征军。就在他们接近芝加哥的时候，又有乘船而来的由 69 名士兵组成的小分队加入进来。到 1803 年年末的时候，在河的北岸只有四片平民宅地与那座传言中的城堡隔岸相望。第二年春天，士兵们建造了一座有两个堡垒的、由双

---

① 此处指美国第二次独立战争，即美国与英国之间发生于 1812—1815 年的战争。

重围栅围起来的原木城堡。商人及各色人等很快开始涌向这座以托马斯·杰斐逊（Thomas Jefferson）的战时秘书的名字命名的迪尔伯恩城堡。金西很快成为这一小批平民定居者的领袖。他担任地方法官，并且在当年 11 月为惠斯勒上尉的女儿莎拉主持了婚礼，这是芝加哥历史上的第一个婚礼。金西与 1805 年到这里的第一位政府商人埃比尼泽·贝尔纳普（Ebenezer Belknap）的势力不分伯仲。到 1812 年的时候，城堡附近已聚集了大约 10 座房屋，沿河住着约 40 个法裔加拿大人、英国商人、美国人，另外还有一部分混血欧洲印第安人。少部分其他居民则居住在离此地较远的农业区。

金西从芝加哥派出了一些探险商队横跨"老西北部"①，并因与惠斯勒上尉的儿子合作而获得了为迪尔伯恩城堡军队提供给养的特权。除此之外，这位苏格兰商人还为当地居民、应募入伍的法国人以及各类旅人提供物资。金西甚至充当借钱给政府的放债人，而且至少干过一次贩卖奴隶的勾当。

到 1812 年时，迪尔伯恩城堡吸引了几个农民、几个退役的士兵以及一个牲口贩子定居。边境的生活实际很单调，一些印第安人、士兵和毛皮商人靠打猎和竞走以及时不时地酗酒和打架来寻开心。1810 年，金西和惠斯勒发生了争执，问题的焦点是金西想把酒卖给印第安人。最终，两人的合作关系解体，两个家族的争斗导致了这个定居点的分裂。当时，金西通过"美国毛皮公司"结识了各类政界人物，因此，当年 4 月，惠斯勒上尉和城堡的其

————————

① 老西北部，包括当今的俄亥俄州、印第安纳州、伊利诺伊州、密歇根州和威斯康星州。

他主要官员被免职——这也是芝加哥史上第一个为人所知的利用政治势力进行打压的事件。翌年6月，希尔德（Heald）上尉接管了迪尔伯恩城堡。不久，希尔德也和金西在售酒给印第安人的问题上起了争执。各种紧张气氛在这个小定居点不断发酵：4月，印第安人在布里奇波特的农场杀死了两位居民。1812年6月，金西与让·拉·利姆发生争执并在城堡外将其刺死。金西向北逃往威斯康星，但是在迪尔伯恩城堡当局调查并宣布其无罪后又返回了当地。6月18日，美国与英国的战争爆发。西部边境上的所有印第安人都处在矛盾的选择中，不知倒向哪一边。

　　1812年7月12日，美国军队入侵加拿大，最终证明对美国来说这是一场灾难性的战役。7月17日，英军占领了麦基诺，并威胁着底特律和整个西部。希尔德上尉接到命令，让他鼓励芝加哥的印第安人前去参加在俄亥俄举行的一个特殊会议。在金西的协助下，波特瓦托米、渥太华、奇佩瓦和温尼贝戈4个部落的17位酋长参加了会议。

　　曾有一段时间，肖尼族印第安人酋长特库姆塞（Tecumseh）的影响在整个西部不断增强。1795年，该酋长拒绝参加在格林维尔举行的条约签订会议。他和他的兄弟坦斯克瓦塔瓦（Tensk-watawa）不断劝说美国原住民：他们还有赶走白人的最后的机会。特库姆塞吸引了一些肖尼族以外的有战斗精神的美国原住民。他希望把这些美国原住民团结起来。1811年，"蒂珀卡努河战役"① 打响，西部局势骤然紧张。

————————

① 美国军队在这场战役中杀死了最有权势、最有魅力的原住民领袖特库姆塞。

　　8 月 8 日，一名波特瓦托米信使带来了赫尔将军①（General Hull）的口谕，命令希尔德放弃迪尔伯恩城堡，回师防守底特律。赫尔将军还进一步指示希尔德将多余的物资分发给当地的印第安人以便获得他们的支持。酒的处理再一次成为棘手的问题。士兵们只好倒掉了朗姆酒，销毁了多余的武器。像一个听话的战士，希尔德上尉遵从了将军的命令，尽管他对放弃城堡、绕行荒野的战术充满疑虑。销毁酒和武器一事惹恼了印第安人，因此，剩余物资的分发被耽搁下来，这带来了致命的后果。而此时，特库姆塞派人传来消息说赫尔将军在加拿大战场吃了败仗，并建议当地部族摧毁迪尔伯恩城堡。

　　1812 年 8 月 5 日清晨，由 55 名正规军士兵、12 名自卫军士兵、9 名妇女和 18 名儿童组成的一小队人马乘坐两辆马车离开了芝加哥，向韦恩城堡进发。还有 30 个迈阿密人作护卫随从。队伍在沿着湖边向南行进时遭到了其他印第安人的伏击。那些迈阿密人立即扔下白人主子溃逃，队伍被一分为二。希尔德还没来得及组织反击，印第安勇士们就已经迅速拿下了自卫军和正规军。在此次战斗中，两名妇女和多名儿童丧生，希尔德被迫投降。一些友好的印第安人救下了金西一家。但就在那个夜晚，在湖边，一些被捕的士兵被残忍地杀害，他们横陈乡野的尸首直到四年后美国部队返回时才被发现。芝加哥再一次成为野草茫茫的荒野。

　　1816 年 7 月 4 日，两队人马在赫齐卡亚·布拉德利（Hezeki-

①　赫尔将军是当时的密歇根总督。

ah Bradley） 上尉指挥下到达芝加哥，他们来此的目的是要建造新
城堡。新建的迪尔伯恩城堡再一次吸引了定居者，他们集中居住
在城堡大门的附近。特库姆塞的最终失败与死亡决定了印第安人
的命运——泛印第安共和国的梦想随着他的死亡而破灭。芝加哥
的商业又恢复了生机，但政府代理人在市场上逐渐败给了私营业
主，私营业主们又一次赢得了向美国土著提供酒类服务的先机。
在整个西部，政府代理人的生意迅速下滑，结果，1822 年，联邦
政府正式关闭了其所有商栈。

　　约翰·雅各布·阿斯特①（John Jacob Astor） 的美国皮毛公
司作为新政府的第一个垄断企业，控制着当地的贸易。1819 年，
让·巴普蒂斯特·博宾（Jean Baptiste Beaubien） 从密尔沃基来
到芝加哥，管理该公司在当地的业务。博宾迅速扩大了公司。到
1822 年，当地商人领袖约翰·克拉夫特（John Craft） 加入了该
公司。从 1823 年起直到去世，克拉夫特一直管理着这家在芝加哥
的公司，公司最终从旧的政府商栈形式发展成总公司。1828 年
时，当地皮毛生意开始大幅下滑，美国皮毛公司把在伊利诺伊的
生意卖给了格登·S. 哈伯德（Gurdon S. Hubbard），然后继续向
西拓展其他业务。

　　由于当地皮毛生意的不景气，所以美国土著与华盛顿之间的
关系发生了变化，前者愈发依赖联邦政府。结果，联邦政府对印
第安人部族施压，让他们放弃土地，向西迁徙。1821 年 8 月，包

---

　　① 约翰·雅各布·阿斯特：德裔美国皮毛业大亨，阿斯特家族创始人，美国历
史上第四富有的人，1848 年去世时遗产有 2 000 万美元，是该时期的美国首富。

括波特瓦托米、渥太华和奇佩瓦部落的大约 3 000 人与联邦政府代表会面，最终同意割让在密歇根的 500 万英亩土地以及从底特律到韦恩城堡的道路使用权。政府承诺支付给芝加哥的印第安人6 000 美元年金。印第安人每年都会聚在一起领年金，商人们看到了商机，于是每年秋天都会到这里做生意。

1823 年，地质学家威廉·H. 基廷（William H. Keating）代表美国陆军测绘工程部队的斯蒂芬·H. 隆（Stephen H. Long）上校的探险队来到迪尔伯恩城堡，结果发现这里几乎不适宜居住。基廷与隆上校的探险队的考察可以说是最早的对五大湖区的地质与矿物勘测。芝加哥的地貌令他失望，而且这里完全不是亨利·R. 斯库克拉夫特（Henry R. Schoolcraft）描述的那种"可以想象的最肥沃、最美丽的土地"。基廷诉苦道："潮湿加上一年大部分时间被从湖上吹来的又冷又湿的劲风狂扫，使这里的土地变得十分贫瘠。"尽管基廷这么说，仍然有人不断地来到芝加哥定居，这给当地的土著带来了压力[11]。

1823 年 10 月，这时印第安人看起来已不再是威胁了，因此美国军队放弃了在迪尔伯恩城堡的驻防。法裔加拿大旅行者和他们的家人迅速占据了这个空空的军营。没有军队驻守的状态并没有持续很长时间，由于担心印第安人卷土重来，军队在五年后又返回兵营驻守。1831 年 5 月，驻军再一次离开，但就在第二年春天，因为黑鹰战争①的爆发，军队再次返回。次年 5 月，居民组成了一个自卫团，正规军也很快加入其中。新来的士兵带来了霍乱，

---

① 黑鹰战争发生于 1832 年 4 月，是美国政府与美洲原住民之间的战争。

这比印第安人更具毁灭性。士兵们给家乡的亲人朋友发去了关于中西部尤其是芝加哥地区的令人振奋的消息，这些信件引发了一股移民潮。不久，美国新移民的数量就超过了法国人和印第安人居民的数量。印第安人在黑鹰战争中的失败意味着他们不再构成任何威胁，因此，美国军队于 1836 年永久地放弃了对迪尔伯恩城堡的驻守，而此时这个小居民区已经成为一个城镇，并且不久宣布建市。

1833 年 9 月，印第安酋长们相聚芝加哥，协商割让伊利诺伊东北和威斯康星西南的土地以及重新安置密西西比河以西原住民的事宜。6 000 多名印第安人来到芝加哥与联邦政府代表见面。在 1833 年 9 月 26 日和 27 日，代表们逼迫这些土著签署了两个条约。印第安人同意在 3 年内离开这一地区，自法国人来了以后形成的并主导着芝加哥和伊利诺伊北部的多元文化也很快消失了。

虽然印第安人从这个地区消失了，但未来城市的地理格局——恰如勘测人员詹姆斯·汤普森（James Thompson）1831年展示的那样——已经显现。两年后，芝加哥已成为一个人口不足 500 的村落。1835 年和 1836 年标志着印第安人在芝加哥聚居的最后两年。商人们兴高采烈地庆祝，希望从印第安人的兜里掏走他们刚刚从联邦政府那里获得的钱。1837 年，芝加哥正式成为一座拥有 4 000 多人口的城市。许多人认为，如果建造一条运河，这个地区就会迅速发展起来。在过去了 150 多年以后，若利埃的建造一条运河连接五大湖和密西西比河的梦想终于要成为现实[12]。

东海岸人、运河、铁路网

　　这条运河最终被证明确实是该市未来发展的关键。其实，早在 1818 年成立伊利诺伊州之前，居民们就已极力推进这一计划，但当时边境上资金紧张，实施这样一项浩大的公共工程似乎不太可能。即便到了 1834 年时，建造一条从芝加哥到伊利诺伊河的铁路的可能性也比建造一条运河的可能性更大。观察家们认为，无论是拥有这样一条水路还是拥有这样一条铁路，抑或二者兼有，都会使芝加哥在西部的地位举足轻重。然而，直到 1836 年，这条运河才开始真正动工。甚至在这一浩大工程启动之前，就有土地投机商趁机哄抬地价。地价每天都在上涨，甚至每小时都在攀升，狂热的投机买卖中盈亏只是一瞬间的事。男人和女人们涌入酒馆和街角探听土地买卖。曾有一位穿着猩红外衣、扛着猩红大旗的黑人骑着白马横穿芝加哥城宣传土地销售，每次停留叫卖都会引来人群涌动。一些东海岸人，其中主要是来自新英格兰和纽约北部地区的美国人，他们成群结队地来到这座城市做起土地生意[13]。

　　伊利运河 1825 年开通，经由通向布法罗和五大湖的哈德逊河与纽约市连接起来。此时，一条连接东西贸易路线的水路需要地处五大湖区并尽可能靠西和靠南的一个地势优越的港口。芝加哥拥有缓缓流入密歇根湖的芝加哥河，正好满足了这个条件。只要能够克服不多的几个障碍，芝加哥河就能提供一个前景无限的大型内陆港。再者，如果把芝加哥河同密西西比河连为一体，那么进行贸易活动时就不用再走险象环生的大西洋海路，而是可以从密西西比河谷直达纽约，新奥尔良的糖会更容易运达东部。更重要的是，这条新运河和五大湖将打开通往尚未开发的西部的大门。这条新的伊利运河/五大湖/伊利诺伊—密歇根运河路线的另外一个优点是，它避开了大部分南方地区，因为当时南方盛行的奴隶制已经造成美国人的分裂，可谓危机重重。一位有远见卓识的观察家在 1850 年时指出，这一内陆水运系统会在战时体现它无以替代的作用[14]。

这些设想对于那些运河沿线的土地投机商来说可谓是千载难逢的机会。负责建造运河的官员们在伊利诺伊—密歇根运河的 100 英里沿线建立了几座城镇。这些城镇包括莱蒙特、洛克波特、渥太华，由于芝加哥地处运河最前端，因此受益最多。芝加哥大约拥有 42 英里长的管辖港口。芝加哥河是流经荒原的三条河流的汇聚点，这里也为船只、码头和粮仓的建造提供了便利。

然而，地处当今麦迪逊大街北部的芝加哥河口在当时是一个障碍。一条长长的沙堤阻挡了通往芝加哥河的直接路径，人们只能把船只运过沙堤。一开始，芝加哥人依靠政府投资来改善港口。1827 年，联邦政府准许建造运河的官员们可以筹集资金以建造这套运河系统。虽说这座靠自身发展起来的边境城镇充满着神话色彩，但实际上联邦政府在吸引投资商前来芝加哥投资方面起着重要作用。1832 年，联邦政府建造了一座灯塔。1833 年 7 月，陆军工程兵部队清除了沙堤并疏浚了芝加哥河，为从密歇根湖到芝加哥河港口创造了更加便捷的路径。尽管困难重重且疏浚工程浩大，但芝加哥终于名副其实地成为一个港口。到 1836 年时，已有 200 多艘货轮到芝加哥港卸货。到 1838 年时，国会已投入超过 200 000 美元完善芝加哥港；到 19 世纪 40 年代中期，每年到港货轮已超过 1 000 艘。当芝加哥最终发展成为通往西部的重要门户和商业中心时，人们才体会到水运贸易网以及当时的迪尔伯恩城堡和印第安人从这一地区迁走，这一切对于这个小定居区所产生的决定性影响[15]。

　　贸易活动的不断持续和来此定居人口的增长使得边境线越来越向西部推移。通过独立战争而获得自由的美国人一批批地跨过阿巴拉契亚山脉并对原住民施压。伊利诺伊—密歇根运河是最后建造的一条主要运河，它标志着一个运河密集建造时代的结束；正因这一时期运河的密集建造，美国白人才能不断向西扩张。伊利运河和伊利诺伊—密歇根运河改变了美国的整体贸易形式和人口定居格局，确保了纽约对经济的主宰地位。从许多方面来看，芝加哥得益于纽约和东海岸，因为正是那些通过大西洋贸易富裕起来的商人想要扩张，所以才来到芝加哥。而芝加哥的地理位置恰好为这些东方资本向西部的扩张提供了便利。芝加哥从一开始，甚至从作为皮毛交易地那时起，就和大西洋地区的经济产生了千丝万缕的联系。从投资来源和该市多元人口结构等方面可以明显地看出这一点。

　　在河湖交汇点附近的泥沼地上，芝加哥在不经意间崛起，它吸引着来自东部地区的投资。1835 年，威廉·B. 奥格登在芝加哥土地交易最疯狂的时刻来到芝加哥，因为他的妻弟是纽约的投资商，曾在两年前到访芝加哥时购买了一块地，所以他此次来芝加哥主要是监督这块土地的售卖活动。奥格登起初对这片烂泥滩并没什么好印象，因此建议他的妻弟尽快出手。奥格登在这次土地交易中赚了大钱，因此决定留下来。确切地说，这里根本不是什么"埃尔多拉多"①，但是这位年轻的实业家却看到了它的希望。最后证明奥格登的到来不仅对于那些充满朝气、活力四射和雄心勃勃的纽约客来说是一件非常幸运的事，而且对于这个刚刚形成不久的定居点来说也是一大幸运。奥格登很快就成了这个初具规模的小城镇的中心人物，并于 1837 年当选为芝加哥市第一任市长[16]。他代表着一类新型的西部企业家。当他们逐渐主宰定居区的社会、政治和经济生活时，这些"精英"对于城市的发展至关重要。通过宣传芝加哥优于西部其他对手——圣路易斯、辛辛那提、加利纳和密尔沃基，他们建立起了同东部人的联系。

　　地产投机商为了挣大钱，纷纷涌向这座城市。新来者铺天盖地，连芝加哥的仓库都不得不打开以供这些来到边境的人们居住。这座城市的人口似乎一时之间增长迅猛，1835 年的一个统计数据显示，居民人数在 2 500～3 000，但很难确定哪些人是居民、哪些人只是过路客、哪些人又是梦想着来此挣快钱并继续去他乡发财的投机商[17]。1835 年 7 月，《芝加哥美国人报》（*Chicago A-merican*）发表社论说："原有正宗的农民正在卖掉土地、离开新英格兰的荒山野岭和纽约，拖家带口来到芝加哥这块充满美好希

---

　　① "埃尔多拉多"（El Dorado）是西班牙语，意思是"黄金国"。这是一个传说，据传一名西班牙冒险家在南美丛林掠夺了大量的黄金，这激起了其他西班牙冒险家们的贪欲，他们在远征过程中听印第安人讲述在远方湖边有全身涂满金粉的黄金人和黄金国度，因此黄金国的传说由此传开。

望的地方，这也是他们早就梦想见到的神奇土地。"该报还报道说，这里所有社区，包括来自纽约北部一个城镇的 200 个家庭，都打算重新定居在伊利诺伊北部[18]。

　　新罕布什尔当地居民约翰·温特沃斯①（John Wentworth）于 1836 年 10 月 25 日来到芝加哥。在一个月内，这位身高 6 英尺11 英寸、体重 330 磅的高大男人便控制了《芝加哥民主党报》（Chicago Democrat），成为当地"杰克逊拥护者"的中坚力量。先前居住在康涅狄格的沃尔特·L. 纽伯里②（Walter L. Newberry）作为土地投机商来到这里也发了大财，并继而开始了他的图书馆事业。他们两个人又联合了具有传奇色彩的精英人物约翰·斯蒂芬·赖特③（John Stephen Wright），赖特出生于马萨诸塞，他对芝加哥城做了史上第一次人口普查，还为他称之为"高楼大厦"的城里棚户住宅发行了一张漂亮的平板图。赖特也从事房地产生意，而且在早期狂热投机的那些年，赚了个盆满钵盈。到 21 岁时，他已经创下了 20 万美元的财富，但是由于 1837 年的经济大萧条，他在 22 岁时就破产了。之后，他与一个叫杰鲁姆·阿特金斯（Jerum Atkins）的佛蒙特人合作创建了一家叫作"草原农民"的农机厂，开始生产阿特金斯牌自动割断器——一种可以从收割

　　① 约翰·温特沃斯：政治家，两任芝加哥市市长，美国众议院议员。曾做过法律事务所职员、报社编辑和负责人等。
　　② 沃尔特·L. 纽伯里：商人和慈善家，他最为人知的贡献是创建"芝加哥纽伯里图书馆"。
　　③ 约翰·斯蒂芬·赖特：商人。1832 年随父到达芝加哥，并建造了一个叫"草原商店"的商人旅馆，后来从事房地产生意。他对芝加哥的发展和人口定居产生过巨大影响。

机平台处割断谷物的设备——这在当时的美国农村地区引起了轰动，连续大约五年一直深受欢迎。但最终这个企业还是破产了，因为他们的设备质量实在让人不敢恭维。随后，赖特又一次投身房地产业，并把更多的东部资本引入芝加哥。

随着东部人的到来，一些组织也纷纷出现。长老会教徒、循道宗教徒、浸信会教徒以及其他新教会众，很快也来到了一个之前只有罗马天主教信徒的小社区。1833 年，天主教徒在芝加哥成立了他们第一个正式的教区——圣玛丽教区，以此服务于新成立的爱尔兰居民社区。但是，城市人口一直在吸收不同民族的人，因此，东部人认为需要为不断壮大的定居区制定准则[19]。

芝加哥在无序地发展着。有时候，一些人根据自己的喜好而不顾规划好的土街，随意搭建木制房屋。泥泞是一个长期存在的问题，尤其是在春天和秋天的时候；当然，如果冬季不是很冷的话，到处都能看到没有封冻的泥坑。大多数的房屋都集中在河岸附近，因此，环境卫生成了一个难题。

早期居民，甚至连东部人也常常穿着鹿皮，而且有时把自己的脸部涂画得像印第安人一样。格登·S. 哈伯德就穿着粗糙的鹿皮与印第安人做生意，还娶了一位印第安女人为妻。哈伯德曾赶着猪群走上后来叫作国家大道的土路，并在拉萨尔街和南水街上的一个仓库里杀猪，从此开始了他在这个城市的肉类加工生意。最终，当芝加哥发展成为一座美国城市时，哈伯德抛弃了他的土著妻子，与一位白人女子结了婚，并进入了当地的精英层。当然，在这座边境城市，这些都不是什么稀罕事儿[20]。

伴随着白人人口在芝加哥乃至整个伊利诺伊北部的不断增加，

当地也建立了一些设施以满足新来者的需要。例如，1831 年，在沃尔夫波因特，马克·博宾（Mark Beaubien）和莫妮克·博宾（Monique Beaubien）夫妇就建造了一家宾馆。当本地人口暴涨时，这座与主人小屋比邻的新宾馆大楼愈加被证明是一项明智的投资。作为城里一座很引人注目的建筑，它不仅仅是楼上有几个房间的一个边境小酒馆，它已经远远超出了东部人对一个宾馆的想象。

早在 1826 年就来到芝加哥的马克·博宾却以一种非芝加哥人惯用的前资本主义方式，把非常有价值的土地赠予了他的朋友和家人。新来的东部人嘲笑博宾儿子马多尔的印第安血统，尽管他在克拉克学院受过高等教育。1835 年，他和波特瓦托米人一起离开了家，在这座新的美国城市的周边做丧礼服务——穿寿衣跳丧舞。马多尔不会是最后一个因对"居住区变化"不满而离开芝加哥的"真正"芝加哥人。1843 年，博宾夫妇卖掉了宾馆，并在城市西郊的西南栈道处购买了一个客栈，许多后来的芝加哥人和博宾一家一样也经历了搬迁。博宾曾说他"不希望居无定所"[21]。

1833 年年底的时候，一座新芝加哥城已初露端倪，因为有更多的东部人来到这座城市并改变着这座城市的文化。在这座城市定居下来的人们掀起了芝加哥史上的第一次建设高潮。1834—1837 年，城市人口剧增，新建房屋 300 多栋。另外，还有许多人居住在定居区的周边。去迪尔伯恩城堡也不再是什么大事了，因为波特瓦托米人已经离开了这个地区。离城稍远的一些地区也在发展。1835 年，循道宗教徒有了正式的巡回布道路线，包括约克维尔、奥斯威戈、奥罗拉、圣查尔斯、温菲尔德、埃尔克格罗夫等地方。到 1840 年时，芝加哥已经拥有了 4 470 位居民，可以与莱蒙特、桑顿、内珀维尔、洛克波特、沃基根以及蓝岛和其他一些小的定居区相媲美[22]。

　　威廉·布罗斯①（William Bross）第一次来芝加哥是在 1846年，他后来回忆说，当时很多住家位于伦道夫大街和麦迪逊大街之间，虽然也有零星居民住在很靠南的范比伦街，而且在芝加哥河以北的西区也有四五个街区分散着居民。一些批发商行主要集中在水街上，而大多数的零售商店则集中在湖滨大道上。所谓的轻捷架构②建筑逐渐成为城市建筑的主流，虽然这一建筑形式很有可能并非像人们一直以来认为的那样是由奥古斯汀·泰勒（Augustine Taylor）在芝加哥首创的。利用蒸汽动力锯生产出来的大量木材以及批量生产的铁钉，使这类建筑的快速搭建成为可能，当时在这座边境城市乃至整个地区的绝大多数建筑用的都是这些构架。

　　当时的街道都是未铺砌的，一年中大部分时间非常泥泞，行走困难。芝加哥人要到城里不同地方办事，就得在没膝的泥水中跋涉。马车也会陷在泥地里。城里人在汪洋般的泥沼里不能自由行走，农民也无法进城售卖他们的农产品。街道简直就是匆忙铺

---

　　①　威廉·布罗斯：美国政治家及出版商，伊利诺伊州第 16 任副州长。曾在威廉姆斯学院学习，上大学前和父亲一起做木材生意。

　　②　轻捷架构：又称气球架构或轻便木质龙骨架构，是一种 19 世纪中叶流行的民居建造方法，具有重量轻、坚固的特点。因为芝加哥是最先流行使用这种便宜简单的模式来建造房屋的城市，所以这种建筑结构也被叫作"芝加哥架构"（Chicago construction）。低层建筑使用这种结构的确坚固，但是一旦楼层增加，建筑很快就会因无法承受巨大的重量而坍塌。

设的乡间车道。而芝加哥人却能以幽默的态度对待这种环境，他们常常在马车车轮留下的泥坑边竖起提示牌，上面写道"这里有个无底洞"或者"这是到中国最近的路"。有时，人们会在提示牌上钉上一顶旧帽子或外衣，提示牌上写着"他脚下有大坑"。人们也曾尝试着处理这些泥路，最早的一次尝试是对湖滨大道的铺砌，目的是想通过排水沟把污水引流到芝加哥河，但这次尝试没有成功，铺砌的街道下面散发出来的臭气让人难以忍受[23]。

　　从许多方面来看，芝加哥就是一个边境定居区。这里没有公共交通，许许多多芝加哥人住在他们工作的同一栋楼里或附近。"靠步行出行的城市"象征着这座城市的人种、族群、社会阶层的过分拥塞和杂乱无章。到 19 世纪 50 年代，芝加哥仍是一座成年男性特征明显的城市。像学校这类供孩子上学的机构不多。而在19 世纪 50 年代，随着这座城市非边境定居区的特点愈加明显，一种更平等的性别平衡开始显现。但芝加哥一开始还是一座迅速发展的粗放的商业城市，这里生活着一些追寻发财梦的年轻人。

　　只比加大的驿站马车大一些的公共马车成为这座城市最早的公共交通工具。1852 年，M. 拉芙林（M. Laflin）创建了一条沿着伦道夫大街从州立街市场到公牛头酒店的公交线路。随后，佩克公司创建了一条沿着州街从湖滨大道桥到第 12 街的公交路线，每隔 1 小时一趟车，这条线路还在向第 22 街上的城市边界延伸。弗林克公司在同一年也运营了一辆以北区的湖屋为起始点、沿着克拉克大街到密歇根南部火车站的公交线。《民主党人日报》（*Daily Democrat*）指出，这些新开辟的公交线不仅给人们的出行带来了方便，而且也证明着这座城市的繁荣发展[24]。

　　伊利诺伊—密歇根运河仍然是城市未来发展的命脉。大多数企业都集中在河边地区。运河始建于 1836 年，但很快因 1837 年的经济恐慌和随之而来的萧条而受到些挫折。1843 年，运河董事会决定延缓这一巨大公共工程的建设。1845 年，运河恢复建设，1848 年，运河竣工，终于把大湖区同密西西比河连接起来。在运河竣工后的第一年，这条 60 英尺宽、6 英尺深的运河开放了 224 天，运河委员会共收取了 87 890 美元的通行费[25]。

　　从一开始，运河上的运输就包括客运和各种货运。来自新奥尔良的食糖和糖浆，以及来自其他地区的玉米、小麦、食糖和煤炭开始源源不断地运到芝加哥港。从芝加哥港运出的有木材、食盐以及供应农民和西部小城市的各种商品。伊利诺伊—密歇根运河即刻获得了成功，成为横跨遍布泥沼的草原的一条快速通道。1850 年，在《芝加哥论坛报》看来是相当平凡的一年，贸易上既没有萧条也没有特别繁荣，尽管面对来自不断扩张的铁路系统的竞争，运河还是负担了这座城市的大量贸易活动。作为芝加哥在密西西比河上贸易活动的主要竞争者，圣路易斯因过去的供应商不再供应谷物而处于尴尬境地，而且这种谷物缺乏导致其价格疯涨。于是，圣路易斯向芝加哥求助。芝加哥从 3 月 15 日到 7 月 10 日利用通往圣路易斯的运河向圣路易斯运送了 34 439 桶面粉和 95 193 蒲式耳的小麦。1850 年，通过运河出行的旅客有 17 000 多人。在伊利诺伊—密歇根运河运行的最初 9 年中，共收取了 1 606 000 美元的通行费。

　　伊利诺伊—密歇根运河及芝加哥港共同发挥作用，确保了芝加哥的重要港口地位。到 1854 年时，《克利夫兰先驱报》（*Cleve-*

land Herald）报道说，芝加哥是大湖区港口中最繁忙的一个。1856 年 5 月，《芝加哥论坛报》（*Tribune*）在报纸上列出了在两天内到港和离港的船只。列表上，船只运输的货物主要是木材，还有钢铁、马匹、苹果、食盐以及其他一些商品。芝加哥的码头上船只一艘挨着一艘，各桥梁一直开启着以便船舶通行，街道上的车辆也从北区堵塞到西区。一位观察家说，当克拉克大街桥为通过的轮船和驳船开启时，一群群人便汇集在河的两岸[26]。毫无疑问，内河交通使北区和西区住宅及商业的发展迟缓。运河、河流、湖泊等为芝加哥的早期发展奠定了基础，使其成了美国西部重要的商业城市。《纽约论坛报》（*New York Tribune*）指出，尽管芝加哥有其不利条件（尤其是遍地泥泞），但它因为是西部生产所需的天然交会地而发达起来。芝加哥的贸易服务辐射范围很广，而且这些区域都是未受"奴隶制摧残"的区域[27]。

　　湖上的贸易运输存在风险。暴风雨会造成沉船，因此，大湖区的水下堆满了船舶残骸。在湖上运输的水手工作时间长，条件艰苦。一位水手在 1852 年的一份《芝加哥论坛报》上公开抱怨说，大湖区的木材贸易运输环境极其恶劣。他描述了那种极度的精疲力竭，控诉了船主不把水手当人看的滔天罪行，奋力疾呼水手不是简单的"致富工具"。水手们纷纷涌向芝加哥，因为这里具备任何港口所拥有的特点——廉价的旅馆、客栈以及通向河道的街上的各色妓院。在市区的南部和下西区（皮尔森区）附近，船舶的桅杆在码头上高高耸立，与教堂的塔尖交相辉映，成为这座城市的最高物体。在草原的任何一处都能看见那些高耸的桅杆。湖上贸易运输成就了芝加哥，但很快它将投入一轮新的竞争，因为技术的进步又一次推动了美国经济的改变[28]。

在铁路贯通之前，从芝加哥到底特律的旅程比较长。1848 年时有两条路线，一条穿越大湖区，一条需要乘坐密歇根中央铁路公司的火车和驿站马车。在夏季，从底特律出发穿越湖区到芝加哥的旅客们，需要经历长达 5 天、1 500 英里的在休伦湖和密歇根湖上的航行，并需花 21 美元（2007 年的船票价是 462.41 美元），在星期日的黎明时分到达目的地。从铁路出行的旅人需早上8：00在密歇根中央火车站乘坐日班车，并于傍晚 6：00 到达卡拉马祖，然后再搭乘 7：00 的驿站马车从卡拉马祖出发，于第二天清晨7：00到达密歇根湖畔的圣约瑟夫驿站，这段旅程长 55 英里。到达驿站后即刻乘坐每日都发的蒸汽船，再航行 69 英里，便可在当日午后 2：00 左右到达芝加哥。在底特律这段旅程的费用仅 6.5美元（2007 年是 143.13 美元）。但所有这一切在几年之内就发生了变化，因为遍布美国西部的铁路网使旅行变得更加安全、快捷和舒适[29]。

威廉·B. 奥格登曾经是建造伊利诺伊—密歇根运河的主要推动者，也为加莱纳铁路的建设贡献了力量。1847 年，当奥格登发现很难再像修建运河时那样吸引来东部的资金时，他便沿着加莱纳—芝加哥联合铁路计划修建的线路奔走游说，并通过沿线农民和其他对这一新型交通方式感兴趣的人的股票认购筹集到资金。在运河开通 6 个月后，加莱纳—芝加哥联合铁路建设工程已经完成了从芝加哥到橡树园的路段。铁路建设工程最终取得了巨大成功。在第一年的运营中，这条铁路的利润高达 23 763 美元。第二年，拥有三辆机车的芝加哥西部主要支线创收 104 359.62 美元。

一个来自爱尔兰的天主教会组织在 1852 年时把拉什大街桥附近
河岸上的湖屋改造成了慈善医院，这是芝加哥历史上第一所医院。
1859 年，慈善医院成为附属于利德医学院的第一家天主教医院。

其他两条支线也相继开通：1849 年 12 月，圣查尔斯支线开通；
1850 年 9 月，奥罗拉支线开通。《芝加哥论坛报》在 1850 年曾报
道说："这条铁路及其支线的经济回报已经远远超出了那些最乐观
者的预期。"仅用了不到 7 年的时间，芝加哥便成为全国铁路行业
的中心。到 1855 年时，已经有 17 条铁路线来往于芝加哥，包括
那条新建的连接东海岸的重要铁路。当铁路线从芝加哥向四面八
方延伸时，它们很快就把整个国家联合成一个国内市场，据此联

邦政府无偿出让了大片土地来建设铁路。

可谓一顺百顺，芝加哥很快又有其他铁路线向外辐射。当芝加哥为它的市场和东部市场寻找更大的腹地时，一些投资商便开始计划向伊利诺伊州南部建造新铁路线。《芝加哥论坛报》预言芝加哥城及伊利诺伊州将会有辉煌的未来，声称"芝加哥将会是众多富有的成功人士的商业中心"。同时，从大湖区上运来的钢铁也为新的庞大铁路系统的形成奠定了基础。1852 年 9 月，横帆双桅船"安迪士号"运来了 312 吨用于伊利诺伊中央铁路建设的钢铁，而横帆双桅船"普瑞波尔号"则为伊利诺伊—威斯康星铁路的建设运来了 234 吨钢铁。当时的《民主党人日报》宣称芝加哥的"天命"是用从墨西哥湾到苏必利尔湖铁路上的"钢筋铁轨"将国家紧紧地连接在一起[30]。

在 19 世纪的后半叶，新的铁路使整个伊利诺伊州和中西部地区的市场充满活力。此时，距离运河较远的一些偏僻农场也能参与到芝加哥新的市场体系活动中。原来从农场到芝加哥市场需要一天的时间，而现在从农场到集市广场仅需几个小时。自给农业很快让位于市场农业，甚至实现专业化。很快，一些农民开始集中从事挤牛奶、商品蔬菜种植或割干草，其他一些农民则种植谷物或饲养家畜。还有一些人专门养马，因为芝加哥有巨大的马匹交易市场。1855 年，仅从加莱纳—芝加哥联合铁路上运到芝加哥的小麦就有 4 513 202 蒲式耳，玉米有 3 760 000 蒲式耳。同年，与伊利诺伊—密歇根运河形成直接竞争的罗克艾兰铁路运送来 900 000 多蒲式耳的小麦。1855 年，从芝加哥到纽约仅一条铁路就运送了超过 1 万头家畜。

尽管一些较老的集市城镇早就在铁路交会处和水路沿线兴起，但整个地区的火车站附近还是出现了一些集市中心。奶站及奶酪和炼乳工厂遍布整个伊利诺伊州和威斯康星州。莱尔小城、日内瓦小镇和其他一些这类农村社区为芝加哥供应牛奶。一些特殊的族裔群落常常是这些各具特色的居民区的主流——爱尔兰人居住在莱蒙特，荷兰人居住在南荷兰，德国人居住在奈尔斯，而瑞典人居住在许多西北边的社区[31]。

芝加哥城俨然发展成为包括木材、谷物、家畜和农产品的大市场，尽管它也是炉具、服装、五金等这些东部商品的分销地。广阔的西部腹地需要木材来建造农舍、粮仓、马厩和城镇。芝加哥坐落于密歇根和威斯康星的广袤森林附近，因此很适合作为木材产业的集散地。水路交通对于将松木运往它在西部的原材市场非常重要。木材通过密歇根湖汇集到芝加哥港，然后再运往外地。芝加哥城"不仅地处森林和草原之间的边界上，而且也处在供需双方愉快交易的边界上"[32]。芝加哥的大伐木场闻名世界。1850年，有超过1亿英尺的木材通过大湖区运送到芝加哥，其中一部分被用来铺路，另一部分会被运走。在芝加哥市场上有50家木材交易商。1852年，伐木场在芝加哥河南支流的两岸扩张了近两英里。到19世纪70年代，南支流沿岸的伐木场已经成为世界上最大的伐木场。随着业务的拓展，木材公司也占据着北支流的大部分土地[33]。

谷物也不断地运往芝加哥城，虽然第一台谷物升运器是1842年出现在布法罗的，但很快这些器械就成了芝加哥实力的象征。19世纪40年代时，把谷物运到集市是一个很费时、很忙乱、很费力的过程，而且卖家还得想办法找到买家，反之亦然。到 19 世纪 50 年代时，铁路运输给谷物贸易带来了关键性的变化，大量金黄色的谷物在芝加哥找到了畅销的市场。1855 年，芝加哥就已经超过了圣路易斯成为西部的大粮仓，因为芝加哥人已经开始使用新的谷物升运器，他们把成袋的谷物倾倒在机器里，并由机器快速高效地进行搬运。1848 年，罗伯特·C. 布里斯托（Robert C. Bristol）制造了芝加哥史上第一台升运器，运载能力为 8 万蒲式耳。1856 年，芝加哥和罗克艾兰出现了运载量高达 70 万蒲式耳的最大升运器。芝加哥的报纸报道说，在圣路易斯卸下 10 万蒲式耳的货物需要两三百人，而在芝加哥卸下同样的货物只需要几个人，这让芝加哥拥有了巨大的成本优势。伊利诺伊中央铁路的升运器能够以每小时 2.4 万蒲式耳的装卸速度同时清空 20 节车皮并装满两艘货轮。

　　但是，这一新的货物装卸系统使众多不同农民的谷物混杂在升运器里，造成质量参差不齐，而且更难计算出农民的收益。在那些巨型的升运器里很难把谷物分离。技术上需要一种更完善的装卸系统。当克里米亚战争使谷物的需求不断上涨时，出口量翻番，价格翻了三倍，这时芝加哥贸易委员会的影响也越来越大，因此它开始对城里的谷物贸易进行规范。1856 年，贸易委员会提出了改革芝加哥及国际谷物市场的一套条例。贸易委员会明确了小麦的三个类别，并且设置了不同的质量标准。农民和货主把谷物送到可以鉴定级别的仓库，再把鉴定完的谷物与其他同一级别的谷物放在一起，然后会得到关于他们谷物的收据，这一收据可以由持有者在未来兑现。这一收据也可以出售给投机商。1859

年，伊利诺伊州立法机关授予贸易委员会特许状，赋予其推行标准化分类及监督条例的权力。最终，芝加哥的期货市场从这一体制中孕育而生。芝加哥的商人再也不用进行谷物的实物交易了，而只需对谷物这一概念上的货物订约即可。新市场中这一令人困惑的概念加剧了农民与购货商间的紧张关系，但却塑造了新体系，使芝加哥成为国际资本主义体系中更重要的参与者[34]。

种族多元性

伊利运河开通之后，大量移民开始乘船向西迁徙，芝加哥港成为这些西迁者的首选目的地。芝加哥的商业气息广为传播，许多人在此弃舟登岸。1856 年，《芝加哥论坛报》曾报道，除了密尔沃基外，与其他城市相比，芝加哥人口中有更多的外来户。反过来，新来人口又刺激了房地产市场的发展，并由此吸引来更多的劳动力参与这种似乎是无限循环的开发活动。《芝加哥论坛报》写道：

> 于是，对初级劳动力的需求潜力无限。每一个身体强壮的人，只要会在铺板上推独轮车，或者会赶大车，或者能肩上扛着装有砖或砂浆的桶爬上梯子，或者没傻到连往码头上卸煤都不会，或者没傻到连从火车车厢或运河货船上铲谷物都不会，或者没傻到连堆放木材都不会，那么他就能找到工作，而且工资还不低。在美洲大陆上，还没有哪个城市的劳

动力数量在总人口中占有如此高的比重，也正因为上面提到
的那个理由，在美洲大陆上也没有哪个城市像芝加哥这样对
非技术劳动力有如此大的需求[35]。

许多爱尔兰人来这里挖掘伊利诺伊—密歇根运河，随后铺设
铁路，因此，他们最初占据了移民人口的大多数，虽然德国人很
快在数量上超过了他们而夺得了 20 世纪芝加哥城最大移民族群的
头衔。

尽管许多爱尔兰人早在 19 世纪 30 年代就来到芝加哥，但大
量爱尔兰人涌入芝加哥和美国却是在 19 世纪 40 年代"大饥荒"①
的时候。1850 年时，有 6 096 个爱尔兰人生活在芝加哥。在之后
的 20 多年里，爱尔兰人口暴增，有近 4 万名爱尔兰人住在芝加哥
城里。后来，从爱尔兰新来芝加哥的人口数量增长放缓。到 19 世
纪末，在芝加哥的爱尔兰人口数量是 73 912[36]。1850 年时，许多
爱尔兰人居住在运河两岸，在布里奇特他们建立了圣布里奇特教
区。更早些时候，西区爱尔兰人则已经建立了圣帕特里克教区。
那些擅自占地的爱尔兰人则居住在下西区、布莱顿公园区以及阿
彻大街，而这条大街早就是运河建设者们的供给线了。天主教区
对爱尔兰人社区来说是很重要的组成部分，对之后到来的移民人
群来说也是至关重要的[37]。

19 世纪 40 年代，爱尔兰人就是民主党的代名词。杰克逊派

①　"大饥荒"：也称为"马铃薯饥荒"，是一场发生在爱尔兰的饥荒，从 1845 年
开始持续至 1850 年。在这 5 年时间内，英国统治下的爱尔兰人口锐减了将近 1/4，这
个数目除了饿死、病死者，也包括了约 100 万因饥荒而移居海外的爱尔兰人。

保护移民和天主教徒免受人数众多的美国新教徒歧视。在来芝加哥之前，爱尔兰人就有参与政治的意识，他们会充分利用早期的伊利诺伊移民的潜力进行地方和州的投票选举。他们在城里有很大的影响力。在芝加哥地区的爱尔兰移民数量之众，确保了民主党相对于辉格党①以及后来的无知党②等对手的绝对优势。共和党人刚从 19 世纪 50 年代《堪萨斯-内布拉斯加法案》③引起的混乱困境中摆脱出来，民主党人就继续给他们制造了麻烦[38]。

1856 年 3 月 17 日，爱尔兰社区为庆祝圣帕特里克节④组织了游行，以此来显示他们的民族自豪感以及他们在芝加哥政治生活中享有重要的平等地位。那天上午，爱尔兰慈善社的人员沿着芝加哥的主要街道游行，随后又参加了下午在西集市大厅举行的庆祝活动。爱尔兰慈善社声明，此活动的目的就是帮助病人、安葬死者、激发爱尔兰人的手足情谊，与爱尔兰国家无关，与他们的政治或宗教倾向无关。这类兄弟会般的组织无疑在移民创立社区活动中起到至关重要的、仅次于教区的作用[39]。

---

① 辉格党：美国在杰克逊式民主时代的一个政党，创始人为亨利·克莱（Henry Clay），反对杰克逊总统及其创建的民主党所订立之政策。该党自选"辉格"为名，附和反对英国王室君主专权的英国辉格党，反对总统专断。1854 年创立的美国共和党就是由前辉格党党员、北方民主党人以及奴隶解放运动人士组成的联盟。

② 无知党：正式名称为美国党，最初来自秘密社团组织，以暴力反对移民。因为他们的领导人不会公开透露自己的相关信息，当被问及组织情况时，成员们被指示回答："我什么都不知道。"所以就有了无知党这个绰号。

③ 该法案是 1854 年美国国会通过的旨在取消限制奴隶制扩展到西部新开发地区的法案。

④ 圣帕特里克节：每年的 3 月 17 日的节日，是为了纪念爱尔兰守护神圣帕特里克。这一节日 5 世纪末期起源于爱尔兰，如今已成为爱尔兰的国庆节。

　　德国人是由于 1848 年开始的一次次不成功的欧洲革命而移居国外的，马克思主义就是在这些革命中诞生的。政治流放者大量涌入芝加哥的"德意志王国"，从此播下了激进的种子，而这些种子将会在 1871 年后开花。1850 年时，德国人大约占芝加哥人口的 1/6。在那次人口普查中，他们超过了爱尔兰人。到 19 世纪末的时候，有 4.7 万名芝加哥人（占芝加哥人口的 25%）或出生于德国或父母是德国移民。当德国移民发展到第三、四代的时候，在芝加哥的德裔美国人数量将更为庞大[40]。

　　1848 年的时候，只有 40 个瑞典人居住在芝加哥。其中一些人从事运河的建设工作。这里的瑞典社区一直不大，但在美国确实是最大的瑞典人聚集区了。在美国南北战争前夕，居住在芝加哥的瑞典人数量是 816 人，但是到了 1870 年时，居住在芝加哥的瑞典人已有 6 154 人。在接下来的 10 年里，这里瑞典人的数量增长了一倍，并继续呈现爆发式增长。在 20 世纪初，大约有 6 万名瑞典人和他们的 14 万名子女居住在芝加哥。虽然城里各处都有瑞典人居住，但主要还是集中在几个地区，最大的一些居住区在芝加哥河北支流的沿岸一带[41]。

　　其他一些北欧人也纷纷来到芝加哥，包括挪威人、丹麦人和少量的芬兰人。早在 19 世纪 40 年代的时候，芝加哥人就可以毫无顾忌地问城市新来者"你是干什么的?"这类问题。早期移民并不觉得这是一种种族冒犯，而是把它当作一种对美国式自由的颂扬。挪威人往家里写信说："这里的人不问你的父亲是干什么的或你的父亲是谁，而只是问你是干什么的?"1848 年时，城里已经有 600～700 个挪威人[42]。

    英格兰人、威尔士人、苏格兰人以及新教爱尔兰人也来到这座城市。这些移民当中的许多人是作为首批从英伦三岛外流的人才来到这里的。这些英国移民往往都拥有行业经验，因此有助于城市迅速转变为工业中心。他们很快通过与他们的美国表亲通婚而融入社会。1847 年，英国移民组建了圣乔治协会，这是一个族裔内的互助组织，主要是弘扬祖国的传统文化。因为芝加哥人对英国移民及其后裔非常尊重，所以圣乔治协会特别活跃，在城里举办了大量活动[43]。

    虽然在芝加哥历史上威尔士人来得较早，但在 1900 年的时候住在芝加哥的威尔士移民大约只有 1 800 人。更多的威尔士人定居在威斯康星，但在芝加哥的威尔士社区里至少有两处教堂。1876 年，居住在芝加哥的威尔士人聚集在湖滨大道上的圣大卫客栈，为海斯（Hayes）和惠勒（Wheeler）① 竞争共和党总统候选人拉选票。1893 年，恰逢哥伦布世界博览会召开之际，威尔士移民组织成立了威尔士人慈善协会[44]。

    1846 年，苏格兰人成立了伊利诺伊圣安德鲁协会，而协会很好地保留着本民族的特征，一直到 20 世纪。协会在各行各业发挥着重要作用，包括肉类加工和钢铁冶炼。苏格兰圣安德鲁协会每年都会在圣安德鲁日（11 月 30 日）当天或之前举行规模宏大的庆祝集会。在 1852 年的圣安德鲁日，圣安德鲁协会的会长乔治·安德森（George Anderson）对大家说，一个人可以爱自己的祖国，也要容许他爱美国。因此，他对参加庆祝集会的苏格兰人、

---

① 海斯和惠勒都属共和党，海斯是美国历史上第 19 任总统，惠勒为副总统。

英格兰人、爱尔兰人、威尔士人和美国人表示热烈欢迎，并与大家一起干杯，之后还对苏格兰诗人进行了一番赞美。洋溢着欢乐气氛的马特森会所装点着美国和苏格兰的民族标志，音乐家演奏着传统的苏格兰高地乐曲，晚宴一直持续到深夜。通常情况下，庆祝会上会有穿着传统服装的苏格兰高地卫兵[45]。

　　无知党发出的抵制移民号召无疑是一场本土主义者的政治运动，这场运动在 19 世纪 50 年代时遍及美国。其他一些政党也发出过同样的号召。尽管如此，芝加哥的发展仍然依靠那些来此定居的外来移民。1856 年，《芝加哥论坛报》再次声明了移民的重要作用。报纸提醒读者，移民在做着美国人不愿意做的工作，在提供体力劳动建设这座新城市。尽管美国人担心移民很快会控制这座城市的政治，但移民对这座城市的进步来说是不可或缺的。芝加哥会一直是一座移民城市[46]。

商贾云集的湖滨大道

　　芝加哥繁忙拥塞的码头和高耸林立的桅杆向游客和居民展现了一幅欣欣向荣的画卷。到 19 世纪 50 年代早期，这座城市已经成为这一地区的批发中心，它的商品正在向北和向西销往密西西比河地区，向南销往皮奥里亚县和富尔顿县这么远的地方。在1848 年大运河和铁路开通之后，批发店都进行了大规模的扩张，里面的商品比以往更多了[47]。城市最重要的区域是与芝加哥河主汉道平行的湖滨大道。沿着繁忙的大道，批发商纷纷打开用铸铁装饰的店铺，呈现出一派生意兴隆的景象，这就是那条"非凡"大街最初的样子。19 世纪 50 年代，马雷夏尔先生（Monsieur Marechal）在这里教唱歌和钢琴，L. D. 奥姆斯特德公司在这里卖儿童用品，T. B. 卡特（T. B. Carter）在这里叫卖一批新到的冬季商品。琼斯父子商行也在这里售卖精美的进口衣料和服装饰物。比彻（Beecher）、霍利斯特（Hollister）、威尔金斯（Wilkins）在湖滨大道 135 号和 138 号他们的商店里售卖居家用品和其他一些商品①。L. 安德森（L. Anderson）在湖滨大道 203 号卖厨具，而 S. C. 格里格斯（S. C. Griggs）则以批发和零售两种价格出售他们出版的图书、文具。芝加哥人能够在伊顿公司购买枪支，包括决斗用的手枪。在霍利斯特的花式义卖店里，顾客可以购买节日和生日礼品，包括玩具和梳子之类的东西。对于芝加哥零售业和房地产的未来尤其重要的是波特·帕尔默（Potter Palmer），他在 1852 年的时候在湖滨大道 137 号开了一家纺织品商店，该店在南北战争后发展成为芝加哥史上具有传奇色彩的马歇尔·菲尔德百货公司。如果有需要的话，一个人甚至能够在湖滨大道上找到殡葬承办人[48]。

　　在 19 世纪 50 年代，这条热闹的大街汇集了各种各样的芝加哥人，这里俨然成为一个"世界展销会"的会场，汇聚着来自世界各地的人和产品。有法国和英国的游客，还有美国东海岸和南方的绅士，以及来自中国的移民。人们从摆满来自世界各地的货物的商店门前经过。印第安妇女在大街上出售毛毯和烟草，人们

---

　　①　此段文字中的大部分人名也是商号。

行色匆匆地希望能赶上在街道上穿行的公共马车，报童向人群叫卖着报纸。在 1637 年传教士马奎特和若利埃探寻的这片荒野上，在 1812 年美国为控制西部、与印第安人作战的这片土地上，现在崛起了一座在世界经济中有着重要影响力的城市——芝加哥，它已经成为西部商都[49]。

第二章

西部的商业中心

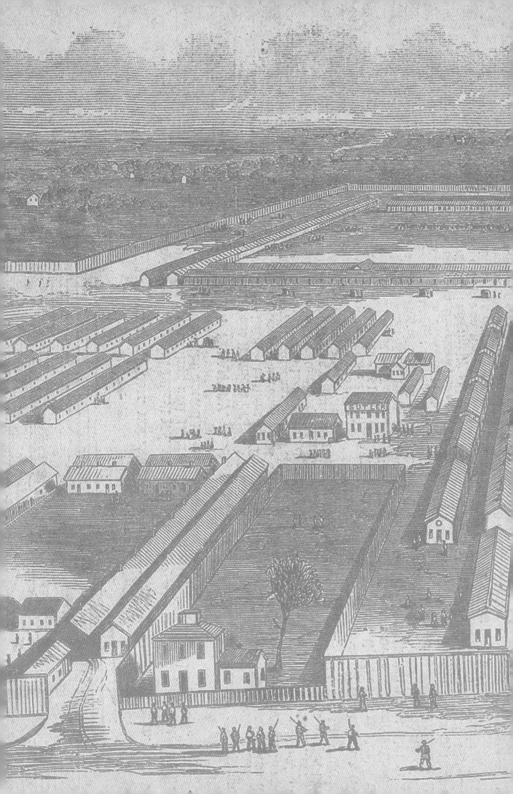

19 世纪 50 年代末，美国正处于内战边缘，而芝加哥却突然成为大型商贸城市，加入了曼彻斯特和一些新兴城市的阵营。来自辛辛那提的一位观察家说："芝加哥这座城市对'新世界'① 的原住民来说是一个奇迹，对旧世界的人来说却是一个令人费解的谜题。"他对芝加哥港口能借助五大湖和圣劳伦斯河的便利条件，与利物浦进行直接贸易给予高度评价，并对那些把纽约、费城、巴尔的摩同芝加哥及西部地区连接起来的铁路网赞不绝口。他发现，芝加哥为移民提供了天然的集聚之地。芝加哥的财富增长离不开那些到西部落脚的人们的贡献[1]。

———————

　　① 　新世界主要指南北美洲及附近岛屿，旧世界指欧洲。

早期的产业发展

　　1848 年，芝加哥经历了几次重要变革，包括：伊利诺伊—密歇根运河公司和加莱纳—芝加哥联合铁路公司开业；实业家们组建了贸易委员会；第一份电报成功发往底特律。其他的"史上第一"也比比皆是。同一年，塞勒斯·霍尔·麦考密克（Cyrus Hall McCormick）开始制造收割机。他的业务发展正是芝加哥成为工业中心历程的经典写照。1831 年，麦考密克首先在西弗吉尼亚的罗克布里奇县的农场里发明了用马拉动的收割机，并在 1834 年获得专利。他在炼铁行业的一番尝试没有成功，随后他又在 1839 年继续自己的收割机生意。他和父亲、兄弟在自家农场里一起造出几台机器。他认为新机器一定要投放到大草原才能有销路，便向西开拓市场。麦考密克先到辛辛那提去碰运气，之后又决定到芝加哥发展。在他看来，芝加哥城才是生产收割机的好地方。他的工厂初期雇用了约 20 名工人。到了 1849 年，员工数达到 123 人，年产 1 500 台收割机[2]。

　　1859 年，芝加哥河主段北岸的麦考密克收割机制造公司已经拥有五栋 2～5 层不等的楼房，每层面积为 11 万平方英尺（约10 219平方米），厂区的庭院宽阔，河边还有自用的船坞。办公室里的文员们通过特殊标注的地图关注着美国的主要产粮区，同时负责跟踪公司各部门和代理商的业务情况，还有近五年的产品销量。经过办公区，来访者就可以进入工厂的机械加工车间，那里有 100 名木工、115 名钢铁精轧工、40 名锻工、25 名普通力工，他们造出的机器彻底改变了美国大草原的农业生产模式。工厂的设备大约有 100 台，那台瑟斯顿·加德纳公司生产的巨型蒸汽机为工厂提供动力。除了特制的小棘爪件需要外购，工厂能自产收割机的所有零部件。机修车间里摆着公司生产的各款收割机样品。每年都有更耐用、更高效的新品上市。公司的制模工人能够轻松地复制出最老款的收割机零部件。芝加哥由此出现了全新的企业经营模式[3]。

　　蒸汽动力对于芝加哥的大规模生产至关重要。工业革命的驱动力需要燃烧大量木材和煤炭，可是蒸汽动力的缺陷很明显。早在 1854 年，芝加哥人便因烟尘问题开始深感忧虑。如何解决工厂、铁路、蒸汽船及居家和商业取暖造成的污染排放难题呢？匹兹堡已经出现了这样的问题，工业烟尘形成的乌云遮天蔽日。如果继续走发展经济的常规道路，等待芝加哥的将是同样的命运。其实，从 19 世纪到 20 世纪，污染问题始终困扰着这座城市[4]。

　　快速发展的经济预示着巨额的财富，芝加哥也因此迅速迈向工业化。19 世纪四五十年代，除了麦考密克公司和其他少数工业企业，芝加哥人所谓的制造业总体上要靠手工劳动，规模也很小。其中有代表性的从业者包括：制作马鞍、马具和马鞭的爱德华·霍尔（Edward Hall）；C. 摩根（C. Morgan）的家具店开在芝加哥闹市区；做生意的裘皮加工商 H. A. 布罗姆利（H. A. Bromley）等。早期的从业者和麦考密克一样，主要为本地市场服务。作为区域性的商品制造者，他们引领着 1848 年以后的城市经济大发展的第三个阶段[5]。

　　进入 1857 年，研究过芝加哥制造业的《芝加哥论坛报》指出，除了定位于商业城市，制造业同样是城市特色，并预言了"这座城市的美好未来"。芝加哥开始迫切地迈向产业兴市的未来。城市的飞速发展离不开制砖业。芝加哥在 1851 年的砖产量是 1 500 万块，而五年后本地厂商的产量已接近一亿块。农业机具制造依然是最重要的行业。在此期间，麦考米克见证了不同竞争对手的崛起，比如生产"阿特金斯"牌自动收割机、割草机的约翰·赖特（John Wright）。1856 年，赖特的工厂能造出 1 860 台收割机和割草机。虽然以小企业为主，但是有的行业从业者已达百人左右。仅仅在酿酒厂工作的就有近 150 名工人，他们能满足所有芝加哥工人的饮酒需求[6]。

　　南北战争前的若干年，芝加哥一直面临着资本投入和技术工人短缺的难题。《芝加哥论坛报》曾在 1859 年指出，制造业资本短缺其实源自商贸领域的巨大诱惑。经商虽然获利丰厚，却严重阻碍了对制造业的投资。此外，由于商贸领域的用工需求量大，工匠在外赚的钱可能要比在车间干活挣得多。连年高企的地价和生活成本进一步削弱了芝加哥的制造业。19 世纪 50 年代末的经济衰退在某种程度上扭转了这一形势。随着生活消费支出的不断降低，芝加哥河南北支流沿岸的地价也逐步走低。为了寻求发展经济的资本，芝加哥再次瞄准了美国东部[7]。

　　使用机器来削减成本是工业革命的一个关键因素。1858 年 7 月 1 日，一家芝加哥机械面包店在西区的克林顿街开业。五层楼的厂房里有一处带篷的长月台，以方便货车装卸。厂房的另一端有一扇大门，起重机在那里吊运大包的面粉。这种一端接收面粉、再从另一端转运出去的布局提高了工作效率。火炉和蒸汽机占用了地下室的部分空间，而发酵工艺部则位于地下室的东端。火炉上安着大型烤箱。号称"自动面包机"的揉面机器由一个双头木桶构成。长 10 英尺、直径 6 英尺的揉面桶固定在水平框架里，桶里的搅拌头与对向的两段高强度钢条连成一体。钢条能将面粉、水和发酵过的面团混合均匀，"通过机器设备便能完成法国面包师傅手工操作的同样工序"。这台揉面机处理 10 桶面粉只需 25 分钟左右。

这间"自动面包房"通过机器操作完全替代了先前的手工劳动。一楼和二楼的设备主要负责烘烤工序。两条传动链在烤箱里往复运转。唯一的手动操作是在烤箱外面把传送车上的面团拍圆，之后便由机器完成下一道工序。面团从一端进入机器，另一端同时输出面包。操作工们让烤箱处于连续加热状态，揉面机也在不停地运转。机器的加工成本远远低于传统的面包制作方法。这家店宣称，他们的面包日产量是全城需求的两倍，而且极大降低了面包的价格。

这家股份公司的董事长 E. C. 拉尼德（E. C. Larned）谈及新面包厂时很是骄傲，说它能解决芝加哥人的"生活所需"。据说这类面包房源自纽约，最初用来解决布鲁克林区贫民的食品保障问题。这种机器也在巴尔的摩和费城得到应用。在问及机器生产对芝加哥传统面包店的生意有何影响时，拉尼德先生表示，他们不必再自己烤面包，使用面包机就能挣到更多的钱。他把自己的公司与其他的新兴工业企业相提并论。面包机的发明者海勒姆·伯登（Hiram Berdon）声称面包制作的这一"革命性创举"会把芝加哥的面包师们从无休止的辛苦劳作中解脱出来。伯登说，"谁都不该把时间花在手工劳作上"，并认为这能让手工劳动者有机会"提高个人德行和才智"。这并不是美国在工业化进程中最后一次提出这种主张[8]。

发展难题

纵观历史，美国的各个城市，尤其是西部城市，要不断向联邦政府寻求财政援助。1847 年，芝加哥成为"河流与港口大会"的举办地。这是该市举办的第一次重要的国家级会议。大会的重点议题是抗议波尔克（Polk）总统在 1846 年否决"河流与港口改造提案"的举动。总统以各州权力至上和联邦债务沉重为由捍卫自己的立场，这令西部的民主党人极为不满。波尔克认为，提案所涉及的问题实质是对公共资金的巧取豪夺。他反对将联邦资金投在西部广袤领土上的建设项目，并质疑这种国家财富的配置方式，主张联邦基金只能用在那些重大州际项目上。另外，他认为河流和港口改造工程本质上具有地方属性，理应由地方和州政府负担成本。

西部的民主党人将此举视为南方民主党人在扩张势力，因为他们和总统都支持美墨战争，能从战争中获益的主要是南方。以约翰·温特沃斯为代表的芝加哥民主党人认为否决提案意味着南方民主党人的背叛。温特沃斯开始抨击南方的民主党人，并迈出了民主党决裂的第一步，随后在 19 世纪 50 年代加入了新成立的共和党。西部民主党人和辉格党人要求联邦政府满足西部的诉求。虽然芝加哥人为了自身利益主张联邦政府应该慷慨解囊，但颇具讽刺意味的是，他们却拒绝动用地方政府经费支持《河流与港口公约》（River and Harbor Convention）。实际上，芝加哥人已经在按照总统的口径调整他们的治理模式了。他们建立起一套基于选区的分段责任制度。芝加哥的土地所有者一般都反对负担全市范围的改造项目，而地方项目的资金使用必须经由他们评估定夺。只是许多芝加哥人没有认识到这一点[9]。

尽管总统投了反对票，可是联邦政府继续在芝加哥的发展进程中发挥重要作用。1849 年 9 月，联邦政府开始在迪尔伯恩城堡原址附近修建新的海事医院。专为湖区病残水手设计的三层大楼，每层有 12 间病房。国会为此拨款 4.5 万美元，预计在 1851 年竣工。早在 1821 年便处理过的河口沙洲仍然要经常疏浚，也由联邦埋单。国会在 1850 年拨款修建的新的钢铁灯塔，将在 1851 年完工。

虽然芝加哥在飞速发展，但要成为名副其实的伟大城市，却面临着各种各样的阻碍。问题或许就源自其发展速度。糟糕的排水系统造成全城疫病肆虐。芝加哥修建了木板路，改善了市政设施，市民和客商们才能沿街做生意。1849 年，市议会开始在主干路铺上木板，可是排水依然是一个问题，摆脱困境的几番尝试均以失败告终。到 1850 年底，全城街道的铺装里程只有 9.59 英里，下水道的铺设长度短得可怜。这座新兴城市受困于湖岸侵蚀问题，更需要拓宽港口、增建船坞码头[10]。

甚至大自然也经常制造麻烦。1849 年 3 月 12 日的上午 9 点到 10 点，芝加哥的两万居民听到一声雷鸣般的巨响，就像大炮开火一样。人们纷纷从家中和工作场所跑到外面一探究竟。冲破河道及运河水系的冰排顺流而下，裹挟着两层楼高的汹涌洪水冲毁桥梁，击碎运河船只，甚至把一些最大的湖区运输船推出了水面，抛到远离锚地的地方。随着洪水继续泛滥，芝加哥民众争相奔向各处桥梁，目睹洪灾的惨相。奔涌的巨浪先冲走了麦迪逊街大桥上的一个男孩，又吞噬了另一名儿童。不可思议的是，洪灾期间遇难的仅此两例。洪水冲毁了所有桥梁，财产损失达 10.8 万美元，其中 80% 源自停泊在芝加哥河支流"安全港"里的那些被毁的船只。被毁的船只堆叠成一道别样的"大桥"，成为洪灾后唯一的过河通道。

因为坐落在洪泛沼泽平原上，排水不善和欠缺规划的快速扩张使得年轻的城市苦不堪言，自然灾害又增添了未来的不确定性。以 1849 年的那场洪水为例，排水不畅的河道沿岸在严冬后完全封冻，而春季解冻的污水和融雪，外加 3 月创纪录的降雨量，在西南 10 英里处的德斯普兰斯河上形成了巨型冰坝，迫使河水穿过"烂泥湖"涌进芝加哥河南支流。超大的水流量抬升了河道水位和冰盖。大自然积蓄的可怕力量势不可当，令人沮丧的是，建立在河岸之上的芝加哥竟然无视这种能毁灭城市的力量。

八年后，早春解冻的冰水和持续的降雨再次引发洪水。又一波巨浪冲毁了城市周围河流上的铁路桥，并致人死亡。与此同时，河水开始上涨，再次威胁到芝加哥城。木料场和各商家的仓库都变成一片泽国。1849 年的那一幕准备在芝加哥重演。近 2 英尺高的洪水淹没了西南部的布里奇波特镇。洪水涌进各家各户，又将堆满木材和肉品的码头摧毁。而在河上的肉类加工厂下方，浮冰将运河船只撞得粉碎。更多的浮冰不断堵塞在各处桥梁下方。事实再次证明，"烂泥湖"是洪水泛滥的主要原因。由于排泄不畅，洪水只能涌入南支流，不断威胁着城市安全。不过，天公作美，大水因气候突变结冻，灾害才没有进一步加重[11]。

1849 年，运河船把流行病从新奥尔良带到了芝加哥。霍乱席卷全城，就像洪水泛滥一样，芝加哥被迫把注意力集中到河道整治和供水问题上。市民强烈要求供水系统收归市政府所有。1836 年，伊利诺伊州特许芝加哥水务公司为全城供水。1842 年，该公司修建了自来水厂，可是直接抽取的湖水肮脏不堪。1850 年，该公司只能为 20％的家庭供水。多数芝加哥人要从商贩手里购买桶装水。商贩们把干净的湖水灌进木桶，然后沿街售卖这种珍贵的商品。1851 年，为了消除霍乱的威胁，芝加哥人决定成立水利委员会。多数居民认识到公共供水系统是生死攸关的大事，所以提出了明确要求，并以投票方式积极支持。委员会请来的专业工程师威廉·麦卡尔平（William McAlpine）提议，在芝加哥大街与派恩街的东北角建一座更大的泵房。此外，他又建议在多处设置消防栓和免费的喷泉式饮水器。他认为这是解决饮用水问题的便捷方案，而且更符合民主精神。

木制建筑为主的芝加哥不仅需要饮用和洗涤用水，也要满足防火需求。1857 年的一场大火夺走了 22 条生命，中央商务区的财产损失高达 70 万美元。实际上，麦卡尔平初期使用的 300 马力蒸汽机不足以应对那场大火。火灾过后，安装了第二台更大功率的蒸汽机和水泵。五年之内，80％的芝加哥人开始享用新建的市政供水系统。到了 1861 年，尽管人口激增，但芝加哥人几乎都用上了由政府债券募资兴建的自来水系统[12]。

可是有限的供给满足不了用水需求。1864 年，工人们开始在密歇根湖底开挖一条两英里长的隧道，直通远处新的取水口，总工程师埃利斯·切斯布罗夫（Ellis Chesbrough）认为那里已经远离了污染水体。引水隧道在 1866 年修通，为芝加哥大道上新建的泵站和水塔供水。八年后，芝加哥南区附近开挖了第二条隧道。然而，切斯布罗夫的第一条隧道依然要应付藏污纳垢的芝加哥河的考验。陆军工程兵把过去用来保持河口通畅的凸堤延长了 1 000 英尺。加长后的凸堤改变了直接流向引水管道的芝加哥河的天然流向。芝加哥和联邦政府的治理思路背道而驰，虽非蓄意为之，但是一流的引水工程却没有解决污染问题。针对危害一方的恶臭河水及水源污染问题，必须要有所动作[13]。

照片中的就是 1870 年时的芝加哥水塔。

　　芝加哥显然忽视了自然环境的作用，因此遭到大自然的猛烈报复。最初的城市规划图中没有体现环境特性，网格状的规划设计旨在方便地皮销售。将城市建在沼泽地上显然是欠考虑的。向西 12 英里的大陆分水岭一带却是另一番天地，可能更适合建城。不仅是现在的芝加哥城，其周边地区都需要更好的排水系统。必须想方设法排出湿地的水，还要让水远离这片比密歇根湖面高不了多少的土地。

　　正如供水系统一样，建设城市排水系统同样是因为肆虐六年的传染病。1849 年的第一场瘟疫夺走了 314 条生命。第二年，死于霍乱的至少有 450 人。仅在 1854 年，霍乱就害死了 1 500 名居民。多数人认为洁净的水源和高效的排污系统才是解决之道。河水里充斥着城里的各种废物，包括屠宰场倾倒的污物和酿酒厂的废料。令芝加哥头痛的不仅是河里散发出来的味道：每当肉类加工厂的血水排进河道，本来就黑如墨汁的河水经常变成暗红色。抛进河里的动物尸骸与原有的生产、生活废弃物混在一起，让人触目惊心。河水接着流入密歇根湖，直接威胁到城市的饮用水安全。显而易见，芝加哥的各项健康问题都是相互关联的。

　　为了排出城市的废水和保护地表径流，伊利诺伊州议会授权芝加哥的污水治理专员修建下水道和排水沟渠。截至 1855 年，芝加哥即将成为第一个建成综合排水系统的美国城市。切斯布罗夫设计了一套完整的下水道系统，能将私宅街路上的废水排入芝加哥河。排水系统要靠重力运转，因此，必须抬高城市街路才能实现。管道铺在地上后，上面用深挖河道时清出的泥土覆盖。新建的市政工程系统上又铺设了柏油路。业主们只好用千斤顶抬高房

屋以对接新街路，下面的空间则改成地下室。某些居民区的业主
却不理会抬高的街路，为了能走到大街上，他们在自家门前修出
阶梯通道。芝加哥河由此变成一条巨大的城市下水道。

　　河水污染越发严重，人们为此提出五花八门的治理方案。切
斯布罗夫的深挖计划最后胜出。通过深挖运河并借助重力，河水
流向倒转，不再东流入湖。庞大的市政工程允许芝加哥的污染者
继续利用芝加哥河这个超大的排污池。州政府以运河通航费的留
置权为担保，发行地方债券支持工程项目，实际上让纳税人搭上
了免费的便车。芝加哥河的流向彻底逆转，而新的排水系统和运
河工程还会在 1900 年动工。不过，城市在解决各类问题时，工程
规划开始被优先考虑[14]。

战争威胁

　　工业革命及其带动的农业、运输和通信领域的系列革命在共
同改造美国，另一种力量也开始蠢蠢欲动。芝加哥在产业革命中
起到了关键作用，也在即将席卷美国的内战中履行核心使命。资
本主义之所以能在美国经济中取得最终的完胜，而芝加哥有机会
成为这场胜利中的主角，是因为南北方的这场拼争发挥了根本性
的作用。

　　绰号"小巨人"的伊利诺伊州参议员斯蒂芬·道格拉斯（Ste-
phen Douglas）是第七任总统杰克逊的拥趸，赞同其传统的经济
观和奴隶制方面的立场。为了寻求避免内战的折中路线，道格拉

斯支持了美墨战争后的"1850 年妥协案"①。他希望通过"人民主权"的主张解决西部地区的奴隶制扩张问题。1854 年，道格拉斯在堪萨斯奴隶制争端中支持南方，试图以此争取南方人支持他的提案——修建以芝加哥为起点的横贯大陆的铁路线。奴隶主们从密苏里涌进堪萨斯，投票赞同地方选择奴隶制的自主权。北方人指责此举与 1820 年的"密苏里妥协案"相悖。"小巨人"的立场使其党内支持率大幅下降，也失去了 1856 年总统候选提名机会。就在美国摇摇晃晃地迈向极危险的冲突之际，道格拉斯却坚守着民族主义的政治模式，认为奴隶制不是政治或道德问题，本质上也不属于宪法层面的问题，而是该由各州自主决定的地方性问题。

1858 年，为了竞选州参议员，亚伯拉罕·林肯（Abraham Lincoln）向道格拉斯发起挑战。这位年轻律师代表新成立的共和党，这次公开的竞选辩论却是一次炼狱般的考验。7 月 9 日晚，二人在芝加哥市中心的特雷蒙特酒店会面。他们象征着那个时代和所在地区的矛盾心态，既有各种失落，又满怀希望。"小巨人"当仁不让地首先发言，开始了参议员竞选辩论。场内的民主党人紧密团结在他们的候选人身后，场外游行的火炬映红了街道，烟火在夜空中绽放。

年轻的芝加哥之所以能成功，现任参议员道格拉斯功不可没。他说服伊利诺伊中央铁路公司在芝加哥设终点站，努力为城市争取其他投资项目。他在南区开发了两个房地产项目，吸引了郊区

---

① "1850 年妥协案"是美国国会为解决蓄奴问题和防止联邦解体，于 1850 年 9 月通过的 5 个法案的通称。作为权宜措施，妥协案虽然暂时缓解了南部脱离联邦的危局，但支持与反对蓄奴的两派纷争的根源未除，不过使南方推迟十年宣告脱离联邦而已。

居民到城南的湖滨地带定居。在他的建议下，同僚保罗·康奈尔（Paul Cornell）开始建设郊区的海德公园地块。内战前的那些年，政商一体的道格拉斯非常符合一批强力推进芝加哥大发展的政商名流的"口味"。他要面对一次十分关键的竞选，能否恢复其国会地位在此一举。道格拉斯指责林肯是在主张对奴隶制开战。林肯则稳坐静听，直到第二晚才开始辩护。在特雷蒙特酒店的同一个包厢，林肯站在道德高度上抨击了奴隶制。这次非正式的交锋成为"林肯—道格拉斯大辩论"的开端[15]。

　　道格拉斯赢得了 1858 年的竞选，重回参议院。二人之间的七场辩论成为美国政治史上的传奇。两位候选人成为举国瞩目的焦点，抬升了个人地位，同时打下了民主、共和两党斗争的基线。尽管林肯竞选参议员失败，但他成为共和党内举足轻重的人物。在 1860 年的总统大选中，道格拉斯则成为民主党阵营中的领先者。

　　林肯是 1860 年共和党候选人提名过程中的一匹黑马。多数共和党人赞成纽约的威廉·苏厄德（William Seward）参选。共和党决定在芝加哥召开全国代表大会，这给林肯带来了机会，但并不足以确保他顺利获得提名。担任过国务卿的苏厄德统一了共和党的执政思想。1860 年 5 月 16 日，在莱克街的总部会堂"大窝棚"召开的大会上，反对奴隶制的共和党却没有提议废除奴隶制[16]。

　　被吹嘘为美国最大集会场所的"大窝棚"在 4 月 1 日前根本就不存在。木匠们使用轻便木构架，仅用五周时间便搭起了能容纳 1.2 万人的简易会堂。批判者对这个类似巨型仓库的廉价建筑嗤之以鼻，认为它随时会倒塌，便戏称其为"大窝棚"。尽管外号难听，可当时的会堂还是很壮观的。两层高的会堂耗资 5 000 美元。参会代表汇聚在主厅，观众们则挤在包厢里。大厅四面的大窗户能保证空气流通，这对于人员密集的集会场所尤为重要。最后，来自北方和边境各州的 466 名共和党代表齐聚芝加哥。随着林肯的参选，几千名本地支持者挤满了会堂的包厢，并在门外集结不散[17]。

从纽约赶来的瑟洛·威德（Thurlow Weed）一心要为苏厄德争取到党内提名。号称"魔鬼说客"的威德是党派政治中不可小觑的一股强大力量。入住芝加哥最好的酒店之一——"里士满之家"——后，威德便开始筹划竞选活动。他早就听闻芝加哥传奇般的选举风气，为保险起见，特意带来数千名苏厄德的支持者，包括几百名纽约市的暴徒，以防林肯的本地支持者掌控会议态势。

候选人们的支持者到达后，会堂周边的街道顿时成为暴民齐聚之地。组织者为女宾客预留了部分包厢位置，大概能容下 3 000 位女士及其陪同者。为了在会场找到位置，男士们主动给未婚女性 25 美分，甚至女学生也行，以便借口护送她们进入会场。据称，至少有一位大胆的女孩先后把六位先生公然带进会场。一位洗衣女工一手抱着浆洗衣物，一手挽着男士走进会堂。发现此招奏效后，另一位先生便要陪着向游客兜售鹿皮软鞋的印第安妇女出席会议，却被告知原住民女子不可能受邀，因此被拒之门外。显然，芝加哥的"企业家精神"不只存在于那些著名的男性实业家身上。

共和党的女同胞们用横幅、旗帜和常青树装饰了会堂，巨大的舞台上挂满了伊利诺伊州的州旗。舞台背壁上装饰着寓意自由、正义和富足的绘画与象征爱国精神的标志，对面墙上则挂着华盛顿和其他国民英雄的半身像。在煤气灯和天窗照亮的会议大厅里，州长埃德温·摩根（Edwin Morgan）点过各州代表的名字后，于12时15分正式宣布开会。党内各个委员会向大会介绍了情况，几轮发言后休会，代表们接着乘坐等候已久的纵帆船游览密歇根湖。当晚，真正的拉票竞选活动才开始运作。

按照芝加哥操盘政治的一贯传统，身为林肯竞选负责人的法官大卫·戴维斯（David Davis）在特雷蒙特酒店召集人手，准备用行动压制苏厄德那伙人在会场表现出的任何势头。法官深知，苏厄德的优势在头两轮的无记名投票中无人能及。林肯必须给人一种力量不断增长的印象。戴维斯希望第二天的会场里挤满林肯的支持者，其中一些人是免费坐火车从伊利诺伊州南部赶到芝加哥的。戴维斯雇用了一位名叫埃姆斯（Ames）的芝加哥医生，据说此人有一副出了名的大嗓门，负责在人群中带头喊口号，为林肯助威。在会堂另一边，他安排了一位来自渥太华的大嗓门向参会代表高唱"小夜曲"。与此同时，林肯一方的代表为候选人争取到了足够的支持。如果能阻止苏厄德的动作，投票人就承诺一定会在第三、四轮投票给林肯。他们的运作很有成效，特雷蒙特酒店始终是反苏厄德活动的总部。收获更多票数的同时，戴维斯也为选民提供政治支持。最后，运筹帷幄的戴维斯巧胜威德，林肯在第三轮票选中赢得提名，代表共和党竞选总统。

芝加哥大会上采纳的竞选纲领很保守，大大出乎很多共和党人的预料。苏厄德则站在共和党废奴派的最前线。林肯及其盟友希望他们起草的文件不会将南方推向分裂。涉及奴隶制的条款中仅仅提到不能在新开拓的领土上推行奴隶制，也谴责了放开奴隶贸易的意向。纲领宣誓要维护联邦的统一。另外，共和党人呼吁在西部征收保护性关税，制定免费的宅基地政策，推进河道港口改造工程，政府援建直通太平洋的铁路等。该文件也有保护外来移民的政策取向。这一立场赢得了西部全境，特别是伊利诺伊州的广泛支持。年轻的共和党人组建了所谓的"完全清醒俱乐部"，其成员召集忠实的支持者在芝加哥街头游行，让更多的人相信共和党事业的正义性[18]。

　　与此同时，民主党人也在南卡罗来纳州的查尔斯顿集会。那里是南方分裂分子宣泄情绪的活动中心。道格拉斯的支持者占其中的大多数。可是他们驳回了将奴隶制扩张到所有领土的政党纲领后，南方代表便退出了大会。道格拉斯未能实现党内团结。民主党在巴尔的摩召开了另一次大会，最终提名"小巨人"为总统候选人，但没有弥合党内的裂痕。1860 年，南方人支持了他们自己推出的候选人约翰·布雷肯里奇①（John C. Breckinridge），结果成全了林肯的当选。约翰·贝尔（John Bell）争夺宪法联盟选票的活动进一步加剧了南北方的分裂[19]。

　　事实证明，芝加哥的"大窝棚"会堂成了全国类似集会场所的典范，但它在芝加哥的使用范围却相当有限。1860 年的整个夏天，不同的宗教领袖在那里举行过仪式。当年 11 月，"完全清醒

---

　　①　约翰·布雷肯里奇时任美国副总统，内战期间曾加入南方联盟军作战，后任南方联盟的陆军部长，战后逃亡英国。

俱乐部”举行了一次以大会堂为终点的游行活动。那里搞过各种活动，包括：一次机械博览会；一次轻步兵装备展，其特色是身着亮丽制服的士兵列队招摇过市，让人联想到欧洲尤其是法国军队的阵型；“圣十字姐妹会”举行过为期三天的天主教节庆，还有其他各类活动。1860 年总统大选结束后，如何处置这个庞然大物成了问题。内战期间，那里一度成为军队驻地。1862 年，木匠们把会堂分隔成十间商铺，使其变成一个商业市场，融入莱克街商圈。最后，“大窝棚”在 1869 年 11 月 13 日晚间发生的火灾中被烧毁[20]。

南北战争

　　1860 年 11 月 6 日，全美进行了投票。共和党人入主白宫，而联邦分裂的危险立即成为全国讨论的话题。一些人建议“不流血的分离”，可是共和党的领导层内却无人重视分裂联邦的消息。1860 年 12 月 20 日，南卡罗来纳州宣布脱离联邦。许多政治家提出调解安抚方案，认为用这种久经考验的手段足以维护联邦统一。另一些人公开谈论起进一步放任地区分裂，包括建立一个西北共和国的可能性，这样可以避免西北部地区也卷入战争。许多人认定，只有美国的东北部才真正想进行这场战争。一些芝加哥人则认为，这场战争有可能使年轻的商业和工业中心受益。《芝加哥纪事报》（*Chicago Record*）甚至预测，芝加哥将成为一个在危机中诞生的新共和国的首都。

多位民主党人士继续推动与南方达成妥协。1861 年 1 月 14 日，麦考密克联合其他民主党人呼吁尽快形成妥协决议。参议员道格拉斯紧急起草了一份折中方案，提出新的宪法修正案，既保证奴隶制的存在，也要制约其发展。共和党一方的参议员则认为不需要做出限制新政府权威的任何妥协。南方政客们在国会反复讨论妥协方案，解决分歧的希望微乎其微。以苏厄德参议员为代表的共和党领袖担心，总统就职典礼可能以灾难形式收场。芝加哥的艾伦·平克顿（Allan Pinkerton）就曾调查过巴尔的摩的一起刺杀林肯的阴谋活动。

芝加哥市长约翰·温特沃思现在公开承认自己是共和党人。他宣布，在纪念新奥尔良战役胜利的 1 月 8 日，芝加哥的店铺应该关门放假，悬挂彩旗，既是向来之不易的联邦国体致敬，也是为了纪念英雄杰克逊总统（是他化解了 1833 年的拒行联邦法规危机，避免出现南卡罗来纳州脱离联邦的苗头），同时，也是向南卡罗来纳州萨姆特堡的指挥官约翰·安德森（John Anderson）少校致敬。3 月 4 日，林肯宣誓就任总统。他的演讲终结了所有的妥协问题。按照新总统的口径，各州没有脱离联邦的宪法权利，也必须遵守联邦法律。4 月 12 日，分离分子向萨姆特堡开火，安德森少校于两天后投降。第二天，林肯向 7.5 万名士兵下达保卫联邦的命令，芝加哥和北方地区无不热烈响应。

4 月 18 日晚，芝加哥发生大规模示威活动，两万多居民挤满了法院广场。芝加哥的政治精英呼吁市民要表现出爱国精神。随着战争狂热在北方蔓延，年轻人纷纷加入军队。多数人预计北方一定能速胜。（南方人也希望很快赢得独立。）与此同时，道格拉斯参议员在萨姆特堡陷落的当天会见林肯，承诺坚决支持打击分裂分子，并建议林肯至少需要 20 万兵力才能打败南方。道格拉斯随后返回伊利诺伊，并在斯普林菲尔德的一次演讲中，对国家现状表示了"哀伤和悲痛"。他呼吁伊利诺伊州要拒绝分裂行径。民主、共和两党都对"小巨人"的讲话表示欢迎。5 月 1 日，道格拉斯来到芝加哥，在共和党的总部会堂宣布："这场战争中没有中立派，只有爱国者或者叛国者。"但是，这位参议员病倒了，于 6 月 3 日去世，享年 48 岁。他既看不到联邦的胜利，更看不到这个国家将面对的巨大灾难[21]。

埃尔默·埃尔斯沃思（Elmer Ellsworth）是林肯的朋友，也是出身芝加哥的将领。芝加哥很快就开始为国家大业抛洒热血，埃尔斯沃思便是第一个在战斗中牺牲的联邦军官。他在芝加哥和纽约组建轻步兵分队参战，于 1861 年 5 月 24 日在弗吉尼亚的亚历山大城阵亡。当天，他率领纽约消防警察进驻邦联军队弃守的城市，注意到马歇尔酒店楼上飘扬着一面邦联旗帜，便要把它摘下来。他冲进酒店后砍下旗子，在返回街上的过程中与酒店老板詹姆斯·杰克逊（James Jackson）在楼梯上遭遇，后者用霰弹枪将他击毙。一名士兵立即向杰克逊开枪，然后用刺刀结果了他。6 月 2 日，芝加哥人为埃尔斯沃思举行追悼会，并把他安葬在纽约[22]。

芝加哥对内战做出了积极的反应。5 月，该市共报告有 13 家公司在为国效力，另有 25 家后备企业随时听候调遣。到了 6 月，芝加哥人筹集了超过 3.6 万美元，用于装备相关企业和抚恤军属。1862 年夏，当林肯再次征召 30 万士兵时，也得到了热烈响应。

土生土长的和国外出生的芝加哥人一致支持联邦事业。妇女们也加入军需品的生产工作中。伊利诺伊州的军队最初在密西西比河谷地服役。1862 年 2 月的多纳尔森堡战役首次考验了芝加哥的战备能力。2 月 17 日，尤利西斯·格兰特（Ulysses Grant）的胜仗导致大约 1.3 万名南方邦联士兵被俘。芝加哥人给部队送去了食物、药品、《圣经》和其他读物。3 月 1 日午夜时分，第一批战俘抵达芝加哥，被关押在南区新建的道格拉斯军营。

联邦军队早期的这场胜利没有造成邦联的迅速溃败，反而坚定了南方人的信念。即使在 1862 年 5 月联邦夺回密苏里的控制权之后，叛乱分子仍然顽固、强大。从 1861 年 4 月开始的萨姆特堡战役，到 6 月田纳西的夏伊洛战役，芝加哥一直在倾力支援，可是速战速决的幻想破灭了。许多芝加哥人对待战争的态度变得更加强悍。士兵们汇报过叛军的暴行，其中既有传言，也有真实的内容。芝加哥和整个国家见识到了战争的残酷性：大规模的伤亡和一具具的棺椁震撼了每个人[23]。

尽管如此，芝加哥人仍积极参与美国卫生委员会的工作。该机构组建于战争初期，后来主要负责协调各个救济机构支援参战部队。内战期间，芝加哥分部（后改称"西北卫生委员会"）成为女性崛起的重要突破口。尽管委员会名义上由男性领导，可是他们的妻女却承担了大部分的繁重任务。身为牧师妻子的伊丽莎·波特（Eliza Porter）最初负责外科手术指导，5 个月后由简·霍格（Jane Hoge）和玛丽·利弗莫尔（Mary Livermore）接替，波特则带领一队护士加入西部的联邦军队。1861 年 12 月，霍格和利弗莫尔举行义卖活动，筹得 675.17 美元。委员会特邀二人担任执行代表之后，她们便开始奔忙于挤满伤员的各家医院。不到三周，她们又回到芝加哥组织本地各界力量，努力救治北方士兵。

因为芝加哥发生了反黑人的骚乱，一些民主党人同时呼吁停战求和，导致未来几个月的情况特别艰难。大规模集会一次次激起民众的爱国激情，震撼着芝加哥全城。动荡期间，西北卫生委员会几乎成为失望情绪和政治分歧的牺牲品，可是霍格和利弗莫尔继续维持着机构运转。1863年春，委员会的运转步入良性轨道后，霍格又发起为士兵提供新鲜果蔬的运动。到7月，委员会从芝加哥运出了1.8万蒲式耳的蔬菜，超过6.1万磅的干果。

西北卫生委员会为伤兵提供的服务体系同样很了不起。1863年7月4日，委员会在芝加哥开设了"士兵之家"。社会工作严重消耗了委员会的资源。霍格和利弗莫尔提议举办交易会来增加活动资金。尽管有男性委员对此表示怀疑，她们仍然推进既定计划，至少筹集了2.5万美元。她们在布莱恩大厦组织集会，任命了一个执行委员会，成员包括芝加哥各主要宗教团体的女性。该委员会计划在9月1日召开中西部妇女大会。霍格和利弗莫尔前往东部，为拟议中的交易会争取支持。各界反应热烈，交易会于10月27日开幕。因为捐赠的货品太多，摆满了用来陈列商品的各个大厅，交易会俨然成为一次大型博览会。大厅里昼夜挤满了人，到11月7日闭会的那天，西北卫生委员会已筹集到8.6万美元（按2007年的标准可折算为约176万美元），芝加哥的伤兵还享用了一顿晚宴。士兵们离开后，有200名男子进入餐厅为组织这次交易会的妇女帮忙[24]。

道格拉斯参议员去世后，各方利益集团瓜分了他在城南拥有的土地。他们留出部分地块用以训练联邦军队。位于31号大街以南、科蒂奇格罗夫街以西的军营位置很理想，临近湖畔和伊利诺伊中央铁路等多条交通线。大约在萨姆特堡遇袭六个月后，这里便开始了营地的建设工作。到了11月，道格拉斯军营完工，成为军方的训练基地。格兰特在多纳尔森堡获胜后，联邦部队将道格拉斯军营改为战俘营。大约7 000名邦联战俘很快运抵芝加哥，并被安置在这处集中营里。

　　囚犯抵达后，营地的管理方并没有做好充分准备。因无兵可调，他们强令芝加哥警方派人看守战俘。战俘和城市的唯一屏障只有区区60名芝加哥警员。这让市民大为担心，城南的有钱人更是忧心忡忡。幸运的是，战俘们完全没有组织起有效的叛乱，2月的严寒天气同样打消了叛军逃跑的念头。不久后，詹姆斯·马利根（James Mulligan）上校率领爱尔兰旅的士兵接管了营地的守卫任务。

　　芝加哥人来到战俘营，要近距离看看他们的新敌人。马利根发给通行证后，背景不同的芝加哥人便与俘虏们辩论政治问题。送来的南方战俘越来越多，营区条件很快恶化。最终，这处战俘营容纳了约9 000人。很多人的健康状况很差，不仅受了伤，而且饱受严寒的折磨。不到一个星期，就有29名邦联士兵死在了道格拉斯军营。南方士兵开始知晓这个臭名昭著的地方。组织者在布莱恩大厦筹集资金，救助叛军中的伤病员；芝加哥的医生则与邦联的医生并肩工作，救治那些南方叛军。芝加哥妇女为军营准备食物，通过慈善募捐活动送来衣服、毛毯和被褥。推行慈善行动的第一年，芝加哥人捐赠了价值近10万美元的衣被。然而，营地恶劣的生活和医疗条件还是直接导致 6 000 多名战俘死亡。多数死者埋葬在南区橡树林公墓里的"南方邦联纪念山"[25]。

囚犯们策划过多次越狱，有成功的，也有失败的。其中一个逃脱计划的谋划者试图占领战俘营，并在为数不少的芝加哥"铜头党"中找到同谋配合。"铜头党"成员同情南方，认为这场战争是林肯及其共和党激进盟友犯下的愚蠢罪行。查尔斯·沃尔什（Charles Walsh）号称是"芝加哥铜头党"的"准将"，虽然心怀宏大愿景，但做同谋却不称职。南方间谍已经抵达芝加哥，试图协调大规模的越狱行动，但是沃尔什无所作为。1864 年总统大选前，南方间谍托马斯·海因斯（Thomas Hines）上尉负责协调的越狱失败了[26]。

内战期间，一场对公民权利的严重挑战开始在芝加哥酝酿。《芝加哥时报》的编辑威尔伯·斯托里（Wilbur Storey）坚决反对林肯和共和党。他从道格拉斯的"请忘掉党派——记住你们的国家"这句话里受到启发，不遗余力地推销自己的观点。总统发布《解放黑人奴隶宣言》后，斯托里称之为"国家的自杀行为"。斯托里坚信林肯受到废奴主义者的左右，接着展开口诛笔伐，称林肯为"老小丑"。《解放黑人奴隶宣言》成为法律之后，斯托里在报上宣称，该文件是"亚伯拉罕·林肯的可怕灾难"。南北方激战正酣之际，《芝加哥时报》成了炮轰林肯的阵地。民主党人一致支持斯托里，以各州权利和白人至上论为依据攻击林肯，声称共和党要把国家交给那些刚获自由的黑奴。按照斯托里及其支持者的说法，林肯积累了太多的权力，已经成了独裁者。对白人而言，反抗暴政是"生死攸关的要务"。

斯托里无情攻击规模不大的芝加哥黑人社区。《芝加哥时报》认为黑人不能遵守社会法律。一篇文章的标题竟然叫嚣："伊利诺伊会不会非洲化？"斯托里撰文称黑人贪恋白人女性或者侮辱联邦士兵。在他笔下，白人的美国即将崩溃，这是林肯和废奴主义者一手造成的。斯托里的种族主义言论似乎没有底线。这位编辑发现自己站在了舆论的风口浪尖上，总统和联邦政府不得不对此做出回应。

斯托里的言论影响力巨大，民主党人士开始公开呼吁结束战争。伊利诺伊州州长理查德·耶茨（Richard Yates）敦促该报必须关停。印第安纳州州长奥利弗·莫顿（Oliver Morton）认为《芝加哥时报》对他的州影响恶劣。《芝加哥论坛报》也呼吁打击该同行。联邦政府初期忽视了这些呼声，可是林肯的战争态度很快受到影响。由民主党控制的伊利诺伊州和印第安纳州的议会都要求立即结束战争。斯托里接着发出威胁称，如果不能尽快停战，中西部地区就会脱离联邦。俄亥俄州前国会议员、反战的民主党人克莱门特·瓦兰迪汉姆（Clement Valandigham）正盯着州长职位。此人被安布罗斯·伯恩赛德（Ambrose Burnside）将军逮捕之后，斯托里马上跳出来为之辩护，并攻击伯恩赛德，称逮捕事件是"公民自由的葬礼"。1863 年 6 月 1 日，伯恩赛德电令道格拉斯军营的指挥官取缔《芝加哥时报》。斯托里被勒令停止报纸出版。大胆的斯托里竟然又出版了一期，并派一名骑手守在道格拉斯军营门前，以便确定负责查封的军人何时出动。凌晨 4 点，两队士兵到达报社，制止了报纸印刷。当天早上，出现在街头的《芝加哥时报》里夹着一份传单，上面印着伯恩赛德的查封命令。

大批支持者聚在报社外，要求斯托里表态。民主党的选区负责人在各自片区大肆鼓动。有人估计，那天晚上有两万人上街示威。大规模的暴力威胁弥漫在城市上空。几位共和党人遭到成群结队的暴民攻击，切身感受到了人们的愤怒。一些知名的共和党领导人转而支持斯托里和《芝加哥时报》。《芝加哥论坛报》的各处办公地点则准备好应对民主党暴徒的袭击。

　　林肯虽然不是斯托里或《芝加哥时报》的朋友，却不赞同伯恩赛德将军的做法。他认为打压《芝加哥时报》之举大错特错。曾在 1860 年成功组织了林肯竞选工作的戴维斯法官发电报给总统，请求停止查封行为。尽管不想让伯恩赛德难堪，林肯还是要求他解除禁令。至 6 月 4 日，《芝加哥时报》恢复了出版自由。现在，涌上街头的换成了愤怒的共和党人。芝加哥街头因党派相争而再次人声鼎沸。林肯转而要求伯恩赛德重新查禁《芝加哥时报》，但将军明智地无视了林肯的指令。

　　斯托里倒是乐享共和党对他本人和报纸的攻击。死亡威胁只会让他更加无畏，因为他会成为这件事的唯一赢家。伯恩赛德的所作所为无疑成了报纸挖掘不尽的金矿，订阅量因此增加了。作为"林肯暴政"迫害的象征，咸鱼翻身的《芝加哥时报》在伊利诺伊州和全国的政治生活中发挥了更大的作用[27]。

战时经济模式

　　与此同时，持续的战争对芝加哥的经济产生了深远影响。人们从一开始就达成共识：南北方的冲突无疑会影响到这座工商业中心城市的发展。同圣路易斯和辛辛那提这两个主要竞争对手相比，芝加哥离战场相当遥远。此外，由于水路和铁路交通条件优越，军需供应自然要取道芝加哥。南方人最初以为，只要控制住密西西比河流域，就会削弱北方经济，可是北方人先打了几场胜仗，芝加哥也有能力输送物资和人员补给，使得南方未能实现其目标。

对伊利诺伊州和芝加哥经济的最初威胁来自混乱的银行体系。杰克逊总统当政时期，全国发行的纸币各式各样。早在 1860 年的 11 月，南方货币将会贬值的威胁令芝加哥的批发企业深感不安。第二年，由于伊利诺伊州的银行持有的数百万计的南方货币现在一文不值，大规模的倒闭潮发生了[28]。最后，联邦政府在 1863 年建立了国家银行体系，芝加哥贸易委员会主导的一场运动也将各州自己发行的货币逐出流通市场，代之以统一的联邦美钞。虽然遭遇了这次银行业危机，但战时经济很快对芝加哥产生了积极影响。

供应北方军队的订单淹没了芝加哥。为北方士兵和水手供应制服的成衣产业一夜之间兴旺起来。到 1863 年，包括 85 家批发企业在内，芝加哥的各家服装公司年产值达 1 200 万美元[29]。军需品生产是迫于现实需要。第一批去保卫伊利诺伊州开罗镇的部队在离开芝加哥时装备奇差。专为北方军队生产急需物资的企业几乎立即开工。各公司赶制的骑兵和步兵装备货值超过百万美元。驻守波托马克河的法恩斯沃思军团得到了康迪克-伍利公司生产的骑兵装备。1861 年 5 月，做民用品生意的特纳-希德威公司的 400

多名雇员开始转产军用马鞍。为联邦军队准备物资的其他企业还
包括古斯塔夫-勒沃伦茨公司、沃德-金公司以及 D. 霍顿公司。
1862 年，芝加哥企业证明它们有能力生产出高品质的战时产品，
而且在工艺和成本上完全可以媲美北方的任何地方[30]。

　　因为芝加哥远离战区，其他产业也迁入该城，或者被日益明
显的交通优势吸引到此。1860 年，肥皂和蜡烛制造商 R. H. 斯第
沃特公司从底特律搬至芝加哥，理由是这里有交通运输优势和大
量物美价廉的动物油脂，是拓展业务的绝佳地点。同一年，芝加
哥输出了大量小麦，美国西部的财富似乎为即将发生的战争做好
了充足的物资准备。更高的薪资刺激了经济发展，本土和外来的
务工者不断来到芝加哥寻求更美好的生活。《芝加哥论坛报》指
出，美国城市在内战前的 20 年间实现了惊人的增长。因为各个城
市为美国这个庞大商业和农业帝国提供了天然的突破口，国家那
些最聪明、最有野心的人似乎都涌进了城市。尽管南方的分裂带
来了最初的经济冲击，但显而易见的是，整个西部地区，尤其是
芝加哥一带，后来的发展却蒸蒸日上，人们都在忙着向联邦供应
粮食、牛肉、猪肉和其他物资[31]。

　　芝加哥的《城市工商企业名录》（City Directory）记录下了制
造业发展的蓬勃势头。1857—1863 年，农具制造企业从 2 家增加
到 7 家，谷物升降机厂商从 7 家增加到 18 家，铸铁厂也从 8 家增
加到 15 家。到 1863 年，大量铁路企业和机械工厂雇用了数千工
人。同时，由 101 辆出租马车和 99 辆公共马车构成的公共交通体
系将芝加哥人运送到快速发展的城市各地。在商品生产和运输工
作之余，芝加哥人可以在 600 多家酒馆和杂货店里驻足，满足他

们的日常需求[32]。

相比其他城市，铁路与水陆交通的对接给芝加哥带来巨大优势。1859 年，南支流船坞公司庞大的建设工程开始了。公司在当年公布的方案中，将在超过 5 英里的滨水地段建设大型船坞系统，能连接进出芝加哥的所有铁路线。工程选址在与布里奇波特镇隔河相望的芝加哥西区，占据整个北岸地段。开挖的七条泊船水道以最佳角度与河流相通，每条宽 100 英尺，深 12 英尺，平均长度 1 700 英尺。公司的规划人员还在 22 号街南侧铺设连接芝加哥—伯灵顿—昆西铁路公司线路的轨道。新工程位于伊利诺伊—密歇根运河上游，直接与水路和铁路网相连。铁路公司可以直接从各家贮木场编组列车，然后把木材运往西部的市场。运营商们争相在贮木场旁边买地建新厂。运输体系绝对领先的芝加哥充分利用了战时的机遇，同时也等待着在和平时期发挥其全部潜力[33]。

内战结束后，《芝加哥论坛报》提出一番告诫："我们的商户一直充当东部制造商的中间人，这是远远不够的，应该开始生产自己的商品，并提高本地产品的销售比例。"展望战后格局，南部重建和西部开发都需要物资供应，芝加哥显然独具优势。截至 1865 年 9 月，芝加哥的制造业财富占比约为 1/8。这里原材料充足，又有广阔市场，可以进一步提升工业实力[34]。

尽管当时没人能认清产业变革的广度，但随着内战结束，芝加哥实际上再次进入了一个新时代。在立市的头 20 年里，它已经从一个皮毛贸易站发展成名副其实的商业城市。1848—1860 年，麦考密克收割机厂等制造企业开启了新的工业时代。这些企业主要辐射当地和区域市场。由于战时的扩张和铁路运输的发展，芝加哥的各产业均开始向更广阔的全国市场寻找商机。内战后，这个市场继续增长，芝加哥的工业基础随之得到扩充，其产品销往世界各地，芝加哥因此又成为重要的制造业中心。

工业新时代

1865 年的圣诞节，投资商、牧场主、农场主和铁路运营商齐聚一堂，庆祝联合牲畜交易市场开业。市场位于芝加哥西南部新建成的莱克镇。在当年 1 月，内战结束和林肯遇刺之前，芝加哥猪肉包装业协会、几家铁路公司和《芝加哥论坛报》就曾联合提议并支持建设一个超大型牲畜市场，将全市所有的牲畜交易企业整合到其中。

1865 年时，有四家畜牧场在芝加哥营业，分别是匹兹堡·韦恩堡畜牧场、南密歇根畜牧场、科蒂奇格罗夫畜牧场和谢尔曼畜牧场。多头格局导致行业混乱。和木材行业一样，商户们也需要统一市场——一个能使价格与需求同步的市场。拟议中的大市场能确保交易秩序，改变此前大行其道的无序竞争。支持者们断言："新的布局会让买卖双方和公众都从中受益。统一市场能提供更优质的商品，原来分散的小业主则只管提供货源。"大市场的选址更突出了地利优势，它与东部的三条铁路相连，便于货物输往沿海市场。铁路将联通进出芝加哥的各条道路[35]。

城东的三家铁路公司共同出资 10 万美元购买了市区外围 320 英亩土地，计划先把圈定的地块整修好，然后为托运商户修建旅馆等配套建筑，预算超过 100 万美元。1865 年 1 月 15 日，支持者在州参议院提出畜牧市场合并草案。2 月 13 日，州长签署了法案。有的人抱怨说，新的畜牧市场项目会造成铁路和肉类加工企业对该行业的垄断，也有人认为此举对牧场主来说是重要的保护措施[36]。

事实证明，铁路运输对这项新事业极为重要。到了 1850 年底，以芝加哥为中心、总里程 4 700 英里的铁路网已经建成。1854 年，芝加哥—洛克岛铁路通到了密西西比河流域。两年后，该线跨过号称"大河之父"的密西西比河，继续向西延伸。其他线路则向密尔沃基延伸。到 1865 年，并入芝加哥—西北铁路的加莱纳旧线也继续向密西西比河挺进。西部庞大的畜牧业帝国将不断扩展的芝加哥内地纳入其中。以前发往本地市场或圣路易斯及辛辛那提的猪、牛、羊，现在能运到芝加哥，尤其凭借联通东部的铁路交通，芝加哥的市场潜力进一步提升。1852 年 5 月，密歇根中央铁路公司和密歇根南方铁路公司最先修建了芝加哥通向东海岸的轨道。6 年后，匹兹堡—韦恩堡—芝加哥铁路修到芝加哥，商户们向纽约市发货时便有了第二条可选线路。到 1860 年，铁路网建设取得圆满成功。通过轨道上的"铁马"，芝加哥 2/3 的商品输入和 3/4 的商品输出都依靠铁路运输来完成。内战前夕，芝加哥的总人口增长到 10 万以上。由于年轻的芝加哥在商业和交通运输方面确立了声誉，在公共预算没花一分钱的情况下，铁路运能却大幅提高。现在的芝加哥有能力成为重要的制造业中心，肉类加工也将成为新经济体的核心产业[37]。

投资人聘请奥克塔夫·沙努特（Octave Chanute）负责设计

新的牲畜市场。此人生于巴黎，后在美国长大。此前无人设计过
这样的大市场。从市长温特沃思那里购得的土地和芝加哥大部分
地区一样，都是大片的沼泽地。为了解决排水问题，沙努特安装
了总长 30 英里的下水道，先连接到两条主排水渠，最后汇入芝加
哥河南支流和南河汊。1865 年 6 月 1 日，箱型排水渠工程在霍尔
斯特德街正式破土动工。新市场工程所需的第一批材料是用马车
运来的，可是当铁路公司铺好铁轨后，每天就有三列火车开到 39
号街与霍尔斯特德街交会处，运来的大量木料将建出一座了不起
的"活牛贸易城"。设计师沙努特希望本地的肉类加工企业能将采
购的牲畜运到南支流沿岸的中转场地。他把交易市场划分出四个
方格状的功能区，其中三个分区用于接收进场牲畜，第四个用于
向东部转运。因为最初的市场被设计在西部供应商的运输节点上，
沙努特给每个分区分配多条铁路线。联合牲畜交易市场初具规模
后，其中大片的围栏足以容纳 2.1 万头牛、7.5 万头猪、2.2 万只
羊、200 匹马。市场配套的酒店"豪客家"有六层楼高，是登高
俯瞰市场的好地方。酒店使用了与交易厅和办公楼同样的砖石，
成为大市场的脸面，它代表着生机和活力[38]。

　　芝加哥的精英们大张旗鼓地庆祝全新的联合牲畜交易市场在
圣诞节开张营业。一趟专列载满游客从芝加哥西南来参观大市场，
特殊嘉宾还能在"豪客家"享用一顿富豪级的圣诞大餐。第二天，
本地代理商把 761 头猪送进围栏上市出售。12 月 27 日，火车从各
地运来 3 700 头猪，首批载着牛羊的列车也陆续抵达芝加哥。大
市场的成立最终确立了芝加哥在牲畜交易中的中枢地位。1866
年，这座超级"牲畜旅馆"开业一整年后就接待了 1 564 293 头牲

畜。随着牧场主和承运商运来越来越多的牲畜，交易市场得到迅速发展，这也映射出芝加哥经济正在腾飞。到1900年，原来占地320英亩的大市场扩展到475英亩，围栏的承载量达到7.5万头牛、5万只羊、30万头猪、5 000匹马。当年有14 622 315头牲畜填满市场内庞大的围栏。20世纪20年代，芝加哥市场的牲畜年交易量已两倍于从前的1 800万头[39]。

芝加哥的肉类加工企业起初在南支流沿岸建厂。完成市场采购后，工人们取道霍尔斯特德街和阿彻大街，把牲畜驱赶到加工厂处理。从18号街到运河一带，从奥格登码头和希利斯劳车站一直到南支流，经常能看到季节性的"动物大迁徙"。制冷技术成熟之前，各加工厂都在夏季关门歇业。一位报社记者说，"布里奇波特的生活和工作陷于停顿状态，人们都无所事事"。这种说法并不完全正确，因为那些加工厂的2 000多名工人也能在运河或布里奇波特附近的其他行业找到工作，比如在阿彻大街与阿什兰大道交会处的联合钢铁厂。肉类加工厂最终陆续向莱克镇迁移。1861年，哈钦森（Hutchinson）将工厂搬到莱克镇。当年9月，他买下靠近牲畜大市场的土地，建造了一座大型肉类加工厂，还有包括员工宿舍在内的其他建筑。他又收购了几家小企业，成立了芝加哥肉类包装供应公司。其同类企业很快也到哈钦森的新厂周围开业[40]。

大市场西边新兴的肉类加工厂企业确保了此地作为大型肉类加工市场的地位。用于肉品保鲜的冰块可以让肉存储一年之久；后来，制冷技术日臻成熟，消除了行业的季节性瓶颈。19世纪70年代，以斯威夫特（Swift）和阿穆尔（Armour）为代表的芝加哥肉类加工商开发出铁路用的冷藏车厢，使芝加哥的"血肉之河"输出的成品进入全国市场。一开始，铁路公司拒绝加挂新型冷藏车厢，东海岸的经销商也拒绝出售冷冻肉。斯威夫特公司后来与加拿大的一家铁路公司达成协议，冷藏车厢得以在其线路上运行，最终迫使美国的铁路公司同意把冷冻肉运到东部市场。随后，斯威夫特公司在一些东部城市开设自家店铺，与拒售所谓冷冻肉的当地肉贩展开竞争。斯威夫特公司的市场份额很快超过当地客商，迫使他们接受芝加哥的冷冻肉品。芝加哥的新兴资本家为了获得更高利润，在新技术应用方面可以做到毫不留情[41]。

　　1879 年，北芝加哥轧机公司开始寻找更大的发展空间。不到20 年，芝加哥河北支流的原厂址已显得狭小了。该公司的钢轨产量虽然持续增长，但城市核心区及附近的工业企业造成的环境污染和街路拥堵也日益严重。联合牲畜交易市场的成功已经显示出布局郊区的优势，促使北芝加哥轧机公司选择到城外发展。1879年，这家钢铁企业开始考虑在远离城南的地方建新厂。卡柳梅特—芝加哥运河公司开始在 1869 年开发沿河土地之时，南芝加哥地区还是一个沉睡的渔村。联邦政府深挖卡柳梅特河道，改善了港口通航条件。

　　北芝加哥轧机公司决定在靠近卡柳梅特河口的一片狭长滨湖地带建设新厂。1880 年，该厂建成四座高炉。两年后，一家贝塞麦①炼钢厂和一家新的钢轨厂开工运营。1889 年，北芝加哥轧机

---

　　① 贝塞麦（Bessemer）：英国工程师和发明家，1856 年首创酸性底吹转炉炼钢法，发明贝塞麦转炉。

肉类加工企业和中间商共同创造了一个从芝加哥辐射全国的
大市场，图中的这座建筑便是著名的联合牲畜交易市场的牲畜交
易大楼，它从建成起便成为美国畜牧业的中心。

公司与布里奇波特的联合钢铁公司和若里埃钢铁公司合并，成立
了伊利诺伊钢铁公司，其南芝加哥的工厂区也简称为"南厂区"。

到 1898 年，南厂区的面积已经从原来的 74.5 英亩扩大到约
260 英亩，占据了南芝加哥的湖滨地区，而且很快成为该地区的
经济主宰。1898 年，共有 3 500 人在南厂区工作。此时，它是全
国最现代化的工厂之一。总长 36 英里的标准轨铁路运输线贯穿巨
大的厂区。铁矿石由轮船从明尼苏达的梅萨比山脉运来。工厂的
北滑道码头直接与密歇根湖相连，总吞吐量达 70 万吨。南滑道码
头提供的矿石堆放场容量为 30 万吨。从 1897 年的 4 月 15 日到 12
月 15 日，在冰封期缩短的适航季节，南厂区总共购进了 1 629 865

吨铁矿石。1880 年，易洛魁钢铁公司在卡柳梅特河南岸开业，后来迁至河口一带，与南厂区隔河相望。三大钢铁企业齐聚卡柳梅特河附近：威斯康星钢厂、联邦锅炉公司和州际钢铁公司。1900年以后，钢铁工业沿湖滨南段发展，最终越过州界，创建了一座新城市——加里。此时的南厂区已经成为一家新的大型企业——美国钢铁公司——的一部分。芝加哥的工业经济现在为全球市场服务[42]。

分化的阶层

芝加哥和全国其他各地的工业发展导致工人和企业主之间的关系出现了新变化。这种关系将在 20 世纪明确劳动者和管理层双方的定位。自从 17 世纪英国开始工业革命以来，工作和家庭演变成两个完全不同的场所。男人、女人和孩子们离家到新工厂和工坊里工作，而他们的父母和祖父母那几代人则在家庭农场或家庭作坊里劳作。这种变化对劳动者、企业主和不断壮大的管理阶层都有巨大影响。这种阶层分化与后殖民时代美国女性刻意疏离公务及家庭私事的现实有很大关系。人们认为女性更适合在家里生活和工作。新建肉类加工厂和钢铁厂之类的企业需要大量的资本积累，也改变了平等甚至“美国梦”的基本观念。19 世纪五六十年代，芝加哥见证了家庭作坊和规模商业企业之间的分化。随着工厂变得越来越庞大、热闹、繁忙，诸如制鞋、制革、杂货、银器等传统的家庭经营业态已不复存在。富人们开始远离繁忙、拥挤、污染和喧闹的河畔地区。在芝加哥，第一批由财富值界定的社区出现在南密歇根大道。城里的穷人试图在尽量靠近工作地点的地方安家，但往往被推到城市发展的边缘地带。他们在这种地方靠打理花园或饲养禽畜来贴补微薄的收入。一些家庭为不断增长的城市人口提供乳制品和蔬菜。许多外来移民、非洲裔美国人和土生土长的白人贫民在芝加哥河南北两岸定居下来。那里也是大规模的工业企业的所在地。

　　劳动者和企业主之间在收入和工作性质上的差距越来越大，这意味着芝加哥街头永远存在阶级差异。机会均等的概念似乎越来越远离现实。实业家阶层掌握的权力越来越大，而工人们觉得自己越来越像工业巨轮上的齿轮，没有任何能力和机会增进自身利益。企业主们经常在俱乐部和商业协会里彼此相遇，虽然在真正的《大富翁》游戏①中他们可能是激烈竞争的对手，但他们一致认为应该让工人安分守己。工人们则开始认识到自己的阶级地位与老板截然不同，再也不能像麦考密克和兄弟们初到芝加哥创业时那样与之并肩打拼了。现在的麦考密克、古斯塔夫斯·斯威夫特（Gustavus Swift）、波特·帕尔默、马歇尔·菲尔德（Marshall Field）等人都住在远离工作场所的豪宅里；在19世纪资本主义构建出的新型社会结构中，他们与工人的处境相差甚远。内战后的几年间，工人们开始为创建工会而斗争，要在这个新兴工业城市中争取一定的影响力。他们试图形成一股抗衡力量，努力

_____

　　① 《大富翁》游戏，早期的《强手棋》，是西方经典桌面游戏，2～6人参加，按骰子所掷点数走棋，以筹码币进行房地产交易，以赢得多数房地产为胜。后来开发出多款同名策略性电脑棋牌游戏。

使国家回归到其承诺已久的平等与民主的理想目标上。

　　富人和中产阶层转而寻求去远离自己工厂的社区居住——越远越好。发展中的公共交通体系在一定程度上促成了这一趋势。富人们最初依靠公共马车往返于家庭和工作场所。1860 年后，有轨马车线路开始延伸到边远地区。最后，到 19 世纪 80 年代，一个庞大而复杂的有轨缆车系统建成，接下来是 90 年代出现的有轨电车。此外，往返市郊的铁路线也促使住宅区扩展到城市边界之外，进入铁路广布的郊区。

　　东部投资商埃默里·蔡尔兹（Emery Childs）在 19 世纪 60 年代组建了河畔改进项目公司，并购入德斯普兰斯河附近 1 600 英亩土地。地块包括一片橡树、山核桃树的混交林，距离芝加哥市中心大约 11 英里。因排水良好，此地几乎没有蚊子。奥姆斯特德-沃克斯联合公司在原来的盖奇农场上建设了滨河小镇里弗赛德。CB&Q 铁路将此地与芝加哥市中心连成一体。里弗赛德镇不同于当时其他的郊区城镇，它的环境将是可控的。奥姆斯特德（Olmsted）不喜欢芝加哥那种网格状的街路布局，而选择了曲线形的道路设计。该镇空间很宽裕，房屋都与街道相隔 30 英尺远。沿河规划了公园用地，最初的设计中包括基础服务设施，不仅满足郊区居住需求，更对标市中心的生活水准。奥姆斯特德希望将现代生活方式与"乡村生活特有的居家优势"结合在一起[43]。

　　到 1871 年，里弗赛德镇吸引了很多芝加哥的精英家庭入住，可是当年的一场大火很快便阻滞了新城镇的进一步发展。里弗赛德的住宅建设直到 1880 年以后才有了发展，而原来的开发公司则已破产。尽管如此，奥姆斯特德的规划直到 20 世纪仍基本未变，但彻底开发要等到他拟定计划的一百年之后了[44]。

里弗赛德镇在某种程度上标志着未来郊区发展的大致方向。奥姆斯特德认为，宜居的住宅应该从城市的商业氛围中回归"乡间"，那里远离繁忙、噪音和污染，也不沾惹大城市的种种恶名。男士们进入城市，到"公共空间"去谋生，然后又回到郊区的"内部空间"静休，那里的女士们则为男人和孩子们提供温馨宁静的家庭环境。里弗赛德是当时郊区理想生活或退隐生活的早期典范。

里弗赛德镇或许只是上流阶层营造的产物，并试图在芝加哥西郊保留其独特地位，但那些不够高雅的城郊区块很快也向它靠拢。虽然更靠近运河及其不断扩展的工业走廊地带，里弗赛德仍试图保有退隐郊区的地利。随着芝加哥的工业基地向该地区扩展，在世纪之交许多劳动阶层特征明显的郊区包围了里弗赛德镇。首先是塞缪尔·格罗斯（Samuel Gross）开发的格罗斯代尔地块，1889 年后又建成更多的小地块。里弗赛德南边的老邻居莱昂斯镇发展成休闲娱乐区，吸引了芝加哥人到郊外野餐，最后再去逛逛"奶油城"之类的游乐园。嗜酒的芝加哥人造访莱昂斯时，会发现小镇上到处是酒馆。1900 年以后，随着西塞罗地区建成大型电厂，里弗赛德东部紧邻的伯温地区也进行了扩建，以保障工人阶层的住房需求[45]。

芝加哥是一个日新月异的城市。早期的一位英国移民、企业家查尔斯·克里弗（Charles Cleaver）是南区的地产推销商。1833 年初到芝加哥时，他曾在市中心一间仓库的屋顶上清点过停泊在芝加哥的纵帆船的数量有 160 艘。多年以后，他回忆说，当

铁路从东修到这里时，旧时壮观的一切很快就在 1852 年没了踪
影。一列列"铁马"统治了西部大地，不断地运输着粮食。伴随
着新的现实和交通运输领域的新技术应用，芝加哥也在随之发生
变化。这座城市不是第一次，也不是最后一次在蜕变后继续
前行[46]。

第三章

混乱年代

　　1871年10月8日，位于德科文街的奥利里家（O'Leary）屋后的一间仓库起火了。就在15年前，地产大亨兼慈善家查尔斯·赫尔（Charles Hull）建好自己的乡间别墅后，芝加哥的近西区早已失去了乡村特色。现在的这里是一个移民杂居的拥挤社区，包括工人阶层的爱尔兰人、德国人和新到的捷克移民在内的各国移民随处可见。很多本土白人都觉得，乡村地区的一切混乱都是近西区的人制造的。年纪轻轻的窃贼们横行街巷，不放过任何能从当地旧货摊贩那里换钱的东西，使这里饱受其苦。《芝加哥每日新闻》（*Chicago Daily News*）将近西区称为"罪犯的温床"，暗示这是全城所有的工人社区的通病[1]。与过去浪漫的美国小镇气象相比，这座内战后的新移民城市看起来确实混乱不堪。陌生的语言和奇怪的仪式主宰着街道。天主教徒高唱着拉丁语的圣歌，穿着厚重的粗革皮鞋或操着带浓重中欧口音的英语的男男女女挤满了公寓和人行道。另一些连名字都读不准的外国人也以芝加哥为家，他们说起话来更是让人听不懂。看来一切都变了，却没有变得更好。

大草原上的移民木城

　　1864 年，年轻的挪威移民克里斯蒂安·耶夫尼（Christian Jevne）来到芝加哥后不久，便给父母写了一封信，抱怨说他无法"让该死的北方佬讲挪威语"，不得不"整天叽里咕噜地说英语"。他认为其他族群讲的英语太烂了。城市的种族多样性给他很大触动，也令他不知所措。耶夫尼估计芝加哥有 70 座教堂，全城近一半的人口应该是德国人，他们的聚集区是北区最大的社区，全世界各民族和所有宗教都把芝加哥当成了家。挪威小伙子写道，"这里的人都是政治家"。夏天的芝加哥热得让人受不了，冬天却比挪威还要冷。他提醒家人，在美国必须努力干活才行。努力工作当然对耶夫尼是有回报的。1865 年，他投资 200 美元在肯齐东街开了一家公司。耶夫尼从世界各地采购货品，后来成为芝加哥最大的杂货批发和零售商[2]。

　　随着内战结束，新的问题和困难纷纷出现，内战重燃成为人们街谈巷议的话题。1871 年初，欧洲爆发巴黎公社起义，预示着阶级斗争在未来有加剧的可能。美国的下一场冲突可能不是在南北方之间，而是在贫富阶层之间，而芝加哥众多的穷人和富人更令人担忧。其实，德科文街仓库的大火一直在"伺机而动"。待它席卷芝加哥之时，城市动荡期的大幕似乎拉开了。

内战年间的经济扩张促进了芝加哥的财富增长。城市人口持续激增，从 1860 年的 112 172 人增加到十年后的 298 977 人。外来移民和本土出生的美国人都来芝加哥寻找发达机会。来自不列颠群岛的移民占多数，其中的爱尔兰人居首，德国人则紧随其后。斯堪的纳维亚人蜂拥而至，人数较少的波兰人、捷克人和意大利人也涌进拥挤的街道。1860 年，生于海外的居民占全城的 50%。十年后，近一半人口依然由海外移民构成，比例为 48.8%，此后再也没达到过 50%。然而，在进入 20 世纪的过程中，外来移民及其在美国出生的后代继续主宰着芝加哥。到第一次世界大战前，一、二代移民在城市人口的比重已接近 80%。

1870 年，芝加哥的平均就业率与东部城市大体相当，约 38% 的芝加哥人离家务工，其中包括妇女和儿童。这些务工人员当中，美国人的比例刚超过 1/3，64% 的工人则是外来移民。26% 的本土美国人在为别人打工，50% 的移民则自主创业。制造业和机械工业的就业人数远超其他行业。非技术工人占产业工人的 34%。在工业领域就业的移民比例也高于本土美国人。德裔熟练工人的比例最大，54% 的爱尔兰人在非技术岗位工作。因为芝加哥在飞速扩张，建筑行业的工人在技术类岗位中占主导地位。

耶夫尼所擅长的批发零售业在芝加哥的经济结构中排在第二位。从业者中比例最大的是本土出生的美国人，超过 50%。紧随其后的竞争者是德国人，占 20%。许多挪威人在五大湖区谋生，他们像在海上一样驾轻就熟，因此当水手的主要是斯堪的纳维亚人。北欧人和爱尔兰妇女在家政服务人员中占大多数。原生美国白人主导了银行、保险等专业性行业。最早的芝加哥人来自新英格兰和纽约州，虽然只占城市人口的很小比例，但是他们主导着芝加哥的公共机构运转和经济生活。

这张照片拍摄于 19 世纪 60 年代末。1853 年，23 岁的爱德华·埃利（Edward Ely）从康涅狄格的亨廷顿来到芝加哥，成为知名的服装商。内战结束时，埃利的生意蒸蒸日上，他的店里有来自英格兰、法国和美国各地最新潮的服装，他的店也获得西部最佳男装店的美誉。与同时代的许多实业家一样，埃利支持共和党和各种慈善团体，包括"失足妇女庇护所"。在 1891 年他去世后，家人根据他的遗嘱向"失足妇女庇护所"捐出一笔可观的善款。

内战前的十年间，女性从事的工作已经不局限于家政和教书了。1870 年，3 763 名女性在制造业工作，但薪资却低于男性员工。10～15 岁儿童在有偿受雇人群中的比例不到 3%，低于当年全国平均水平。这些孩子中有一半以上从事工业劳动。很多女孩去做裁缝，家政服务也能吸引更多女孩[3]。

芝加哥小镇在 1833 年成型，不到 40 年就成长为美国第五大城市，人口仅比圣路易斯少 1.2 万（芝加哥在 19 世纪 80 年代便超越了这个对手）。芝加哥的工商界精英造就了城市，并视之为自己发财的宝地。事实证明，人员、商品、信息和资本的快速流动，不仅对芝加哥，而且对美国乃至全世界的成功发展都至关重要。

同其他美国城市一样，到处是码头、船只、粮仓和库房的芝加哥滨河地带，自然成为城市的一个中心点。内战后，芝加哥核心城区的发展模式变得更加复杂，它要创建满足多元需求的功能区块，邻水地区因此开始让位给其他区块。这种功能区划最终改变了市中心的格局，至少在发展模式上表现出些许逻辑性。书商集中在市中心的某一个地方，音乐商店分布在他处，影剧院则建在另一条街上，而各种各样的专业机构又汇集在各个街角。然而，这种功能区的分离是在一个不受控制的市场体系内发生，并通过芝加哥的新兴经济精英间私下的默契才得以实现的。

1867 年，波特·帕尔默开始把零售中心从临河的莱克街搬到斯泰特街。盛名已久的"商业大王"帕尔默收购了斯泰特街沿线 3/4 英里长的土地，并很快动手改造了那段破烂的窄路，由此跻身芝加哥重量级开发商之列。他说服其他业主和市议会拓宽斯泰特街，同时拆掉斯泰特街和门罗街上的棚屋，修建了精致考究的旅馆。完工后的帕尔默大厦甚为壮观。菲尔德-莱特公司的六层大楼则于 1868 年建成。两处工程开启了斯泰特街的开发序幕，这里将成为芝加哥的零售业中心[4]。

零售中心区发生转移之前的 1859 年，芝加哥的交通系统开始步入新时代。1859 年 4 月 25 日，威廉·布罗斯（William Bross）在斯泰特街与兰道夫街的一角砸下第一颗道钉，标志着芝加哥城市铁路公司的轨道正式开建。北芝加哥城铁也在同一年开始运营，西区城铁则要等到 1861 年才能开通。1867 年，马拉轨道车终于通到 39 号街，西区与市中心的交通变得更加快捷可靠。不久后，一个庞大的城铁系统覆盖了不断发展的芝加哥[5]。城市版图在泥泞的大草原上快速扩大。城铁的运营线路沿着阿什兰大道向西南延伸，使布里奇波特和不断扩张的运河工业区与市中心连通。马车也顺着轨道在斯泰特街上奔驰，然后通向南郊的莱克镇，直抵 43 号街的联合牲畜交易市场。沿着湖滨方向，有轨马车向北能跑到欧文公园路，向南远达 55 号街。至 1871 年，麦迪逊和哈里森大街附近的西区居民可乘坐公共马车到达西部大道。虽然多数芝加哥人依然步行上下班，但是出行靠走的日子已经为数不多了。

公共交通对这些边远区域的巨大影响怎么评价都不过分。内战前的芝加哥基本上是一个步行城市，各社会阶层、不同族群和种族的人共同生活在街道上，彼此交融。城郊往返班车的出现给富裕阶层提供了条件，他们得以在城市边界外打造郊区。开通轨道马车新线意味着中产阶级的下层和工人阶级也有机会离开拥挤的城市核心区，而急于扩展业务的投资商早已盯上了那些黄金地段。偏远地区的房价更加便宜，许多家庭也负担得起。内战后，很多芝加哥人涌入郊区，建立了多个社会阶层、种族和民族特色各异的社区[6]。

密尔沃基大道的交通走廊沿线有若干社区，正是这种发展模式的好例子。这条大街从市中心向西北方向延伸，是芝加哥少数几条斜向布局的街道之一。19世纪20年代初，德国人、瑞典人、挪威人和波兰人沿着这条走廊搬出城市核心区。在市中心西北方向的西北铁路公司车辆维修厂附近发展出最早的定居点。1860年，密尔沃基大道上的轨道马车从斯泰特街向西北运营，促进了住宅区的开发。激增的德裔人群已经开始跨过芝加哥河北支流。1864年，德裔天主教徒向大主教区请愿，要求建立一个本民族的教区。1866年，德国移民在诺布尔街建成圣卜尼法斯天主教堂。

在德国移民开始建社区的同时，大量波兰移民由德国占领的波兰西部来到芝加哥。尽管许多德国移民欢迎他们的天主教同道，但也有一些人不喜欢，两边因此爆发冲突。新任神父迅速采取行动反对民族主义分子，但是事态继续演变着，讲德语和波兰语的卡舒布人①很快就在圣卜尼法斯一带占据了优势地位。与此同时，波兰移民的动作也很快，在圣卜尼法斯附近的几个街区里建立起两座大型天主教堂。

随着密尔沃基大道西端的洪堡公园开工建设，这条走廊的开发工作在1869年以后进入快车道。很多德国移民搬离圣卜尼法斯，离开不断壮大的波兰社区向西部迁移。随着公交线路向西延至杰斐逊公园地区，波兰移民也很快跟进到该地块[7]。

---

① 卡舒布人，波兰维斯杜拉河口卡舒比亚地区的斯拉夫人。

　　公共交通的改善并不是唯一的变化。工业资本主义的兴起改变了经济格局和人文景观。在新型资本主义经济结构中，（白人眼中的）平等还有什么意义？如果平等的确存在，要对城市开发采取何种限制？大量的海外移民对美国社会意味着什么？新获自由的黑人将在美国扮演何种角色？还有一个根本问题，城市要在传统农业社会中扮演何种角色？城市会不会带来开国元勋托马斯·杰斐逊所担心的各种问题和动荡？或者像亚历山大·汉密尔顿（Alexander Hamilton）认为的那样，成为推动繁荣的引擎？欧洲的社会斗争是否预示着美国也将面临同样的命运？芝加哥在以惊人的速度发展着，为工业资本主义新社会提供了一片试验田。进入新时代的美国人开始质疑自己的未来命运。

　　虽然芝加哥人没用过"全球化"之类的概念，但他们和别的美国人都明白这是一场跨国实验。此时的欧洲就像一口沸腾的大锅，正经历着前所未有的变革。海外移民把危险的新思想和政治运动带到美国。在许多美国出生的白人新教信徒看来，无论是天主教徒、犹太人、社会主义者、无政府主义者，还有别的什么人，其实他们身上的区别是模糊不清的。新经济催生的各大城市为外来思想的成长提供了肥沃土壤。美国农民发动了格兰其运动①和平民党②运动，以此来对抗工业化的新秩序。中西部农民认为自身境

---

　　①　"格兰其"的官方名称为全国畜牧业资助者协会，鼓励各家庭团结起来，促进社区和农业的经济与政治福祉。最早的格兰其农庄成立于内战后的 1867 年，1875 年时的入会成员达 85 万多人，是美国历史最悠久的全国性农业倡导组织。格兰其运动规范了铁路运输和粮食仓储服务。

　　②　平民党是 19 世纪后期美国中西部和南部农业改革者的政治联盟，主张自由铸造金银币增加流通、实行分级课税制、铁路国有化等。

况恶化甚至受到压榨的根源，就在于芝加哥体量巨大的工业、谷物和牲畜市场及铁路运输的优势。

1871 年 3 月，新一代法国革命者宣布成立巴黎公社。在之后的 72 天里，巴黎会再次震惊世人并威胁到欧美的社会现状。当年 5 月的巴黎大火燃起后，一位法国人回顾当时的情景，语气听起来像是在预言芝加哥的未来："我们静静地站在那里，眼看着大火席卷城市，一直烧到天明，历史似乎就展现在我们眼前。"[8]巴黎公社的失败并没有让工人阶级的抗争消失，也没有消除人们对革命运动的恐惧。不久以后，芝加哥将成为资本主义世界新秩序中变革与冲突的中心。不幸的是，火灾也在这座年轻城市的未来中扮演了一个角色。1871 年，人口超过 30 万的芝加哥已经是新型工业城市的代表。

芝加哥大火

1871 年的漫长夏季炎热又干燥，对于以木制建筑为主的芝加哥来说，更是一个危机四伏的夏季。火灾的威胁时常存在。10 月 7 日，一场大火灾降临芝加哥西区。起火点在卢尔-霍姆斯规划事务所，其所在地区的别称是"红闪区"。在造成 100 万美元损失并吞噬四个街区之后，芝加哥消防局控制了火势，将城市从毁灭中拯救出来，最后在周日下午扑灭了大火。然而，芝加哥还是没有逃过一劫。当天晚上，大火又在西区燃起，这次起火点是奥利里家的仓库。凯瑟琳·奥利里（Catherine O'Leary）经营一家小型奶业公司，刚刚接收了一车喂牛的草料。火起后，很快向仓库东北方向蔓延，扑向芝加哥城。尽管第二场火灾更凶险，但下午扑灭的那场大火留下了一条缓冲带，使西区免遭更严重的破坏，这倒是一种讽刺[9]。

　　大火很快令只有 185 人的消防局束手无策。快如飓风的一堵火墙从西南横扫芝加哥城，先翻过南支流，摧毁商业区之后又袭击了河对岸的北区。约 3.5 平方英里的城区成为废墟。火灾烧毁了 17 420 栋建筑，导致近 10 万芝加哥市民无家可归。虽然多数人返回城里，但大约 3 万人立即坐上免费火车逃离了这座城市。火灾造成的经济损失近 2 亿美元，约占整个城市价值的 1/3。"过火区"包括总长超过 28 英里的街道和 120 多英里长的人行步道。大火向东北横扫芝加哥后，最后在北区的富勒顿大道和林肯公园一带的湖边熄灭，导致大约 300 人丧生（考虑到火灾的量级，这一数字低得惊人）。同一晚，另一场大火摧毁了威斯康星州的木材小镇佩什蒂戈，1 000 位居民因此丧命。颇具讽刺意味的是，佩什蒂戈是芝加哥及其木材贸易的主要原材料供应地。事实证明，芝加哥的威廉·奥格登先生不幸成为两场火灾的主要受损者，因为他在两地的生意都化为乌有[10]。

　　芝加哥的这场大火发生在最穷的工人聚居区之一，但在席卷全城的过程中却丝毫没有阶级偏见。它摧毁了帕尔默大厦、市法院大楼、邮政局，还有许多所谓的防火建筑。大火很快就彻底烧毁了那些最有价值的建筑物。除了商店、工厂、旅馆、银行和报社，富人和穷人的房屋也都无一幸免。

　　事实证明，同大火烧掉的东西相比，没有毁灭的东西同样重要。20万芝加哥人仍然有房可住，有的工厂和肉类加工车间也完好无损。虽然一些铁路客运站被毁，可是进出芝加哥的和连接东西海岸的铁路网络依然存在。芝加哥的热心支持者们迅速行动起来，极力说服全国，尤其是让东部投资人相信，这座城市仍然是低风险的投资对象。其中最积极的约翰·斯蒂芬·赖特预言，芝加哥将很快从大火的灰烬中重生。芝加哥的精英们建议东部投资者不可放过大火带来的投资机会。《芝加哥论坛报》在火灾后的第一篇社论中呼吁芝加哥要"振作起来"。该报指出，最糟糕的时期已经过去，"我们可以依靠基督教信仰和西部人的不屈精神，重新开始人生的奋斗"。该报宣称"芝加哥将再次崛起"。东海岸的投资者确信这座城市仍然是一个赚钱的好地方[11]。

有一种说法在快速传播：奥利里太太夜里挤奶时，奶牛踢翻了灯笼，引燃了草料。她反倒成了大火的某种符号、城市大众文化的永久特征。奥利里家仓库后面的城市变成了废墟，而她自己家却完好无损，于是她成了芝加哥人归咎的对象。实际上，服务西区爱尔兰社区的两座天主教堂竟然没被烈焰损伤。这可能纯属偶然，也可能是奇迹。火灾发生时，天主教徒，尤其是爱尔兰裔的天主教徒遭到普遍憎恨。许多芝加哥的新教徒认为，天主教徒阴谋纵火的说法并不荒谬。另一个阴谋论好像也说得通：在巴黎遭驱逐并在密歇根湖畔落脚的公社社员可能策划了一次革命行动。灾难不大可能是自然原因造成的，即便是的话，后果也不应该如此巨大。在一个受到社会变革冲击、近期又经历过惨烈内战的国家，似乎一切皆有可能。

10月23日，《芝加哥时报》发表了一篇所谓的巴黎公社流亡成员的供状，声称他纵火的目的是想"羞辱一下靠牺牲穷人发财的那些人"。这当然是骗局，可是这份供状暴露了人们的种种恐惧心态，芝加哥不仅饱受大火蹂躏，而且敏锐意识到城市内各阶层和族群的矛盾。经过《芝加哥论坛报》的密集报道，芝加哥人开始广泛讨论巴黎的悲剧。事实上，就在火灾发生当晚，声望很高的一位牧师罗伯特·科利尔（Robert Collyer）还专为巴黎的不幸进行了布道。

另外一些人则认为，发怒的上帝在用大火惩罚罪孽深重的芝加哥。贪得无厌的精英阶层，明目张胆的卖淫活动，街边众多的酒肆，显然招致上天降怒于这个新的"所多玛和蛾摩拉城"①。在很多乡村美国人眼中，芝加哥当然是被外国人异化的典型代表。一些人认为大火是从乡村切除毒瘤的特殊方式。许多人觉得这场灾难是正义的。传教士们警告芝加哥人，在上帝发怒之前，一定要改变生活方式。

不同社会阶层对灾难的认知和反应也都不一样。芝加哥人面临着法律、秩序、食物和住所等方面的紧迫问题。有 10 万市民急需援助。有关暴徒抢劫、强奸和谋杀的不实谣言在快速扩散，城里因此弥漫着恐惧情绪。事实上，在火灾期间和灾后，芝加哥人的冷静表现和得体言行令人称奇。然而，在内战后的 1871 年，多数芝加哥的中产和上层人士都把军队看作维持街头秩序的唯一希望。市长罗斯韦尔·梅森（Roswell Mason）找到菲利普·亨利·

---

① 所多玛城和蛾摩拉城均为《圣经》里提到的古城，因其居民罪恶深重，这两座城同时被神毁灭。

谢里登①（Philip Henry Sheridan）中将，请求美国陆军在街道巡逻两周。但伊利诺伊州州长约翰·M. 帕尔默（John M. Palmer）坚决反对动用军队维持治安，认为联邦政府会借机篡夺地方权力。代表工人阶层的议员则担心军队和军事管制会成为对付选民的手段。谢里登的部队进城后，商界精英用行动证明了他们有能力在危急时刻掌控城市。一些人认为，他们在火灾前就已经失去了城市的控制权，而积极救济灾民和规范灾后住房建设等举措都彰显了上流阶层的权力主张。

由于多达 3 万的市民面临着挨饿的难题，救灾是当务之急。无家可归的芝加哥人要面对 10 月的寒风和阴雨，还有即将到来的冬天。芝加哥再次向商业精英求助。这一次出力的是芝加哥救济与援助协会（以下简称救援协会）——这个 1857 年由芝加哥富豪建立的民间机构。梅森市长推翻了先前的一项决策：由市议员和普通市民组成官方的救灾委员会。10 月 13 日，市长将一切救援工作交给这个协会负责。梅森认为，民间组织在完成艰巨的救灾任务方面比市政府更有能力。议员们都不可靠，他们太容易受到选民左右。

此项决定的阶层指向立即凸显，应该救济何人的问题出现了。和 19 世纪的多数慈善机构一样，芝加哥救济与援助协会认为应区分对待穷人和灾民，有的值得施以援手，有的则不值得救助。过多帮助可能使下层民众产生依赖性。他们认为，在一个渗透着努

---

① 菲利普·亨利·谢里登：美国内战时期联邦军将领，曾任骑兵部队司令，为打败南方邦联做出重要贡献。战后任路易斯安那州和得克萨斯州军事指挥官，后升任陆军上将。

力工作、追求财富和向上流动之类先进思想的社会里，穷人不可能是有责任感的公民。救援协会在火灾救援和后来 1873 年经济萧条时的救济工作以 "社会达尔文主义"① 和 "科学慈善" 为指导。许多芝加哥人不赞同救助协会的立场。一些精英们的夫人甚至开始公开反对丈夫们执行的政策。此外，虽然市长把救灾工作交给协会，但其他社团也开始着手援助灾民。至少 30 个有宗教和族群背景的团体致力于援助受灾民众，但这些团体的实力与救援协会相比却相形见绌[12]。

芝加哥的发展势头反弹很快。工人们将大部分碎石推入湖中，在河口以南打造新的地产项目。6 周之内，200 多栋砖石建筑在商业区所在的南区开工。18 个月内，市中心的街边便出现了新建筑。芝加哥人依照老规划建起了这些建筑。这座城市的首位专业建筑师约翰·范·奥斯德尔（John Van Osdel）设计了许多换代建筑。火灾后的第一年，他设计的建筑楼面连起来有 1.5 英里长。芝加哥的重建给设计师和绘图员创造了大量工作机会。一个本地居民熟悉的芝加哥重新出现在城市中心地带。意大利式的窗户和铸铁门面再次排列在莱克街两侧。烧焦的土地上重新矗立起高楼大厦，有的高达八层。但是很多建筑会在 20 年内被拆掉，取而代之的将是芝加哥建筑学派的摩天大楼。新学派将把芝加哥打造成世界级的建筑中心[13]。

重建过程中，社会矛盾出现了。城市精英提议在未来城市建

---

① 社会达尔文主义指 19 世纪后期搬用达尔文生物进化论来解释人类社会现象并把历史归结为 "生存斗争" 的学说。

设中要全面禁止木质结构。来自低收入选区的议员立即抗议，认为此举是在利用火灾惩罚穷人和工人阶级。北区派恩街沿线的德裔居民和西区的欧洲移民买不起更贵的砖石房屋来替代老建筑。此外，未受火灾影响的偏远社区也将受到新法令的打击。最终的折中方案虽然禁止在"防火重点区"建造木质房屋，可这里的建设者往往无视禁令。芝加哥救援协会和当地居民搭建的许多所谓临时性的木结构房屋却成了受灾社区的永久家园。

　　总体来看，芝加哥市政府的职能在大火之后得到提升，在社会与经济事务中承担更多的责任。市议会通过立法规范了芝加哥的面包售价和出租马车的运价标准，并组建了建筑质检部门。由于政府职权的扩大，与市政供水工程建设同步出现的对立心态继续存在。这种对待政府的新态度在应对灾害过程中逐步形成，又在更难应对的各种危机中继续强化，而快速演变的工业经济是以自由市场为导向的，因此必然引发一系列危机。关于资本及其社会功能、劳工权益以及维权途径，还有政府职能等方面的争论一直存在。此时的芝加哥正处于争论的漩涡中心[14]。

　　持续深入的工业化和不断完善的全球市场体系从根本上引发了区域、国内甚至国际关系格局的转变。新技术将美国维系成一个整体。铁路和电报线路使信息能够迅速传遍全国。世界一角的争端成为影响其他地区的重要因素。芝加哥的工人阶级经常举行纪念巴黎公社的活动。罢工活动、工会组织和不同政党的消息沿着铁路和电报线路，与货物、乘客和市场信息一道传播着。新的交通和通信系统将广阔的大陆与其经济中心——芝加哥——连成一体。芝加哥的牲畜交易价格决定着牛仔们是否要把牛群赶到西部的铁路沿线。纽约或伦敦的砖瓦匠能了解到芝加哥重建带来的就业机会。堪萨斯和艾奥瓦的小麦价格波动能改变波兰和乌克兰农民的生活。在爱尔兰、德国和斯堪的纳维亚移民眼中，芝加哥及其向边境腹地的扩张就是他们发财的机会。

劳资双方的博弈

　　火灾之后，美国东部的成熟资本与中西部的新兴劳动者共同重建了芝加哥。自建城以来，芝加哥一直吸引着有钱的投资者，也吸引着那些愿意辛苦劳作的男男女女。早在南北战争之前，资本家与工人群体就有过碰撞。在芝加哥，工人阶级的斗争似乎是持续的威胁，因为那些为北方佬精英打工的人们开始提出要求，想在移居的城市里得到更高的薪资和更大的权力。19 世纪 50 年代初，印刷行业的工人组建了芝加哥最早的劳工组织之一。到 1860 年，印刷业工会的会员有 84 人，超过库克县全部印刷工人的 1/3。其他行业的工人也成立工会，但却难以实现工人阶级的真正团结。内战经济的现状导致了现代工会运动兴起。1864 年，芝加哥工人建立了 15 家新的工会组织。当年发生了 13 次罢工，比前三年的总数还多。工会都承诺，工人有机会改善他们的境遇。与别的工业中心一样，首先加入工会的是芝加哥的技术工人，工人抗议示威的文化也成熟了，并最终造就了一场意义重大的工人运动。

　　19 世纪 60 年代中期，争取每天工作八小时的斗争浪潮愈演愈烈，并影响到 1866 年的市议会选举。尽管在选举中获胜，市长约翰·赖斯（John Rice）却从中作梗。各行业工会转而向州议会代表表达诉求。在芝加哥劳工领袖安德鲁·卡梅伦（Andrew Cameron）的领导下，工人们要求通过立法明确八小时工作制。1867 年初，伊利诺伊州议会颁布了美国第一部八小时工作制的法规，工会取得了成功。雇主们很快采取对策，不再按天付酬，而是以小时计薪，以规避法律规定。他们声称，缩短工作日时长对劳资双方都是灾难。管理层拒绝为八小时的工作支付十小时的工资。

1867 年 3 月 30 日，工人们举行盛大集会，以示对新规的拥护。一些雇主做出了让步，另一些则坚决反对八小时工作制。总工会以全市大罢工相威胁。事实证明，紧张的劳资关系使那年春天变得火药味十足。1867 年 5 月 1 日，工人们举行游行示威，为新法律欢呼喝彩。他们先在莱克街集合，上午十点开始向湖滨一带行进。游行队伍举着无数的旗帜，长度超过一英里。刚过中午，游行队伍到达湖滨一带的密歇根大道，时尚的联排别墅区就在南边的公园路。包括赖斯市长在内的不同要员都向工人们发表了讲话。

"八小时五一庆祝活动"结束后，大规模的罢工和暴力活动蔓延开来，随后是为期三天的全市总罢工。在工人社区，尤其是在产业工人高度集中的布里奇波特镇，户外劳动者和非技术工人游走街头，号召不罢工的工友一同参加斗争，并与警察发生了冲突。芝加哥的商界精英呼吁用军事手段制止工人集会罢工。市长赖斯威胁要对罢工参与者动武。到 5 月 8 日，资本家挫败了工会组织，每天工作八小时仍然只是一个梦。

芝加哥大火之后，大规模的城市建设随即展开，吸引了美国各地和海外的工人。劳动力大量涌入后，压低了薪资水平，推高了房租，更加剧了阶级分化。1872 年 1 月，芝加哥工人上街示威，反对在建筑工程中限制使用易燃材料的议会法案。工人们认为，新法规对他们的社区很不利。游行队伍一直行进到临时市政厅的议会会场外。示威者打出这样的标语：“给劳动者留个家吧”“别再投票给压迫穷人的家伙”。5 月 15 日，工会成员又在芝加哥举行大规模示威活动。早在 5 月 1 日，《芝加哥论坛报》就曾提醒工人们不要忘记 1867 年那场徒劳无功的罢工，同时声称，如果发一篇征召替岗工人的社论，全国各地的工人就会涌进芝加哥。当年初秋，木工和砖瓦匠不顾《芝加哥论坛报》的劝解，破坏了多处建筑工地[15]。

1873 年，全国范围的经济崩溃逼停了芝加哥的重建工作。还处于火灾后的十年重建期的芝加哥现在又遇到一场危险的金融衰退。1874 年又发生了一场大火，正好在 1871 年大火路径的南边，席卷了哈里森大街南侧的“红灯区”。第二场大火波及面积达 47 英亩，烧毁 812 栋建筑，财产损失 1 067 260 美元。导致约 20 人丧生的火灾始于 7 月 14 日下午 4：30，就在重建的商业区南面、泰勒街与联邦大街路口附近。因为那些在 1871 年火灾中幸免的小木屋不堪一击，消防局长马赛厄斯·本纳（Mathias Benner）决定尽力控制火势。他命令消防员将大火前进路径上的一排砖石建筑提前淋湿。火焰继续推进，威胁到新建的商业区。至晚上 11 点左右，消防员、防火建筑和开阔的阻火带形成合力，阻止了火势蔓延。最后，大火在湖滨一带自己熄灭了。

这一次，受损最大的是穷人和处于上流社会边缘的那部分人。过火区域曾是贫苦的工人家庭和妓院的聚集地。哈里森大街以南的六个街区一直名声不好，1874 年大火烧毁了其中的 49 处房舍。这里的工人家庭多为穷人，包括黑人、俄罗斯裔及波兰裔犹太人。大火过后，这些人都离开了此地。黑人家庭继续向南搬家，东欧移民前往西区落脚。其他人则较为乐观，认为这算不上灭顶之灾，而是浴火重生的好机会。

上流社会一直想通过政治途径推动芝加哥的改革，1874 年的火灾成了推进运动的契机。1871 年大火后，人们已经达成共识，要立即启动改革措施，可是由于工人阶级反对新的消防法规而没有得到严格执行。现在，资产阶级又达成了新共识。《芝加哥论坛报》呼吁改革不应受工人阶级选民的影响。除了其他改革措施，全国火灾保险委员会又提出，必须延长并坚决执行木建筑的禁令。不到一年时间，芝加哥的精英阶层迫使消防部门进行重组，改进了消防供水系统，并将防火覆盖区扩展到城市边缘。第二场大火令工人阶级家庭损失惨重，他们只好舍弃市中心，搬到边远地区。依然住在沃巴什大道一带的富裕家庭也离开了，但他们把自家房屋改为商业用房。其中的许多家庭跟随之前提到的马歇尔·菲尔德来到普莱利大街，携手在近南区打造出新的时尚社区[16]。

19 世纪 70 年代，美国各地的工人始终面临着降薪和失业的威胁。1877 年 7 月 16 日，经济危机最严重的一年当中，巴尔的摩—俄亥俄铁路公司宣布降薪 10%。罢工工人关停了巴尔的摩至圣路易斯的铁路运输服务，十几个城市爆发冲突，导致数百人伤亡。到 7 月 25 日，大罢工已波及太平洋沿岸。农民、矿工、采石工、钢铁工人和装卸工等各行各业的劳动者都卷入斗争浪潮。美国首次陷入全国性的阶级矛盾之中。在多数美国人看来，1877 年的一系列事件唤醒了革命运动和无政府主义的幽灵，还可能导致巴黎公社运动的暴力场景重现。

芝加哥工人自然积极响应罢工号召。工人党出现后，支持罢工的情绪得到进一步激发。7 月 21 日，组织者在 20 号街与布朗街相交的萨克会堂召集会议。来自得克萨斯州的社会主义者、年轻的印刷工人艾伯特·帕森斯（Albert Parsons）在会上发表讲话，呼吁实行八小时工作制，把工人阶级的悲惨遭遇归因为机器生产和新的工厂制度。他主张用非暴力方式表达诉求，并要求工人投票给工人党，这样才能真正改变命运。

帕森斯是芝加哥激进派中的急先锋，他 1848 年生于亚拉巴马州，曾在南方邦联军队服役。他先皈依激进的共和主义思想，后转向社会主义，最后又站到无政府主义一边。1872 年，帕森斯与露西·沃勒（Lucy Waller）结婚。妻子是非裔美国人、克里克印第安人与墨西哥人的混血后裔。因为得州反对异族通婚，这对夫妇只好来到芝加哥。从帕森斯身上，我们能理解 19 世纪末的精英阶层为何心存恐惧。他娶了混血女子为妻，与移民和激进分子打得火热，还试图推翻现有的社会秩序。无论从哪一方面看，帕森斯都是马歇尔·菲尔德和乔治·普尔曼等富人眼中最可怕的噩梦。

7 月 22 日，工人党在麦迪逊大街与市场街交会处的广场散发传单，准备在 23 日召集一次群众大会。当晚，打着英文、德文和法文标语的一万多名工人举行火炬游行。帕森斯发表了措辞强硬的讲话，再次告诫人们避免使用暴力。夜里，遭到密歇根中央铁路降薪的 40 名扳道工罢工。南支流沿岸各大木材场里的锯木工人也决定停工。他们成为芝加哥最激进的罢工工人[17]。全国性的罢工潮已经波及芝加哥。

7 月 24 日，星期二，帕森斯到《芝加哥时报》上班时，发现自己被解雇了。而在工人党的德语刊物《工人报》（*Arbeiter-Zeitung*）的办公区，两名武装人员控制住帕森斯，带他前往市长办公室。在市政厅，他们把帕森斯带进一间坐满警察、官员和市民代表的房间。经过两个小时的审问和辱骂后，警长迈克尔·希基（Michael Hickey）警告帕森斯："贸易委员会的那伙人要在路灯杆上吊死你。"市长门罗·希思（Monroe Heath）称罢工者为"衣衫褴褛的公社恶棍"。帕森斯随后去《芝加哥论坛报》找工作，可是报社的三个人把他赶出门，还扬言要杀了他。

与此同时，约 3 000 名工人再次聚集在市场广场。警方向集会人群发动攻击，捣毁了演讲人的讲台。第二天是 7 月 25 日，激战开始了。罢工者与警察在兰道大街发生冲突。在下西区，群情激昂的工人袭击了 CB&Q 铁路公司的车库，破坏了两台机车。警察打死 3 人、打伤 7 人后，驱散了人群。接连几天，警方多次驱散工人集会，包括家具业工人的一次和平集会。针对工人遇袭事件，法官威廉·麦卡利斯特（William McAllister）裁定，工人享有自由集会的权利。

与 1871 年一样，商界精英们呼吁派军队上街巡逻。上层市民和业界大佬在讨论对付暴乱分子的办法。7 月 25 日下午，在市场广场附近的一座礼拜堂，芝加哥的精英们分析了当前的危局，并探讨武装与组织市民对抗工人的最佳方式。牧师罗伯特·科利尔提议，应该派出 3 万名特警上街巡逻。其他人则提出各自的计划。乔治·普尔曼呼吁要对罢工运动给予严厉回击。为了保卫芝加哥，马歇尔·菲尔德和市民协会的军事委员会开始为国民军筹款，并在第二年捐出两挺加特林机枪。

7 月 26 日，美国第 9 和第 22 步兵团、伊利诺伊州国民军的两个团、一个炮兵连和几支骑兵连进入芝加哥，与警察、5 000 名特别代表、500 名内战老兵和各个政治团体的成员一同在街头巡逻。联邦政府迅速从达科他领地召印第安战士入城。这些人刚从边境赶来，便在格兰特（Grant）总统儿子的指挥下，在霍尔斯特德街高架桥与工人短兵相接，超过 10 多名平民死亡，20 多人受伤。到 7 月 25 日，芝加哥举全州之力挫败了罢工。医院和监狱里挤满了工人。死于暴力冲突的平民多达 50 人，军警却无一人死亡。28 日，首批列车在军方护送下驶离铁路站场[18]。

《芝加哥每日新闻》虽然支持工人们的要求，但也警告过他们不得使用暴力。该报登载了全市工人与当局之间多起冲突的报道。罢工失败后，7 月 27 日的一篇社论宣布"一切归于平静"，并对芝加哥居民进行说教，尤其是斗争最激烈的近西区和下西区居民，"你们失败了，一败涂地，我们的预测很准确，你们也早该预料到这种下场"。该报指出，警方别无选择，因为他们"有义务尽一切可能维持治安，即使付出宝贵的生命代价也在所不惜"[19]。

罢工制造的动乱再次勾起了人们对巴黎公社起义的恐惧，令芝加哥的那些"体面人"担惊受怕。为了解决阶级矛盾，他们再一次动用强大武力。不同社会阶层的人都从 1877 年夏天的大事件中学到了很多。持续冲突的威胁影响到许多资本家的思维模式，乔治·普尔曼更是大受触动。对艾伯特·帕森斯及其同事在内的工会领袖们来说，1877 年的罢工证明，通过和平的民主政治无力改变这个社会，因为中上层阶级掌控着强大的武装力量，而手无寸铁的工人则完全没有胜算。

激进主义的大本营

芝加哥很快成为美国激进主义的活动中心。许多参加过 1877 年大罢工的人认为，投票箱里装的似乎都是空洞的承诺。激进分子进行开公开辩论，在斗争策略上主张采用暴力手段。1879 年 3 月 22 日晚上，约 3 万名工人及其家属在集会上高唱《马赛曲》，纪念 1871 年的巴黎公社起义和 1848 年的欧洲革命。一些由武装工人组建的准军事民族组织以示威方式参加了庆祝活动。与两年前入城的陆军一样，他们沿着相同的街道游行至州际会展大厦。诸如勒尔-威尔协会、波希米亚神枪队和爱尔兰劳工自卫队等民间团体武装起来后变身成军事组织，令中产阶级和商界精英心惊胆战。

第二天，帕森斯在讲话中向集会人群重申，法国和德国革命者希望建立一个工人阶级的共和国。他大声疾呼："我们要让工人阶级掌权。"帕森斯的工人党希望利用集会动员工人支持春季选举，可是那一年的大批选民抛弃了该党。经济复苏和内部意识形态的分化打击了激进政治运动。工人党的衰弱使帕森斯变得更加激进。到 1880 年，改弦更张的帕森斯把解决社会问题的希望寄托于无政府主义。一年当中，工人们一直在坚持斗争。经过三天的游行示威后，"八小时联盟"在 7 月 4 日召集了一次规模盛大的游行活动。劳动妇女联合会派出一辆粉红色的花车参加游行，以示支持。进入 19 世纪 80 年代后，包括妇女、外来移民甚至黑人在内的各界人士都联合起来，加入更大规模的激进运动行列。

19 世纪 80 年代发生了多次示威活动，其目的就是给芝加哥的精英们制造恐慌。1884 年 11 月 27 日正逢感恩节，尽管寒风裹挟着雨雪，工人们仍然组织了一次大规模示威。大约 1 000 人聚集在市场广场，组织者升起一面巨幅的黑色旗帜（这是无政府主义的新标志，象征着饥饿、苦难和死亡）。帕森斯在激动人心的开场白中谴责了资本家们的感恩节大餐。人群随后列队游行，在黑、红旗帜的引领下，3 000 多人的队伍浩浩荡荡地向南开进，直逼普莱利大道一带的富人居住区。游行队伍途经帕尔默大厦时，乐队奏起了《马赛曲》。第二年，工人们再次组织示威游行。

19 世纪 80 年代初，无政府主义主导的革命运动在美国迅速发展起来。在芝加哥，颇具影响力的德文激进报纸《先驱报》（Vorbote）和《工人报》都站到了革命阵营中。1881 年 7 月，芝加哥社会革命大会在伦敦开会，三个月后，芝加哥也召开了一次类似的大会。主导会议的有帕森斯、奥古斯特·斯皮斯（August Spies）和代表纽约社会革命俱乐部的贾斯特斯·施瓦布（Justus Schwab），但其他激进派却把这次大会称为闹剧。会议为期三天，地点在芝加哥北区的特纳大厦，参会者主要是德裔移民。大会谴责了工资奴隶制和财产私有制，并宣布要联合"那些工人武装组织，随时拿起武器反抗侵犯自身权利的各种势力"[20]。

1883年，激进派在匹兹堡集会，成立了国际劳动人民协会（IWPA），标志着无政府主义运动的迅速发展。再次爆发的经济危机引发了1883—1886年的经济萧条，促使许多工人回到激进主义阵营。美国社会中的贫富差距明显拉大，达到史无前例的程度。革命者称芝加哥精英为"财阀"，菲尔德、斯威夫特、阿穆尔和普尔曼等人均是这个集团的头面人物。美国各地相继爆发冲突，罢工、抵制和示威活动风起云涌。到1886年，美国的罢工人数是前五年的三倍，涉及的企业数量是前五年的四倍。为制止罢工，地方当局调动警察镇压工人。警方在冲突中再次动用暴力手段。而激进分子，尤其是无政府主义者，认为炸药是对付资本主义国家强权政治的有效手段。1866年，瑞典化学家阿尔弗雷德·诺贝尔发明了炸药。这种新型烈性爆炸物运输安全，使用起来相对简单。无政府主义者开始视其为抗衡资本主义的斗争利器。激进的《警世报》（Alarm）建议革命者"练习投弹技能"[21]。

1885年4月，在为期三天的芝加哥贸易委员会新大楼落成典礼期间，无政府主义者以示威活动做出回应。帕森斯已经抛弃了用非暴力示威和投票参选形式改变社会的立场，转而鼓励工人进行武装斗争。警方阻止了向新大楼进发的示威者。《工人报》的创始人兼编辑奥古斯特·斯皮斯曾提议用炸药炸毁贸易委员会大楼[22]。

1885年，另一场劳资双方的大冲突上演了。5月4日，伊利诺伊州国民军向郊区的莱蒙特采石场罢工者开火，枪杀2人。两个月后，运输业的罢工令芝加哥陷于瘫痪，市政府对待工会运动的态度因此有了转变。1879 年，卡特·哈里森（Carter Harrison）当选市长后，警方在劳资冲突当中的行动策略有了明显调整。哈里森努力争取工人阶级选民的支持，罢工期间基本保持中立态度。由于警方没有采取保障商业利益的行动，资本家常常不得不与工人谈判，或者雇请私人保镖，还会请私家侦探来化解罢工危机。当年的运输业罢工带来了新动向，商界精英开始向市长和警方施压，要求他们以实际行动保护商界的利益。

　　芝加哥西区铁路公司减少了有轨马车的运营班次，引发了冲突。西区马车员工慈善协会要求增加工资，以补偿班次减少带来的损失。工会还要求铁路公司缩短实习生的服务期限，并解雇一名粗暴无礼的副主管。铁路公司答应了上述条件，却又很快解雇了 15 名工会领袖。6 月 30 日，西区的班车司机和售票员举行罢工。4：15，罢工者首先聚集在霍尔斯特德街的几间车库。领班鲍勃·哈特（Bob Hart）面对人群不停吼叫，喝令大家回去上早班。人们则以笑声回应。其中一人说："今天没人打算上工啦，鲍勃。"哈特答道："那好吧，小子们，你们就随便折腾吧。我无话可说。看到你们罢工我很难过，但是我觉得你们太自以为是了。"哈特只好返回自己的办公室，人群报以三声欢呼，一名罢工者说："你说对啦。"该地区的酒馆一直开门营业，欢迎罢工人群，但是很少有人进去喝一杯。芝加哥和库克县的警察在一旁严阵以待，大约六名私家侦探也混入罢工人群当中，但是人群保持着克制，举止得体。

　　然而，其他车库则试图发车营运。随着时间推移，芝加哥西区爆发了多起冲突。5：05，在西部大道车库，车辆调度员强令

57 号售票员上班，可是罢工的售票员和司机们都默不作声。公司主管试图劝说工人们把早班车开出去。德斯普兰斯街警察局的副巡官约翰·邦菲尔德（John Bonfield）带领一队人马赶到现场。一辆马车在罢工人群及其支持者的追赶下驶离车站。在布鲁明戴尔街，人群袭击了密尔沃基路沿线的一辆班车。西区铁路公司的主管表示："我们不能对这帮人的要求让步。不然他们会以为公司很快要由他们做主了。"《芝加哥论坛报》发文强调，美国人都有机会改变社会地位，努力激发工人们向上流动的奋斗理想，他们将来可能成为雇主，到那时他们就能从不同角度理解当下的罢工形势了。

与警官们会面后，市长哈里森说，要保护长达 45 英里的西区轨道交通线路是不可能的任务。西区第 14 选区的前议员麦格拉思（McGrath）则声称，公众都支持罢工，他们希望彻底改革管理层。市长建议交通公司应该争取公众的支持。与此同时，管理层招来 50 名侦探加以应对。芝加哥人仍然惦记着各自的生意。卡明斯公司承诺，道格拉斯公园附近的 50 块地产将在 7 月 4 日如期销售，不会受到罢工影响。罢工第二天，该公司建议客户沿着空荡荡的班车轨道步行前往道格拉斯公园北侧的加利福尼亚大道，"走几步也挺好"。西区想坐公共马车的人们只好自己想办法进入市中心的商业区，要么步行前往，要么临时搭乘五花八门的交通工具。《芝加哥论坛报》称"街道上人满为患，私家交通工具几乎寸步难行"。与此同时，城市轨道交通沿线持续发生暴力冲突。一辆辆马车满载警员驶出车库。邦菲尔德保证，次日一定加强安保措施[23]。

邦菲尔德负责保护公共马车，并率领警察攻击罢工者。随着罢工的深入，警察开始用棍棒驱离靠近轨道线的人。到 7 月 4 日，罢工基本宣告失败。市长哈里森显然改变了中立立场，邦菲尔德也得到奖赏，升任为巡官，又任命了新的警察局长，这都标志着政府将努力安抚商业利益。市长此前与劳工结成的联盟已成为历史。这次罢工使得劳工运动领导者更加激进，尤其是那些有无政府主义倾向的人。芝加哥无政府主义者的势力得到壮大，人数大增，1886 年时的坚定分子达到 2 800 人左右，其阵营中的 7 家报纸发行量达 3 万份。1885 年的一系列事件为另一场劳资冲突的大爆发创造了条件[24]。

工会成员同时重启了"八小时运动"。无政府主义者起初反对这场运动，认为它貌似一剂万能灵药，但不能从根本上解决劳工问题。进入 1886 年，运动势头强劲，到了 4 月，25 万工人加入维权行列，要求每天工作八小时。1885 年 11 月，芝加哥的组织者联合不同劳工团体，成立新的八小时协会，其中包括劳工骑士团，但是号称"工匠大师"的特伦斯·鲍德利（Terrence Powderley）却反对加入。哈里森市长对这场运动表示支持，或许是为了争取工人阶级的重新支持。无政府主义者开始改弦更张，认为运动可以动员工人阶级，推动革命事业。他们继续鼓动工人武装起来准备接下来的斗争。在集会上，帕森斯、斯皮斯和施瓦布的演说大受欢迎，三人很快取得本地运动的领导权。芝加哥成为八小时运动的中心。

每周的集会使工人的参与热情不减。1886 年 4 月 25 日，中央劳工联盟在湖滨组织了一场有 2.5 万人参加的大型集会。帕森斯承诺要高举"自由、平等、博爱"的旗号。工会领导人决定在 5 月 1 日发动全国统一行动，争取在不降薪的前提下缩短工作时长。19 年前的同一天，芝加哥工人曾开展罢工，但没能实现这一目标。在 4 月 24 日的《警世报》上，格哈德·里齐尤斯（Gerhard Lizius）写道："薪资制度是导致世间苦难的唯一原因。支持它的正是富人阶层，而要摧毁它，必须让富人们去劳动，或者让他们去死。"5 月 1 日前的芝加哥局势变得紧张起来。实业家们再一次做了最坏的打算。艾伯特·帕森斯则处于风暴中心[25]。

"秣市惨案"

1886 年 5 月 1 日，约 4 万芝加哥人开始罢工。在全国 1.3 万家企业中，首日参加罢工的人数达到 30 万。这一规模是 1877 年以来首次。芝加哥看似平静如常，就像安享假期的城市一样。斯皮斯写了一篇激励人心的社论，号召芝加哥工人团结一致，并肩战斗。全城各处都有人组织示威和集会。帕森斯夫妇率领约 8 万示威者走上密歇根大道，以展示工人阶级的团结。当天没有发生一起暴力事件，次日也是平静度过。激进派领导人担心这场运动可能会偏离方向。多数工会成员则很有成就感，毕竟肉类加工厂都答应采用八小时工作制了。

星期一下午，麦考密克收割机厂发生的暴力冲突使人想起了 1877 年的往事。此前一年，罢工者迫使麦考密克取消降薪 15％ 的计划。小塞勒斯·麦考密克决心制伏工会，还要想方设法削弱工

会势力。1886 年 2 月，麦考密克宣布关门停工，并引入非工会的
工人进厂。管理层找来 300 名侦探保护那些罢工破坏者，此举更
激怒了工人一方。在巡官邦菲尔德的指挥下，芝加哥警察也开始
配合麦考密克的行动。在蓝岛大道，工人纠察队与警方之间的冲
突几乎每天不断。他们坚持斗争，后来融入 5 月 1 日的八小时大
罢工。

　　5 月 3 日，木材业工会在 22 号街和蓝岛大道组织大型集会，
地点距离麦考密克工厂只隔几个街区。几位发言人分别用英语、
德语和捷克语进行了演讲。斯皮斯接着代表"中央劳工联盟"致
辞，呼吁人们团结一致。斯皮斯讲完话后，麦考密克工厂的下班
钟声响起。约 200 名工人离开会场，加入收割机厂那边的工人纠
察队。斯皮斯继续演讲的同时，收割机厂爆发了冲突，警察向投
掷石块的工人开枪，打死 2 人，致伤多人。斯皮斯目睹了屠杀行
径，立即返回《工人报》报社，愤然用英文和德文写就一份宣传
单，号召工人拿起武器开展斗争。他宣称，如果能给工人提供
"好用的武器或者一枚炸弹，绝不会放过任何罪有应得的杀人
犯"[26]。

　　1886 年 5 月 4 日，市长哈里森命令警方保持戒备，并在干草
市场附近的德斯普兰斯街车站集结了大批警员。为了防止冲突，
中央车站和城内其他不同区还有更多的预备队在待命。哈里森准
备亲自上阵，以便评估局势的严重程度。8：15，斯皮斯到达干草
市场，发现集会人数令人失望，只有大约 3 000 人参加。他建议
把集会地点转移到德斯普兰斯大道。他选了吊车厂的一辆空车作
为演讲平台，登上去后呼叫帕森斯到场。斯皮斯随后向人群发表

讲话，直接否认了两则谣言：一是召集大会的目的是制造骚乱；二是麦考密克指控他挑起了收割机厂的冲突。群情激愤的人们要求绞死麦考密克，但斯皮斯警告大家不要做出无用的威胁，并保证正义一定会得到伸张。

哈里森一直在听着台上的演讲，认为集会现场没有发生什么异常情况。他告诉一位朋友："我想让人们知道，他们的市长就在这里。"斯皮斯讲话时，帕森斯赶了过来。斯皮斯很快结束演讲，向众人介绍帕森斯。帕森斯则号召工人要武装起来，并断言社会主义是工人阶级的唯一希望。哈里森没有听到任何要求警方采取行动的汇报。看到集会人群秩序井然，一直保持着冷静，市长决定前往德斯普兰斯街警察局，通知邦菲尔德解散预备队。可是谣言不断传来，据说人群可能会袭击密尔沃基与圣保罗铁路附近的货场。所以，他们在火车站保留了部分预备队。哈里森回到集会现场，听了一些台上的言论，之后骑上他的白马，奔回阿什兰大道的宅邸。

晚上 10 点刚过，在离开会场前，帕森斯请最后一位发言人——英国人塞缪尔·菲尔登（Samuel Fielden）上台发言。大概有 300 人留下来听菲尔登的讲话。菲尔登讲完后，两名侦探奔回警察局，向巡官邦菲尔德报告说菲尔登使用了极具煽动性的言语。邦菲尔德立刻召集警员前往集会现场。他和副巡官沃德率领警员急速穿过兰道夫大街，将德斯普兰斯街的一小群工人驱赶到人行道上。警察在演讲者的吊车前几米处停下脚步。沃德高喊："我代表伊利诺伊州人民命令你们，马上老老实实地离开。"菲尔登不知所措，盯着沃德说："可我们在和平集会啊。"沃德重复了一遍命

令, 菲尔登同意离开, 并开始迈步下车。就在此刻, 一枚炸弹从
工人们的头顶飞过, 落入警戒线内爆炸, 几名警员受伤倒地。警
方随后向人群开枪。男男女女、大人小孩无不惊慌失措, 混乱开
始蔓延。街道上随处可见跌跌撞撞的伤者。人们争相逃离干草市
场, 其间发生了相互踩踏。菲尔登在逃离会场时, 被一颗子弹击中
了膝盖, 他的兄弟也中弹倒地。市长哈里森的家就在阿什兰大道,
他从卧室窗口听到了东面一英里外发生的骚乱, 随即赶回干草市场。

　　枪声持续了两三分钟。街道上散布着尸体。在防暴铃的召唤
下, 警察从芝加哥各地赶来。近千名警员清理了干草市场附近的
三个街区。七名警察和数目不详的平民身受重伤, 总共有 67 名警
察丧命。然而, 直接死于炸弹的只有一人, 其他警员则死于枪伤
或者炸弹外加枪弹的共同伤害。几乎所有受伤的警察都是被同事
的子弹误伤的[27]。

　　除了致人伤亡以外, 5 月 4 日那晚的炸弹造成了更严重的后
果。八小时运动因此受挫, 大部分劳工组织也受到打击。支持工
人运动的公众立即转变态度。原来屈服于工会主张的资本家现在
开始强硬对抗。劳工骑士团拥有 70 万左右的会员, 是美国最大的
劳工组织, 更是感受到了公众舆论和雇主方面的愤怒情绪。肉类
加工企业随即开始重新掌控局势, 不再承诺八小时工作制。加工
厂的工人已经加入了劳工骑士团, 而"秣市惨案"终结了一代人
的努力, 牲畜市场一带有组织的工会运动也告一段落。劳工骑士
团的鲍德利谴责无政府主义者的暴力行为, 并试图通过一己之力
扭转舆论导向。而在公众的心目中, 凡是支持八小时运动的组织
都是一路货色, 都要为那一晚的暴乱和恶行负责。

本图是弗兰克·莱斯利（Frank Leslie）为 1886 年 5 月 15 日的报纸所做的配图。描绘了"秣市惨案"的场景。炸弹爆炸后，警察在秣市广场附近向工人开火。

尽管有人揭发投弹者是鲁道夫·施诺贝尔特（Rudolph Schnaubelt），但实际上无人知晓投弹者的真实身份。机械师鲁道夫生于波希米亚，其家人在国际劳动人民协会中发挥着重要作用。"秣市惨案"两天后，警方将鲁道夫逮捕，但审讯后却释放了他。鲁道夫很快离开芝加哥跑到加拿大，接着前往英格兰，最后逃往阿根廷。众所周知的结果是，警方事后立即抓捕的七个人——阿道夫·费希尔（Adolph Fisher）、奥斯卡·尼伯（Oscar Neebe）、奥古斯特·斯皮斯、卡尔·恩格尔（Carl Engel）、塞缪尔·菲尔登、迈克尔·施瓦布和路易斯·林格（Louis Lingg）——都不是扔炸弹的人。林格虽然是无政府主义者，在制作炸弹方面很有名气，但实际上并没有参加秣市集会，炸弹爆炸时他正在现场两英

里外的地方。投炸弹的也不是逃往威斯康星州的艾伯特·帕森斯，
他在逃亡期间坚信陪审团会判他无罪。1886 年 6 月 21 日，法官约
瑟夫·加里（Joseph Gary）主持审判的第一天，帕森斯出人意料
地自己走进法庭。

事实证明，那次庭审就是一场荒唐的闹剧。审判开始前，加
里法官竟然向媒体宣布了被告的罪行。公众舆论大肆抨击这几个
人。加里在案情陈述阶段给了控方极大的回旋余地，却不停打断
辩方的陈词。庭审一直持续到 8 月 20 日，陪审团最后宣布八人全
都被控有罪。全国各地的报刊都对这一裁决表示支持。加里准许
有罪之人向法庭陈词。这一过程进行了三天。八名被告谴责了给
他们定罪的法庭和司法制度。法官随后宣布了判决结果：全部施
以绞刑，行刑日期定在 1886 年 12 月 3 日。

由于美国乃至世界各地都在恳请宽大处理，致使上诉过程拖
延了一年多。11 月 25 日那天正好是感恩节，经伊利诺伊州首席
大法官约翰·斯科特（John Scott）批准，死刑暂缓执行。辩方律
师威廉·布莱克（William Black）随后提出上诉。1887 年 9 月 11
日，伊利诺伊州最高法院维持了罪名裁定和死刑判决。法院将行
刑日期定在当年的 11 月 11 日。律师布莱克认为，被告唯一的希
望就是上诉到美国联邦最高法院。10 月 27 日，辩方团队出现在
最高法院，申请一份再审令。11 月 2 日，最高法院一致决定不再
重审此案，这些无政府主义者的命运至此已无法改变。

现在，只有州长理查德·奥格尔斯比（Richard Oglesby）出
面干预才能阻止死刑的执行。被告的支持者成立了特赦协会，向
这位共和党州长和内战英雄请愿。奥格尔斯比的办公室里很快就

堆满了请愿书。审判过程和结果明显不公，就连芝加哥的商界精英波特·帕尔默也觉得难堪，捐款支持特赦协会的努力。第一联邦特许银行的执行总裁莱曼·盖奇（Lyman Gage）也联合多位商界领袖在请愿书上签名。新成立的美国劳工联合会负责人塞缪尔·冈珀斯（Samuel Gompers）也呼吁赦免。同情者在伦敦、巴黎、罗马和马德里等欧洲城市集会声援。公众舆论也慢慢转向了宽容。

依照法律规定，被判有罪的人需要提请宽恕，这等于要求无辜者主动认罪。支持者们来到监狱，极力劝说这些无政府主义者们表明对自己行为的悔意以博得同情。最后，菲尔登、施瓦布和斯皮斯同意悔过。11 月 3 日，他们给州长奥格尔斯比写了一封悔过信。恩格尔、费希尔和林格则断然拒绝，不求任何宽恕。德裔激进分子称斯皮斯为叛徒。三天后，斯皮斯又发出通电，撤回了悔过请求。帕森斯拒绝在悔过信上签名，坚称自己无罪。虽然州长有意从宽处理，但这位 38 岁的无政府主义者却拒绝向体制低头。

随着 11 月 11 日的临近，州长通知莱曼·盖奇，如果芝加哥商界能够支持，他就会宽恕帕森斯、斯皮斯、菲尔登和施瓦布。盖奇随即召集 50 位商界领袖开会，敦促他们尽快与州长联络。主导起诉工作的朱利叶斯·格林内尔（Julius Grinnell）与零售业大亨马歇尔·菲尔德反对宽大处理，其他人都不愿意同菲尔德唱反调，最后达成了一致意见。盖奇后来说："我觉得那是奇耻大辱。"他对那些商界精英不敢违拗菲尔德而耿耿于怀。

然而，请愿活动在公众中的势头不减。11 月 6 日，在林格的牢房里发现了四枚小型炸弹，芝加哥因此谣言四起，说无政府主义者正策划炸毁监狱，还可能要毁灭这座城市。因查获了爆炸物，请愿运动遭受致命打击。虽然如此，州长仍然宣布，他将于 11 月 9 日在州议会接待请愿者。11 月 10 日，奥格尔斯比公布了他的决定。

当天上午 10：00，林格的牢房里发生爆炸。他把一管炸药放进嘴里后点燃引信，坚持了六个小时后于午后 2：50 离世，免了绞刑之苦。下午晚些时候，州长宣布，将菲尔德和施瓦布的刑罚改为终身监禁。改判尼伯服刑 15 年。奥格尔斯比说，其他被告没有依法申请宽恕，将在第二天执行死刑。

关押 18 个月后，帕森斯等人于 1887 年 11 月 11 日被处决。上午 11：30 刚过，斯皮斯、费希尔、恩格尔和帕森斯身着松松垮垮的白色寿衣，一同被吊死了。在刽子手拉起绞架的活动板门准备送他们上路之时，帕森斯最后高呼一声："听听人民的声音吧！"[28]

阴影笼罩的卢普区

尽管工人阶级与资本家之间矛盾重重，也给芝加哥的未来蒙上了阴影，可是城市的形象仍时常让到此的访客无比震撼。市中心恰好体现了 19 世纪晚期美国的变革图景。火灾之后，城市没有移至他处，而是不断向天空和外围扩张。因为土地权属文件在大火中幸存下来，私有财产依然神圣不可侵犯。大范围的法律矛盾没有出现，城市重建工作因此得以顺利进行。市中心矗立着高楼大厦，成群的男男女女在里面的办公室辛勤工作。主干道上的车辆和行人熙熙攘攘，公共班车在轨道上前进。人们成群结队地进出数量众多的店铺和办公场所，造成人行道拥堵。

芝加哥的现代化建设已经开始了一段时间，却因为火灾而全面提速。其他城市的发展无不体现了按功能分区的布局思路：商业和行政区集中在市中心，工业和住宅区则分布在外围。但是，火灾加快了芝加哥区域功能的分化进程。零售业继续占据斯泰特街沿线，也扩展到沃巴什街；密歇根大道西侧的兰道夫大道南段开发出一些文化机构；政府部门在克拉克街寻找空间；金融和司法机构则集中在拉萨尔街。过了一段时间，一批音乐人和相关行业占据了沃巴什街与杰克逊街的相交区域，此地便成了乐器店和音乐厅集中的音乐一条街。沃巴什街的北段则是珠宝商们的生财宝地。影剧院选在斯泰特街与克拉克街之间的兰道夫街一段开业。这种布局提高了市中心的土地利用率，让芝加哥本地人和外来客更能接受卢普区的功能定位。

1871年的大火在某种程度上使芝加哥市中心的土地变得紧俏。富人和穷人都离开了这里，商业区则大肆扩张，规模几乎是以前的两倍。尽管如此，市中心仍然空间局促——可能是全国最紧凑的城区。虽然火患的威胁依旧，地价却扶摇直上。受制于火灾前的技术条件，最高的建筑物只有五至八层，火灾后的重建也大致遵循着同一模式。然而，废墟中崛起的新城吸引了很多新生代的建筑师。他们拥有全新的理念，掌握了全新的技术。诸如电梯、钢铁框架结构、赤陶防火法、向高层供水的水泵、室内照明等技术进步成果，都能满足摩天大楼的开发建设需要。1880 年之后，新建筑在市中心遍地开花，焕然一新的商业区面貌令人震撼[29]。

高层建筑将城市街道变成了洞穴一般的存在，一种新的公交系统也同时出现。1882 年，第一条轨道缆车线路在斯泰特街开通，由市中心运行到 22 号街，使南区日益扩大的住宅区与市中心联通。马歇尔·菲尔德意识到公交新系统前景广阔，于是投资其中，并确保线路要途经他的商厦。不久，世界上最大的缆车系统开始在芝加哥运营。越来越多的高楼大厦占据了现在的商业区，新公交车沿着轨道穿梭其间，虽然利弊兼具，但推动了城市的现代化进程。因为缆车线路环绕着商业区运行，熙熙攘攘的市中心街道便得名"环线区"。在环路交通线内做生意就相当于连通了芝加哥的其他地方。1880—1895 年，芝加哥的人口持续增长，年增幅超过 5 万。各商业企业要在面积约一平方公里的九个方格街区里争夺空间。工业城市中高大的写字楼象征着新一代白领阶层的成长。芝加哥的律师从 1870 年的 629 人增加到 30 年后的 4 241 人。超过 7 000 名办事员和职员，还有近万名速记员在世纪之交的芝加哥工作，其中大部分都在卢普区上班。那些摩天大楼往往能容得下三四千人同时在里面工作。1896 年的《芝加哥论坛报》声称，单单在莫纳德诺克大厦工作的人就有 6 000 之多。伯纳姆（Burnham）和布特（Boot）设计的共济会大楼于 1893 年在兰道夫街与斯泰特街路口的东北角开放，300 英尺的宏伟建筑统治着所在街区的天空，而此地的第二高建筑只有 96 英尺高[30]。

照片中是 1890 年左右，哈里森大街南段的普利茅斯广场一角。芝加哥的摩天大楼制造出一种峡谷般的视觉效果，令 19 世纪的很多游客心惊胆战。

　　游客们无不惊诧于芝加哥城市中心的新面貌，那是大火之后不到 30 年就重建完成的。《泰晤士报》（*Times*）在 1887 年这样报道："天空中烟雾笼罩，街道上的人行色匆匆，铁路、船舶和各种车辆都汇集于此。芝加哥的个性十分突出：万能的金钱是人们的挚爱。"离开芝加哥的拉迪亚德·吉卜林①（Rudyard Kipling）心

---

①　拉迪亚德·吉卜林：生于印度的英国小说家、诗人，1907 年获诺贝尔文学奖。

生厌恶，他写道："我见识过了，但绝无多看一眼的愿望。在这里生活的都是野蛮人。"纽约记者朱利安·拉尔夫（Julian Ralph）这样评价喧闹的卢普区："如果驾车人不小心，马匹就会撞上路人。每个人都是那么匆忙，都在急着赶路。如果陌生人要问路，他就必须一路小跑着打听情况，因为芝加哥人是不会停下来说话的。"芝加哥人在繁忙的商业氛围中长大，对匆忙赶路的状态毫不介意。一家制靴厂的经营者接待英国客人时，竟然能在17分钟内完成量尺寸和挑选新皮靴的工作。芝加哥人吹嘘着大市场里商品猪的交易流转速度、公共缆车的快捷，还有共济会大楼的高速电梯。这座城市的速度和效率无一不令他们自豪[31]。

从建城之初，芝加哥河就成为城市的主要依托，它既是一条贸易线路，也是敞开的下水道。1869年，进出河道的船舶超过13 000艘。芝加哥成为美国最繁忙的港口。到19世纪90年代，经由芝加哥河实现的贸易额达到2亿美元（相当于2007年的45亿多美元）。80年代，河上有35座平转桥。在接下来的十年里，又出现了折叠桥和垂直升降桥，使得更宽的大船能通行无阻。水上交通不仅加剧了市中心的噪声和空气污染，也使南北支流沿岸的各个社区深受其害。

1885年，85%的城市污水流入芝加哥河。改变河水流向、防止污水进入密歇根湖的尝试只取得了局部成效。即便是1871年深挖过的运河从技术上调转了水流方向，但也没有彻底解决问题，经常性的洪水还是将污水引入密歇根湖。1885年，超过一英里的污水带伸向湖里，包围了两英里的隔离凸堤，污染了芝加哥的饮用水，早年备受推崇的凸堤系统因此陷入困境。尽管布里奇波特的泵站工程在 1883 年重新开工，再次试图让河水永远倒流，但水污染问题还是发生了。吉卜林抱怨说："芝加哥的水系黑如墨汁，还有数不清的令人作呕的东西。"

水污染不仅令人难堪或带来不便，而且造成另一种严重威胁。在 1881 年、1885 年和 1886 年这三年当中，市民患上伤寒的比例很高。1885 年，芝加哥 12％的人口死于伤寒暴发，还有霍乱、痢疾和其他水源性疾病。伊利诺伊州议会通过了 1889 年的《公共卫生地区授权法案》(Sanitary District Enabling Act of 1889)，对芝加哥排污与通航运河工程的建设做出了规定，但是立法工作做得太迟了。1890 年的伤寒致死人数为 1 008，第二年又有近 2 000 名芝加哥市民因伤寒丧命。因病而死的人数远远超过 1871 年或 1874 年火灾的死亡人数。1891 年，死于伤寒的比例达到惊人的 16.64‰，占全市死亡人口的 7％以上。当时的人们称芝加哥为"伤寒之城"，发病率远高于美国和欧洲其他主要城市。欧洲报纸警告那些准备启程的旅客注意芝加哥的患病风险。1893 年的伤寒死亡率降了下来，主要原因是建造了四英里长的防污凸堤。但芝加哥排污和通航运河直到 1900 年才完工开通，在最终掉转水流之前，伤寒的威胁一直挥之不去[32]。

城市上空盘旋着一大团黑烟。芝加哥人需要燃煤来驱动工业生产，满足城市照明和家庭取暖的需求，庞大的铁路运输和城市缆车系统同样离不开燃煤。游客们时常说起火车驶近城市时看到的雾霾：首先进入视野的是远处地平线上的一个黑点，可是火车停靠到卢普区周边的各个车站后，才能真正见识到雾霾的厉害。据报道，即使在阳光明媚的白天，芝加哥人也不见天日！有风吹

20世纪初的麦迪逊街平转桥横跨芝加哥河南支流，连接着繁忙的西区和卢普区。

过湖面的时候，或者在煤炭消耗量减少的夏季，烟云偶尔会消散；但即便在正午时分，芝加哥的天空也会异常阴暗，令人心生不祥之感。路灯在冬季可能会全天亮着。通常依赖自然采光的办公楼里，也会一直点着煤气灯，后来换成了电灯。摩天大楼造成的气流效应迫使污浊空气下沉，弄脏了衣物和建筑物。芝加哥的许多办公楼都使用浅色的建材，结果却被染成了深棕色或者黑色。在夏季，河上的拖轮和火车喷吐出的烟雾始终盘旋在卢普区上空。芝加哥全年的天空景色提醒着游客和居民，必须要关注能源结构了。事实上，19世纪所谓的烟尘难题一直困扰着所有的工业城市，而芝加哥的问题似乎更为严重。在外国游客眼中，芝加哥就像"人间地狱"，弥漫着令人窒息的烟云，那是"芝加哥的魔咒"[33]。

莱维区

对许多观察人士而言，与污染的天空和臭气四溢的河水相比，芝加哥还有一个更严重的问题。商业区南面紧邻湖堤一带被称为莱维区，其实是臭名昭著的红灯区。1894 年，威廉·斯特德（William Stead）在《如果基督降临芝加哥》（*If Christ Came to Chicago*）一文中有过揭露：色情交易全城泛滥，克拉克街与迪尔伯恩街之间的哈里森大街南部地区更甚。福利机构赫尔馆的调查人员发现，从波尔克街到罗斯福街，有 50 多家妓院沿街排列。斯特德也提到警界和政界的贪腐问题，因为收受过老鸨贿赂的警察和政客对不法活动都睁一只眼闭一只眼。一对对的女子坐在妓院窗前，向街路两端张望着，一见到男人走过，便笃笃叩窗，相邀入门。一家妓院的老板甚至专门安装了一个能敲窗揽客的机械美女。

凯丽·沃森（Carrie Watson）的妓院是一栋褐石建筑，位于克拉克街，在芝加哥名气很大，而且营业了近 25 年。她主要做有钱人的生意，所经营的也是莱维区消费最高的妓院之一。据斯特德估计，在芝加哥开业的妓院有四五百家。莉齐·艾伦（Lizzie Allen）和维娜·菲尔茨（Vina Fields）姐妹是沃森的竞争对手。1890 年，艾伦在迪尔伯恩南街修建了一栋名为"镜屋"的复式豪宅，造价 12.5 万美元，三层的建筑里有 50 个房间。非裔老板菲尔茨的经营规模排在莱维区前列，从业女子经常超过 40 人。她在海关道会所经营了 15 年，全部雇用黑人女子，只接待白人主顾。

据斯特德调查，菲尔茨在每个房间都张贴了馆内规章制度（虽然不是正当生意，她也要努力树立良好的商誉）。

在一个各种风险并存的地区，妓院能做到"诚信经营"并不容易。在芝加哥举办哥伦布世博会期间，臭名昭著的迈克尔·芬恩（Michael Finn）第一次来到莱维区，打算洗劫街头游荡的醉汉。此后，他到海关道上的多伦多-吉姆酒吧当服务员，但被解雇了，原因是同样臭名昭著的低级酒馆竟然也容不下过于凶狠的芬恩。他后来做过扒手，也替别的小偷收赃。1896 年，芬恩的孤星酒吧和棕榈园两家店开业。两年后，他在自家酒馆里发明了很有名的麻醉药酒，人们用他的名字称呼这种蒙汗药为"麦基芬恩酒"。芬恩指示当地妓女让她们的客户品尝他的调和酒。芬恩迷倒客人后，将他们拖到棕榈园后面的小屋里，先扒光衣服，再洗劫钱财。这间酒吧因其大厅里的一棵枯萎棕榈树得名。芬恩经常留下被害人的衣物，给他们换上旧衣服后再弃之于小巷里。1903 年，芝加哥市政府最终吊销了芬恩的酒吧执照。

开黑店的不止芬恩一人。许多低级酒馆和妓院都干着同样的勾当。如果嫖客不明就里，那些所谓的"流动板房"式妓院就会让他们破财。客人脱下衣服后，板墙上的暗门便悄悄打开，妓女的同伙趁客人分神之际，从客人衣裤里把钱包偷走。1896 年，调查人员估计，受害者以这种方式损失钱财近 150 万美元。送到法官詹姆斯·戈金（James Goggin）面前的几个小偷竟然被宣布无罪获释。他说那些到莱维区寻欢作乐的人都是自作自受。

从业 38 年的莉齐·艾伦把"镜屋"出租给埃菲·霍金斯（Effie Hawkins），隐退不久后便去世了。1899 年，霍金斯又把生意转手给艾达（Ada）和米娜·埃弗雷（Mina Everleigh）——两位来自奥马哈的女士。老旧的"镜屋"经埃弗雷翻修后，改名为"埃弗雷俱乐部"，于 1900 年 2 月开业。雅致考究的店面在芝加哥处于行业领先地位，在其营业的 11 年间雇用过 600 多名女子。和维娜·菲尔茨一样，埃弗雷姐妹一直坚持严格的管理和高水准的服务。她们把房价定得很高，目的是让低端客户望而却步，而最有钱的客人则不会在乎。在莱维区给高端客户提供安全的避风港，就能获得巨大的商业回报。社会改革家们最终迫使两姐妹离开了芝加哥，她们只好带着100 多万美元的银行存款隐退到纽约市。

作为半公开的红灯区，莱维区只是芝加哥空间区划中的一小块区域。政界大佬一直没有放过这里，在不同时期称其为"小蛮腰""小夏廷村"，或者仅仅是"第 1 选区"，而且竭力阻止将其关闭。莱维区的"小人物们"同时也能得到两位大恶人庇护：其一是绰号"民主党澡堂"的约翰·库格林①（John Coughlin），其二是"可疑小子"迈克尔·肯纳（Michael Kenna），二人都是第 1 选区的市议员。库格林身材高大，性格粗暴，总是打扮得衣冠楚楚，也是第 1 选区及全城赌博业的保护神。肯纳则身材矮小，衣着素雅，不苟言笑，是选区委员会主席。第 1 选区的色情业和政治资源原来由大佬迈克·麦克唐纳（Mike McDonald）把持多年。发生权力转移的时候，肯纳看准时机取得了控制权，并与库格林结盟。作为选区管理者，肯纳承诺保护各家妓院和赌场，但要收

---

① 约翰·库格林在出道前曾在土耳其浴室做过按摩工，因此得到"民主党澡堂"的绰号。

保护费。二人借收税名义拿到钱后，肯纳设立专门的保护基金，防止警方和法院打击非法行业。他们高价聘请律师，以保护他们的"朋友"。这一主意很有效，各种各样的非法活动在莱维区遍地开花。街路两旁随处可见畸形人表演、廉价展览、新开张的妓院和流动板房、音乐酒吧以及吸毒场所。成百上千的壮汉和皮条客在附近游荡，一心想着如何把游客榨干。莱维区堪称美国最险恶、最混乱的地方[34]。

　　1871 年的大火似乎开启了一个混乱年代。从灰烬中崛起的芝加哥显得比以往更大胆、更繁荣，也更加罪孽深重，象征着 19 世纪末美国社会所出现的一切问题。时代也为这座新型工业城市树立了榜样，它将在整个 20 世纪称雄美国。

第四章

治乱之道

普尔曼、西区和卢普区

　　乱象初显之时，各种团体和势力都在试图掌控局势。社区里突然出现了不同背景的教堂、酒馆、兄弟会、妇女会馆、咖啡馆、影剧院，还有林林总总的其他场所，无一不在营造着强烈的独特性和社会认同感。外来移民和工人阶级都对此做出反应。在外人看来，这些社区表面上很乱，但身处其中的居民则不这么看。与此同时，芝加哥的精英和中产阶级试图通过不同方式维持能兼顾城市化与工业化的新秩序。其中一些思想成为新型资本主义制度的一部分内容，也得到了国际社会的响应，那就是改革的理念。所有工业化国家都在试图控制新技术和新市场体系所释放的那些能量。大西洋两岸的中产改革派人士通过学术研究、意识形态和社会实践等方面的密切联系而走到一处；芝加哥集中浮现出新兴城市面临的共同难题，因此成为奋力求解的中心舞台。

面对种种混乱，改革派反其道而行。乔治·普尔曼试图创建一个理想中的工业城镇。简·亚当斯和艾伦·盖茨·斯塔尔（Ellen Gates Starr）开办"赫尔馆"，帮助芝加哥的移民社群改善工业主义①带来的不利影响。所有这些社会改革实践都与欧洲的经历密切相关。普尔曼效仿的是英格兰的模范工业小镇索尔泰尔②，启发亚当斯的是伦敦的慈善活动场所汤因比服务所③，移民社区的居民以自身文化和历史底蕴为基础，创建出富有活力的特色社区。对一些人来说，社会革命的威胁促使他们进行改革；另一些人则认为，那是出于一种正义感，也可能是对理想化的美国历史的追忆；在多数人眼中，生存才是他们的改革动力。与此同时，市场和技术方面的种种变革改造了卢普区。摩天大楼的概念带来一种独特的美式建筑风格——芝加哥学派。芝加哥的建筑师努力在混乱中营造秩序，改变了世人对这座城市的看法。芝加哥建筑学派不仅打造出全新的卢普区，而且使芝加哥脱胎换骨，火灾过后立即重建的芝加哥城市中心也因此得到重塑[1]。

---

① 工业主义也称产业主义，是指主要依靠工业获得财富的社会体制。

② 索尔泰尔是维多利亚时代的模范村庄，位于英格兰西约克郡的布拉德福德市区。联合国教科文组织已将其列为世界文化遗产。它是"欧洲工业遗产之路"的一个落脚点。

③ 汤因比服务所是世界最早的社会服务组织，于 1884 年成立，以英国社会学家、经济学家、社会服务运动先驱阿诺德·汤因比的姓氏命名。

　　摄于 1885 年前后的照片显示，由兰道夫街南望，传统的四
轮马车与有轨缆车共享着斯泰特大街。

治乱的西区

　　芝加哥的西区范围很广，是位于芝加哥河南北支流西边的一

片弧形地带。那里的社区呈现多样性，因为大批爱尔兰人、斯堪的纳维亚人，还有其他移民都集聚在产业兴旺的繁忙街头。外来移民和本土出生的芝加哥人，犹太人和异教徒，新教徒和天主教徒，富人和穷人，无论身份如何，也不论宗教信仰如何，都在西区混成一体。从更大维度来看，西区在很多方面几乎包含了芝加哥所能呈现的一切，包括芝加哥小熊队的主场——西区公园球场[2]。

芝加哥的议会选区界限经常变动，但在 19 世纪的最后 25 年里，近西区核心一带的选区范围却基本保持不变。1870 年时这里是第 9 选区，1880 年时被划为第 8 选区，后来在市议员约翰·鲍尔斯（John Powers）的领导下成为臭名远扬的第 19 选区，其范围沿着芝加哥河南支流向西大致延伸到斯洛普街，从北边的 12 号街覆盖到范比伦街。1896 年，该选区的 4.8 万名居民说着 26 种语言，来自欧亚各地，背景十分复杂。在过去的 50 年间，这里发生了巨变。离开一段时间的人会发现此地变得令人捉摸不透。到了 19 世纪 90 年代，大批移民从意大利南部迁入第 19 选区，主要聚集在霍尔斯特德街与运河街、哈里森街与泰勒大街围成的街区东部，其数量仅次于爱尔兰移民。来自波兰和俄罗斯的犹太人在意大利人南边定居。这时的德国移民、捷克移民和爱尔兰移民开始搬离此地，向南边和西边迁移。第 19 选区的历史，甚至是芝加哥整个西区的历史，好像从未停止过前进的脚步。外人很难理解这个复杂的聚合体，居民的民族成分和宗教信仰虽然各异，但是能在宽阔的铁路场站和工厂厂房之间的住宅和教堂里共生共存。各个社区之内，社会阶层和地缘属性最为重要，居民会根据收入高低和籍贯确定自己的身份归属[3]。

霍尔斯特德街发挥了连接西区各个区块的枢纽作用。1889年，《芝加哥论坛报》宣称，由哈里森大街至麦迪逊大街之间的霍尔斯特德街北段是无法无天的世界。这里随处可见恣意放荡的人群，夜间在西区散步的他们可不是为了休闲健身。同一条街上既有正经生意，也有一些藏污纳垢的所在。晚上 7 点到午夜时段，霍尔斯特德街与麦迪逊大街的交会处成为夜生活的中心。那里有多家酒吧、两家剧院，附近还有一处廉价展览馆、几间服装店。对局外人而言，这个社区必然是都市混乱时代的象征，而混乱源头就在几个街区之外、世人皆知的干草市场，那里正是无政府主义的重要地标[4]。

西区的部分地区似乎没有任何制度基础。棚户区居民很早就占据了古斯岛。1857 年，一条短运河将一小块土地同西区隔开。之后，该块土地被划为芝加哥北区的一部分，并演变成工业贫民窟，街头到处是小混混和暴徒。19 世纪 80 年代初期，在正式名称为奥格登的小岛上也出现波兰裔居民。1891 年，副巡官迈克尔·沙亚克（Michael Schaak）说过，"在芝加哥，恐怕没有哪里能像那个到处是烂泥的鬼地方一样给警察制造这么多的麻烦了"[5]。

尽管西区的形象被描述为异域风情与混乱不堪并存，但居民的日常生活方式却揭示出社区结构的复杂性。实际上，西区人通过营造社区制度的丰富性来应对城市的混乱年代。外人常常忽视这种基于社区的治乱方案，但它对社区居民生活和城市历史都产生了重大影响。社会多元性特征很早就显现出来了。1846 年，爱

芝加哥西区公园棒球场是1908年世锦赛小熊队的主场。球场
于1893年投入使用，当时白长袜队（球队曾用名）在新旧两个场
地打完赛季。老主场南区球场位于现在的赛璐珞菲尔德会展中心
附近，大概是为了吸引前来参观哥伦布世界博览会的球迷。

尔兰天主教徒在兰道夫街与德斯普兰斯街一角兴建了圣帕特里克
教堂，成为芝加哥第二个、也是芝加哥河西岸的首个天主教教区。
同一年，神父帕特里克·麦克劳克林（Patrick McLaughlin）在亚
当斯街与德斯普兰斯街的西北角购得土地，建造新的教区教堂。
芝加哥计划新建一处公共市场，即后来的干草市场，麦克劳克林
认为远离喧闹的市场对信众更有利。大批爱尔兰天主教徒已经迁
到河西岸居住。1856年圣诞节，他们为新教堂举行落成典礼。包
括这座教堂在内的几个天主教管区营造出特有的社群意识，明显
有别于人数众多的新教徒和其他天主教移民。新教堂落成几个月

后，另一个爱尔兰教区——圣家庭——也出现在西区，就在圣帕特里克教堂和干草市场的西南方[6]。

1857 年，耶稣会在 12 号街建立圣家庭教堂，也是芝加哥城中三处耶稣会教堂中的首家。尽管受到以《芝加哥论坛报》为首的新教精英的反对，阿诺德·达曼（Arnold Damen）神父还是在成功募集 3 万美元后，于 1857 年 8 月 23 日为一座哥特式大教堂举行了奠基仪式。教堂设计者为约翰·范·奥斯德尔，总造价 20 万美元。工业城市中的教区建设有助于营造爱尔兰人的社群归属感。西区教众每年举办大型义卖会，为快速扩大的圣家庭教区募集资金。号称"老实人约翰"的科米斯基（Comiskey）和帕特里克·拉弗蒂（Patrick Rafferty）等当地政界人士也会参加这些活动。教区建设和之后教区学校的开设都是天主教社区的大事件。1867 年，圣母玛利亚修女会来到这里建立学校时，当地家庭纷纷赶来为他们的孩子报名。1870 年，修女们在马克斯韦尔街开办了圣阿洛修斯学校，与北面的教堂只隔几个街区。耶稣会的圣伊格内修斯学院也在同年开学，造价 23 万美元的新楼毗邻圣家庭教堂。自 1874 年起，圣家庭教堂的尖塔一直是芝加哥的制高点，后来让位给 1892 年落成的共济会大楼。耶稣会对芝加哥西区产生了永久持续的社会影响。

到 1895 年，圣家庭教区发展出 65 家天主教团体。很多爱尔兰民族组织也经常在蓝岛大道的慈善堂集会[7]。19 世纪 80 年代末期，由于天主教建立的教区越来越多，大幅压缩了圣家庭教区的地盘。东南欧移民进入西区的爱尔兰社区和德国人社区后，同样会建立自己的教区。吸引德裔天主教徒的是圣方济各会教区，于

1853 年在 12 号街路口一带建立。德国人的路德宗和循道宗教派也在西区建教堂。1874 年，以马内利路德宗教堂在泰勒街与布朗街之间落成，锡安山路德宗教堂在皮尔森地区靠近霍尔斯特德街的 19 号街建成。近西区建有圣马修路德宗教堂，那里是生活在 21 号街和霍恩街之间的德国移民的精神家园。圣方济各会南边还有德国移民在马克斯韦尔街上建的循道宗教堂。

虽然德国移民在北区和西区北部高度集中，但在 12 号街沿线也一定能感觉到他们的存在。位于西 12 街的特纳大厦又被称为"沃瓦特体操俱乐部"。15 号街与霍尔斯特德街相交之处是体操联合会的所在地。西 12 街 376 号则是德国人兄弟会。这些组织在运作中融合了阶层、种族和健康等因素，反映出 19 世纪 70 年代的德裔社区已经在制度上走向成熟[8]。

来到芝加哥的荷兰移民主要在西区落脚。最早的定居点出现在河西岸的克林顿街与兰道夫街附近，后来的干草市场也开在那里。虽然数量相对很少，但进入 19 世纪 50 年代中期，2/3 的芝加哥荷兰人都生活在河西岸兰道夫街的南北两侧。他们来到芝加哥既出于宗教原因，也像爱尔兰人一样，是由于欧洲的土豆大饥荒。西区的荷兰社区逐渐成形，并得名"格罗宁根村"，许多定居者能借此联想到荷兰家乡的同名小镇。1853 年，荷兰社区组建了荷兰归正会第一教会。三年后，归正会在福斯特街开设了第一家小规模的庇护所，位置就在霍尔斯特德街东侧。1868 年，第一教会在哈里森大街和五月街西南角新开了一家礼拜堂。其他一些荷兰新教教会也出现了，但经常与归正会产生冲突。荷兰移民不断涌进格罗宁根村。至 1860 年，西区容纳了芝加哥 53% 的荷兰人，多数住在哈里森大街以南、12 号街以北，芝加哥河与卢米斯街之间的一片区域。十年后的人口普查显示，该地区的荷兰人更为集中，其中大多数为归正会的信徒。14 号街从阿什兰大道向西至伍德街的那一段因为荷兰家庭集中居住而成为著名的"木鞋大道"。荷兰人在当地创建了基督教学校和青年团体，希望保留其宗教、族群信仰和传统。这些社区在外人眼中虽然显得很乱，但无论如何，很难说这些移民都是无根的浮萍[9]。

中欧、东欧移民也开始进入芝加哥西区。1852 年，第一批波希米亚移民从纽约来到芝加哥，自此便出现了捷克人社区。他们先定居在北区的德裔社区附近，然后沿着克拉克街向南拓展。到 1855 年，他们搬离原来的住地，在西区建立起更长久的捷克定居点。该地段成为众所周知的"普拉哈"①，以波希米亚的首府命名。因为 1871 年的芝加哥大火就发生在普拉哈附近，许多捷克人灾后便继续向南迁，转移到霍尔斯特德街与 18 号街一带。1881 年，马修·斯库德拉（Matthew Skudera）的皮尔森酒店在菲斯克街开业。捷克人的新定居点很快因这家酒店和出产啤酒的波希米亚小镇而得名"皮尔森"。

若干捷克人的共济会社、索科尔②协会下属的体操团体和捷克语报社都在普拉哈和皮尔森两地设有活动场所。1864 年，波希米亚天主教徒在德斯普兰斯街建成圣文西斯劳斯教堂，而圣约翰·内普莫西尼教堂于 1871 年在布里奇波特开放，成为河南岸的第二

---

① 普拉哈为捷克语，即捷克首都布拉格。波希米亚原为一斯拉夫王国，后根据 1919 年《凡尔赛和约》成为当时捷克斯洛伐克的一个省。

② 索科尔（Sokol），本意为"鹰"，是斯拉夫人在东欧和美国的一个体操运动组织。

个波希米亚天主教管区。1875 年，皮尔森社区的捷克人又在 18
号街建立了圣普罗科匹厄斯天主教堂。19 世纪 70 年代，芝加哥
也兴起了理性阐释教义的运动，对捷克社区产生了深远影响，原
因是近一半的捷克人口都追随宗教自由思想。新的宗教团体成立
体操协会，兴办学校，甚至自建了北区的波希米亚国家公墓。捷
克新教会众也在西区建造了几间教堂[10]。

　　讲意第绪语的东欧犹太人在 1874 年大火后大量迁往西区。他
们一般都是穷人，受过良好的希伯来语训练，但缺乏正规的世俗
教育。他们的社区最初被称为"犹太贫民区"，后来又叫"马克斯
韦尔街区"或"贫民窟"。1880 年后的 30 年间，大约有 5 万名犹
太移民迁到波克街以南、铁路线以北的 16 号街。这些来自俄国、
立陶宛和波兰的犹太移民多数信仰东正教，在狭窄的街巷间建设
自己的社区。很多人靠沿街叫卖或在西区的服装厂打工。70 年
代，马克斯韦尔街与霍尔斯特德街的拐角处已经成为极具东欧风
格的露天大市场。犹太移民经常用家乡的东欧村镇来命名犹太教
会堂。洗衣工、木匠等从业者建立了一些犹太教会堂，另一些人
则依照不同的宗教思想形成各自的组织。犹太人社区虽然显得很
乱，但有着一套复杂的社会制度，以满足这些移民的社会需求。
1883 年，犹太教徒开办了希伯来语小学。到 1902 年，在公立学
校放学后，男孩子们会参加该校的学习项目，日均出席人数超过
千人。犹太培训学校是一所技工学校，开办于 1890 年前后。1903
年，芝加哥希伯来学院在蓝岛大道 221 号成立，紧邻 12 号街。西
区的犹太人组建了同乡会或兄弟会之类的社团。这些基于移民家
乡居住地的自助性组织与欧洲的传统犹太社区和机构建立起重要

联系。文化机构也随之出现。1887 年，鲍里斯·托马谢夫斯基（Boris Tomashefsky）在 12 号街租下一间小剧院，组建了第一家意第绪语剧团。90 年代初，大都会剧院在 12 号街和杰斐逊街路口开业[11]。

意大利移民开始在马克斯韦尔街北侧取代爱尔兰人。1880 年，修士索斯腾·莫雷蒂（Sostene Moretti）创建了圣母升天分会天主教教堂，服务于规模虽小但不断壮大的意大利社区。1884 年 9 月，意大利人为这座教区教堂奠基，它于 1886 年 8 月 15 日最终建成。随着意大利移民的不断增多，他们开始迁移到其他地区。1899 年，守护圣天使教区也开始接纳西区的意大利人。著名的庞贝圣母教堂于 1910 年开放。

意大利社区，特别是来自意大利南部和西西里岛的那些人，虽然贫苦，却用先进的制度为芝加哥西区做出了很多贡献。1895 年，不断发展的意大利社区举行了一次规模盛大的游行，让芝加哥人深刻感受到了族群团结的力量。30 个意大利社团组织在干草市场亮相，让众多的围观市民大开眼界。游行队伍前列的十几支乐队演奏着意大利和美国乐曲，之后的 200 辆马车结队在芝加哥街头巡游。马车上装饰着星条旗和意大利三色旗，各移民团体也在挥舞两国旗帜。据《芝加哥论坛报》报道，"所有芝加哥街头出现的游行队伍中，恐怕没有哪一次的车队能有如此大的规模。意大利政治团体——约翰·鲍尔斯俱乐部和第 1 选区共和党社团组成联合方阵在游行队伍中殿后"[12]。这次大游行代表着族群自身的认同感，同时也象征着美国政治制度的同化作用。

除了族群、文化机构和宗教团体，西区也出现了不同的劳工组织。1874 年，社会服务者会堂在西 12 街 368 号落成，成为许多组织的会议场所。采石场工会经常在泰勒街的捷克索科尔馆开会。西 12 街 376 号则是钢铁行业工会的总部。本地居民深度参与到重大的劳工斗争之中。19 世纪七八十年代，警察、侦探与罢工者之间的冲突在西区轮番上演。尽管很多劳工组织在市中心活动，但劳工骑士团的所属组织也在皮尔森的 18 号街与蓝岛大道相交的 852 号集会。

这张摄于 1890 年前后的照片展示了位于运河街与亚当斯街交会处的联合车站，大批移民在此站下车，再寻路前往不同的本族聚居地。

到了 19 世纪 80 年代末和 90 年代初，西区的爱尔兰人开始搬离原来社区。其余较富裕的生活在第 19 选区西部。议员约翰·鲍尔斯就住在弗农公园对面的马卡利斯特路。据《芝加哥论坛报》报道，那里是"一个漂亮社区，住宅都很精致；可是人们耳闻的只有第 19 选区的种种苦难，这种反差令人深感困惑。实际上，芝加哥有很多名不副实的地方，第 19 选区的浮夸和丑恶却是别处远远不及的"[13]。西区的爱尔兰移民在美国取得了成功，他们建立的制度就是向上爬的社会阶梯，使其实现了社会阶层流动。其他族群会追随他们一起提升地位。许多中产阶级观察人士在西区仅仅看到了混乱，其实那里极具多样性，其制度建设有很深的层次感。

精英的治乱之道：乔治·普尔曼

此起彼伏的罢工潮和社会骚乱，还有芝加哥贫民窟的脏乱状况，深深触动了乔治·普尔曼和简·亚当斯。二人都在美国小镇长大，留恋着早年的美好时代，对这座工业城市的看法也是喜忧参半。他们所属的社会阶层受益于工业革命引发的重大变革。二人很早便离开家乡，为了寻找更大的施展空间才搬到芝加哥。

1831 年，乔治·普尔曼出生于纽约州的西部小镇布罗克顿。他的父亲詹姆斯·普尔曼（James Pullman）曾经营过农场，后改行做房屋建筑。乔治在临近的波特兰镇长大，其家人一直注重诚实、勤奋、鄙弃奢侈等新教倡导的传统美德。14 岁时，乔治·普尔曼舍弃正规教育，到一家小杂货店当店员，后来还从事过家具制作。1853 年，父亲去世后，他接手家族生意，重点是拆迁那些

距离伊利运河太近的房屋。50 年代初，纽约州议会决定拓宽伊利
运河。1855 年，搬迁项目接近收尾的时候，普尔曼决定去芝加哥
发展。这位青年企业家把其在建筑领域的经验运用到了工作之中：
通过改进城市的排水系统，提升了道路等级，从而把芝加哥从泥
淖中解救出来。普尔曼很快转向其他行业。1857 年的冬天，他与
本杰明（Benjamin）和诺曼·菲尔德（Norman Field）两兄弟合
伙创办企业，建造卧铺车厢，并在伊利诺伊的两条线路上投入运
营。可是这家公司初期没有获得成功，普尔曼只好跑到科罗拉多
州，在丹佛市中心开设贸易站。他继续致力于改进铁路卧铺车的
设计。返回芝加哥后，他完善了设计思路，并在 1864 年推出自己
的首款卧铺列车"开拓者"号。一件不寻常的事件给了普尔曼展
示新产品的机会。林肯遇刺后，送葬专列将总统遗体送到伊利诺
伊，其中就包括从芝加哥开往斯普林菲尔德的"开拓者"卧铺车。
首节 16 轮的卧铺车引起全国关注，普尔曼也因此走上了发财之
路。"开拓者"的厢体要比普通客车更大，给未来的卧铺车型发展
设定了标准。大众很快享用到了新型普尔曼列车，不过他们必须
要支付更高的车票钱。截至 1866 年底，普尔曼手中有 48 节车厢
投入运营，统治着中西部的卧铺列车业务。此后，他又将精力转
向全国市场，于 1867 年获得特许权，成立了普尔曼豪华客运公
司。该企业大获成功，1892 年的客运里程为 204 453 796 英里，
载客量达到 5 673 129 人次，日均提供约 9 万份餐食。每天有超过
3 300 万件普尔曼公司的车载亚麻织物需要清洗。到 1894 年，行
驶在美国铁路线上的普尔曼客车达到 2 573 节，其中包括 650 节自
助餐车和 58 节常规餐车[14]。

1877 年的铁路工人罢工深深刺激了普尔曼。生活在芝加哥的他目睹成群的罢工工人与警察爆发冲突，烧毁火车车厢。当时的普尔曼是法律与秩序联盟的领头人。看到联邦军队重新占领芝加哥，这位卧铺列车大亨开始寻找困扰全国的阶级矛盾的解决办法。他的灵感来自英国人泰特斯·索尔特爵士（Sir Titus Salt）创建的萨尔泰尔镇和德国克虏伯军工厂建设的埃森市。普尔曼吸收了欧洲的理念，并试图在美国创建一座完美的工业城镇。他的设想是改造芝加哥，并给美国工业界带来和平。1880 年，普尔曼宣布，要在芝加哥南部的海德公园镇新建一家工厂。

在普尔曼看来，位于南郊的新工厂不仅能提高火车车厢的制造效率，还可以借机推动社会改革、提升工人素质，进而避免城市的种种乱象和阶级冲突。普尔曼设想中的新城镇要整洁有序、赏心悦目、富于理性——很像他制造的豪华车厢。与多数进步主义思想家一样，他相信美丽整洁的环境能改变人们的生活。1893 年出版的一份官方史料指出，普尔曼镇要"向工人施加环境影响力，调动出他们内在最高尚、最美好的品质"。除了能让自己和投资人获得可观利润，普尔曼还希望通过吸引最优秀的劳动者，并使他们免受城市中的种种诱惑，来拯救美国工人阶级和芝加哥城。规划者的设计图、普尔曼的财富和改革意志将使城市摆脱混乱。普尔曼因此跻身美国的乌托邦思想家之列，不过他的设想也要保证企业的收益[15]。

新工厂和新城镇于 1880 年 5 月破土动工。普尔曼聘请了建筑师索伦·比曼（Solon Beman）和景观设计师内森·巴雷特（Nathan Barrett）负责总体设计。普尔曼镇是比曼设计的首个重大项目，拥有现代城市的所有设施：铺装过的街路、砖石住房、煤气路灯、室内排水管道、正规的室外景观，还有现代公共交通设施。1884年9月，新镇的人口增至8 203人。

第二年，威斯康星大学的经济学家理查德·埃利（Richard Ely）指出，虽然很难获取确切数据，但普尔曼公司承认其火车车厢年产值达到800万美元（约等于2007年的18 200万美元）。管理层预计新厂的日产量为40辆，但在1884年8月18日，工厂在10小时内就生产出了100辆货运车厢。艾伦佩珀车轮公司宣称每年能出产1.5万个火车车轮。无论从哪方面来看，这些产能都很惊人。普尔曼制砖厂的日产量超过20万块。普尔曼制冰厂每年能产出2.5万吨冰块。1885年，大约有4 000人在新镇工作，而光普尔曼车辆公司的雇员就有3 000多人，木工坊里还有500名工人。

观察人士经常把普尔曼镇描绘成制造平等的宏大实验场。学者埃利曾指出，这座城镇不会给"那些只靠吃老本儿为生的懒汉们"留出"安乐窝"。乔治·普尔曼相信，让劳动者尽可能多地拥有财富，可以使他们达到美国中产阶级的收入标准。普尔曼用1 500多栋房屋来证明自己的理想。建筑风格设计成"高级世俗哥特式"，每月房租从4.5美元到100美元不等。据埃利统计，1885年时的正常月租金为14～25美元（相当于2007年的320～570美元）。普尔曼镇为少数非技术工人设计的公寓虽然最便宜，都隐在角落里，但这些公寓似乎也优于传统的城市公寓。小镇的下水道将废弃物排入普尔曼农场用作肥料。尽管小镇的市场、拱廊、绿地和富丽堂皇的佛罗伦萨酒店吸引着外来者，可是美丽的环境和高尚的道德标准似乎打动不了其中的居民。很多人只在那里生活了很短时间。一位居民说，住在普尔曼镇就好比"住在大酒店里"，居民们的感觉是"在外露营"。所有的住房都属于公司，只有公司雇员才能住在镇里。发出通知 10 天后，租赁合同便可以终止，所以工人对住房很少甚至根本没有控制权[16]。

依据普尔曼的家长式思维，现实世界中的性别分工很严格，而结构稳固的各个家庭则构成了社区的基础。男人应该回家吃午饭，晚上要和家人待在一起，普尔曼镇的街角便没有了酒馆。女性几乎找不到工作。她们不得离家外出工作，而应该强化镇里要求的道德氛围。大多数美国人都支持这种基于性别的意识形态。即便这样，冲突仍然会出现。1886 年，普尔曼镇的一位女性居民抱怨说，公司彻底掌控着工人们的住所。公司的人可以在不通知住户的情况下闯入家里，进行粉刷或修缮工作。随后，公司还要对"服务"收费，并直接从工资中扣除成本，而且没有申诉的机会。男性检查员可能不经通知就随时到访，有时还会威胁住户，如果没有达到普尔曼的标准，就会把他们赶出公寓。那些家境较好的居民妻子和职业女性组建了"妇女联盟"，最终接管了公寓的检查任务[17]。

理查德·埃利批评这个地方缺失民主精神，而家长式作风却大行其道。普尔曼镇没有报纸，好像也无人愿意公然反对公司。这里似乎并不存在大多数美国人所期望的那些自由。就民主政治进程而言，普尔曼镇并不是真正意义上的城镇。做出一切决策的是公司。新英格兰地区的市镇会议模式广受美国人称道，被推崇到美式民主之父的地位，可在普尔曼镇却看不到这一传统。在普尔曼的乌托邦里，甚至信仰自由也似乎受到了忽视和阻挠。这里只有一座格林斯

通教堂，而且经常没有会众活动，因为公司对使用教堂收取很高的
租金。最后，埃利先生断言普尔曼是在"和美国精神作对"。镇上的
一切，包括工人的生活，好像都是"机器制造出来的"[18]一样。芝
加哥的种种混乱虽然消除了，但是付出的代价是什么？

中产阶级的改革举措：简·亚当斯

1860 年 9 月 6 日，简·亚当斯出生在伊利诺伊的锡达维尔镇
（紧靠威斯康星州边界）。她的家乡是典型的美国小镇。然而，由
于芝加哥的铁路延伸到伊利诺伊州腹地，锡达维尔的经济便要完
全依赖芝加哥，亚当斯的生活也免不了受到 19 世纪社会变革的冲
击。她的父亲约翰·亚当斯（John Addams）是镇上最富裕的公
民，家里的住房也是镇上最大的。1864 年，约翰·亚当斯在附近
的弗里波特开办了一家银行，三年后又成立人寿保险公司和七叶
树互保火灾保险公司。由磨坊主发家的约翰还投资了加莱纳—芝
加哥联合铁路公司。简出生两年后，她的母亲莎拉（Sarah）死于
怀孕期间的并发症。她的姐姐玛丽（Mary）和继母安娜·霍尔德
曼（Anna Haldeman）养育了简，而父亲是小女儿生活中的指路
明灯，把英才教育中的各种责任和义务传授给她。约翰经常戴着
闪亮的丝绸帽子，保持着伊利诺伊的乡绅形象。简从父亲那里学
到了很多东西，包括对公共生活的奉献精神。因为约翰·亚当斯
鼓励女儿们接受教育，简和姐姐爱丽丝（Alice）于 1877 年进入罗
克福德神学院女校学习。

在罗克福德的那几年，简·亚当斯牢固树立起了社会管理方面的理念——那些教会正统边界之外所必需的理念。1881年毕业后不久，父亲约翰就去世了。家庭巨变改变了简去史密斯学院以及上医学院深造的计划。在接下来的三年里，她和继母搬到费城生活，进入宾夕法尼亚女子医学院。为了摆脱自身疾病反复发作的困扰，从1883年秋到1885年春，她和继母一起到欧洲旅行散心。后来，同父异母的兄弟到约翰斯·霍普金斯大学学习，她和家人又搬到巴尔的摩。社会工作的相关理念开始与她的人生目标慢慢融合成一体。

1888年，简·亚当斯再次到欧洲旅行，同行的是罗克福德神学院的朋友艾伦·盖茨·斯塔尔。行程中，她和斯塔尔参观了伦敦东区的汤因比服务所。该慈善机构是新型的社区文教馆，融合了社会改革和基督教慈善工作的不同理念，由牛津大学的男性毕业生管理，负责人是塞缪尔（Samuel）和亨利埃塔·巴尼特（Henrietta Barnett）。亚当斯和斯塔尔当年回到美国，萌生了在芝加哥创办一所社区文教馆的想法[19]。

芝加哥女性积极参与社会活动的历史由来已久。在斯塔尔和亚当斯到来之前，中产阶级和工人阶级的女性都曾参与过自由派甚至激进团体的政治活动。伊利诺伊妇女联盟之类的组织团结全城女性应对当时的各种社会问题。芝加哥妇女很早就要面对诸如教育、贫困和劳工等方面的问题。在对穷人进行选择性帮扶的问题上，很多女性已经与她们的丈夫分道扬镳了[20]。

1889年秋，亚当斯和斯塔尔在原来的赫尔大厦租下几间房，位置就在波尔克街附近的霍尔斯特德街上。这座楼房原来是乡间

别墅，已经多次改变过用途，在 1876—1880 年曾被贫民修女会用
作养老院。投身慈善的两位新人从海伦·卡尔弗（Helen Culver）
那里租下房间，试图通过借鉴汤因比馆的模式来改变人们对慈善
工作的看法。就像普尔曼一样，她们对新社会有自己的构想。但
与普尔曼不同的是，她们的方案更具民主精神；她们希望成为西
区居民的好邻居，并试图从内部平息混乱。

1889 年 6 月，《芝加哥晚报》（*Chicago Evening Journal*）刊
登了一篇由大卫·斯温（David Swing）撰写的文章。这位芝加哥
著名的新教牧师宣告赫尔馆正式对西区开放。他直接表达了局外
人对西区的看法，"一个道德与知识兼备的家园就要建立了，它周
围的人生活在没有或者根本不知道人生最高追求为何物的世界
里"。牧师认为亚当斯和斯塔尔是"优秀学者"，其观念有很浓的
宗教倾向，具有"足以激励一个社区的热情和活力"[21]。

亚当斯与斯塔尔很快创建了一系列社会福利项目，赫尔馆也
向移民邻居们敞开了大门。机构运转超过五年后，仍继续吸引着
整个芝加哥城。《芝加哥论坛报》的一篇文章把赫尔馆的社区文教
机构比作剧场，认为它在第 19 选区的"常客"眼中显得不够真
实。文章列举了赫尔馆里的书籍、绘画、浅浮雕、半身像和帷幔，
提到人们的文明举止，还有宽敞整洁的环境，都与西区的现实形
成反差。与普尔曼镇一样，优美的环境会给以劳动者为主的贫民
窟居民带来提升社会地位的条件。《芝加哥论坛报》的记者这样描
述他所见到的习惯的改变："去那里的每个男人都会出于尊重而穿
上干净衬衫，把头发梳理好，还不时搓搓手，因为自己的双手一
定会握到干净的手。每位从赫尔馆回家的女士，都会给孩子洗澡，

擦洗地板，将被褥搭到后院的栅栏上晾晒，把窗户擦拭得闪闪发亮，还在番茄罐头盒里种一束天竺葵。"[22]

赫尔馆很快将一大批才华横溢的女性吸引过来，她们认可亚当斯的社会管理哲学。这群杰出女性包括弗洛伦斯·凯利（Florence Kelley）、朱利亚·莱思罗普（Julia Lathrop）、阿尔金娜·帕森斯·史蒂文斯（Alzina Parsons Stevens）、埃丽诺·史密斯（Eleanor Smith）、露易丝·德科文·鲍文（Louise DeKoven Bowen），还有伊迪丝（Edith）和格蕾丝·艾伯特（Grace Abbott）姐妹[23]。赫尔馆不仅给当地居民提供了团结互助并从多个项目中获益的机会，也给受过教育的中产男女提供了必要途径，使之扩大服务社会的范围，为阶层之间的和平共处努力，并致力于改善工业城市的恶劣环境。赫尔馆和芝加哥的其他文教场馆，以及美国各地的类似机构，更为妇女提供了一个在社会中积极行使公民权的机会，而以往的情形却常常剥夺了她们这种积极的公共作用。1891 年，在芝加哥妇女会馆的一次演讲中，亚当斯感叹知识女性的不幸处境，认为那是巨大的社会浪费：那些年轻女性接受了多年的教育，"却又不指望她们去工作"。她抱怨社会没有给年轻人机会，尤其是那些善良的年轻女性。她说："除了疾病、贫困和罪恶，再没什么事情比缺乏释放积极性的适当出口更致命了。"[24]

赫尔馆也很快成为一个知识家园，一群新涌现的社会学研究者可以借此了解芝加哥及其穷苦居民的处境。它吸引了许多男性学者，他们需要一个"敞开的窗口"来研究这座城市。可是，亚当斯显然反对将社区文教馆的基本功能定位为社会学实验室。《赫尔馆规划及论文汇编》（*Hull-House Maps and Papers*）通常被视为一部开创性的社会学研究著作。亚当斯在序言中反对将社区文教机构用作实验目的，同时强调人们的现实需求远比研究者的需求更重要。在其自传《赫尔馆二十年》（*Twenty Years at Hull-House*）一书中，她坚决反对用"社会学实验室"来形容赫尔馆或任何社会福利机构。这一观点在很多方面都反映出其社区服务工作的立场极具性别差异。虽然亚当斯和莱思罗普等人不接受实验性策略，但她们仍然对有利于社区居民的研究工作表示欢迎。亚当斯与赫尔馆的同事做出的贡献是多方面的，不仅孕育出现代社会工作的运作模式，也打下了现代社会学研究的基础。为了推动社区文教机构的发展，亚当斯发挥出超高的积极性，通过大量相关文章、著作和公开讲座扩大影响，也使自己成为享誉国际的人物[25]。

赫尔馆的首个项目是珍妮·道（Jenny Dow）开办的幼儿园。亚当斯等人开始将理想付诸实践以后，所在社区很快有了重大变化。1891年，赫尔馆开设了巴特勒艺术馆，其中包含一家公共图书馆的分馆、一间画廊，还有俱乐部和培训班的专用空间。两年后，赫尔馆的创办者们自建了一座带咖啡厅和体育馆的大楼。1894年5月5日，赫尔馆在文教馆对面的波尔克街上开办了芝加哥第一家公共游乐场。四年后，作为职业女性合作居所的简会馆大厦对外开放。赫尔馆的发展和变化似乎从未止步[26]。至1907年，赫尔馆已经成为一个大型综合体，旗下的建筑超过13座，几乎覆盖了整个街区。

亚当斯和赫尔馆的其他居民坚信人类要进步、社会要改良，她们的使命就是为芝加哥的新移民社区服务。城市化、移民潮和工业化已经彻底改变了整个国家，而亚当斯认为美国社会没有对这些变化做出积极反应，于是导致了19世纪晚期的多场危机，大片的贫民窟和激烈的阶级斗争随之出现。在费利克斯·阿德勒①（Felix Adler）、约翰·杜威②（John Dewey）和威廉·詹姆斯③（William James）等知名学者的影响下，赫尔馆的这些女性希望创建一种全新的伦理观，并将移民吸收进美国社会之中。她们认为社区文教场馆是这场进步运动的核心。芝加哥中上阶层的改革派和以赫尔馆为家的社会工作者成为西区的意见领袖，他们认为群龙无首才是移民社区的混乱之源。在亚当斯等女性改革人士看来，正因为中产阶级向往革新和进步，移民才有可能真正解读美国，美国也才能了解那些移民。亚当斯和同事们希望通过文教项目改变工人阶级的思想意识[27]。她的方案是建立一个基于尊重和民主的理想社会，比普尔曼的设想更高远。

　　亚当斯认为，赫尔馆和其他社区文教机构是帮助移民向社会发声的终极途径，但那些族群特色鲜明的社区不会长久存在，一定会得到归化。虽然移民社区眼下的地位很重要，但改革派却始终认为移民都是不幸的弱势群体。通过文教机构和公立学校，移民社区可以整合并融入美国社会。为了实现这一目标，赫尔馆不得不努力将外来移民从自己原生的管制体系中"解放"出来。此

---

　　①　费利克斯·阿德勒：美国教育家和伦理修养运动发起人，主张废除童工制、建立模范公寓住宅、征收高额所得税等。

　　②　约翰·杜威：美国哲学家、教育家和心理学家，实用主义哲学学派创立者之一，机能主义心理学先驱，实用主义教育的倡导者。

　　③　威廉·詹姆斯：美国哲学家和心理学家，实用主义者，机能主义心理学创始人。

20世纪初赫尔馆的样貌。简·亚当斯在霍尔斯特德街和波尔
克街之间建成的 11 栋建筑，给社会福利事业带来了彻底的改变。

项任务可以通过多种方式完成，比如与归化程度较高的少数族裔
精英建立同盟关系。一方面，赫尔馆通过引导移民认可各自的民
族文化，使移民文化的地位得到重视；另一方面，这些传统文化
也是移民真正归化为美国人的桥梁。有些人希望禁止移民流入或
强制同化新移民。亚当斯和赫尔馆的人虽然没有那种直截了当的
敌意，但却深信移民社区不过是过渡性的存在，而且经常受到非
民主势力的摆布。她们希望移民从原来貌似"落后的"民族、宗
教和世俗权力架构中解放出来，同时摆脱那些唯利是图的本地政
客的操控，因为他们的选票只是帮助政客们掌权的工具而已。亚
当斯认为，建立地方政治机器不可能成为赋权移民的有效方式，
而是变相剥削甚至奴役移民的手段[28]。

　　然而，芝加哥的外来移民和工人阶级的确把政治机器看成在

美国社会获得权力的途径。到南北战争时，德裔和爱尔兰裔移民已经成为芝加哥政坛中的重要力量。出现这一现象的主要原因是，1870 年之前的外来移民一旦在伊利诺伊州定居，就可以在没有归化为美国公民的条件下参加地方和州级选举。移民群体因此获得了巨大的影响力。他们可以通过立法实现自己的大部分诉求，尤其是在获得少数族群的大部分选票的民主党的大力支持下。1855年，为了治理乱象，重新掌控城市，芝加哥居民试图通过立法规范休闲活动，特别是酒类销售。包括市长利瓦伊·布恩（Levi Boone）在内的反移民改革者通过了一部旨在提高酒类执照成本的法案，并实施相关法律规定，要求酒吧和啤酒花园等场所星期日必须停业。此举引发了 1855 年 4 月 21 日的"啤酒骚乱"。组织起来的德国移民抵制 300 美元的执照费（约合 2007 年的 6 844 美元），同时抗议政府对几百名违规者的逮捕决定，认为那是为了积累不合理判例而搞的试验性案件。抗议者从北区的德裔社区结队开赴市政厅，在克拉克街大桥与警察爆发了激烈冲突。骚乱虽然很快平息，但它动员了德裔和爱尔兰裔选民，他们决心要在 1856年 3 月的下一届市政选举中有所作为，并击败布恩和排外的本土势力无知党，于是族群政治在芝加哥盛行开来。除了族群和阶层的分化，民主党与共和党之间的分化也日益加剧。城市混乱时代的标志性事件——1871 年大火、1877 年大罢工、导致 1886 年"秣市惨案"的若干骚乱，还有泛滥卢普区的罪恶产业带来的社会反响，使得政治斗争具有鲜明的时代特征。族群政治在芝加哥兴起后，一直是地方政治的重要因素，更会影响到未来几代人的命运。

德裔移民的影响力越来越大，公立学校里甚至开设了德语课

程。赫尔馆的改革者认为，公立学校教授少数民族语言具有积极
意义，可以帮助移民脱离他们的宗教学校体系，使他们能接受公
立学校的积极影响，完成美国化的过程。少数族裔的精英们却持
有不同立场。即使是那些在美国出生的少数族裔中产阶级也热衷
于坚持自己的身份认同和社区独特性。他们参与政治的理由其实
与一厢情愿的社会改革家们背道而驰。

　　在周期性的经济衰退期间，许多人只是把政治当作获取工作
或救济的工具。少数族群的报纸经常号召族人争取公民权益并参
与投票。1888 年，芝加哥西北区的波兰人选举奥古斯特·科瓦尔
斯基（August Kowalski）出任首位波兰裔议员。此人原为共和党
人，后来改换门庭，主管供水管道建设部至 1894 年。科瓦尔斯基
在当年南芝加哥的一次集会上宣布，民主党才是波兰裔美国人唯
一能信赖的政党。他宣称 400 多名波兰人已经在芝加哥找到了工
作，自己的部门就雇用了 250 多人。一份波兰语报纸在 1897 年指
出，卡特·哈里森二世（Carter Harrison Ⅱ）之所以能当选市长，
波兰裔选民功不可没，并要求警局和消防部门的波兰裔成员应该
得到晋升奖励[29]。

　　尽管存在公开的贪腐现象，移民还是继续支持各自选区的大
佬。1898 年，以贪腐著称的第 19 选区议员约翰·鲍尔斯在市政
选举中胜出后，简·亚当斯给出这样的评价："文化落后的人，比
如生活在第 19 选区的南意大利农民，他们内心深处只敬佩好人。"
按照她的解释，这位市议员不会站在道德制高点上对待选民，而
是会把好人一做到底。尽管有法律或道德方面的制约，他也会全
力帮助那些落难之人，要么提供就业机会，要么是直接捐助。鲍

尔斯曾骄傲地表示，他的选区有 2 600 人靠公共资金活命。他会出面保释被警方逮捕的邻居。如果选民缠上官司，他也会努力摆平。如果有人交不起房租，穷人或孩子亡故后没有丧葬费的时候，他都会慷慨解囊。鲍尔斯会在选民的婚礼和洗礼之类的场合派发礼品。这位议员向教会慷慨捐钱，利用教堂的义卖会展现他的慈善心肠。正如亚当斯指出的那样，鲍尔斯的口头禅是"没关系，这些钱都给了穷人"或"如果教会得到钱，那就太值了"。当然，鲍尔斯这类人对穷人没有什么阶级偏见。1897 年的圣诞节期间，鲍尔斯在自己的选区里分发了六吨多火鸡肉、四吨多鹅肉和鸭肉。他不关心究竟哪些穷人值得帮助。即使某一家人拿了三四份福利，议员也不会过问。亚当斯写道："他没有那些慈善团体的繁文缛节。鲍尔斯也不会仅仅因为一个人想要两只圣诞火鸡，就把对方视为恶棍，更不会剥夺他以后吃火鸡的机会。"鲍尔斯议员扮演的是劫富济贫的罗宾汉。芝加哥市政府没有为穷人提供社会保障。除了鲍尔斯这样的政客，广大非技术工人无法从别的渠道获得救助。改革派告诫穷人不要支持这些政客，但却没有办法在 19 世纪90 年代找到切实可靠的力量，以取代政客们在贫民窟政治圈中的地位。由于现实的无奈，选民时常与改革派翻脸，而把鲍尔斯这样的政客捧上天[30]。

卢普区：建筑师的舞台

从灰烬中崛起的新城市给建筑师带来多种机遇，比如威廉·

勒巴伦·詹尼（William Le Baron Jenney）。与参加过内战的许多人一样，詹尼期待的是令人心动的和平未来，他要为美国设计出工业时代的城市景观。来访者看到卢普区的高楼后，可能认为未来的大都市会变成拥挤的地狱，可芝加哥人却认为新建的高楼大厦正是解决美国城市病的独到良方。1832 年，詹尼出生在马萨诸塞州，父亲是一位成功的捕鲸者。他在劳伦斯科学学校的学习时间很短，后转到法国留学，于 1856 年从巴黎的艺术与制造学院毕业。1861 年，詹尼应征加入联邦陆军服役五年，退伍前晋升到少校军衔。1867 年，他来到芝加哥，创办了一家建筑公司。詹尼成立的现代建筑事务所汇聚了一批绘图员和建筑师，负责处理工程项目的精细设计，家庭保险公司大厦的钢铁框架设计就出自他们之手。詹尼由此成为芝加哥建筑学派的创始人。火灾过后来到芝加哥的建筑师当中，许多人都至少在詹尼的事务所中工作过一段时间，包括路易斯·沙利文（Louis Sullivan）、威廉·霍拉伯德（William Holabird）、马丁·罗奇（Martin Roche）和丹尼尔·伯纳姆（Daniel Burnham）。

在詹尼设计家庭保险公司大厦之前，已经有几座建筑使用过框架法施工。早在 1792 年，英格兰德比市建成的棉布厂六层大楼，使用的就是铁制框架结构。至 1844 年，铁制框架建筑已经在英国相当成熟，完全可以在楼房外部取代沉重的砖石墙体。1853 年，巴黎市中心的中央市场大楼是法国第一栋真正意义上的铁制独体结构建筑，法国人也因此在铁制框架建筑领域占据领先地位。1855 年，詹姆斯·博加德斯（James Bogardus）使用铁制框架结构完成了一家公司的高塔项目。第二年，在纽约市推广过铸铁楼

面的博加德斯发表文章，介绍了现代铁制框架结构的细节。早在
1874 年，彼得·怀特（Peter Wight）和桑福德·洛林（Sanford
Loring）就在芝加哥提出了铁制框架支撑的防火梁柱概念。第二
年，古斯塔夫·埃菲尔（Gustave Eiffel）设计了匈牙利的佩斯火
车站和葡萄牙的玛利亚-皮亚大桥，从而在国际舞台上崭露头角。
1878 年，詹姆斯·麦克劳克林（James Mclaughlin）使用铁制框
架建造了辛辛那提的希利托百货公司，其简洁实用的外观在业内
产生了显著影响。1879 年，马歇尔·菲尔德和利瓦伊·莱特
（Levi Leiter）聘请詹尼设计他们的店铺，这就是有名的莱特第一
商厦。这栋五层大楼通常被认为是芝加哥学派的第一座代表性建
筑。詹尼把工程领域的新技术引入建筑设计领域。他设计的莱特
第一商厦矗立在韦尔斯街与门罗街交会处，于 1879 年竣工，采用
了过渡性的方法，之后开始在 80 年代全面推广钢架结构。该建筑
率先应用的一些创新性设计，比如芝加哥窗①、钢制框架和幕墙
等，都成为芝加哥建筑学派的标志[31]。

　　与所有伟大的建筑师一样，詹尼综合了当时已有的大部分新
技术。1883 年，家庭保险公司将中西部的新总部大楼的佣金交付
给了詹尼，而工程始于 1884 年。家庭保险公司大厦无论如何都算
不上一座宏伟的建筑，也没有在技术上兑现当初的宏大承诺。实
际上，在 1889—1891 年设计的第二座莱特大厦才堪称詹尼的佳
作。詹尼和他的几家事务所改造了芝加哥的大部分城市景观。詹

---

　　①　芝加哥窗来自芝加哥学派，指宽度大于高度的金属横向长窗，窗立面通常分
三段，中间窗固定，两侧窗可上下推拉，以满足通风和采光的需求，通常用于高层的
商业和办公建筑。

尼开创了芝加哥建筑学派，其他建筑师则在芝加哥的开发过程中将此风格发挥到极致[32]。

1861 年，17 岁的丹克马·阿德勒（Dankmar Adler）来到芝加哥，就职于奥古斯都·鲍尔（Augustus Bauer）的事务所。第二年，他加入联邦军队，1866 年返回芝加哥，与人两次合伙经营后，于 1878 年成立自己的公司。第一单独立业务是中央音乐厅。这座建筑堪称他设计生涯的起点，后来与路易斯·沙利文合作的芝加哥会堂大厦沿袭了同一设计思路。两年后，沙利文与阿德勒走到一起，他们组建的建筑公司成为芝加哥的传奇之一。

路易斯·沙利文于 1873 年来到芝加哥，这座城市深深打动了他。沙利文对詹尼设计的波特兰街区印象深刻，决定到他的事务所求职。年轻的建筑师工作了半年之后，于 1874 年前往法国，进入巴黎艺术学院学习。他发现这所学校很枯燥，过于学术化，于是采取了早年在麻省理工学院时同样的做法，在 1875 年退学回到芝加哥。沙利文以学徒身份加入了一个设计团队，并获得了职业生涯中的首次机遇——穆迪礼拜堂的内部装修工程。错综复杂的花卉图案将成为他后期作品的主要特色。

1879 年，沙利文加入阿德勒的事务所，次年成为合伙人。第三座麦克维克剧院是他的开山之作，为日后的中央音乐厅和会堂大厦等作品打下了基础。建筑师们在剧院的周围设计了一圈办公区域，后来在中央音乐厅的项目中也采用了类似的设计。沙利文开始在这里崭露头角，之后在会堂大厦项目上大放异彩[33]。

摩天大楼以前所未有的速度拔地而起。1892 年，《芝加哥论坛报》报道了阿什兰街区惊人的建设速度。那里要新建一座多层的办公楼，13 天之内，工人就在新楼的钢架上砌完了四层高的砖墙并在外墙面贴上陶砖。粘贴外墙砖的同时，蒸汽起重机将钢梁吊到工地上空。在发给伦敦的一份报告中，英国驻芝加哥领事朱利安·拉尔夫（Julian Ralph）解释说，他们每三天半就能建完一层楼。他描述了工程中使用的"芝加哥施工法"：工人先要竖立钢铁框架，然后在上面加装薄薄的外墙。领事把这些高楼形容为"封闭的鸟笼子"，认为外墙不过是一层"壳"，需要安上大窗户才能在城市上空通风透光。

然而，新冒出来的摩天大厦遮挡了阳光，城市的主干道因此变得阴森昏暗，使得火灾后重建的建筑直接贬值。至 1892 年，约翰·范·奥斯德尔设计的麦考密克街区很是壮观，可是在建筑师克林顿·沃伦（Clinton Warren）设计的联合大厦面前就相形见绌了。高层建筑成为主流，接着淘汰了很多以往的房屋。在卢普区修建摩天大楼似乎没有什么数量限制。一位芝加哥实业家声称，钻入云端的高塔将很快挤满卢普区的所有地块，将来的唯一问题就是拥挤的人行道了[34]。

建设会堂大厦的确对芝加哥具有决定性意义。它是地方合作的重要典范，更是这座城市和芝加哥建筑学派的象征。费迪南德·佩克（Ferdinand Peck）在 1885 年首先提出的"会堂剧院"设想代表着中产阶级的另一套治乱方案。佩克出生于久居芝加哥的富裕家庭。1831 年，他的父亲老佩克来到芝加哥，在迪尔伯恩城堡开了一家商店。作为芝加哥城市宪章的最初签署者之一，老佩克在房地产市场赚到了钱。佩克一家在卢普区住过不同地方，经常把房产出租给别的开发商，然后继续建房搬家。1856 年，老佩克在密歇根台地投资建房，地址位于范比伦街与国会大街之间的南部湖滨地带，并一直住在那里，直至房子被 1871 年的大火烧毁。

火灾发生后不久，老佩克便去世了。费迪南德和兄弟克拉伦斯（Clarence）接管了父亲的产业。佩克兄弟生活的芝加哥已经与父辈熟悉的城市大不相同。工业革命彻底改变了芝加哥。就像普尔曼和亚当斯一样，费迪南德相信美好的环境可以提升工人阶级的地位，并赢得中产阶级的认可。他参加过音乐活动，尤其是歌剧排演，支持过芝加哥雅典娜学会（这是火灾后开办的一所面向工人的文化组织，为工人阶级提供了一个资本主义框架内的解决方案，以取代当时的激进政治取向）。通过会堂大厦，佩克找到一个机会，可以利用音乐弥合阶级斗争造成的社会裂痕。他希望这座新建的剧院能借助西奥多·托马斯（Theodore Thomas）的管弦乐队发挥作用。该乐队在州际工业会展大厦曾有过很成功的演出[35]。

1886 年 5 月 29 日，"秣市惨案"之后不到一个月，佩克提出了自己的设想，要在芝加哥的商业区建设一处凝聚所有阶层的场所。他认为，新建筑能永久解决政治会议的场地问题。就在 1860—1886 年，芝加哥主办了七场全国性的会议，其中六场利用了临时建造的会堂。为了能举办音乐会，会堂大厦经历过好几次改造。由阿德勒和沙利文设计的新会堂大厦将解决这些问题。该建筑本身是一幢多功能大楼，位于密歇根湖滨一带，老佩克在国会大街北面建房的地块也包含其中。阿德勒必须在距离密歇根湖 100 英尺的地方建造一栋结构极为复杂的建筑。他设计出由混凝土、重原木和钢梁连成一体的基础大平台，使得体量庞大的建筑物能浮在湖滨的沼泽地上。该项目解决了芝加哥地表泥泞的问题，也是费迪南德·佩克为治理城市乱象交出的另一份答卷。结合了美学功能与实用性的会堂大厦体现了社会改革与进步的思路[36]。

丹尼尔·伯纳姆的职业生涯始于 1868 年，首先是做商务专员，但他讨厌这份工作，转而加入了威廉·詹尼的事务所。不久后从那里离职，到内华达谋求发展。碰壁之后，他回到芝加哥，竞选州参议员但没有成功。伯纳姆再次涉足建筑业，在 1871 年与古斯塔夫·劳里奥（Gustave Laureau）合办了一家公司。当年的大火毁了他们的生意。伯纳姆的父亲随后把他安排到彼得·怀特的事务所当绘图员。怀特成为伯纳姆的导师，给了他很多启发。1872 年，他和约翰·鲁特（John Root）相遇，次年便结成了生意伙伴。鲁特的建筑师天赋能与伯纳姆的商业头脑完美契合。鲁特于 1850 年出生在佐治亚州，是公司的艺术灵感之源。内战期间，他逃离南方到利物浦求学。1866 年，他进入纽约大学，拿到土木工程学士学位。鲁特和伯纳姆雇用的三名绘图员中就包括威廉·霍拉伯德。

1874 年，在为联合牲畜交易市场的主管约翰·谢尔曼（John Sherman）设计住房的时候，伯纳姆与其女儿玛格丽特相爱并结婚。除了觅得心上人，伯纳姆还从牲畜交易市场获得一系列的业务订单。他和鲁特由此打下了坚实的事业基础。1882 年，鲁特娶了第二任妻子多拉·露易丝·门罗（Dora Louise Monroe）。鲁特的建筑设计思想与其实体作品同等重要。和沙利文一样，他认为建筑的有机发展得益于独特的美国式经验。这位青年建筑师认为自己的命运离不开这场新运动，现实主义正是这种有机发展的表达形式[37]。

我们可以通过矗立在芝加哥街头的三栋建筑物来了解鲁特的

设计风格。11 层楼高的卢克里大厦位于拉萨尔街与亚当斯街东南角。虽然该建筑的立面厚重，但是外墙上使用了大量玻璃，而内部中庭则能使所有办公室享受到自然光。伯纳姆和鲁特将承重墙与钢架结构结合在一起，建成了布鲁克兄弟公司的办公楼。与二人为该公司设计的另一大楼相比，该建筑的风格更为精致。莫奈德诺克大厦无疑是布鲁克兄弟最赚钱的地方。不同于卢克里大厦，设计师坚持采用更符合商业利益的简约风格。这座 16 层高的大楼仍然是世界上最高的墙壁支撑结构建筑，底座的承重墙厚度为 72 英寸。从二楼往上，楼体以小角度的曲线收缩至最高点，使之成为一座优美的建筑。这栋楼精彩地表现出墙壁支撑建筑的传统之美[38]。

这份会堂大厦舞台的平面效果图展现了沙利文作品中标志性的复杂设计。

在卢普区的这两栋建筑发挥商业功能的同时，伯纳姆和鲁特又设计了第三栋高楼，位置在联合牲畜交易市场东面的加纳利维尔，与前面那两栋同期建设。45 号街与劳威街一角的圣加百利教堂于 1888 年竣工，鲁特采用的罗马式设计大体参照了法国图卢兹的一所教堂的风格。鲁特的传记中写道，"教堂是鲁特最具个性化的设计之一，就像他自己的手一样独一无二。"鲁特本人觉得圣加百利教堂是他最得意的设计作品之一，尤其喜欢那座砖石结构的钟楼。他称其为"破晓时分"。钟楼高 160 英尺，是当时全城最高的砖石塔楼[39]。

芝加哥的建筑师们利用火灾后城市重建的机会，创造出一种独特的美式建筑风格，其核心目标是打造出一座能够战胜工业新时代种种乱象的城市。他们将很快制定新规划，努力引领美国城市迈向世界建筑领域的前列，并构建出美国特有的城市建设模式。

哥伦布世界博览会

芝加哥参与了承办 1893 年世界博览会的竞争活动，以庆祝哥伦布发现新大陆 400 周年。申办过程中，芝加哥打算将近郊村镇纳入城市版图，从而使人口总数超过百万。1889 年 6 月 29 日，一场决定郊区命运的投票表决得以举行。莱克镇（连带那里的牲畜市场）、海德公园（包括其知名的湖滨核心区以及南芝加哥和普尔曼镇的工业密集区），还有市中心北部和西北部的莱克维尤和杰斐逊公园等地区，一致投票赞成并入芝加哥市。这是芝加哥历史上规模最大的吞并进程的一部分。一天之内，芝加哥的土地面积增加了 125 平方英里，人口增加了 22.5 万。很多郊区的中产居民，比如海德公园附近的住户则坚决反对兼并。乔治·普尔曼不同意将自己的乌托邦镇并入芝加哥。然而，公投结果符合芝加哥的意向，城郊的各个区块放弃了独立性，芝加哥一夜之间变成美国第二大城市[40]。

1890 年 2 月 24 日，美国国会选择芝加哥为世博会的主办地。经过漫长的争夺，芝加哥战胜了纽约、圣路易斯、华盛顿特区和其他几个小城市。最后的争夺在芝加哥和纽约之间展开。纽约的记者率先拿"风之城"这一绰号来打击芝加哥。"风之城"并不是源于该地困扰居民的气候特征，而是用来调侃芝加哥的政客和支持者在奋力争夺主办权时口中喷出的热气。胜出的芝加哥面临巨大挑战：必须要筹集资金，选定办会地点，还要建设展会场馆。

詹姆斯·埃尔斯沃斯（James Ellsworth）首先提议请弗里德里克·劳·奥姆斯特德（Frederick Law Olmsted）来芝加哥选址并设计世博会场馆。此人是一位景观设计方面的传奇人物。原来反对办会的埃尔斯沃斯成功说服奥姆斯特德加入合作。1890 年 8 月 20 日，组委会指定奥姆斯特德团队为专职景观设计顾问，指定戈特利布（A. Gottlieb）为顾问工程师，伯纳姆和鲁特为顾问建筑师，而主管工程施工的则是伯纳姆。景观设计师参观了几处推荐场地，最后勉强选定南区的杰克逊公园作为世博会的主场地。杰克逊公园是奥姆斯特德和沃克斯在 1869 年设计的，但他们的规划几乎没有得到执行。二人的初衷是短时间内给一个基本不受重视的地块带来秩序，进而打造出世博会的盛景。

伯纳姆邀请东海岸的一群建筑师过来相助。团队决定在工程设计中突出古典风格。伯纳姆也在芝加哥吸纳了包括阿德勒和沙利文在内的五家事务所参与设计工作。1891年1月10日，各路建筑师召开了第一次会议。第二天，约翰·鲁特邀请同行们到阿斯特街的家中一起喝茶，可惜因送客时外感风寒，于次日病倒，后来死于肺炎，年仅41岁。尽管职业生涯短暂，但鲁特在建筑设计界的影响却很深远。痛失挚友的伯纳姆仍然在主持世博会的筹建工作[41]。

在这份横跨公园大盆地的大潟湖的示意图中，可以看到在1893年世博会上占突出地位的古典建筑特色。

伯纳姆认为，芝加哥可能是精英和中产阶级的天堂，却把大部分工人阶级排除在外，于是希望设计出能改造芝加哥的世博会。

他决定在展会建筑上采用古典式设计，这将有助于建筑师和城市规划者的个人发展。这届世博会在很大程度上推动了古典装饰风格在美国的兴起。许多人认为这场复古运动有悖于体现科学和进步性的芝加哥建筑学派，视其为反对改革的一种潮流。沙利文当然赞同这种观点，并谴责伯纳姆的审美取向。于 1893 年 5 月 1 日开幕的世博会有两个风格不同的主展区，一处位于 57 号街南段的湖滨，另一处位于普莱桑斯大道。伯纳姆和东海岸的建筑师在第一个展区的设计中享有绝对的主导权。古典风格的大型展馆和荣耀广场让人回想起罗马帝国的辉煌历史，也预示出美国在五年后的国家前途。要知道美西战争之后的美国的确迈上了帝国主义道路。伯纳姆等人试图营造一幅现代美国城市的全景画面。另一个展区是普莱桑斯大道乐园。从象征着博览会的巨大摩天轮，到开罗街道布景，还有所谓的人类学主题展区，比如达荷美村落展区的亚马孙武士，无不充斥着多彩的流行文化，符合大众口味的绚丽华美。"来自 40 个国家的 40 位美女身着民族服装"是国际美容大会在乐园推出的特色节目。人们纷纷抱怨舞者和演员的表演很下流。主会场外，"野牛比尔"① 的狂野西部秀把游客吸引到大帐篷里。伯纳姆要尽力把芝加哥描绘成一个精英与大众文化并存的地方。他想在乐园展区保留流行文化因素，而不是将其拒之门外。这位设计大师试图让世界相信，芝加哥有可能被改造，城市不一定是粗野和混乱的代表，而应该是一个能驯服野性的美好所在。

---

① "野牛比尔"，本名威廉·科迪（William Cody），美国表演家，其狂野西部主题的巡回表演俗称牛仔戏，表现早期西部牧人和印第安人的武艺，如骑术、枪法和箭术等。

伯纳姆其实与普尔曼、亚当斯和佩克等人很像，坚信美能战胜人类的低级本能。事实证明，这届世博会在经济和文化方面都大获成功，参观人数达到 2 750 万人次[42]。不久后，庞大的临时建筑被遗弃在湖滨的会场，大部分毁于火灾。展会的主馆白城虽然消失了，但是它对城市规划的影响将长期存在。

1893 年 10 月 28 日是博览会的最后一天，也是传统的"美国城市日"，芝加哥市长卡特·哈里森招待了大约 5 000 位各地的市长和议员，包括旧金山、新奥尔良和费城的贵宾。活动结束后，哈里森回到阿什兰大道的宅邸。当天晚上，一名心怀不满、精神错乱的求职者将市长杀死在家中。这座城市重新陷入混乱之中[43]。

1893 年世博会开幕首日，人群在等着展会大门的开启。

1893 年世博会的通用入场券。

失乐园：普尔曼罢工

　　普尔曼镇坐落在博览会场馆的南面、伊利诺伊中央铁路的沿线。实际上，这里也是世博会期间很吸引人的去处。在世博会期间，到访这座工业城镇的国外游客超过一万人。火车和电车把普尔曼镇与世博会现场连在一起。乔治·普尔曼本人也曾多次来到镇里。美国城市面临的两大难题是社会阶层的固化和共享城市空间所导致的礼仪习俗与道德观念的混乱。普尔曼好像找到了解决办法。他营造了一个可控的生活环境，大众文化与高端文化的隔离程度远比伯纳姆设计的世博会更为严格。这位"卧铺车大王"干脆禁止一切他不喜欢的东西进入小镇。鲜有民主精神的普尔曼乌托邦在世博会之后不久便宣告瓦解。

　　美国已经滑入萧条的泥潭。承办世博会的芝加哥虽然躲过了经济滑坡的高峰期，但在 1893 年秋季还是遭遇了经济衰退。普尔曼试图禁止工人组织活动，彻底取缔工会团体。但工人只要跑到镇外活动，这两种办法便失效了。普尔曼想努力改造社区，但是没能掌控一切。普尔曼镇以西的肯辛顿逐渐发展为新的工人社区。

　　全国性的经济萧条导致普尔曼的工人收入减少，但房租和公共事业费率却没有降低。企业没有削减管理层的工资，并继续分红。普尔曼镇的房租仍然比芝加哥的其他社区高 20％～25％。事后调查过普尔曼罢工事件的美国罢工事务委员会表示，"优美的环境能得到游客赞美，对企业员工却没有什么现实意义，尤其在他们没钱买面包的时候更是如此"。1894 年，普尔曼的大梦显然激怒了工人们。这场冲突对芝加哥造成了深远影响，在党派分歧的基础上加剧了社会分裂。甚至地产大亨波特·帕尔默的夫人伯莎（Bertha）也谴责普尔曼的做法。她敦促东海岸的投资人要理解普尔曼企业工人的待遇是何其不公[44]。

　　普尔曼车辆公司确实曾极力消除经济萧条的影响，不惜以亏损换取订单，召回很多车辆加以修复，并关闭了底特律的工厂，将那里的全部业务转到普尔曼镇。然而，经济现状依然惨淡，1893 年 7 月至 11 月，雇员由 4 500 人锐减到 1 100 人。通过揽取薄利合同和修复卧铺车的业务，普尔曼的工人数增至 1894 年 4 月时的 3 100 人。不过，工人的实际薪资水平在继续降低。计件工资制变成了重大问题。在正常时期，计件制的收入要高于按日计薪；可是，多次降薪过后，情况发生了反转。1893 年 12 月 9 日，车厢维修工和锻工们开始罢工，但几天后罢工以失败告终。1894
年春，普尔曼旗下的一些工人加入美国铁路联盟。当年的冬春两
季，普尔曼镇的状况发生恶化，约 1/7 的住宅空置，生活在镇里
的各个家庭都在忍饥挨饿。5 月初，近 35％的工人加入工会。工
人与普尔曼进行了多轮谈判。

　　1894 年 5 月 10 日，公司开除了工人申诉委员会的三名成员。
当晚，在肯辛顿街区附近的特纳会馆召开的会议上，美国铁路联
盟建议工人不要罢工。年轻的联盟主席尤金·德布斯（Eugene
Debs）派人带来口信，说当时罢工不是明智之举。5 月 11 日，工
人中间流传着这样的谣言：公司管理层获悉了肯辛顿会议的内容，
并计划在中午关闭工厂，不准工人们进门。毫无根据的谣言直接
导致工人罢工。到了中午，3 000 名左右普尔曼员工离开了工位。
当天晚上，管理层在工厂大门上张贴告示，宣布在另行通知之前
工厂已经关闭了。罢工开始了，随之而来的是在芝加哥全城和全
美范围内争取公众支持的广泛斗争。

　　工人们立即组建了罢工委员会。美国铁路联盟的一位代表建
议工人不要动用暴力和饮酒闹事。罢工委员会的主席托马斯·希
思科特（Thomas Heathcoate）提醒工人要远离工厂大门。每天都
有会议在肯辛顿的特纳馆召开。美国铁路联盟在普尔曼工厂门外
布置了 300 人，以防发生破坏罢工的情况。普尔曼的管理层称为
"纠察队"。包围工厂的这些人一直守到 7 月 6 日，然后军队前来
保护普尔曼的产业。

　　劳工领袖德布斯来到普尔曼镇评估局势。5 月 16 日，德布斯
曾面向工人发表演说，将普尔曼的专治作风比作奴隶制，又把普

尔曼形容为"比小偷更可恶的罪犯",发誓要从普尔曼脸上"撕下伪善的面具"。罢工得到各界响应和支持,大量物资源源不断地运到肯辛顿的罢工总部。但除了《芝加哥时报》,芝加哥的媒体都认为这次罢工是一场错误,不会有什么前途。普尔曼本人则离开镇子,前往圣劳伦斯河上的普尔曼岛,随后到纽约与夫人和女儿团聚去了[45]。

美国铁路联盟组建了罢工救济委员会,宣告市长约翰·霍普金斯(John Hopkins)开办的希考德-霍普金斯商店捐赠了价值1 500美元的货品和1 000美元的现金。霍普金斯市长一直是普尔曼的宿敌,他在1889年支持芝加哥市吞并海德公园附近的地块,其中就包括普尔曼镇。肯辛顿的另一位商户捐出一间库房,霍普金斯也允许罢工者使用一套带有七个房间的公寓。南区的警察也为工人捐款。有人反对官方对工人的明显偏袒,市长的答复是:没有规定禁止警察捐款。《芝加哥每日新闻》捐出一间店面供救援委员会总部使用。5月22日,工人们领到最后一份工资。七天后,砖厂工人(主要是意大利移民和捷克移民)举行罢工。据报纸披露,这些非技术工人居住在砖厂附近的棚屋里,它们让普尔曼的乌托邦更显尴尬。

6月初,美国铁路联盟在芝加哥举行年度全国代表大会,提出要在全国范围内抵制普尔曼的卧铺车运行。6月12日,400多名代表在乌里希会馆集会,罢工者在会上发表了讲话。德布斯希望避免由美国铁路联盟采取行动,尤其是抵制行动。美国铁路联盟派出一支代表团去和普尔曼的管理层谈判,但遭到后者拒绝。6月20日,美国铁路联盟通知普尔曼的公司,除非能解决那些引发

工人不满的问题，否则他们将从 26 日开始全国性的抵制行动。此
举引发了劳资矛盾的全面爆发。

　　总经理联合会主动协助普尔曼公司。该组织由 24 家铁路公司
于 1886 年成立，致力于就共同关心的问题制定统一政策。联合会
在 6 月 25 日召开会议，各铁路公司决定携手应对美国铁路联盟的
抵制，并在卢普区的卢克里大厦成立临时行动总部。总经理联合
会负责指挥反劳工运动的斗争，显示出强大的力量。6 月 26 日，
抵制行动正式开始，并很快蔓延至全国，铁路系统面临关停的风
险。美国铁路联盟的很多地方组织号召工人以罢工形式向铁路公
司施压。至 7 月 2 日，总经理联合会不得不承认陷入僵局。铁路
运输阻断后，芝加哥成为孤城，食品价格一飞冲天。芝加哥报界
对“独裁者德布斯”大加诋毁，指责他在玩弄城市的命运。在美
国各地，工人们的行动现在都是芝加哥大罢工的组成部分。因为
混乱无序威胁到城市安全，而且骚乱还有加剧的风险，于是市长
霍普金斯命令 3 000 名警员进入戒备状态。

　　抵制活动扰乱了邮政物流，使罢工演变成联邦层面的大事。
按照总检察长理查德·奥尔尼（Richard Olney）的指令，联邦检
察官于 7 月 2 日从芝加哥巡回法院获得查禁美国铁路联盟的强制
令。强制令要求联盟高层不得相互联络，也不许同任何人谈论抵
制活动。德布斯意识到，这意味着罢工活动的失败，决定不理会
禁令。与此同时，铁路沿线开始出现暴力冲突。就在巡回法庭下
达针对美国铁路联盟强制令的同一天，在芝加哥南部郊区的蓝岛
大道，大约 2 000 名罢工者和支持者聚集在罗克岛火车站。联邦
执法官命令人群解散，遭拒后电请军队到场镇压。7 月 4 日，军

队从芝加哥城北的谢里丹堡开到南郊。同为民主党人的伊利诺伊州州长约翰·彼得·奥特盖尔德（John Peter Altgeld）和霍普金斯市长反对调军队进城，可是克利夫兰（Cleveland）总统未加理会。因为州长同意宽大处理"秣市惨案"的幸存领导者，一些人认为总统此举是打了州长和同情罢工的市长的耳光。第二天，一万名暴民占领了联合牲畜交易市场周边的铁路货场。面对声势浩大的人群，军队和警察退却了。当晚，湖滨废弃的世博会建筑燃起大火。第二天上午，价值34万美元（约合2007年的800万美元）的铁路设备遭到破坏。更多军队从远方的纽约和内布拉斯加州调防芝加哥，地方官也增派了执法官和警力。州长召集伊利诺伊州国民军待命。7月7日，军方清理了铁路沿线，护送装有邮件和食品的列车入城。自内战以来，联邦军队第三次进占芝加哥，粉碎了大罢工。普尔曼企业的罢工仍在继续，但是工人运动已现不祥之兆。随着罢工失败，多数联邦军队于7月19日撤出了芝加哥。

作为城市慈善家和乌托邦建设者的乔治·普尔曼也名声扫地。他没能解决工会问题。1894年8月，伊利诺伊州总检察长提起诉讼，强制公司剥离其住宅项目资产。普尔曼的律师团进行了抗辩。州长试图向普尔曼公司加税，之后争取规范卧铺车的费率。其他州也想控制该公司，但是没有任何成效。1897年10月19日，66岁的乔治·普尔曼死于心脏病发作。家人将他安葬在芝加哥的雅园公墓。为了防止劳工激进分子的亵渎，修墓时用了数吨钢筋混凝土。索伦·毕曼（Solon Beman）设计了科林斯柱式的墓碑。次年10月，伊利诺伊州最高法院撤销下级法院的裁决，强令普尔曼

公司出售与车辆生产无关的土地。普尔曼镇的经营模式随即开始
解体。至 1908 年，公司与小镇已经毫无关联[46]。

　　随着普尔曼的乌托邦小镇在 1897 年被毁，动荡年代中的一场
新运动又发生了。19 世纪 90 年代的悲剧性斗争催生了进步主义
思想。1892 年宾夕法尼亚爆发的霍姆斯泰德罢工和 1894 年伊利
诺伊州的普尔曼大罢工让美国人认识到，解决工业革命引发的问
题是一场长期的斗争。普尔曼镇变成芝加哥的另一个普通社区，
而通过规划把城市建设得更美好的思想也随着劳工运动和世博会
一起出现了。虽然普尔曼的理想受到怀疑，但其城镇环境影响力
的思路引发了其他人的尝试，比如在世博会和罢工期间的伊利诺
伊州哈维镇附近，有人依照基督教信条进行改革实验。在芝加哥
西北部，瑞典移民的北公园定居点已经发展起来。88％的早期社
区居民是生于瑞典的移民，另有 10％则是在美国出生的二代移
民[47]。尽管丹尼尔·伯纳姆和简·亚当斯让自己的实验与普尔曼
的实验保持着距离，但二人都从这场实验中学到了东西。因为完
全背离了民主精神，所以没有人会再去尝试开展这种实验了，但
是一些重要理念却成为 20 世纪的重大主题：规划工作可以使混乱
的城市恢复秩序；专家能够采用科学方法来完善城市发展。

第五章

不够彻底的进步之旅

　　1901 年，自诩无政府主义者的利昂·乔尔戈什（Leon Czol-
gosz）刺杀了总统威廉·麦金利（William McKinley）。刺客的政
治观点震惊全国，以骚乱和暴力为标志的劳资关系同时也触动了
白宫。36 年来，这是第三次发生美国总统遇刺事件①。麦金利总
统领导美国在 1898 年赢得了第一场全球性战争的胜利②。美国人
埋葬麦金利后，期待着年轻的副总统、绰号"野马骑士"的传奇
人物西奥多·罗斯福（Theodore Roosevelt）肩负起麦金利留下的
重担。事实很快证明，罗斯福是一个很有主见的强硬派。年轻的

---

　　①　第一次是 1865 年林肯总统遇刺，第二次是 1881 年加菲尔德（Garfield）总统
遭枪杀。
　　②　这里指 1898 年美国与西班牙之间爆发的战争。美国在太平洋和加勒比海打败
西班牙，使古巴和菲律宾脱离西班牙统治。美国占领关岛、威克岛和波多黎各，并拉
开大规模海外扩张的序幕。

乔尔戈什是来自底特律的波兰裔无政府主义者，他的暗杀行动不知不觉开启了美国历史的新纪元。在学术殿堂和欧洲、美国、澳大利亚及新西兰街巷酝酿已久的进步主义思想，在罗斯福入主白宫后终于开始成为主流。简·亚当斯和无数改革者决心解决工业资本主义社会的城市问题，他们的声音有可能传达到最高权力中枢。芝加哥仍然是这一进程的中心。

社会阶层间的持续冲突

随着麦金利总统的离世，芝加哥和美国都进入了进步主义时代。但城市乱象并没有消失。实际上，由卡耐基（Carnegie）与摩根（Morgan）的钢铁企业于 1901 年合并而成的美国钢铁公司成为另一家决心摧毁工会势力的垄断巨头。不出所料，劳工组织做出了反应，钢铁工人统一工会在新公司举行了罢工。1901 年的钢铁工人罢工以失败告终，钢铁工人统一工会势力受到打击，逐渐淡出舞台。芝加哥的钢铁企业依然没有被工会渗透，而美国钢铁公司试图避开芝加哥的激进势力，于是在东部开发出全新的城镇。印第安纳州的加里成为该地区的钢铁工业中心（表面上虽然没有因循普尔曼的传统，但毕竟还是按照企业需求规划出来的功能城镇）。公司以董事长埃尔伯特·加里（Elbert Gary）的姓氏命名新镇。众所周知，这位行业新贵与劳工组织可谓是势不两立[1]。

进入劳资矛盾愈发激烈的新世纪，垄断趋势持续加剧。新企业模式试图扩大对劳工势力的控制，因此常与工人发生冲突。为了在新的生产体制中争取主导权，行业工会与企业间的斗争进入白热化阶段。芝加哥建筑行业在1899—1900年的关停潮证明企业权力与行业劳工利益之间必定存在矛盾。1899年成立的建筑承包商理事会标志着建筑行业的企业管理层与工会走向公开对立，但工程项目离不开砌砖工人和木工。企业主希望通过全新的公司形象重整行业。理事会得到原材料供应商、建筑师和芝加哥多数银行家的大力支持。该组织与代表传统同业公会的建筑行业协会势不两立，双方的斗争很快演变成暴力冲突，结果把支持理事会的金融界拖入漩涡，市长卡特·哈里森二世不得不开始打压行业组织。代表资方的理事会取得了先期的斗争优势，而工会组织很快扭转局势，在薪酬水平和行业特权等方面重新掌握谈判主导权，资方再无法用关停企业的办法来对付罢工了[2]。

　　与整个北大西洋经济带的情形一样，芝加哥的进步主义有着深厚的根基。社会改革已经酝酿了二十多年。欧洲的工业化国家，还有新西兰和澳大利亚，率先走上了过度自由化的工业主义道路。相比于工人的安全保障、收入和各项权利，企业利润始终占据着优先地位。一向专制的德国甚至建立了一套社会安全网，以隔绝社会主义思潮的渗透。面对工业资本主义经济引发的种种问题，美国的进步主义者借鉴了欧洲国家的办法[3]。

　　可是，美国工人阶级的组织性似乎比以往更弱了。劳工骑士团的辉煌岁月早已远去。该组织名义上的负责人仍然是特伦斯·鲍德利，但他现在已变身成一名联邦体制内的小官僚。在塞缪尔·冈珀斯的美国劳工联合会的主导下，各个行业工会结成统一体，但在全国新出现的工业垄断企业面前却显得无能为力。族群、性别、种族和行业等因素相互纠葛，导致劳工运动形不成合力。尽管如此，工人们仍然希望劳工组织能发挥应有的作用，以对抗横行霸道的垄断巨头。

与此同时，工会组织者再次活跃于联合牲畜交易市场附近。10 年前的普尔曼罢工期间，加工厂后院一带就曾发生过暴力冲突，后来要靠联邦军队在厂区街道巡逻维持秩序。19 世纪 90 年代，各种小规模罢工此起彼伏。加工厂后院是指紧邻牲畜屠宰场的一片社区，俗称"后院区"，满是灰泥的长街两边林立着酒馆、轻捷木架公寓和小教堂，既是新移民群体的家园，又是工会活动的新舞台。1894 年成立的肉类加工与屠宰业统一工会在美国劳工联合会的支持下，组织牲畜屠宰和肉类加工行业的工人维护自身权益。原为熟练屠夫的工会领导人迈克尔·唐纳利（Michael Donnelley）深入社区的酒馆和店堂，宣讲劳工团结的意义，重点向越来越多的加工厂工人传播新思想。这些非技术工人以往都游离于工会组织之外。

至 1904 年，肉类加工行业的工会已经发展成劳资关系中的重要力量。当年夏天，加工厂的老板们开始对抗唐纳利的组织，于是屠宰场里爆发了罢工。企业主与工会达成和解后，却拒绝满足非技术工人的要求，并解雇了部分工会组织者。唐纳利再次组织罢工。这可能是美国第一次技术工人为非技术工人争取权益的罢工事件。工会虽然输掉了罢工，但却为将来招募非技术工人参加斗争开了先河[4]。劳工运动中两类工人群体间的隔阂被打破了。

然而，非洲裔美国人却是一个特殊群体，他们不断给工会运动制造难题。企业主为了破坏罢工，招来很多黑人进厂顶岗。罢工发生后，工厂将多数工人解雇，而把黑人视为另类，利用他们在劳工中挑起分裂，阻挠工会运动。整个 20 世纪，种族、族群和阶级矛盾交织在一起，演变成困扰芝加哥的火药桶[5]。

1900 年，一提到"贫民窟"，人们想到的不是生活在都市贫民区的美国黑人，而是所有外来移民，尤其是东欧的犹太人。移民来源地由北欧和西欧转变成东南欧，结果导致芝加哥居民成分发生重大变化。有一个事实却始终没变：那些海外移民及其后代构成了城市人口的绝大多数。他们在街道两旁试图营造出社群意识，以应对这座工业新城的现实处境。

这种文化多元性既是芝加哥的优势，也是一块短板。布里奇波特地区的波兰裔和立陶宛裔的帮派隔着摩根大街虎视眈眈地对峙着。下西区的捷克移民和德国移民总是相互回避。爱尔兰移民则害怕犹太人和黑人进入南区。北区"黄金湖岸"社区的居民对西边"小地狱"社区的西西里邻居也是胆战心惊。没有哪一个族群能独占一个社区；正相反，某一族群只能占据主街路，而小街巷则呈现出民族大融合的景象。黑人、亚裔和其他族群也穿梭在芝加哥的街道之间。族群间的矛盾有时会激化到危险境地，但社区的变化通常悄无声息地进行着，比如一群人搬走了，另一群人又填补进来。这种情况一直延续至今。

城市公交体系的出现，使不同族群至少可以彼此保持距离。斯拉夫裔移民进入西区之前，德国移民已经搬离了以往居住的街区。进入 20 世纪，尽管爱尔兰移民在北区、西区和南区的不同社区里占据主流，他们仍然是芝加哥城中最分散的族群。随着时间的推移，波兰移民开始进占西区，包括布里奇波特镇的大部分、加工厂后院、南芝加哥，还有黑格维施等地的社区。其他社区也能觉察到波兰移民的存在。捷克移民统治着皮尔森和南朗代尔地区；即使在这里，捷克移民也与其他族群比邻而居，尤其是波兰移民和德国移民。

不同族群虽然住在同一条街，可是他们拥有各自的活动场所。因此，他们的生活空间互有交叉，但在社会意义上却是彼此疏离的。无论是爱尔兰移民、波兰移民、捷克移民、德国移民、斯洛伐克移民，还是其他族裔的移民，可能都在皮尔森或西区安家，而社交生活却泾渭分明，他们会去各自的教堂、教区学校、酒吧、俱乐部和商店。革新求变的人们打算把这些互不相干的族群和移民群体组织起来，却受阻于这种碎片化的社会结构[6]。

面对移民社区的贫困和一盘散沙的现状，中产阶级改革派感到有些绝望。如何才能团结这些群体改革社会？能否让波兰移民、爱尔兰移民、意大利移民或犹太人与美国本土的白人携手寻求共同的目标和机遇？是否有希望在失控的工业城市里实现真正的民主？公共空间似乎是核心问题。在族群多样的工业城市里，哪里才是理想的公共空间？美国城市在提供私人空间方面做得很好，但公共空间的建设却不尽人意。此外，在芝加哥现有的公共空间里，比如那些大公园和林荫大道，各族群会感觉不舒服、经常受到威胁。那些地方仍然是美国中产阶级独占的领地，而不是工人阶级的聚会场所。芝加哥的教堂、酒馆和俱乐部都保留着各自的族群特色，只能算作半公开的活动场所。实际上，中产阶级改革派也对这些场所——尤其是酒吧——感到不安。他们认为，酒精是潜伏在移民社区里的魔鬼，偷走了移民的辛苦钱，换来的是道德沦丧。有些人留恋着建国初的黄金时代，希望重建新英格兰小镇旧时特有的民主议会传统，可芝加哥的那些威士忌酒吧街和街头小酒馆却难以培养国民的美德。对许多人来说，酒吧危害家庭，特别是妇女和儿童，进而威胁到社区的道德水准和稳定。尽管一些人将酒吧视为维持社会稳定的一种因素，但改革者却对其持鄙夷态度，认为那里是罪恶和堕落的避风港[7]。

芝加哥的进步主义之路

芝加哥的进步主义之路不同于美国的其他城市。最明显的差异体现在政治领域。纽约、克利夫兰、底特律等市政当局至少推行过短暂的改革措施。1905 年，爱德华·邓恩（Edward Dunne）当选市长后，芝加哥虽然被称为"最激进的美国城市"，但在市政改革方面却鲜有作为。在一些人看来，遇刺市长之子卡特·哈里森二世在任的五年（两届）组建了一个进步主义性质的政府。可是考虑到哈里森与芝加哥那些贪腐成性的议员结盟，很多人并不认可这一点。绰号"灰狼"的那些政客也是哈里森父亲的支持者。芝加哥当然存在力主改革的群体，但经常在不同问题的细枝末节上相互攻击[8]。

1897 年，号称"协调人""联合者"的哈里森二世赢得首次市长选举。第一次世界大战爆发前的 35 年间，最初被称为"我们的卡特"的老哈里森，在 17 次市长选举中获胜过 10 次。他们都是妥协政治的佼佼者，深知各个选区的族群和阶层的联盟关系是不断变化的[9]。

芝加哥悠久的改革传统可以追溯到当年的大火灾。1874 年，为了应对第二场大火的救济事务和灾后的保险危机，商界精英成立过公民协会。五年后组建的联邦同盟俱乐部旨在支持格兰特总统第三次连任，也参与规范选举事务的工作。1893 年，威廉·斯特德协助组建了芝加哥公民联合会，可是这个目标多元的改革组织很快将重心放在了行政制度改革的问题上。

芝加哥最为成功的改革团体市政选民联盟试图让劳工阶层和改革精英在特许经营权的问题上达成一致，其中公共交通的特许经营权变得至关重要。随着城市的发展，特别是由于交通运输、通信和电力技术的现代化，有必要授予各家企业地方垄断或特许经营权，使之能向大众提供公共交通、电话、电报线路服务，还有煤气和电力服务，所以芝加哥市议会通常要发放本市的特许经营许可。事实上，市政选民联盟的领导层并非由芝加哥的大资本家组成，而是以第二集团或第二代的实业家及行业专家为主，比如建筑师艾伦·庞德（Allen Pond）、社会工作者简·亚当斯和格雷厄姆·泰勒（Graham Taylor）等人。芝加哥最有权势的商界大亨们，例如马歇尔·菲尔德和菲利普·阿穆尔等人，经常和市政选民联盟唱反调，因为他们与查尔斯·耶基斯（Charles Yerkes）拥有的运输公司以及之前合作过的政客结成了关系网。政府里的那些好心人或者"改良派"希望在一个以腐败著称的城市里推行改革。他们认为民众不具备明智决策的能力，于是努力探索如何提升政府效能，又免于民主政治的缺点。改良派也认识到丑恶现象与地方政客之间渊源深厚，特别不屑于第 1 选区臭名昭著的约翰·库格林和迈克尔·肯纳之流的行径。但公共特许经营权制度让这些政客进一步获益[10]。

　　芝加哥的公共交通问题由来已久。私营公司必须在公共空间建设必要的设施，而企业经营与公共利益的关系要靠不同的特许经营权和州级法规理顺。早在1853年，伊利诺伊州议会就以芝加哥河的南北支流为界，将城市划分为北、西、南三个大区，其实更通俗的称呼就是芝加哥河的"北边""西边""南边"，后来成为19世纪50年代末公共马车线路的建设区划依据。1865年，州议会批准用99年的长期合约取代20年的特许经营权。1870年的一项州级法规剥夺了州议会的这一权限。1875年，芝加哥重新启用20年特许经营权，这成为市议会以后的常规操作。三年后，交通公司需要支付城市占道费。1883年，芝加哥不愿为以往的99年合约打官司，只好将特许经营权又延长了20年。

　　芝加哥的公共交通成了利润率很高的生意。至1900年，10条私营地面线路的载客量超过125万。1881年来到芝加哥创业的查尔斯·耶基斯（Charles Yerkes）拥有西芝加哥运输公司和北芝加哥铁路公司。这两家最大的运输企业对市议会里的"灰狼"们有着巨大的影响力。1897年，耶基斯支持的《汉弗莱法案》（Humphrey Bill）未获通过。该法案打算将特许经营权再延长50年。随后，他的政治盟友设法通过了《艾伦法案》（Allen Bill），使得市议会取得将特许经营权再延长20年或50年的操作余地。市议会不久便通过了50年特许经营权法案，但市长哈里森二世却否决了该法案。在1898年12月19日的一次例会上，议员们要求推翻市长的否决案。愤怒的芝加哥民众围堵了市政厅，并威胁要处死那些投票反对市长的议员。民众或许夸大了耶基斯对市议会和州立法机构的操纵程度，但他显然没有达到改革者的期望程度，资本的诉求与民主政治进程不可能和谐共存。不久，耶基斯离开芝加哥前往伦敦，在伦敦有名的地铁建设中贡献力量，又大赚了一笔[11]。

市政选民联盟在挫败特许经营权延期法案过程中扮演了主要角色，并支持那些承诺反对耶基斯的候选议员。改革派的矛头早已瞄准了这位交通大亨，市政选民联盟也在 1898 年的市政选举中获得了最大胜利，68 名议员中有 42 人同意反对耶基斯。1901—1911 年，85％的当选市议员得到了市政选民联盟的支持。该组织自视秉持正义利器，不会为任何党派背书，只支持独立候选人。但在交通问题以外的事务上，这种策略却不是特别有效[12]。

斯泰特与麦迪逊两条大街的一角是芝加哥有轨电车系统的主要交通枢纽。这幅截取自芝加哥铁路公司债券的图画描绘的就是那里繁忙的景象。

　　1905 年当选的爱德华·邓恩是真正意义上的进步主义市长，其政治生涯始于交通领域，他也是唯一先后出任过市长和州长职位的人。邓恩是帕特里克·邓恩（Patrick Dunne）与玛丽·劳勒（Mary Lawlor）夫妇的长子。其父帕特里克在爱尔兰有过从政经历，1849 年逃到美国。邓恩一家最后在伊利诺伊州的皮奥里亚市安家。小爱德华在那里长大，并从皮奥里亚公立高中毕业，1871 年前往都柏林，但因为家庭的经济困境未被三一学院录取。邓恩的父亲于 1876 年入选伊利诺伊州众议院，全家于次年搬到芝加哥。

　　1877 年从法学院毕业后，邓恩开始涉足芝加哥政坛。民主党领导层中的法官默里·塔利（Murray Tulley）支持邓恩，并举荐他进入改革派政治圈。1892 年，邓恩入选司法部，1896 年成为威廉·布莱恩①（William Bryan）阵营的一员。尽管一直处于权力中枢的边缘，但邓恩的明星光芒很快凸显，于 1905 年代表民主党当选为市长。

　　邓恩的当选主要是源于交通问题。他很关注市政改革，认为政府应发挥积极作用，促进社会变革，不能偏重于商界精英或民众任何一方，而是应造福所有人。他承诺市政府要直接掌握交通事业，并保证收回燃气和电力设施的最终产权。理想主义的邓恩很快发现，自己陷入了芝加哥政坛的无奈现实当中。他离不开各派的支持，包括绰号"民主党澡堂"的约翰·库格林和臭名昭著

――――――――――――

　　①　威廉·布莱恩：美国国会议员，曾三次竞选总统，均告失败，后任国务卿，主张和平外交，因主张在第一次世界大战中严守中立遭反对而辞职。

的迈克尔·肯纳，还有他们的民主党死对头——希望打压前市长
哈里森阵营的霍普金斯-沙利文一派[13]。

　　在上任之初的一百天，新市长便要面对动荡的劳资关系。经
过多年发展，芝加哥联畜运输车队兄弟会的势力越来越大。到 20
世纪初，他们开始突破行业工会的界限，试图左右其他行业的劳
工群体。1902 年，该组织举行了针对肉类加工企业的罢工；1904
年又通过罢工支持屠宰场的罢工工人。1905 年，联畜运输车队兄
弟会与最强大的对手展开了为期 105 天的罢工对峙，结果导致超
过 415 人受重伤，21 人死亡。后者是芝加哥商业协会的一个分
支，由一些财力最雄厚的公司成立于 1903 年。为了破坏 1905 年
成立的联畜运输工会，该分支成立雇主联运公司，自行承运
活畜[14]。

　　这场罢工消耗了邓恩很多精力。他成立一个专门的委员会来
研究相关问题。调研报告出台后，公众舆论开始不利于工会组织。
1905 年 5 月 10 日，在联邦军队可能再次进驻芝加哥的严峻形势
下，邓恩动员了 1 700 名应急警力保护非工会成员的运输车队。
到了 7 月，联畜运输工会的罢工彻底失败了。这场危机导致邓恩
无意在公交所有权问题上采取新动作，担心这会给一些人留下市
长软弱的印象[15]。

　　其他一些问题很快摆到市长的案头，包括芝加哥教育领域的
相关争议。1897 年成立的芝加哥教师联合会处于这场风暴的中
心。在玛丽·黑利（Mary Haley）和凯瑟琳·戈金斯（Catherine
Goggins）的领导下，教师联合会挫败拒缴教育税的几家大企业，
成功收回约 60 万美元的补缴税款，之后迫使教育局提高了教师工

资。在轰动 1902 年的一场诉讼中，仍然是法官身份的邓恩曾裁定教育局必须支付工资。当选市长后不久，邓恩任命了七名教育局成员，其中的五项任命特意顾及警长埃德温·库利（Edwin Cooley）与教师联合会一方的争议。黑利和戈金斯的好友简·亚当斯和科尼莉亚·贝（Cornelia Bey）博士也持不同意见。教育局内部很快出现争论和分裂，教科书问题演变成了一场灾难。邓恩再次没能采取果断措施，于是对手指责他执政低效无能。

邓恩在交通问题上的立场摇摆不定，先期承诺过政府要掌握所有权，但又做出各种妥协。他先聘请一位外部专家当顾问，研究芝加哥收回交通线路所有权的可行性。苏格兰格拉斯哥市政系统的当家人詹姆斯·达林普尔（James Dalrymple）在提交的报告中反对芝加哥市政府的决定，邓恩的设想就此失败。这份报告直接使邓恩的反对派占据上风，包括暂时支持市政府收回所有权的哈里森二世，他曾警告政府的动作太过冒进了。邓恩指示地方运输委员会的主席查尔斯·韦尔诺（Charles Werno），要在收购运输公司和新建公交线路问题上达成协议，这种表态促成了协议的签订，可市长自己又推翻了。邓恩又一次证明其执政思路的混乱[16]。

邓恩不久又卷入酒类消费问题，这也是民主党人面临的棘手问题。作为爱尔兰天主教徒，邓恩理解酒馆在移民社区的作用。相比于立法严禁，他更主张个人节制。市长意识到，即使民主党政客不敢冒险向禁酒运动让步，也不应继续滥发酒类执照。因为道德改革阵营向政府施压，邓恩便试图折中处理，提议施行周日停业规定，并将执照费从 500 美元提高到 1 000 美元。他下令吊销

了 100 多家酒馆的营业执照，警方甚至暂时关闭了一位议员拥有
的一间酒馆。市长做出承诺，如果各家酒馆愿意进行整顿，遵守
市政法规，尤其是禁绝赌博和嫖妓，将会发还执照。然而，州议
会却不愿意让他重发执照。

　　尽管邓恩在禁酒方面有所作为，但星期日关店联盟之类的禁
酒团体仍敦促大陪审团去调查政府和警方的腐败问题。因此，邓
恩的民主党同僚、快速崛起的捷克裔政治家安东·瑟马克（An-
ton Cermak）为此于 1907 年成立了地方自治联合协会。这是一个
声称有 20 多万名会员的多民族社团，主张维护个人自由，包括星
期日能喝啤酒的自由。酒馆老板、选区大佬等人都寻机报复市长。
瑟马克想方设法要挫败邓恩。而共和党在 1907 年推出弗雷德·巴
斯（Fred Busse）为市长候选人，此人承诺要打造一个深度开放
的芝加哥。

　　邓恩政府要向芝加哥的现状发起强有力的挑战。他任命的教
育局成员能代表教师和工人阶级的利益。在制定教育政策方面，
邓恩相信"劳工和中产阶级比富商更能胜任"。他引入局外人参与
政府治理。然而，他却遇到严重割裂的芝加哥政坛的掣肘。实权
仍然掌握在选区大佬手中。尽管政策有些反复无常，可是邓恩尽
力推进芝加哥的改革事业，很多方面已经触到极限。很多反对声
音出自一盘散沙的改革团体。道德改革者也站在他的对立面。一
旦惹恼了原先支持自己的那些选区大佬和酒馆老板，邓恩就完蛋
了。利用特许经营权和合约获取金钱、就业和选票的旧体制在芝
加哥依然根深蒂固，邓恩显然在偏离这种体制。一些人又担心邓
恩只是以交通问题为切入点，制造任人唯亲的新机会[17]。

邓恩在 1907 年的施政纲领中反对与运输公司达成和解。从事煤炭和制冰业的德裔实业家巴斯则持赞同态度。各运输企业和酒商不惜血本要击败邓恩。据估计，他们拿出了高达 60 万美元的活动经费。仅芝加哥铁路公司一家就花费 35 万美元，意图搞垮邓恩市长。大部分经费花在那些支持和解的民主党候选人身上。巴斯以 164 702 票对 151 779 票的优势在市政选举中获胜，而事关交通问题的和解条款得到 167 367 票支持获得通过，反对票数是 134 281。

对于只夺得一届市长任期的共和党来说，选择巴斯的确是务实之举。之后，卡特·哈里森二世回归，在 1911 年为民主党重新夺回执政权。就当时而言，安东·瑟马克继续在建设自己的组织。改革派与职业政客之间的博弈也在继续。当然，市议会确实通过了一些进步性的法案。即使是巴斯也支持某些改革措施。在巴斯任期内，芝加哥市长的任期首次改为四年——这也是一项进步主义改革。正当邓恩受到排挤的时候，芝加哥也在经历进步主义运动的阵痛。这场运动既要求革新市政章程，又不断鼓动政府收回公共事业所有权。同时，酒类经营的监管和教育的长远发展等，都是亟待解决的重要问题[18]。

进步主义运动的成就

与把控政治体制相比，芝加哥人在推行进步主义改革方面的表现更为出色。由于简·亚当斯等改革人士对公共政策的影响，芝加哥成为新时代改革的示范窗口。政治势力因为认识到改革的价值所在，所以经常支持改革派，并帮助他们在社区层面促进结构性变化。芝加哥人在诸多方面都起到了先锋作用，比如城市规划、住房保障、工作条件改善、法院系统改革等。进步主义团体扮演着道德标杆的角色，帮助制定公共政策，使芝加哥变成一个更宜居的城市。进步主义者设法从根本上净化城市。其中之一的玛丽·麦克道尔（Mary McDowell）在加工厂后院社区创办了芝加哥社区之家大学。她为改良社区生活环境而不懈努力，因此获得"垃圾小姐"[19]的绰号。芝加哥的进步主义运动也表现出固有的局限性。而在努力解决诸如酗酒、赌博和嫖妓、贫困、移民以及美国社会一直存在的种族问题时，芝加哥似乎又不能接受任何限制。就像这座城市一样，进步主义运动应对这些不同问题时的态度也存在矛盾。

芝加哥的进步人士在重视民主问题的同时，也经常关注儿童权益。1893 年，伊利诺伊州议会通过了一部童工法[20]，由此也和其他州一起迈入进步阵营前列。新法禁止雇用 14 岁以下的童工，并在制造业领域全面禁止使用童工。14 岁以上、不满 16 岁的儿童不能从事高危性工作——保险公司拒绝承保的任何工作。四年后，又一部法律将 1893 年的规定扩展到商业企业。新法规定，16 岁以下的童工每周工作时长不得超过 60 小时，每天不得超过 10 小时，同时要求医生出具证明，表明孩子的健康状况适合工作岗位。至 1900 年，关于义务教育入学率的新法规获批，更加严格的童工保护法规也得到通过，明确 16 岁以下的童工每天工作时长不得超过 8 小时。改革派很快发现，执行新规的难度很大。一方面，企业监察部门的人员紧缺。另一方面，一些家庭可以轻易规避年龄和健康方面的限制。他们经常以家境贫寒为借口，说服公证人、医生甚至牧师更改证明上的出生日期[21]。

1893 年，州长奥特盖尔德任命弗洛伦斯·凯利担任伊利诺伊州首位工厂执法监察员。这一任命引发的抗议声音相当强烈。《伊利诺伊时代报》（*Illinois Staats-Zeitung*）称凯利为"极端的社会主义煽动者，与无政府主义者无异"。34 岁的凯利能够证明自己的能力和理念，也有机会扩大政府的权力。她认为民众的生活需要政府的保护。有了州政府的支持，凯利可以消灭伊利诺伊州的童工现象，至少她希望如此。她将监察办公室搬到赫尔馆附近，选择阿尔金娜·帕森斯·史蒂文斯担任首席助理，后者一直是工会运动的拥护者。精力充沛的凯利认为，她要执行的法律实际上属于更大规模的阶级斗争的组成部分。她的办公室变成"革命的大本营"。凯利致信弗里德里克·恩格斯（Friedrich Engels），表示州长没有限制她的言论自由，又直言不讳地说她的三名副手和助理都是社会主义者。

童工法很快受到各级法院的质疑。1895 年，伊利诺伊州最高法院废除了 1893 年法案中关于女性工作 8 小时的规定。该法案虽然有性别倾向性，但总体上有助于改善劳动者的工作条件。第二年，奥特盖尔德再次竞选州长失利，部分原因是他曾赦免了仍在服刑的三名无政府主义者（他们是因为"秣市惨案"而被判入狱的）。新任州长解除了凯利的监察员职务。然而，凯利与赫尔馆进步女性的努力得到了社会的关注，也在全国引发了一场抵制童工的运动。1916 年推出的首部联邦童工法——《基廷-欧文法案》

(Keating-Owen Act)，将这一运动推向高潮。两年后，美国最高法院废止此法，但国会在 1921 年通过了第二部联邦法案，成立了美国儿童福利局[22]。

19 世纪 90 年代，进步人士通过扩大政府职能，继续努力保护妇女和儿童权益。这在一定程度上要重新定位联邦、州和地方政府在内战后几十年当中的角色，并调整各级政府与普通民众的关系。19 世纪末，尤其以女性为代表的进步主义改革派常常被称为"儿童救星"。为了解决青少年犯罪问题，他们帮助相关方建立专门的司法和矫正机构。青少年犯罪的定义正是源自进步主义思想。这些"公正无私的"改革者认为青少年犯罪是道德和良知方面的问题。他们发明出一套定义青少年不当行为的新标准，更把自己视为怀着解救儿童的崇高理想的利他主义者和人道主义者。

环境主义理论直接来自社区文教机构的经验，其思想重点是外在环境对个人道德观的影响很大。城市被描述成滋养犯罪的温床。改革家林肯·斯蒂芬斯（Lincoln Steffens）宣称，芝加哥是"暴力犯罪突出、深陷泥淖、喧闹嘈杂、无法无天、丑陋不堪、臭气熏天、傲慢无礼的城市"。许多改革者想从他们的乡村成长经历中寻求解决方案，试图把芝加哥改造成家乡那样的理想村镇。美国人对完美的"神佑"社区的追求没有止境。这对孩子们极为重要，因为城市能提供乡村没有的各种娱乐设施和诱惑。正如威廉·道格拉斯·莫里森（William Douglas Morrison）在 1897 年的著作《少年犯》（*Juvenile Offenders*）中写到的那样："他们再也不用忌惮同村人的审视了。"芝加哥的改革派和早期的社会学家们曾指出，传统道德规范正在解体[23]。

　　儿童的法律地位在 19 世纪逐渐发生变化。在 80 年代进行的一项创新研究中，弗洛伦斯·凯利提出，美国各州应该给予儿童更多的保护。在进步人士看来，正确界定州政府与儿童的关系变得至关重要。伊利诺伊州于 1899 年颁布的《少年法庭法案》（Juvenile Court Act）为青少年罪犯设立了单独的审判法庭和监禁设施，被普遍认为开了美国此类法律的先河。截至 1917 年，除三个州以外，美国其他各州都通过了类似法案。至 1932 年，美国设立过 600 多个独立的少年法庭。州政府设立少年法庭后，改革派认为它是儿童福利的中心，并在处理儿童问题时赋予它很大的灵活性。

　　1899 年 7 月 3 日，大法官理查德·图希尔（Richard Tuhill）正式主持伊利诺伊州少年法庭，开创了青少年司法实践的新纪元。站在法官面前的 11 岁男孩亨利·坎贝尔（Henry Campbell）受到父母的指控。他们觉得需要政府帮助管教孩子。坎贝尔夫妇请求法庭不要将亨利送到福利院，而是送到纽约州罗马镇的祖母家里。图希尔批准了，于是把男孩送到东部。此案从一开始就展现出的灵活性已经被载入《少年法庭法案》的条文中。法庭能给出庭少年提供个性化的处置办法。开庭首日，图希尔大法官就青少年犯罪问题发表了意见，宣称由他主持的司法裁决力图成为最终裁决。

　　少年法庭委员会在近西区设立了少年拘留所。《少年法庭法案》的主要支持者露西·弗劳尔（Lucy Flower）组建的少年法庭委员会是芝加哥妇女会馆的一个分支机构。少年法庭委员会初期为法庭筹集的经费主要源自私人捐赠。1904 年、1905 年和 1907 年，改革运动触及原来的法规和少年法庭的管辖范围。很多保守派对少年法庭表示担忧，认为它开启了国家机器插手市民个人生活的先例。天主教徒认为掌控少年法庭的主要是新教改革者，同时担心少年拘留所的员工会诱使孩子改变宗教信仰[24]。

努力建设少年法庭的进步人士坚信科学的作用，坚信国家有做善事的能力，也信任学术专家的水平。1908 年，身为芝加哥建城功勋家族一员的埃塞尔·斯特吉斯·达默（Ethel Sturgis Dummer）在她的家中召集会议，表示要代表芝加哥儿童继续抗争。此次会议促成了青少年精神疾病研究所的成立，其目标是消灭诱发青少年犯罪的根源。在朱莉娅·莱斯罗普（Julia Lathrop）的领导下，研究所召集社会活动家、科学家和达默这样的慈善家协力解决各种社会问题。进步人士坚信国家能够纠正社会的错误。一方面，进步主义运动根植于社会福音运动①，否定了社会达尔文主义的宿命论，取而代之的是基督教的兄弟情谊；另一方面在于市政管家理念，宣扬身为母亲的女性最清楚如何收拾城市乱局。这些进步人士觉得自己有义务改良社会现状。在创建自由福利国家的进程中，成立少年法庭可以视为其中的关键一环。

在改革者眼中，个人权利从属于社会权利。为保障所有人的利益，专家应该掌握社会话语权。露西·弗劳尔认为，在极端情况下，国家有权断绝亲子关系。以少年法庭为中心，一系列改革性法规和措施相继出台，包括建设失足男孩收容所和县级拘留所，监狱及救济院的州级调查，儿童收容所和孤儿院现状调查，等等。

①　社会福音运动，19 世纪末到 20 世纪初美国基督教开明派的宗教社会改良运动，主张改善劳工处境。

为了支持少年法庭，州立法机构接连通过了多项改革措施[25]。

　　围绕少年法庭本身和芝加哥最终设立少年法庭的结果一直存在争议，这也映射出另一场司法斗争：芝加哥市级法院的改革。工业革命和城市化改变了基本的社会关系，而社会制度常常滞后于新的现实。在世纪之交，芝加哥原有的司法体系以治安法庭为主，其职能作用已经大为降低。人们可以用合适的价钱买到满意的裁判结果，于是工人阶级把治安法庭称为"司法商店"。这种陈旧体制可以追溯到中世纪的英国法律制度，更符合农耕时代的社会需求。19世纪后半叶，这52家社区法院几乎成为混乱和腐败的象征。无论是婚姻纠纷还是刑事案件，经由州长任命的法官都要收费。那些法官最初被视为当地社区的利益代表。他们不必接受法律培训，只需年满25岁就可上任。法官在自己的办公室或者别的场所开庭，基本选在芝加哥租金低廉的地区。这些"显赫市民"很了解他们的邻居，应该可以处理一些轻微案件。事实证明，这种体制在一个100多万居民的大城市里是不可靠的。除了治安法庭，市长从52位法官中选出18人出任警务司法官。虽然享有工资待遇，可是这些司法官的收费习惯依旧不改。这种陈腐的司法模式制度在现代城市中很快瓦解。法官无法准确掌握社区居民的实情，往往不能代表和尊重移民社区的成员，语言沟通也成问题。于是，贪腐问题大行其道。警务司法官经常充当执政党派的爪牙、维持政策的工具。进步主义改革者认为，这种司法机构向五花八门的贪腐手段和政治干预敞开了罪恶之门。

　　联邦和州一级的立法者暗中将原来治安法官把持的很多事务移交给了行政机构。复杂的城市社会需要各类监管体系。至1900

20 世纪初，芝加哥市政厅是许多进步主义改革者的批评对象。

年，司法改革成为普遍的共识。改革者呼吁法院要实行"企业管
理手段"。这些进步人士把新建城市法院系统同其他进步改革举
措，特别是城市宪章运动联系在一起[26]。

芝加哥宪章改革运动的主要目标是巩固执政基础。宪法中的
限制性条款阻碍了芝加哥自治能力的发挥，其原因要追溯到 1870
年通过的州宪法，还有经常与政府势不两立的州议会。南部乡村
的新教徒把持着大部分议会席位。1902 年，公民联合会率领改革
者发起了一场捍卫新的城市宪章的运动。两易其稿之后，74 位男
性市民领袖向州议会提交了一份芝加哥人批准的授权修正案。
1906—1907 年，伊利诺伊州召开制宪大会，草拟了新的城市宪
章，大幅削减城市治理机构的数量，同时扩大市级财政和税收权

限，并赋予城市很大的地方自治权。宪章经过州议会大幅修改后交还给芝加哥。上层社会的许多组织，尤其是共和党，主张市议会批准宪章；其他团体则认为该文件不讲民主，包括地方自治联合协会在内的组织极力反对此法案，原因是芝加哥仍然没有摆脱州级法律的束缚，星期日禁酒令就是一例。民主党人的反对理由是：宪章对芝加哥选区设置的调整办法让上层选民受益，因而损害了民主党在社区和市政选举的竞争机会。因为宪章没有体现妇女的选举权，主张扩大参政权的人士也表示反对。1907 年 9 月，城市宪章运动宣告失败[27]。

　　然而，市级法院的改革仍在继续。治安法庭制度在一定程度上正是城市治理根基不稳固的一个缩影。改革派成功废除了治安法庭制度，新的芝加哥市法院于 1906 年 12 月 3 日开门办公。就像少年法庭一样，它很快成为举国上下的典范。

穷人的绿色空间和宏大的规划

　　1898 年，芝加哥大学的查尔斯·朱布林（Charles Zueblin）教授在《美国社会学杂志》（*American Journal of Sociology*）发表的文章中概述了芝加哥的社会问题，并认为兴建运动场是一个可行的解决方法。朱布林指出，自从弗里德里克·劳·奥姆斯特德在 1869 年开始建设南部公园系统以来，芝加哥的林荫大道和公园虽已发展成体系，但已不能适应这座工业城市的现状。这些设施基本上与贫穷的劳动阶层无缘，所以，朱布林呼吁在产业工人

集中的社区建设由若干小型公园和运动场组成的绿色空间。教授
认为，六七十万芝加哥人居住在城市公园系统未能覆盖的地区，
他们所在的社区也位于美国最拥挤的城区[28]。社区文教机构的活
动场所和公立学校的一些运动场能部分满足滨河社区的需求，但
从总体上看，这些地区在公共服务设施方面仍显不足。

19 世纪 80 年代华盛顿公园里的巨型花卉雕塑一景。彼时，芝
加哥市内的大公园营造的环境更符合中上阶层对公共空间的需求。

　　美观和实用的问题很快就出现了。展望小公园的建设前景时，
简·亚当斯的决心最为坚定。她的解决方案是既要保证运动场的
功能，同时也注重市民呼吸空间的建设。这位赫尔馆的主人认为
自然环境能提升个人的境界，公园营造的绿色环境能使贫民窟的

居民有机会享受自然界的美景，同时也提供了静坐思考的好地方。亚当斯深知这些拥挤的工人社区需要运动空间，她也想为穷人的孩子创造这类场所。此外，她希望公园能变成社区活动中心，能以社区生活为聚焦点，人们可以在此讨论问题、交流思想。按照她的解释，"最理想的设计是在运动场的边缘预留出一个地方，比如1/4英里宽的空间，用于植树种草，安装供老年人休息的长椅。伦敦的运动场也同样在边缘留出了几条休闲带"[29]。

　　无论观察家对新公园的性质有何不同看法，他们在选址上却达成共识：公园要建在芝加哥最拥挤的工人社区。改革者努力为小公园争取立法保障，在此类社区建设公园的法案于1901年获批通过。这些改革性公园是一场综合社会运动的组成部分，目的是

1869年，景观设计师奥姆斯特德和卡尔弗特·沃克斯（Calvert Vanx）把华盛顿公园设计成一个远离芝加哥喧嚣的世外桃源。与此相反，工人阶级需要运动场地和能野餐的树林。请注意照片中划船的中产夫妇与岸上羊群的反差。19世纪80年代的公园利用羊群修剪草地。

解决工业移民城市的各种问题。在公园里建设供社区居民使用的
场地功能房是亚当斯提出的方案的一个重点[30]。

　　1904 年，南部公园管理委员会建成一栋功能房和 10 英亩的
公园——戴维斯广场公园，位置靠近联合牲畜交易市场。2 月的
《芝加哥论坛报》刊登文章，从艺术家的视角介绍了这座公园和运
动场，设计者采用的大部分新潮概念都符合亚当斯的提议。建筑
师打造出大面积的活动区，周围绿地环绕，方便成人坐下休息，
同时观看中心区的活动。公园的大型功能房配备了游泳池。戴维
斯广场公园为改革运动提供了一个好榜样。它摈弃了其他大型社
区公园常见的奢华的景观美化设施，也没有建景观湖，而福利设
施方面却达到了改革者的要求。最引人注目的功能房使戴维斯广
场公园成为可供社区全年使用的活动中心，里面有几间健身房、
淋浴间、会议室，一间图书室，还有一间餐厅。芝加哥的功能房
理念为全国各地的公园建设树立了样板[31]。

　　公园的管理工作展现了改革措施的标志性内容。公园的管理
人员严格规范各类活动。建设娱乐和卫生设施是为了培养新型的
产业居民、依规行事的芝加哥新人。正如报纸上宣扬的一样，贫
民窟里走出的将是"干净健康的男男女女"。进步人士认为这些公
园能够改善工业区的现状[32]。因为公园给各种活动提供了空间，
所以公园很快成为社区的中心。1914 年，西部公园管理委员会的
普拉斯基公园正式开放，地点位于近西北区人口稠密的波兰移民
社区。该区域原来容纳着 90 栋地面建筑，建成公园后，波兰人的
圣斯坦尼斯劳斯·科斯特卡天主教堂及其附属学校前门的大片空
间就此敞开了[33]。普拉斯基公园和相邻的埃克哈特公园在人口稠

图中展示的是1907年前后的谢尔曼公园功能房。此类建筑发展
成重要的社区活动中心，服务对象涵盖了几代芝加哥居民，是老少
皆宜的去处。进步人士将这座公园建在联合牲畜交易市场的南面。

密的移民社区发挥了村镇广场的多种功能。事实证明，公园就是
十分活跃的村镇广场。长期以来，芝加哥的少数族群一直把更大
更老的公园视为展示民族自豪感的地方。不过，新建的小公园还
是很实用的公共场所，人们可以在自己的社区里聚会、举行庆祝
或抗议活动。正如改革者希望的那样，这些公园成了公众的休闲
娱乐场所，也给同化不同族群的尝试创造了空间。比如，适合移
民社区年轻人的美式戏剧、舞蹈和电影等艺术形式便能发挥上述
功能。融合这些少数族群自然是公园设计者和社会改良者的目标。

　　除了兴建小型公园系统，芝加哥教育局又开始建设校园运动
场。1901年夏，第一块公共运动场在莫斯利学校投入使用。其他
三个学校操场也相继在芝加哥的人口密集区开放。不到几年，46

块校园运动场在全市开放。1917 年，州议会批准了芝加哥教育局的请求，将学校操场纳入教育局的资产经营范围。截至 1936 年，教育局负责维护 60 块学校附属的小型运动场。

照片中为圣玛丽护理学校的首届毕业班学员，摄于 1903 年。虽然极度贫困，但很多少数族群社区都创建了一套社会保障网络，帮助社区居民度过每个人生阶段。波兰裔社区集中资源，在芝加哥北区开办了拿撒勒圣玛丽医院。富有讽刺意味的是，首批毕业生中没有一个人有波兰血统。

现在，公园和运动场在芝加哥的社区中相当普遍，是都市生活的必要特征，可是在 19 世纪和 20 世纪初的芝加哥却很少见。

时至今日，这些遗产能证明进步主义改革不凡的影响力。它们的规划和创造整合了很多人的才智，包括社工、建筑师、学者和政治家在内，无一不在努力解决混乱时代的城市问题。

因为有了 1893 年世博会和小公园建设的经验，丹尼尔·伯纳姆开始构思城市规划课题。他和爱德华·贝内特（Edward Bennet）的灵感来自乔治·尤金·豪斯曼（Georges Eugene Haussman）对巴黎的改造。他们赞同豪斯曼的方法，并希望在芝加哥照搬法国首都的规划。两位芝加哥人也像巴黎的改造者和多数进步人士一样，相信专家是真正的社会引领者。伯纳姆与贝内特的"1909 年规划"预测芝加哥会保持一如既往的发展速度。芝加哥的规模将在 50 年内赶超全部现有的大城市。因此，芝加哥必须做好未来发展的规划。近一个世纪以来，这份规划塑造了芝加哥的城市形象，所以伯纳姆的说法很贴切，"不必做那些小打小闹的规划，它们没有让人血脉偾张的魔力"。伯纳姆和贝内特的规划凸显了以秩序和美观为主题的城市美化运动，也与 1893 年世博会关系紧密。正如一些人所言，那届博览会开启了"大规模公共场地和建筑群的有序规划时代"。考虑到 1894 年大罢工的恶果，伯纳姆可能不愿承认以乔治·普尔曼的示范城镇为代表的乌托邦式规划对他的影响，可是普尔曼的实验和豪斯曼的巴黎计划都对伯纳姆产生了切实的影响[34]。

芝加哥商界精英赞助了伯纳姆规划。他们认为，规划能驯服这座城市，进而刺激商业发展。然而，城市美化运动没有统一的领导，而商业势力与城市公共空间规划之间的勾连使人不安。在实现公共空间、公园及广场的整洁性和艺术性的同时，应该如何

处理城市规划与商业化的关系？是否允许商业机构在公共场所开
张营业？在不减损公共美观度的前提下，是否有办法整合商业企
业？所有这些问题都纳入了芝加哥规划。

　　湖滨地区是芝加哥规划中最有价值的一部分。伯纳姆和贝内
特计划要改善芝加哥的滨水区域，并将其交还给公众。事实证明，
这是规划中最重要的，其影响更是长远的。芝加哥新建了几处湖
滨浴场和公园。规划直接受益于蒙哥马利·沃德（Montgomery
Ward）发起的一场运动。沃德的目标是让湖滨公园"永远保持自
由和干净"。1890 年，沃德与其朋友律师乔治·梅里克（George
Merrick）发动社会各界共同抵制在湖滨地区开发工业或商业项
目。沃德的公司坐落在密歇根大道与麦迪逊大街的西北角，对面
就是莱克公园。为了保护公园，尤其是为了使其免受伊利诺伊中
央铁路染指，这位商人向市政府提起法律诉讼。经过多轮诉讼之
后，市议会决定将莱克公园移交给南部公园管理委员会，州议会
则进一步将芝加哥港口外围、兰道夫街和 12 号街之间所有的滨湖
地块移交给该委员会管理。双方争夺湖滨土地控制权的诉讼仍未
停息，十年间，公园管理者一直在与开发商抗争，不放弃对公园
用地的控制权。法院在多起案件中做出了有利于公园管理者的裁
决。诉讼了结后，委员会开始着手在南区一带扩大并巩固湖滨公
园的建设。1901 年，他们将莱克公园改名为格兰特公园，其占地
面积达到 201.88 英亩。委员会认为，通过湖滨改造，可以将南区
的杰克逊公园与北区的林肯公园连成一体，而格兰特公园便成为
芝加哥的"前院大花园"和改造项目的核心。

　　伯纳姆和贝内特有机会在先前的一些规划上更进一步。可是

两位规划者将城市美化和商业开发捆绑在一起，导致他们与很多改革者发生争执，也与沃德出现分歧。沃德不希望在格兰特公园范围内新增任何建筑，尤其排斥近期提出的菲尔德博物馆和克里勒图书馆项目。奥姆斯特德兄弟公司提议，这两座建筑可以和芝加哥艺术学院连成片，打造出一个文化中心。1906 年去世的马歇尔·菲尔德捐出 800 万美元新建一座博物馆。尽管芝加哥报界和市民领袖近乎一致地支持菲尔德的计划，可是沃德却立即唱起反调。1909 年，伊利诺伊州最高法院又一次维护了沃德的立场。中央铁路公司提出一个方案，可以将 12 号街以南的一大片土地用于

照片中的爱尔兰移民约翰（John）和乔安娜·艾尔沃德（Johanna Ayl-ward）在芝加哥结婚，定居在加工厂后院。约翰在一家铁路公司找到工作。他们最后在皮奥里亚街附近的西50街安家。

菲尔德博物馆的建设。如此安排，新博物馆就算不用建在格兰特公园内，也能俯瞰芝加哥的"前院大花园"。

为保住湖滨公园的一片净土，沃德坚持抗争。而伯纳姆和贝内特二人得到了商界的支持，继续推进芝加哥规划。按照他们的

设计，所有文化机构都集中在格兰特公园一带，形成一个与周围
几个小公园连成一片的文化中心。那些小公园正是伯纳姆与奥姆
斯特德兄弟公司合作的产物。如果城区内外和四周建成更宽阔的
绿化带，芝加哥将迈入美国城市的前列。伯纳姆和贝内特试图在
湖滨修建一条外围快速干道以改善驾车体验，认为格兰特公园的
新建项目不会破坏它的自然美。新规划兼顾了各个阶层的利益，
通过商界精英和市政当局的合作，新建项目将构成理想城市的一
部分[35]。

　　当然，规划涉及的远远不止湖滨地带。规划者提议，把不同
公司的所有火车站合并到卢普区西部，建设一个联合车站；而在
卢普区南部、12 号街以北没有铁路线的地方另建一处综合车站。
货运列车将全部绕开市中心，腾退的场站可以成为卢普区将来扩
展的空间。伯纳姆和贝内特看到了重振西区的机会。他们提出在
蓝岛大道和国会大道交会处新建大型的行政中心大厦，建筑风格
类似于世博会的行政管理大楼。这个"芝加哥之环"将包括新的
市政厅，以前那些在政府部门上班或办事的人就不必进入市中心
的商业区，这样能极大地缓解卢普区的拥堵。伯纳姆和贝内特还
在郊区规划了森林保护区，以便居民享受城市外围的绿化带[36]。

　　按照伯纳姆和贝内特的展望，芝加哥将成为"中西部的大都
市"。他们认为，芝加哥没有任何理由继续随意发展了。芝加哥的
定位是知识、经济和文化中心，其辐射范围将远远大于奥匈帝国、
德国或者法国。芝加哥要建设一座美丽、有序、符合发展逻辑的
城市。而增长失控带来显而易见的问题。沿街排列的"低成本住
宅"和"丑陋的公寓"恰好证明开发商贪婪成性，留下的是一片

片的贫民窟。失控的城市发展与失控的工业主义一样，可能带来巨额利润，却损害了整个社会。伯纳姆和贝内特以英国为例，阐述了通过制定城市规划原则来治理无序增长的方法。他们建议芝加哥可以效仿英国的区域规划模式，至少要考虑到下一个十年当中发展用地的可能需求。城市应该提供公共和半公共性的建筑，比如图书馆、公园和运动场。二人指出，"在郊区营造宜居的生活条件，主要不是成本多少的问题，而是如何精心协同的问题"。整个郊区应该由一个公路系统连接起来，既能满足货运的需求，又能营造愉快的驾驶体验[37]。

穷人的住房问题

伯纳姆和贝内特的规划是宏大的尝试，目的是给芝加哥和郊区制定未来的发展路径，保证美丽有序的城市形象。这一规划遭到一些人的批评，包括劳工领袖约翰·菲兹帕特里克（John Fitzpatrick）、社会工作者简·亚当斯和玛丽·麦克道尔等，这些人要为工人阶级移民寻求更多的公平正义。穷人都生活在肮脏的环境中，他们因此质疑美化城市的必要性。该规划当然没有解决住房问题。麦克道尔提出警告，住房一直是加工厂后院地区邻里间的核心问题。菲兹帕特里克反对商业俱乐部和市政府之间新型的政商关系，认为芝加哥规划使人回想起精英主导的城市治理模式。亚当斯虽然支持总体规划的思路，但反对把所有市政及文化机构都设在市中心[38]。

不过，支持"1909 年规划"的人数超过了批评者人数。为了实施伯纳姆和贝内特的构想，市长弗雷德·巴斯下令成立芝加哥规划委员会。由 328 名成员组成的新机构负责协助规划的推进，并为规划执行情况提供建议。知名酿酒商查尔斯·瓦克尔（Charles Wacker）担任委员会主席。负责规划宣传的沃尔特·穆迪（Walter Moody）编写了一本概述规划的八年级课本，芝加哥的公立学校为此下发了这本《瓦克尔手册》（*Wacker Manual*）。学生们能了解城市规划的益处，并向其父母做宣传工作——规划者也希望发行债券支持规划的政策能得到学生家长的投票支持。有人到全城众多的组织团体当中举办专门的推广讲座，甚至廉价点播影院里也在密集播放关于规划的影片。事实证明，在政客们打着进步的名义利用和滥用规划的同时，"1909 年规划"也正是芝加哥未来若干年就业和经济增长的源泉。

伯纳姆一心放在城市规划上，认为住房应是私人开发商该解决的问题。在"1909 年规划"正式公布的四年后，芝加哥城市俱乐部赞助了一场城区住宅项目的规划设计比赛，以便从中选出一些好方案，处置市中心 8 英里之外的一片未开发土地。城市虽然在不断发展扩大，但在卢普区的西南、东南、西部和西北地区还有大片土地有待开发，而且从未建过住宅项目。拥有这些地块的开发商们曾推进过不同的郊区住宅项目，但在 19 世纪 90 年代的经济衰退中，他们开发城郊土地的兴趣也相应大减，而且再也没有恢复元气。对这些地块的关注度现在开始提升了。与大多数参赛者一样，威廉·伯恩哈德（Wilhelm Bernhard）放弃了传统的网格模式设计，而是偏爱英国花园城市运动提倡的弯曲道路和空间布局，或者伯纳姆规划中标志性的对角线式街路布局，因此赢得了设计比赛的第一名。另一位参赛者休·菲兹默（Hugh Fizmer）没有采用威廉的思路，而是坚持了芝加哥的网格状设计。尽管因缺乏想象力受到批评，但菲兹默的规划在很大程度上代表了当时的现状。开发商在芝加哥的空地上建房时，主流倾向就是采用南北齐整的方格布局。进步主义运动时期，有别于传统布局的平房住宅区开始扩展到芝加哥主城外沿，并发展到郊区[39]。

　　住房依然是芝加哥的一个大问题。穷人的生活条件很差。1901年，罗伯特·亨特（Robert Hunter）为城市住房协会所做的一项研究发现，建筑质量差、过度拥挤的问题在全城普遍存在。10年后，赫尔馆的索福尼斯巴·布雷肯里奇（Sophonisba Breck-enridge）和伊迪丝·阿博特（Edith Abbott）再次调查了芝加哥贫民区的住房状况，范围包括亨特研究过的西区。她们发现那里的拥挤情况越来越严重，而意大利移民和犹太社区更是如此。人口最稠密的六个区块都在芝加哥西区。每英亩400人的居住密度并不罕见。此外，工商企业已经跨过运河街，进入西区的意大利社区和犹太社区，在原来的居民区占据了大片土地。霍尔斯特德街与芝加哥河之间的整片地区似乎在纵容这种侵占行为。实际上，土地所有者在第一次世界大战前都希望将地产尽快脱手给企业，所以不会修缮那些住宅。那些老旧房屋仍然亟待修缮，条件恶劣，包括过度拥挤、管道故障和虫害肆虐等在内的问题在西区十分突出。多数情况下，一旦环境得到改善或工厂建成，业主只是卖掉地块上原有的木结构房屋，而买家再把它们搬迁到新址。由于西区部分地块的容积率提高到以前的三倍，搬迁后的贫民住房变得更加拥挤不堪。比如，犹太社区里没有小巷，所以相邻的房屋往往彼此紧贴着，整个街区的房屋几乎连成了一排。

布雷肯里奇和阿博特细致调查了西区的一个犹太街区。这个 2.8 英亩的街区住着 1 033 名居民，即每英亩的人口密度为 369 人，自 1901 年起增加了 116 人。皮尔森地区的另一个捷克社区容纳了 1 239 人。研究人员指出，这些数字可能并不完全可靠，因为有传言称，调查者想要清除移民社区一带的外来寄宿人员，而且许多居民不会报告家里的房客数量。因此，所有社区的反馈数据很可能低估了问题的严重性，尤其是波兰人集中的西北区，人口密度更高。

虽然统计数据不够准确，调查人员还是发现过度拥挤的情况大量存在。人们睡在只能放下一张床的小隔间里。全家人挤在一张床上睡觉，而把别的房间出租给寄宿的人。建筑类型也证实了过度拥挤的现实状况。西区的犹太社区是芝加哥最早的居民区之一，破旧的两层木结构房屋早已超出了使用年限。靠北的波兰社区和南边的捷克社区有更多的砖房，房龄较新，建得也更高些；可即使在这里，难以达到 1902 年公共住宅法定标准的老旧房屋仍然占大多数。亨特的研究与后来布雷肯里奇和阿博特的研究前后跨越了十多年时间，上述移民社区的居住条件再次发生恶化。

消除室内厕所算得上是十年间的一项设施改进。那种厕所其实就是在房屋下面的地上挖一个洞口而已。1901 年之后，这种简易厕所几乎从西区消失了，不过取而代之的是庭院厕所或户外厕所，而室内冲水厕所却没有出现。加工厂后院和其他城郊工业区的厕所依然是个问题。无论是户外还是室内，卫生设施一直很落后，多个家庭时常共用一间厕所。波兰社区里曾有过 30 人共用一个户外厕所的情况。

　　一间间阴暗的居所遍布工人社区。房东和住户经常漠视公寓中法定的个人生活空间标准。考虑到芝加哥西区又窄又长的地域特征由来已久，而且居民都很贫穷，布雷肯里奇和阿博特承认，相关法律的执行难度很大。当地居民要支付高昂房租，犹太社区更是如此：这里的环境虽然破旧，但与捷克和波兰社区相比，犹太人的房租负担可能更重。研究者声称，迫使房租上涨的主要原因是排外的宗族思想，犹太人都想和同族的其他人住在一起。不过，他们也承认这可能是种族偏见导致的结果。他们又指出，租客或寄宿者过多也常常会抬高房租。

　　住房始终是芝加哥在整个进步时代所要面对的一个大问题。随着高效下水道系统的建成，芝加哥有了铺砖街路和水泥人行道，消灭了简易厕所和后来的户外旱厕，虽然带来了希望的曙光，但是移民社区依然人满为患，也时常受到疾病的困扰。1918 年的流感疫情就沉重打击了这些社区。在城市边缘好像能找到解决上述问题的办法，那里的空地吸引着芝加哥人。芝加哥的工人阶级和广大移民渴望的经济适用房始终是一个梦想，至少在第一次世界大战结束前是遥不可及的[40]。

汤普森和进步主义的终结

　　人们可以说卡特·哈里森二世是进步主义者，但是没有人会

这样评价绰号为"大比尔"①的威廉·黑尔·汤普森（William
Hale Thompson）——这位来自南方的共和党人于 1915 年首次当
选芝加哥市长。比尔 1867 年生于波士顿的一个显赫家族，其母亲
正是芝加哥初创者的女儿。1868 年，他随家人迁居芝加哥。他的
父亲——老威廉·黑尔·汤普森，经营房地产生意，后来成为伊
利诺伊州议会中的共和党议员，在任期间因通过首部禁止虐待动
物的法规并协助建立州国民军而出了名。

　　小汤普森出身显赫，可以说是芝加哥共和党精英的后代。因
为在西区生活过，所以他有机会接触 12 号街聚居的爱尔兰移民和
其他族群。后来，警方盯上了惹是生非的小汤普森，家人便试图
送他去寄宿学校。但他找到一份工作，积攒下了去美国西部谋生
的经费。15 岁时，小汤普森签约成为绰号"兜帽"的赶车人，负
责运送牛仔装备、木材和饮水，也在营地帮厨。他决定在西部过
牧场主那样的生活。1888 年，他的父亲在内布拉斯加州买下一个
牧场，并让儿子去经管。在前往牧场的路上，小汤普森差一点在
一场妓院的斗殴中丧生，原因是对方认错了人。他最终到达并经
营起自己的牧场。父亲在三年后去世，24 岁的"大比尔"返回芝
加哥并定居下来。

　　由于父亲留下的地产和生意，"大比尔"先有了良好的经济基
础，接着开始踏入运动赛场。芝加哥人最先认识的"大比尔"是

---

　　①　之所以用"大比尔"相称，不是因为汤普森的体型，而是因为他后来与芝加
哥黑帮的幕后关系，这是带有江湖气的称呼。他于 1915—1923 年和 1927—1931 年担
任芝加哥市长。由于他与黑帮头子阿尔·卡彭（Al Capone）的联盟，所以他被称为美
国历史上最不道德的市长。

棒球明星、一流的水球运动员、手球冠军，还赢得过几个游泳和跳水奖杯。他是芝加哥体育协会橄榄球队的队长。1894年，汤普森率领球队战胜了普林斯顿和达特茅斯两队，虽然激战后不敌哈佛校队和耶鲁校队，但他已经成了名人。当年感恩节之前，他的球队荣登西部体育俱乐部的冠军宝座。感恩节当天，他们要与波士顿体育俱乐部争夺全国冠军，但在赛前爆出丑闻：俱乐部的一名会员一直向六名球员提供免费餐食，这是业余体育联盟严令禁止的行为。汤普森决定将涉事球员除名。《芝加哥论坛报》宣布汤普森和俱乐部已经表明了"净化"橄榄球赛场的态度。尽管如此，汤普森还是率领残阵获得冠军，他立刻成为芝加哥的英雄。全城的孩子们都蜂拥到俱乐部，去观看训练。到1897年，汤普森已是举国闻名的运动员了。1900年，他决定从政，竞选芝加哥南区第2选区的市议员。该选区紧邻莱维区，也是议员肯纳和库格林经营的"堕落帝国"[41]。

第2选区在1900年经历了很多变化。莱维区的妓女和其他常客南迁到第2选区，以往的时尚住宅区饱受其扰。芝加哥的许多精英仍然居住在普莱利大街一带，这部分人希望有人能把自己从急速显现的城市衰败和道德混乱中解救出来。人数不断增长的非裔美国人也生活在这里。新的议员候选人支持市政所有权和公务员制度改革。汤普森以400票的优势击败了民主党现任议员。

第1选区的两位民主党领袖——库格林和肯纳——通过把持底层选民的投票，帮助共和党的汤普森胜选。这正是芝加哥政坛特有的怪异传统，党派归属其实无关紧要。因为现任议员查尔斯·冈瑟（Charles Gunther）反对库格林和肯纳在第2选区经营有伤风化的产业，所以他们便惩罚了这位民主党同僚。此后不久，二人说服汤普森同意了一项重划选区的方案，把红灯区和这位政坛新人的家都划入第 1 选区，从而终结了汤普森的市议员生涯。离任之前，汤普森投票支持在第 2 选区建设运动场的项目，人口不断壮大的非裔美国人将从中受益。他和芝加哥黑人的这种关系将有助于他以后的政治生涯。

"金发老板"威廉·洛里默（William Lorimer）是芝加哥最大的共和党组织的负责人。1902 年，洛里默成为汤普森的政治导师，指导他开展"帐篷式"的亲民演讲，以此争取社会支持。洛里默是皈依天主教的移民，在国会中代表高度产业化的芝加哥西区势力，善于和人结盟，不断向日益增多的西区犹太人伸出援助之手。洛里默等共和党大佬鼓励汤普森竞选市长。然而，比起政治，汤普森更喜欢他的新运动——帆船。1912 年，洛里默终于说服汤普森参加库克县审查委员会的竞选。虽然竞选失败，可是汤普森的那些政论演说让他更受共和党的青睐。1912 年，美国参议院以贪腐罪名解除了洛里默的参议员资格，瑞典裔政治家弗雷德·伦丁（Fred Lundin）接管了芝加哥共和党组织的残余势力。新老板推荐汤普森参选 1915 年的市长职位，这次他同意了。

汤普森的票箱主要依靠非裔选民填充，他以 2 500 票的优势赢得党内初选，对手是哈里·奥尔森（Harry Olson）法官。为了响应西奥多·罗斯福的总统选战口号，汤普森承诺要"一视同仁"地对待党内各个派系。而在民主党的市长初选过程中，派系和族群立场导致内部分歧，最后县级书记官出身的罗伯特·斯韦策（Robert Sweitzer）脱颖而出。团结一心的共和党人坚决支持曾经的牛仔和橄榄球明星。汤普森了解芝加哥人的心思，而当他不止一次地表达了支持罗斯福的立场后，那些在 1912 年支持过总统的选区都转向了汤普森。斯韦策以 147 000 票的劣势落选。"天生的"民主党人还没有学会从汤普森的角度看待自身问题，而他们的市长候选人也将继续无视少数族群选民的作用，但这种情况将很快发生改变[42]。

汤普森证明了自己的能力。在执政的头两年，他重视中产阶级改革。1915 年 7 月 24 日，"伊斯特兰"号轮船倾覆在密歇根湖，导致 811 人丧生。新市长赶回家乡，随即开展救援行动，显示出政治家的一颗爱心。他也为劳工问题操心。1915 年 6 月，他成功调解了交通业的一场罢工，其主要原因是中产阶级离不开那些通往卢普区的轨道线。然而，汤普森却不是劳工的朋友，他经常对工会采取严厉措施。他拒绝会见服装业的工人领袖，也抨击过芝加哥教师联合会。在另一项针对工人阶级和移民社区的行动中，汤普森强行在 10 月的第一个星期日关闭了 7 000 多家酒馆。中产阶级新教徒由此将他捧为大英雄。

种族问题很快出现在汤普森的第一届任期内。1915 年 9 月，因为越来越多的黑人在城里就业，导致他们与意大利移民发生冲突。为了回报黑人群体的选票支持，市长增设了一些市政工作岗位。汤普森在圆形大剧场向 1.5 万名黑人发表讲话，向欢迎人群解释就业政策。汤普森的反对派开始把市政厅称为"汤姆叔叔的小屋"①[43]。

---

①　源于美国作家比彻·斯托（Beecher Stowe）的反奴隶制小说《汤姆叔叔的小屋》。此处指反对派讽刺汤普森为了获得黑人选票有意照顾黑人利益。

很快有人以贪腐罪名指控汤普森及其盟友。警察局长查尔斯·希利（Charles Healey）被控赌博。南区的黑人政治家奥斯卡·德·普里斯特（Oscar De Priest）也受到控告。民主党人借机攻击汤普森，说他在保护赌博和色情业。西奥多·萨克斯（Theodore Sachs）的自杀更是搅浑了芝加哥政坛。此人为市立结核病疗养院的前负责人，死前给"芝加哥人民"留下一份批评汤普森的遗言。已经辞职的萨克斯说他不能接受疗养院变成"政客的游乐场"。他态度坚决地表示，他离开的原因是不相信医院里的那一套"政治管理把戏"。萨克斯服毒自杀时，在遗书中表达了对疗养院和患者的关爱之情。他这样写道："医院应该保持原样，不受贪腐或政治的污染，那是人民的遗产。"汤普森没有理会那份遗书，并重申最初任命萨克斯为院长是他当市长后做的最差的决定。他断言自己将是政坛老油条和进步主义改革者双方的眼中钉。

和20世纪的其他市长一样，汤普森也自诩为建设者。他认为伯纳姆和贝内特的芝加哥"1909年规划"能给他及其支持者增添政治筹码，便全然接受规划。在1915年的选战中，汤普森赞扬了该规划和查尔斯·瓦克尔的贡献，并提出自己建设芝加哥的附加计划，呼吁修建地铁项目。对于汤普森而言，城市规划意味着主导建设的权力。工人得到了就业机会，商人拿到了心仪的公共工程。规划也意味着共和党能用优惠性岗位回报选民[44]。

热衷搞建设的市长能在很多方面得到选民的谅解。城市会变漂亮，商业将蓬勃发展，汤普森可以调控建筑市场和优惠政策，这能为他拉到继续执政的选票。他主持市政码头的启动仪式，在场的5万人见证了"1909年规划"首批成果的落地。即使是第一次世界大战也没能阻止伯纳姆规划的推进，12 号街项目得到成功执行，计划中的密歇根大道跨河大桥项目将打开北区的发展瓶颈，也能让卢普区有机会向北发展。1919 年，汤普森依据规划，着手将湖滨地区打造成休闲娱乐中心[45]。

　　"大比尔"是一位政坛高手。他非常清楚并努力完善个人形象，也非常了解这座城市和这里的市民。虽然出身优越，但他也熟悉西区和南面莱维区街巷里的纷乱动荡。汤普森了解选民的心态，只要对执政地位有利，也会经常利用他们的偏见——尤其是对天主教徒和外来移民的偏见。有人常说汤普森善于蛊惑人心，但他为 20 世纪的芝加哥市长搭好了施展的舞台。他是争取并赢得黑人选民支持的第一人。虽然优惠性政策实施得很笨拙（比如在学校、警察和消防部门照顾了很多人，而在市立结核病疗养院一事上尤为明显），可是汤普森试图在全市范围内建立一套机制，以抗衡原来的选区大佬。即使是进步人士，也赞同汤普森发挥了大政府的理念。可是，汤普森与其治下的城市一样，在很多方面都有矛盾性。种族骚乱、罢工潮和黑袜队的丑闻都发生在他的前两届任期内。在他任期内，白袜队和小熊队先后拿下三项全美锦标赛冠军和一次世界冠军，其实力都达到巅峰。随着一战爆发和 20 世纪 20 年代的开启，芝加哥和汤普森继续保持着高傲姿态，都将在新时代留下各自的烙印。

第六章

移民之都与一战

PHOTOGRAPH.

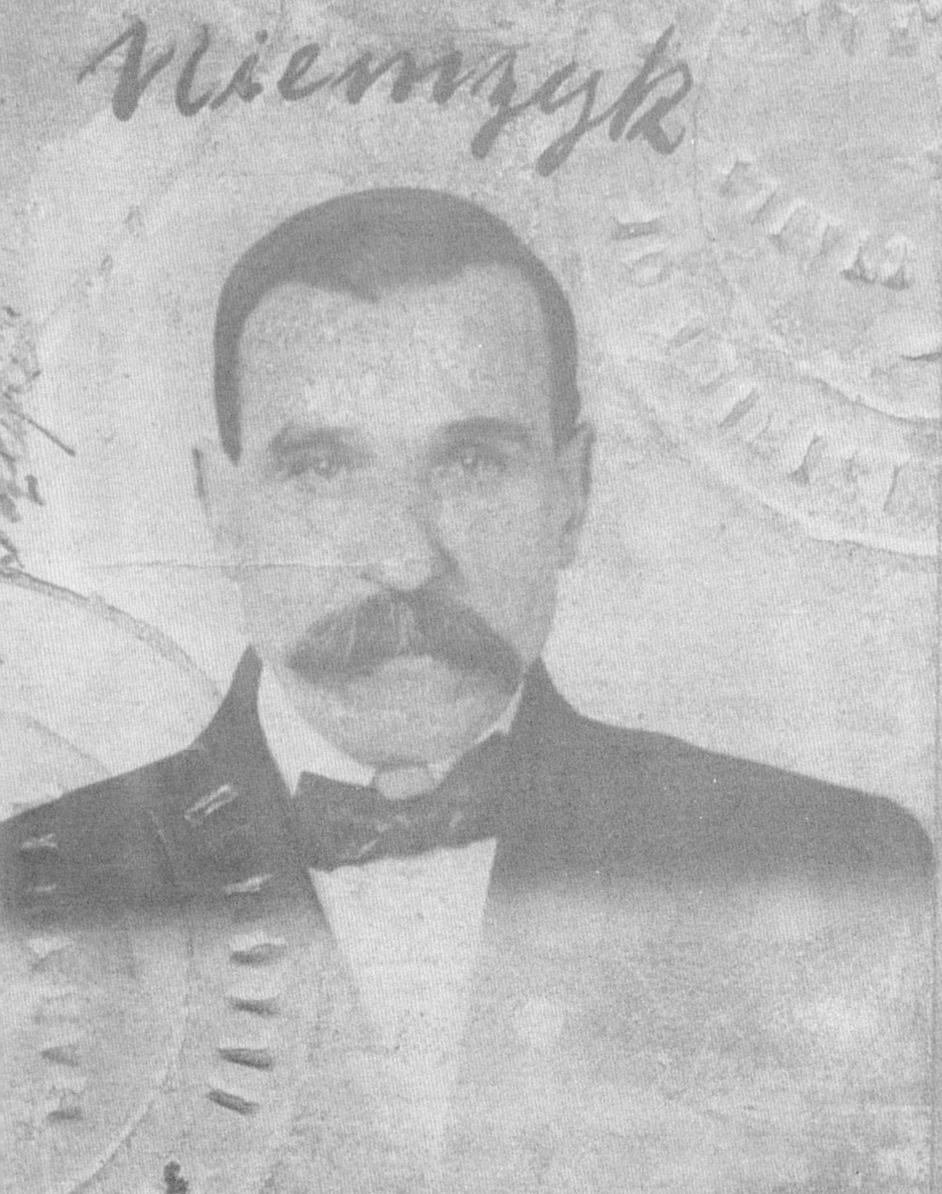

7—1071

　　长期以来，芝加哥始终是一波又一波移民潮的终点，也是很多反移民、反天主教和反犹太行为的主要发源地。移民主要来自欧洲、中东和亚洲，尽管不会一直受到欢迎，但他们还是在密歇根湖西南岸安家落户。到19世纪初，移民已经融进城市发展的大背景，创建了适合生存的社区。1910年，80％的芝加哥人口由国外出生的移民及其子女构成。甚至在第一次世界大战前，也没有任何迹象表明移民涌入的大时代会在以后十年内结束，外来移民也免不了要在低端就业市场与本土出生的美国人展开竞争，但这些趋势在进步主义时代就已经开始了。新世纪给欧洲和美国两地都带来巨变，而芝加哥这个资本主义世界的经济中心也处在巨变的前沿。

移民城市

　　很多美国人惧怕外来移民，而波兰裔无政府主义者利昂·乔尔戈什刺杀麦金利总统一案更加剧了他们的担忧。1905 年 7 月 4 日，在联合牲畜交易市场社区公园里，南部公园管理委员会特意竖立了一座纪念遇刺总统的塑像，公园也已更名为麦金利公园。查尔斯·穆里根（Charles Mulligan）将一座不受欢迎的哥伦布铜像熔化重铸，并在塑像上铭刻了麦金利的事迹：他在当国会议员时支持保护性关税。大约有 5 000 人出席了落成仪式。麦金利在波兰裔工人眼中与其说是总统，不如说是保护美国工人的国会议员。联合牲畜交易市场的艰苦罢工失败才不到一年，享用公园的那些工人不会体察不到纪念活动中的讽刺意味[1]。

　　另一起事件也表明芝加哥经受了沉重的种族和政治压力。1908 年 3 月 1 日，年轻的俄裔犹太移民拉扎勒斯·阿弗布奇（Lazarus Averbuch）试图给芝加哥警察局长乔治·希皮（George Shippy）送一件包裹。对于当晚的经过，目击者给出的说法相互矛盾，可是警察局长显然认为阿弗布奇打算送炸弹，还要在他家的走廊将自己击毙。七发子弹击穿了年轻人的身体。东欧的无政府主义者已经令当时的芝加哥极度焦虑，警方于是逮捕了 300 多名嫌犯，其中包括艾玛·戈德曼①（Emma Goldman），试图证明

---

　　① 　艾玛·戈德曼：美国无政府主义者、女权主义者。

无政府主义者在芝加哥策划了阴谋。北芝加哥犹太教会的拉比艾布拉姆·希施贝格（Abram Hirschberg）立即谴责误入歧途的阿弗布奇，认为这个年轻人已经背叛了自己的宗教信条，同时向芝加哥人表态：犹太教会坚决反对无政府主义，"不会同情艾玛·戈德曼及其追随者的主张"。事实上，不幸的阿弗布奇没有任何政治背景，年轻的生命才刚刚开始，却只为送包裹而无端被害。此案在美国新闻界引发广泛讨论，进而催生了一场反对无政府主义的运动，其实质却是反犹浪潮的兴起。简·亚当斯后来也参与其中。犹太社区筹集资金来支持案件调查，并在犹太人墓地安葬了阿弗布奇[2]。

进入新世纪后，芝加哥仍然是冲突甚至革命活动的中心。20世纪第一个十年，随着移民及其子女和孙辈后代在芝加哥安家落户，移民人口数量达到一个高峰。西北区的密尔沃基大道遍布波兰移民建造的教堂和教区学校，瑞典移民则集中定居在北面的安德森维尔社区。1917年，东欧犹太人组建了自己的盟约俱乐部，以此来回应德裔犹太人禁止他们参加著名的标准俱乐部的举动。10所民族传统各异的天主教教堂瓜分了加工厂后院社区。皮尔森地区依然是捷克移民最集中的地方。南芝加哥混居着不同族群的钢铁工人。各地的移民既与别人共享同一社区，又各自建起本族的组织机构，包括礼拜堂、教区、教会学校、酒吧、会议厅和兄弟会等。尽管如此，他们经常要共用一个社区的物理空间，比如街道、公园、人行道，甚至与其他族群同住一栋房屋。社会隔离给人一种排他感，也掩盖了现实问题：不同族群必须设法在拥挤的移民生活区里分割有限的城市空间[3]。

尽管芝加哥的德裔和爱尔兰裔移民比例仍然很大，但是来自南欧和东欧的新移民却改造了这座城市。1911 年，哈里森二世进入最后一届任期的时候，芝加哥容纳了数量庞大的东、南欧新移民。这些移民群体要不断面临迎接和整合新来者的局面。工会组织者、教士、牧师、拉比和政客所面对的社区似乎在人口上更迭不止。某一族群在外人看来是难以分割的整体，但原有的乡土观念和宗教信仰差异却又常常瓦解其内部关系。意大利移民通常认为自己首先应该是卡拉布里亚人、西西里人或托斯卡纳人，然后才算是意大利人。然而，他们要在美国面对艰难困苦，此时便都是意大利人了。宗教信仰和意识形态的差异把德国人与捷克人分隔开了。原籍国家和出生地以及宗教习俗使犹太人也有了分别。本土主义思想甚至对民族主义的不同定义也造成波兰移民的分化。社会割裂与职场中的族群标签使劳工的组织化进程变得缓慢而艰难。

以移民为主的芝加哥城常把外人搞糊涂。纵横的街路分割出不同的族群飞地，除了白天的特定时刻，穿越其间可能伴随危险。不同族群背景的街头帮派在隐形的边界上虎视眈眈。虽然某些帮派能联合起来，或许也能实现本土化，但其他帮派则保持着严格的民族身份界限，族群认同感由此得到了强化。这种情况一直持续到 20 世纪。教区神父有时要求信众用自己的民族语言进行忏悔、参加圣礼仪式，从而强化了分界。除了那些自称为讲英语的爱尔兰天主教学校，各教区学校都要使用学生家长的本族语言进行半天的教学活动。这种安排遍布全城，也涉及教区的工人社区[4]。

除了族群特色鲜明的教区学校，移民也创建了其他各类机构，

照片中的是 1917 年时圣斯坦尼斯劳斯·科斯特卡教区学校的
三年级男学生。黑板上的课程内容用波兰文和英文书写。

旨在帮助社区强化族群边界，并有利于提高自身在新工业城市的
生存能力。杂货店、熟食店和小酒馆之类的小企业除了经济功能
外，也能满足上述需求。事实证明，营造这种半公共性质的场所
对芝加哥尤为重要，特别是风格各异的酒馆在移民社区发挥了关
键作用[5]。有时候，这些组织机构能发展成大企业，既雇用同族
的员工，同时也能造就出一批经理人和企业家，壮大中产阶层。
1903 年 9 月 3 日，一群捷克酒馆老板成立合作企业皮尔森酿酒公
司，以此来抗衡密尔沃基的施利茨酿酒公司在当地的垄断经营。
他们推选店主约翰·塞万卡（John Cervenka）担任公司总裁，注
册资本为 10 万美元。截至 1910 年，皮尔森酿酒公司拥有 164 位

股东，每位都是酒吧老板。公司的现代化酿酒厂坐落在南朗代尔
社区，这里一般被称为“捷克人的奥尔巴尼”。塞万卡和迅速崛起
的捷克裔民主党政治家安东·瑟马克关系密切，后者通过反禁酒
组织——地方自治联合协会——与爱德华·邓恩展开过较量。
1907 年 8 月，酿酒厂的股东们决定斥资 2.5 万美元，在杂乱的厂
区旁边建设一处休闲公园兼啤酒花园——皮尔森公园。公园于第
二年春天开放，很快发展成重要的聚会场所。与德裔集中的北区
俾斯麦公园相比，皮尔森公园提供的是合法的半公共空间，捷克
移民从此有了一个能在自己社区聚会和组织活动的场所。此地交

位于 26 号街与奥尔巴尼街一角的皮尔森公园紧邻皮尔森酿酒
公司，这里是芝加哥捷克裔移民聚居的地方，也是第一次世界大
战期间他们声援祖国独立运动的集会地。

通便利，有轨电车经过 26 号街，公园附近有多家捷克会馆、教堂和学校，公园也是发布言论的地方。1913 年 7 月，1 200 多人聆听了主题为"巴尔干战争及其对斯拉夫民族的潜在意义"的演讲。第二年，第一次世界大战爆发，皮尔森公园举行了一场大型集会。此时的塞万卡已经走上了从政道路，成为本地很有影响的政治家，并与瑟马克议员站在一个阵营当中。1914 年 7 月，由于战争阴云笼罩了中欧地区，捷克社区的注意力开始从地方政治转向国际舞台。

第一次世界大战

1914 年夏，欧洲爆发战争后，多数本土出生的美国人都秉持着孤立主义的立场，而芝加哥的少数族裔居民却站在风口浪尖，毫不掩饰其对协约国或同盟国的支持。哈布斯堡家族统治的奥匈帝国与巴尔干半岛的塞尔维亚王国爆发战争的当晚，反奥地利的捷克人决定在塞万卡的皮尔森公园集会示威。两国间的局部战争如野火燎原般在欧洲蔓延，造成数百万人死于战火，世界历史的进程也随之改变。人们预料到奥匈帝国要向塞尔维亚宣战，于是1914 年 7 月 26 日，一群捷克裔精英聚在一家捷克小餐馆里商议对策。因为这些捷克民族主义者的思想很激进，所以他们都被欧洲大学驱逐或者开除了教职，在美国则享有言论自由，可以公开攻击哈布斯堡王朝，同时捍卫自由的波希米亚和毗邻的斯拉夫国家塞尔维亚。他们希望复兴捷克，摆脱奥地利或德国的统治。第二天，这些民族领袖号召人们到皮尔森公园集会。7 月 28 日晚，就在奥匈帝国军队开进塞尔维亚的同时，集会如期举行，并大获成功，使得芝加哥的各个斯拉夫社区都出来抗议哈布斯堡。当晚，包括捷克移民、塞尔维亚移民、克罗地亚移民在内的约 4 万人在公园现身。

示威人群聚集的时候，亭子椽头上挂着的两个金属大盾牌引起了大家的注意。人们立刻认出上面的图案正是哈布斯堡家族的徽章。尽管塞万卡否认那些是奥匈帝国的象征，可是捷克人长期以来一直是帝国的臣民，塞万卡本人也一直因为他父亲在奥匈帝国骑兵部队的服役经历而感到自豪，所以人们不可能认错。人群试图扯下盾牌，但未能成功。后来，捷克民族主义体操团体索科尔的一帮人搭起人梯，才把那些让人别扭的标志撕了下来。人群站成两排，秩序井然地踩踏盾牌，以发泄情绪。组织者最终恢复了集会秩序，接着通过了一项支持塞尔维亚的决议，并呼吁断绝波希米亚与哈布斯堡家族的关系。

芝加哥的捷克移民要求民族独立，鼓励身处波希米亚的同胞拒绝在奥匈军队中服役。第二天，奥匈帝国驻芝加哥领事宣布，帝国臣民应做好应征入伍的准备，然后离开芝加哥，回到祖国去军队效力。捷克领袖在英文报纸上公开嘲笑这些要求。历史悠久的芝加哥捷克语日报《和谐报》（*Svornost*）的发行人格林格尔（V. A. Gerringer）号召民众反抗维也纳。在远离欧洲战场的芝加哥，南朗代尔社区首先发出了支持捷克斯洛伐克独立的呼声。

芝加哥的少数族裔社群纷纷对战争表达了自己的观点。俄裔

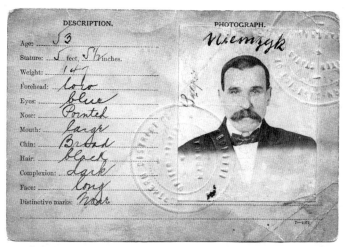

弗兰克·尼姆契克（Frank Niemszyk）在一战前从波兰来到芝
加哥，定居在加工厂后院一带，就职于斯威夫特公司，先在北屋牛
奶仓库工作，后来驾驶牲畜转运车。为了在德国人控制的货运部门
找到工作，他把名字改为莱曼（Leyman），并以德国移民的身份通
过了审核。

钢铁工人开始自发进行军事训练。同样住在皮尔森的克罗地亚移
民也是哈布斯堡王朝的臣民，1914 年 8 月 1 日，他们在议会大厅
附近举行群众示威集会。德裔和奥地利裔居民随后则在特纳大厦
举行爱国集会。芝加哥西区的爱尔兰移民则在埃米特大厅集会，
宣称要组建军队到爱尔兰与英国人开战。社会主义者也做出回应，
1914 年 8 月 3 日，他们在皮尔森公园召集了有万名工人参加的大
型集会，抗议奥地利的出兵行动。1915 年 11 月 15 日之后，捷克
斯洛伐克在巴黎正式提出独立要求，皮尔森公园很快就成为支持
独立运动的筹资集会场所。捷克社群联合其他斯拉夫族裔一起组

织筹款性的交易会[6]。

　　芝加哥的德裔社群也对战争做出快速反应。1914 年 8 月 14 日，德文版的芝加哥《晚邮报》（Abend post）不仅对俄国对德宣战一事发表意见，还评论了芝加哥发生的一些事件："斯拉夫人的胜利意味着教育、宪政、自由主义和思想自由的灭亡。斯拉夫人的胜利等于近四个世纪的欧洲文明的毁灭。"该报所指的当然是四百年的德意志文明，但却忽视了与斯拉夫人并肩作战的法国和英国文明。芝加哥街头似乎有可能出现旧世界的那种暴力冲突。

　　1914 年，芝加哥的人口大约有 250 万，其中只有 752 111 人在美国出生，或者其父母生在美国本土。人口最多的是德裔美国人，第一代和第二代移民数量为 399 977 人。如果把第三代算在内，该群体规模可能会更大。奥地利裔的芝加哥人有 58 843 人，爱尔兰裔为 140 560 人，他们构成了本地人口中的很大一部分。这些人在芝加哥的势力和影响是相当大的。此外，犹太人在 166 134 名俄裔市民中占绝大多数，他们大多公开反对沙皇专制政权，原因是沙俄准许甚至鼓励针对犹太人的迫害，迫使犹太人逃到美国。德裔犹太人马上通过集会声援德国。斯堪的纳维亚人在战争初期公开支持德国、奥匈帝国和奥斯曼帝国组成的同盟国集团。由于东欧的交战国占领了部分波兰领土，导致 20 多万波兰裔芝加哥人的立场出现暂时分化，但很快他们都加入反同盟国的阵营。这一阵营包括捷克移民、塞尔维亚移民和其他斯拉夫族裔，数量达到 102 000 人。

　　汤普森市长认为，这场战争有利于他的政治前途。虽然很多族群处于分裂状态，可是德裔和爱尔兰裔的规模最大，其政治势力也最大，所以汤普森很快就表明了反战立场。1915 年 8 月，一群共和党人邀请市长参加在奥罗拉举办的野餐会。因为在"卢西塔尼亚"号沉没①后美国没有参战，在场的一些人为此抨击威尔逊总统，市长却不赞同他们的说法。他先赞扬了威尔逊，又说："参战时机还没有成熟。我们不应该放一枪一弹。"他直言不在乎哪一方称霸欧洲，同时提醒大家牢记"上帝不可杀戮"的诫命，又表示美国应该同各交战国做生意，除了武器装备以外，任何东西都可以卖给它们。

共和党领袖弗雷德·伦丁认为汤普森有机会在 1916 年胜过主战的民主党人，从而入主白宫，便鼓励他大胆发言，并开始在《共和党周报》（*Republican*）上发表文章支持汤普森的观点。实际上，汤普森只是抛出了美国老套的孤立主义立场，这是中产阶级新教徒所赞同的主张。善于把握听众心理的汤普森市长也认为，这是争取德裔和爱尔兰裔选民的一种手段，因为他们都反对英国和协约国。随着战事的发展，汤普森的立场变得更富争议性[7]。

芝加哥北区有最大、最密集的德裔社区。战火燃起后，那里的德裔居民举行了大规模的集会，人们成群结队地讨论着战况。德裔美国人用德意志国旗装点他们的家园。德文版的《伊利诺伊时代报》（*Illinois Staats-Zeitung*）呼吁集会募资，抚恤倒下的德国英雄。不久后，德裔后备军便走上了附近的街道。到 8 月 3 日，约 700 名后备军挤满了德国驻芝加哥领事馆办公室，自愿要求为

①　指 1915 年"卢西塔尼亚"号英国远洋游轮被德国潜艇击沉的事件。

祖国作战。8 月 5 日，大量德国人在芝加哥会堂剧院集会，募集
了可观的战争救济款，同时也批评了英文报纸的立场，并宣誓支
持德、奥两国。5 000 名示威者走上街头，在芝加哥主要报社前示
威，高唱德国军歌《守卫莱茵河》(*The Watch on the Rhine*)。没
有一个芝加哥族群能对祖国表现出如此强烈的民族热情。酿酒商
查尔斯·瓦克尔和肉类包装商奥斯卡·迈耶 (Oscar Meyer) 等商
界精英也协助德国红十字会筹款。与此同时，德裔团体痛斥那些
曾经臣服德、奥的斯拉夫国家。战争先在奥匈帝国与塞尔维亚间
爆发，可是日耳曼俱乐部却坚称那是条顿人和斯拉夫人之间的战
争，并认为德意志的邻居人都是欧洲天然的"农奴"。爱尔兰民族
主义者从战争中看到了爱尔兰脱离大英帝国的机会。8 月 2 日，
在埃米特大厅集会的爱尔兰人准备招募 1 000 人，组建两个团和
一支医疗队，一旦都柏林打来"求助电话"，他们就将回去同英国
交战。8 月中旬，芝加哥的德国人与爱尔兰人举行联合野餐会，
一起聆听民族主义者发布针对英国人的高谈阔论。

　　生活在芝加哥的斯拉夫人也进行反击，于 7 月 28 日在皮尔森
公园集会。捷克人是芝加哥城历史最悠久的斯拉夫族群，也在很
多经济领域处于领先地位。他们扛起斯拉夫民族的大旗，提醒德
国人不要忘记布拉格拥有大学的历史要远远早于德国，并警告德
裔邻居：芝加哥的斯拉夫人已经受够了屈辱。在南芝加哥和加里
地区，塞尔维亚人和德国人爆发直接冲突。在波兰人把持的西北
区，数千波兰人聚集在密尔沃基大道与韦斯特镇分隔线一带集会，
一起听取塞尔维亚方面的事态。8 月中旬，波兰民族委员会建议
波兰的青年男子不要响应俄国的入伍号召，并表示波兰人希望所

有交战国都染上天花病毒。因为俄、德、奥在 18 世纪瓜分过波兰
国土，波兰全国联盟的主席卡西米尔·齐克林斯基（Casimir Zy-
chlinski）把这三国称为"贪婪的秃鹰"，该联盟认为战争是新波兰
崛起的好机会。

　　族群矛盾甚至扩散到芝加哥的学校操场和芝加哥交响乐团这
样的主流文化机构当中。1914 年 9 月 2 日，芝加哥的教育总监艾
拉·弗拉格（Ella Flagg）下令制止交战国民族的孩子在学校操场
上发生打斗行为。音乐家们开始为一战争论不休，致使交响乐团
受到冲击。为了保持中立，乐团指挥特意为 8 月中旬的拉维尼亚
音乐会安排了几首民族主义曲目。乐团成员多数为德国移民，他
们的法国、比利时和俄国同伴们对演奏《守卫莱茵河》颇感不快。
演奏法国的《马赛曲》时，德裔音乐家又心怀不满，导致拉维尼
亚的音乐会几乎变成了艺术家之间的一场混战。他们最后同意，
在战争期间不再演奏任何爱国题材的曲目。

　　虽然美国人极其反感，但美国的德文报纸还在为德国的战争
行为辩护，包括德国对比利时的入侵。德裔犹太人也支持德国的
对外战争。1914 年 12 月 10 日，一位拉比说："我们的希望寄托在
那些战壕里的德国和奥匈帝国士兵身上……假如他们打胜了，人
类最优秀的那部分人也就赢了，身在美国的德国人与你们同在。"
拉比是在美国参战前说的这番话，后来这些话给他带来了苦恼，
人们认为他背叛了美国的战争事业，剥夺了他的拉比职位。

　　德裔居民似乎对更广泛的民意无动于衷。每当德裔社区的影
剧院放映反映德国侵略行径的新闻片时，观众都会鼓掌喝彩。有
着德裔血统的国会议员公开反对协约国，并警告美国不应该向德

国发动战争。当"卢西塔尼亚"号被击沉、128 名美国人因此丧命时，芝加哥的《晚邮报》也表示，美国人现在应该明白一点：说到做到的德国人是认真的。1916 年 2 月，美国的日耳曼族裔群体在芝加哥召开会议，通过一项决议，谴责总统威尔逊的伪善面目[8]。

直至美国宣战的 1917 年 4 月 4 日之前，德裔团体的领袖们一直在发出警告：如果美国加入协约国，国内将爆发一场民族战争。宣战前夜，芝加哥的德国移民派出由 25 人组成的代表团，前往华盛顿特区传达反对意见。众多德裔国会议员投票反对参战，其中有六票便出自芝加哥代表。芝加哥议员弗雷德·布里滕（Fred Britten）建议将德裔排除在征兵名单之外。虽然布里腾自称是德国后裔，但他其实是爱尔兰后裔。

相比于德文媒体或不同族群领袖的鼓噪叫嚣，更令人害怕的是美国 4 月 2 日派兵参战前后可能出现的破坏活动。1915 年，一位生于德国的前哈佛教授试图在纽约杀死百万富翁 J.P. 摩根（J. P. Morgan），以阻止他向协约国借款。战前战后揭露的多起阴谋活动似乎都与德裔社区有关联。齐默曼电报公司曾与德国结盟，主张将美国夺取了近 80 年的领土归还给墨西哥，但此举无助于改变德裔美国人的处境[9]。

投毒、歇斯底里、政治斗争和族群冲突

1916 年 2 月发生的事件震惊了芝加哥人，也重新勾起了人们

对国际无政府主义阴谋的种种恐慌。当年的梵蒂冈教廷任命乔治·威廉·芒德莱恩（George William Mundelein）为芝加哥第三任大主教。芒德莱恩是天主教会的德裔领袖，为了给信徒和他人留下一个大胆果敢的印象，他精心安排了前往芝加哥的行程。2月3日，63位芝加哥名流赶到纽约迎接，然后陪同大主教回到芝加哥，庆祝活动同时也开始。六天后，芒德莱恩的就职仪式举行。接下来的几天内召开了三次招待会[10]。2月10日，近300位芝加哥名流齐聚密歇根大道上的大学俱乐部，祝贺他们的新任大主教就职。这群市政要员、教会人士和社会精英将度过一个难忘的夜晚。

服务员上过汤后20分钟左右，一位宾客因不适起身离席。在座的每个人此时都已脸色苍白。市图书馆管理员亨利·莱格勒（Henry Legler）起身走向门口，迈出几步后就失去了知觉。那些银行行长，以及全国知名的政界、教会人士开始痛苦地逃散，一些人跑到后巷去呕吐。走廊里到处都能听到呻吟声。约翰·墨菲（John Murphy）博士在现场建立了所谓的"紧急救护医院"。媒体猜测是食物中毒。神奇的是，多数客人后来摆脱了不适返回桌边继续享用别的菜品，但是没有再喝那道汤。大主教用开玩笑的口吻说："虽然我们看到一百多位大人物今晚步履蹒跚、中途退席，但教会和伊利诺伊州仍然保持着平静。这可是个好兆头啊。"实际上，有人在汤里加了砷。第二天，警察开始搜捕让·克罗纳斯（Jean Crones）——俱乐部经理指认此人是做汤的厨师[11]。

虽然有近百人中毒生病，但幸运的是没有宾客死亡。教会原计划宴请200人，但在最后一刻将客人名单增加到近300人。大学俱乐部的员工只是把前一天备好的汤稀释一下便呈送上去，因此，稀释过的汤中的砷含量不足以致命。警方很快逮捕了克罗纳斯的好友约翰·阿莱格里尼（John Allegrini），随后的调查和审讯揭示出克罗纳斯一直抱有激进思想。

　　警方搜查了克罗纳斯的房间，在他的房间里发现了一个临时实验室和大量无政府主义的资料。证据表明，克罗纳斯是斯克兰顿函授学校的一名化学专业学员，警方还发现了一些试管和煤气蒸馏盘。约翰·迪尔·罗波斯顿（John Dill Roberston）博士误称房间里存储了大量火药棉，足以炸毁整栋大楼。他的言论让人想起了"秣市惨案"。

　　星期三做好汤之后，克罗纳斯就不见了踪影。从德国来到美国之后，他在很多地方当过厨师。自9月以来，他一直在大学俱乐部工作。在芒德莱恩看来，投毒事件没什么意义，"这种人是教会和政府的公敌，也是每个家庭的敌人"。大主教说他并不担心芝加哥的反天主教势力[12]。

　　400人全城搜捕克罗纳斯。与此同时，150名芝加哥侦探、骑警和警察守护着大会堂剧院，以防星期日举行的世俗集会出现意外。警方一直拘押着意大利无政府主义者阿莱格里尼，导致坊间传言不断。新闻界详细报道了克罗纳斯在宴会前几天的活动。阿莱格里尼告诉警方，他和克罗纳斯去听过艾玛·戈德曼在美术大厦的演讲，但他从来不相信克罗纳斯会杀人。2月15日，《芝加哥论坛报》刊出惊人标题："巨型炸弹阴谋曝光"。芝加哥警方则声称破获了一起阴谋炸毁重要公共建筑的大案：除了芝加哥的地标，袭击的目标还有其他城市的地标，比如纽约著名的圣帕特里克大教堂。警方进一步断言，这场国际阴谋的策源地是罗马的一群无政府主义者。克罗纳斯曾威胁要杀掉威尔逊总统和许多天主教要人。此外，警方试图将以往30多起教堂神秘火灾也推到克罗纳斯身上，可是他刚来芝加哥不久，这种推断很是牵强。

人们报告说克罗纳斯在芝加哥、纽约和波士顿出现过。纽约市警方开始收到一系列自称是克罗纳斯写的嘲讽信件，其中解释了他的下毒方法和他在警察局附近散步的习惯。与此同时，芝加哥警方又调查了两位"秣市惨案"参与者的遗孀——露西·帕森斯（Lucy Parsons）和南·斯皮斯（Nan Spies），也没放过城里其他的无政府主义者，以此来确定克罗纳斯是否牵涉"秣市惨案"。艾玛·戈德曼给出这样的结论："真是可笑，那个人根本不是无政府主义者，就是个疯

诸如拿撒勒圣家庭下属的波兰修女会之类的天主教团体服务于芝加哥全城的天主教移民社区。

子。"3月17日，法官以证据不足为由释放了阿莱格里尼，这位意大利移民显然对投毒案一无所知。当年5月出现了克罗纳斯藏身匹兹堡的目击报告，据说他伪装成了天主教修女。虽然这些传闻给芝加哥新闻界提供了很好的素材，但克罗纳斯还是销声匿迹了。因为投毒事件，爱尔兰联谊会在一年一度的圣帕特里克节庆

宴会上专门指派了一位品菜员。1916 年 3 月 17 日的下午 5 时至 6
时，因为前总统塔夫脱（Taft）、大主教芒德莱恩等大人物会出席
拉萨尔酒店的活动，为确保安全，一位品菜员竟然品尝了厨房做
好的全部十道菜[13]。

　　虽然芒德莱恩可以对克罗纳斯事件一笑了之，但别的事件却
很快引起了他的注意力。反移民和反天主教的不良势头时常在芝
加哥和全国显现。美国保护协会和所谓的自由卫士等团体都在积
极反对天主教徒和外来移民。3 月初，一场反天主教演说激怒了
天主教信众，触发了持续三天的骚乱[14]。

　　1916 年 3 月 1 日晚上，林荫道会馆里挤了 600 多人，自由卫
士召开了一场支持言论自由的会议，包括芝加哥教育局成员查尔
斯·扬（Charles Yong）在内的很多要员出席了会议。曾发表反
天主教演说的约瑟夫·斯莱特里（Joseph Slattery）站起来发言时
遇到了麻烦：近 20 名年轻人试图不交钱就进入会场，但被拒之门
外；200 名左右到会者此刻变得喧闹起来，使得发言无法继续。
查尔斯·扬宣称是有人故意捣乱。一名警察起身制止了所有人的
发言。人群中响起"打倒英国保护协会"的喊声时，有目击者称
警方也在嘲笑斯莱特里。

　　会议中断后爆发激烈冲突，人群袭击了几位护送女性出门的
先生，包括试图陪妻子登上有轨电车的查尔斯·扬。一群暴徒拉
断电车的缆线，殴打车上的乘客。扬躲到一条僻静的小街上，可
是有人戴着铜指环追打他。当地居民站在街边门廊下为暴徒加油
鼓劲。斯莱特里夫妇坐上一辆马车，在警察的护送下回到卢普区
的谢尔曼酒店。与此同时，暴徒切断会场附近的电话线，以免招

来更多警察。有人拉响了消防警报，两队消防员闻讯赶到现场；之后，一些警员也到场增援。年纪大一些的参会者躲进一家药店避难，最后在警方的护送下才得以脱身。警方当晚仅仅逮捕了一名闹事者。后经证实，是反对斯莱特里的言论的天主教徒制造的事端[15]。

第二天晚上，斯莱特里夫妇打算在奥克兰音乐厅发表讲话，再次触发了暴力冲突。演讲地点就在圣天使天主教堂附近。爱尔兰人在 1880 年建立该教区时，这里的居民大多是新教徒，天主教徒只能秘密通过第三方才能购买地产。1916 年，辅理主教亚历山大·麦加维克（Alexander McGavick）成为教区神父[16]。由于紧张事态加剧，警方决定阻止当晚的会议。个别人试图强行进入音乐厅，但被警察挡了出去。自由卫士的威廉·毕格罗（William Bigelow）前往街对面的德雷克塞尔馆，想把它租下来作为会场，但是没有成功。人群再次殴打电车上的乘客。

星期五下午，玛丽·斯莱特里（Mary Slattery）希望以"修道院生活"为题向一群妇女发表演讲，地点再次选在恩格尔伍德地区的一处会堂。成群结队的天主教女信徒在周围蠢蠢欲动，会堂的所有者听说了暴乱的传言，取消了演讲活动。恩格尔伍德近期刚经历过种族和宗教环境的巨变，民众的怒火正旺，很多人对过往的种种委屈始终不能释怀。全国新教妇女协会的前主席 C. H. 哈米（C. H. Hummy）呼吁要维护言论自由，而 G. W. 德·格拉斯（G. W. De Grasse）则给予回击，"如果以言论自由为名攻击信仰自由，我们也有权参加集会，更有权制止这样的言论"。库克县的妇女党通过决议，谴责警方查禁前一晚的会议，并表示要悬赏 100 美元捉拿袭击查尔斯·扬的凶手。一位神父认为，本地教区不能接受在恩格尔伍德破例举行的反天主教演讲，而芒德莱恩拒绝为此惩戒他[17]。

因为第一次世界大战放大了芝加哥的种族摩擦和宗教矛盾，城市街头生活陷入混乱，战争及其引发的社会变革又制造了更多的冲突。此外，芝加哥警察——其中多是虔诚的爱尔兰天主教徒——在骚乱中的表现更预示着矛盾的激化。对芝加哥来说，种族和宗教矛盾都不是新问题了。第一次世界大战凸显了一个新动向：特定族群会受到区别对待，其爱国精神也会被质疑。

德裔社区玩了一场既傲慢又危险的游戏。随着美国参战，支持同盟国的他们很快就会付出代价，德裔文化也受到毁灭性的打击。他们成了各方的攻击目标。以捷克裔和波兰裔为主的斯拉夫人是攻击芝加哥德国文化的急先锋。在宣战之前，这两个族群便发动了大规模的反德宣传攻势。波兰作曲家、爱国领袖伊格纳茨·简·帕德瑞夫斯基（Ignace Jan Paderewski）努力在台前幕后为波兰独立事业争取美国的支持。1917 年 1 月 22 日，美国参战前夕，总统伍德罗·威尔逊在著名演讲《没有胜利的和平》（*Peace Without Victory*）中呼吁波兰应该独立，以此确保波兰裔美国人能忠于美国和协约国。

随着芝加哥进入 1917 年的战争状态，美国保护联盟调查了德裔社区，还有人用红色粉笔污损了林肯公园里的歌德塑像。芝加哥人突然对德国间谍活动产生近乎歇斯底里的反应。然而，市长汤普森并没有改变他的战争立场。尽管汤普森刚萌生的总统梦破灭了，共和党领袖伦丁仍然相信反战立场是汤普森赢得全国认可的砝码。汤普森参加了密歇根大道上的战备游行，主张把商船"武装起来"就足以抵御德国潜艇的攻击。1917 年 4 月 15 日，汤普森直言不讳地表达了反战思想，公开谴责国民对战争的过度反应，并宣称他不相信美国人会赞成向欧洲派兵。有人询问汤普森，是否邀请马恩河战役的法国英雄霞飞（Joffre）元帅在访美期间来到芝加哥，市长先生没有直接回答，而是批评起联邦的征兵令。他先公开赞扬了芝加哥的多元文化，又把拳头狠砸在桌子上，然后愤然解释道，如果要代表全体芝加哥市民向法国英雄发出这种邀请的话，那市长未免过于滥权了。

反对汤普森的呼声异常高涨。芝加哥报界立即展开口诛笔伐，要求美国地方检察官办公室调查这位市长。在德克斯特公园展示馆的一次集会上，人群高唱我们要"把老汤普森绞死在酸苹果树上"，西奥多·罗斯福竟然也批评了曾经效仿过自己的汤普森。芝加哥市议会最后还是向法国代表团发出了邀请。为了不错过搞公关的机会，汤普森在 5 月 7 日主持仪式，欢迎法国客人到访芝加哥。然而，代表团离开几小时后，《共和党周报》（*Re Publican*）却发表了一篇抨击战争的社评。汤普森表示："要打仗的是联邦政府。"

当年 9 月，和平组织美国人民民主与和平事业委员会向汤普森申请到芝加哥开会，而中西部的其他城市已经拒绝了该组织的要求。汤普森答应他们可以在芝加哥集会，可是州长洛登（Lowden）却表示，他一定会派兵阻止集会。市长转而又保证会动用警察对抗州国民军。开完大会的和平团体在矛盾激化之前便匆匆离开了芝加哥。为此，议员们后来通过了一项严禁任何此类集会活动的决议。汤普森随后否决了该决议。数千暴民在湖滨悬挂汤普森的肖像，同时高喊："绞死大比尔！绞死暴君比尔！"尽管如此，汤普森在全国的声望越来越高，他和伦丁都从中看到了可以再次挺进到联邦政坛的机会。1918 年 9 月，汤普森参加了共和党内的初选，竞争参议员资格，但是完败给《芝加哥论坛报》力挺的梅迪尔·麦考密克（Medill McCormick）。一战后，"大比尔"在 1919 年的市长竞选中再次胜出[18]。

芝加哥的波兰裔和捷克裔移民向德裔发起全方位的讨伐。比如，他们反对芝加哥的公立学校使用提及德国和奥匈帝国皇帝的识字课本。自 1915 年以来，斯拉夫语媒体就一直在鼓动此事。而媒体在 1917 年发起舆论战之时，数千名斯拉夫裔学生积极响应，从课本中撕掉了赞颂德皇威廉一世的书页，说那是对他们的冒犯。波兰裔与捷克裔领袖们随后开始鼓动人们抵制俾斯麦学校（这是建在波兰社区的一所公立学校，以德国首相的名字命名）。1918 年 3 月，该校学生发起更名请愿，学校董事会只好同意。应波兰人和其他芝加哥人的要求，市议会同意更改一些街路名称，比如柏林街、汉堡街、科布伦茨街、吕贝克街和莱茵河街等都被改掉了。

1918 年显然是反德浪潮的高峰之年。芝加哥曾经是全美日耳曼特色最浓厚的城市之一，现在，很多团体都在攻击德国文化。1918 年 5 月，日耳曼俱乐部更名为林肯俱乐部，俾斯麦酒店成了兰道夫酒店，凯泽霍夫酒店变为大西洋酒店。林肯公园里的歌德塑像在 1914 年落成后不到六星期，战争便爆发了，在被毁的威胁下不得不拆掉。席勒的雕像涂上了一层黄漆。商贩们卖的不再是法兰克福香肠，而是"热狗"。德式泡菜变成了"自由卷心菜"。一些个人甚至改了名字，否认自己的民族传统。1918 年 4 月，美国势力最大的族群互助组织之——全国德裔美国人联盟正式解散，其芝加哥分会也随之撤销。

芝加哥的斯拉夫人基本达到了他们的斗争目标。中欧出现了独立国家波兰和捷克斯洛伐克，塞尔维亚成为南斯拉夫王国①。即使没有完全被接受，芝加哥波兰人的地位还是得到了提升。第一个战死的芝加哥人是 17 岁的彼得·沃伊塔莱维奇（Peter Wojtalewicz），来自圣亚达尔伯特教区。来自密尔沃基和芝加哥的两名波兰裔士兵抓住了德军俘虏，这也是美国远征军俘虏的第一名战俘。离散世界各地的波兰人组成了约 2.5 万人的军队，在法国指挥下参加欧洲西线的作战，其中有 3 000 名战士来自芝加哥[19]。

一战与劳工运动

战争给美国劳工运动提供了独特的发展机遇。劳工骑士团和美国劳工联合会都主张限制外来移民。他们把新移民视为争夺工作岗位的对手和企业主压低薪资的工具。1885 年，美国国会通过了一项限制合同工的法令，其主要原因就是这些劳工组织的大力游说。经过长期斗争，包括劳工联合会在内一些团体推动国会批

---

①　一战结束后，1918 年 12 月 1 日，塞尔维亚、克罗地亚、斯洛文尼亚联合组成塞尔维亚-克罗地亚-斯洛文尼亚王国，1929 年更名为南斯拉夫王国。

准了 1917 年的移民识字测试工作。这是美国历史上首次缩减欧洲移民规模的实质动作[20]。欧洲战事也限制了海外移民的涌入。芝加哥的不同族群第一次发现他们与祖国的联系被切断了。战争致使很多家庭妻离子散，也导致劳动力短缺，尤其是在美国工业完成协约国的战时订单时，问题变得更严重。一些移民回祖国参战，但多数移民留在了美国，特别是家乡被奥匈帝国和德国这两个日耳曼强国占领的那些斯拉夫裔移民。

　　有关战争的消息仍然是芝加哥各个街区关注的重大新闻，也是工会组织关注的重点。虽然以前的劳工领袖未能在一些行业有效组织起工人，但移民政策的新变化是否意味着东山再起的机会呢？如果工厂门口没有成群的新移民，也就无人来抢夺罢工者的饭碗，那会不会迫使管理层正视起死回生的劳工运动呢？尤其是在美国宣战后，工会组织者必须要面对这些问题。下达征兵令后，一支庞大的军队急需被服、食品和武器装备，这个严峻现实更加暴露出劳动力短缺的问题。

　　在芝加哥发动劳工运动新高潮的过程中，威廉·福斯特（William Foster）和约翰·菲茨帕特里克（John Fitzpatrick）发挥了至关重要的作用。后者是芝加哥劳工联合会的主席。成立于 1896 年的芝加哥劳工联合会是一个势力很大的劳工委员会，是芝加哥工人可以依靠的强有力的地方组织。到 1903 年底，该组织的会员有 24.5 万人，包括 3.5 万名女性。按照福斯特的说法，当他于 1917 年 7 月 1 日开始在苏必利尔线当电车乘务员时，便萌生了组建牲畜交易市场工会的想法。肉类加工行业的罢工在 1904 年的失败是美国劳工联合会抹不去的伤痛。福斯特曾经是世界产业工人组织的成员，他认为，由于劳动力短缺，组建芝加哥肉类加工行业工会的时机到了，于是找到菲茨帕特里克，并推动芝加哥劳工联合会于 7 月 23 日成立牲畜交易市场劳工委员会。这一新组织由不同工会组成，其中就包括领导过 1904 年大罢工的肉类切割与屠宰工人统一联合会[21]。

世界产业工人组织和劳工组织中的激进派提出建立一个"大一统"的工会，但福斯特意识到，大工会的做法只会招致传统行业工会的反对，并导致劳工群体的分化，削弱整体战斗力。很久以来，肉类加工业的工人因族群、种族和性别不同一直处于分裂状态，牲畜交易市场劳工委员会只能正视这种行业现实。没有了欧洲移民的补充，越来越多的美国黑人开始进入该行业。黑人不愿意加入白人主导的工会，反倒要求建立他们自己的地方劳工组织。波兰移民和立陶宛移民也组建了自己的地方联合工会。尽管如此，这些不同族群的地方组织依然是牲畜交易市场劳工委员会和统一联合会的会员单位，这就有了扩大合作规模的可行性；而且，随着工人们纷纷加入牲畜交易市场劳工委员会，联合发展的原则在该行业似乎获得了最终成功。由于实施战时紧急状态，政府最终强行对企业管理方面的问题做出了仲裁，工会的大部分诉求得以暂时满足[22]。

因为牲畜交易市场劳工委员会获得了成功，福斯特和菲茨帕特里克很快将目光投向另一个重要行业——他们要在芝加哥的钢铁业发展工会组织。一战正酣之际，30 位工会领导人于 1918 年 8月 1 日在芝加哥会见了美国劳工联合会的负责人塞缪尔·冈帕斯，筹划成立全国钢铁工人组织委员会。福斯特和菲茨帕特里克打算

　　为了纪念一战阵亡的美军将士，芝加哥人在格兰特公园竖立了
一座战争纪念拱门。

采用牲畜交易行业的成功方法。在不引起美国劳工联合会旗下传
统工会担忧的情况下，产业工会联合的优势是可以实现的。领袖
们认识到，联合运动不能局限在芝加哥，而应举国推广。可是各
工会没能为福斯特提供必要的资金支持，联合运动只好单独在芝
加哥的钢铁企业中先行开展。

　　1918 年 9 月，这个全国委员会在芝加哥发起行动。工会成员

举行大型集会，工人纷纷参与。芝加哥的钢铁工人此前从未积极参加过工会活动，所以能让人明显感受到即将发生的变化。态度的转变源于战争和联邦政府在劳资冲突中的政策导向。威尔逊政府不希望出现劳工问题，而且在肉类加工业的劳资冲突中，联邦法官塞缪尔·阿尔舒勒（Samuel Alschuler）也做出过对工人有利的裁决。1918 年 7 月，战争劳工局做出的裁决维护了宾夕法尼亚伯利恒钢铁公司的工人权益。联邦政府现在开始承认工人应有的权利，这倒是史无前例的。这种转变给工会注入了动力，使之在同美国钢铁公司和其他小型钢铁企业打交道的过程中变得更加强势。劳动力市场的紧张现实巩固了工会地位，而在组建工会的初期，雇主们也没有表现出明显的对立。钢铁工人每天仍然要工作12 小时，所以会向工会倒苦水。然而，工会所反对的实际是战时的劳动制度设计。交战国谈判代表签署的停战协定于 1918 年 11月 11 日生效后，发展工会的许多有利条件立刻消失了。不到一周，伯利恒钢铁公司便宣布，既然战争已经结束，它就没有义务继续承认与战争劳工局签订的协议。随着和平时代的降临，坚持与钢铁企业斗争的工会组织失去了政府支持，而这种支持是如此重要[23]。芝加哥的经济显然摆脱不了世界大事的影响。欧洲迎来了和平，而芝加哥产业界可能又要变成"战场"了。

迁徙大潮

一战阻断了欧洲向美国的移民，而芝加哥对劳动力的需求却在增加，那些大型肉类加工厂、钢铁厂和制造企业更是急缺非技术工人。由于北上的美国黑人进入芝加哥等城市寻找自由、个人流动和就业机会，又一轮人员迁移取代了原本涌入美国劳动力市场的欧洲移民潮。第一波大迁徙就彻底改造了芝加哥城，也带来了种族关系的新问题，并将在 20 世纪的大部分时间维持不变。

许多南方的非洲裔美国人选择沿着铁路线北迁。伊利诺伊中央铁路把芝加哥与新奥尔良和整个密西西比河谷连接起来，也能延伸到伯明翰，通过亚祖—密西西比河谷铁路和中央佐治亚铁路等其他支线，向东能通达更远的萨瓦纳。1916 年以前，芝加哥的黑人大多来自偏北的南方各州，包括肯塔基州、田纳西州和密苏里州。但因为战争的需要，越来越多的黑人涌进芝加哥的劳动力市场，其中绝大部分来自南方腹地密西西比州、路易斯安那州和阿肯色州，还有那些伊利诺伊中央铁路能触及的更遥远的南方各州。这些南方黑人都在芝加哥的贫民区安家落户。

伊利诺伊中央铁路不仅提供了运输服务，更是传播信息的通信系统。特别是《芝加哥卫报》（*Chicago Defender*），已经被证明是推动大迁徙的一个重要因素，其 1916 年的发行量达到了 5 万份。《芝加哥卫报》是罗伯特·森斯塔克·阿博特（Robert Seng-stacke Abbott）于 1905 年创办的一份 4 页小报，很快成为美国销量最高的黑人报纸。自称"世上最棒周报"的《芝加哥卫报》将芝加哥的新闻传递到美国南部乡村，激发起人们的迁徙热情。1919 年，该报的全国发行量升至 13 万份，3/4 的读者都在南方。据说该报 1919 年发行了 23 万份。尽管该报在部分南方城镇被禁止发售，但普尔曼公司的搬运工和其他铁路员工不顾审查限制，仍秘密向这些地方发送《芝加哥卫报》[24]。

1890—1915 年，芝加哥的非裔人口从不到 1.5 万升至 5 万。一战前，日益增多的黑人在全市人口中的占比约为 2%。1890 年以后，黑人多在卢普区南部安家，也更愿意集群而居。至 1914 年，新出现的南区"黑带区"已经有了大致的雏形。但直到 1910 年，黑人与本土白人之间的隔离程度还不及意大利移民与本土白人之间的隔离情况；那一年的黑人居住区域不会超过 12 个街区，黑人与白人共同生活在几个社区里，彼此没有多少敌意。但这种和平不会持续很久。

多种场合确实出现了暴力事件。自 1874 年以来，经过依法整合的公立学校系统内多次爆发种族暴力冲突，而 1890 年以后这类情况更为严重。反对黑人上公立学校的并不是校方，而是多数白人学生和家长。1905 年，因为被转到以黑人为主的学校上课，一群白人学生制造了骚乱。三年后，当教育局把 150 名白人孩子转入有黑人学生就读的学校后，这群孩子竟然不去上学了。一所学校的白人学生骚扰并殴打两名刚入学的黑人同学，原因是这所学校以前都是白人子弟在读。1912 年的一次罢课事件导致种族矛盾多发。温德尔菲利普斯高中是芝加哥第一所以黑人为主的中学，而种族暴力经常在那里上演。以肤色为界一直是紧张局势的根源，芝加哥南区的情况更突出，白人群体会定期要求在学校里实行种族隔离。与此对应，只有黑人学生才能进入圣莫尼克教区学校，这是 1912 年为非裔天主教徒建立的学校。私立大学的政策各异。虽然芝加哥大学和西北大学都招收黑人学生，可是他们在住宿时却会遇到一些小麻烦[25]。

随着黑人定居地向东扩展到南区的斯泰特大街，暴力事件也在增多。至 1910 年，新兴的南区贫民区南扩到 12 号街与 39 号街之间的斯泰特大街。该街区的黑人居民比例在当年已经高达 78％，白人便称之为"黑带区"；据 1910 年的普查数据，这里的非裔居民有 34 335 人。其余的黑人住在芝加哥西区（3 379 人）和一些较小的孤立定民点。

1910—1914 年，住房紧张的"黑带区"又吸收了一万名新住户，多数定居在斯泰特大街与罗克岛—纽约中央铁路西侧之间的地区。这里被称为"联邦大街"贫民窟，是"黑带区"最贫穷、最破败的一段。大多数北上黑人都有明确的目标，从 12 号街和密歇根大道之间的伊利诺伊中央铁路车站下车后，只要找准方向，便迈步向南行进。如同欧洲移民一样，大量黑人不断流入芝加哥城，许多人都要投奔南区的家人和朋友。随着大迁徙的持续，芝加哥的种族隔阂越来越严重。1915 年之前，芝加哥的黑人大体聚居在一起，也把孩子送到以黑人为主的学校。白人也把黑人排除在以白人为主的营业场所之外[26]。

由于战时涌入了大量南方黑人，住房需求和成本随之飙升。即使在一战前，"黑带区"的房租也很高。1912 年，《美国社会学杂志》（*Journal of American Sociology*）发表的一份调查报告研究了芝加哥南区和西区较小的黑人社区的居住条件。调查结果表明，黑人支付的房租高于其他任何族群。例如，在以波兰人为主的北区和捷克人的下西区，其中一半的居民能以每月 8.5 美元租下一套四室的公寓，而在"黑带区"，半数租户却要花上 12 美元才行，而且这些房子的品质也远不如前者[27]。

尽管如此，黑人还是试图在芝加哥营造自己的城中之城，也像其他族群一样创建他们自己的本地社会机构。由于黑人越来越受到原有机构的排斥，他们便决定与北方的隔离制度针锋相对。种族隔离的加剧给有志向的黑人提供了在自己社区发展事业的新机遇，新的中产阶层就此在 20 世纪头十年出现了。老一辈的黑人精英拒绝放弃种族融合的希望，因此不太可能建立黑人的独立机构。新一代的中产阶层则取而代之，诸如商界的罗伯特·阿博特（Robert Abbott）、政界领袖路易斯·安德森（Louis Anderson）和奥斯卡·德·普里斯特（Oscar De Priest）、宗教界的阿奇博尔德·凯利（Archibald Carey）等人，统领着芝加哥的黑人机构，并在 20 世纪 20 年代为所谓的"黑人都市"或"布朗茨维尔"① 奠定了基础。在一战之前和战争期间，这个芝加哥黑人城已经打下了牢固的根基[28]。

新兴的黑人精英把同族移民视为选票的来源和生意的主顾，这也是芝加哥长久以来的传统。在公共空间稀缺的城市里，对于黑人更是如此，非裔企业家为此打造了漫步街，即斯泰特大街在 26 号街与 39 号街之间的那一段。日夜繁忙的漫步街给人带来一种自豪感，甚至还有突破芝加哥其他地域限制的华美之气。街边满是黑人开办的门店，合法生意与非法勾当并存。哈里森市长在 1912 年关掉南卢普区的老红灯区后，黄赌毒之类的罪恶产业都跻身"黑带区"。许多这样的"休闲"机构迎合了黑人和白人的需求。"黑白通吃"的夜总会给全城顾客提供服务，其间也催生了一

---

① 布朗茨维尔（Bronzeville）直译为"青铜城"，是芝加哥非裔美国人聚集的中心。

种新兴的都市音乐类型——爵士乐，芝加哥因此成为爵士乐的中心[29]。

随着非洲裔人口的增长，社区边界开始承受更大的压力，尤其是东边一带更为紧张。大迁徙不只将黑人从一地输送到另一地，也把他们带入新的文化环境之中。在布朗茨维尔地区，由于住宅隔离的大环境，不同社会阶层之间都能比邻而居。随着南方移民的增多，芝加哥的黑人中产阶层一方面鼓励和欢迎新来者，另一方面时常认为他们在到达南区之后必须学习新习惯。诸如《芝加哥卫报》和《挥鞭报》（Whip）之类的黑人报纸都在向乡村和小城镇的南方人传授大城市的规矩。媒体提醒他们注意自己已经不住在南方了，而北方有着不同的行为规范，无论是私下里还是在街上，都要注意自己的言行。黑人社区的老居民，包括北方原有的和先期从南方偏北地区迁来的那些黑人，都担心芝加哥一向脆弱的种族关系会受到大迁徙的冲击。这种分裂趋势在黑人社群内部引发了紧张气氛。

与芝加哥的白人不同，黑人中产阶层无法远离穷邻居。即使那些生活在"最佳"黑人社区的人，也只能住在极为贴近联邦大街和南方人集中的地方。北方的资产阶级总是讨厌新来的南方黑人，而久居芝加哥的黑人甚至拒绝与他们交往。老居民试图搬出贫民区时，又会遭到白人的敌视。1917 年 7 月到 1919 年 7 月，在曾经全是白人的社区里，孤立存在的黑人住宅竟然遭受了 26 枚炸弹的袭击，这些住宅多数分布在布朗茨维尔以东、湖滨一带的白人中产社区[30]。正如看待海外移民集中的贫民窟一样，局外人对这些黑人居住区的看法也很狭隘，充满了偏见。他们看到的是混乱，也担心混乱蔓延开来。而黑人看到的则是一个全新的黑人大都市正在芝加哥南区发展壮大。

1919：奇迹之年

拉丁语"Annus Mirabilis"本意为"奇迹之年"，也可以指满是恐惧和灾难的一年，用它来形容1919年似乎非常合适。一战结束了，芝加哥人都在欢度平安的新年。随着战败的同盟国被迫求和，美国人便以为全世界的民主都得到了保障。军队都起航返乡，海外移民期盼着能重启寻梦之旅，因战争离散的亲人也有望团聚。与中、东欧新兴的斯拉夫国家有渊源的那些族群都对自己的家乡寄予厚望，很多人决定在20世纪20年代离开美国回老家。组织起来的劳工势力在联合牲畜交易市场一带看似很强大，也在钢铁企业中快速发展。非裔美国人在芝加哥南区庆祝他们的新生活，同时黑人退伍兵也回国了。首次赢得1917年世界职业棒球大赛冠军后，这一年的芝加哥白袜队看起来前途光明。有人宣称，由"赤脚大仙"乔·杰克逊（Shoeless Joe Jackson）负责防守、以王牌球员埃迪·齐考特（Eddie Cicotte）为投手核心的白袜队是有史以来最伟大的棒球队。小熊队继三次赢得全国联赛冠军，并于1907年、1908年两次在世界职业棒球大赛捧杯之后，又问鼎1918年的全国联赛。1919年伊始，芝加哥人对未来充满了期待和乐观。

事实证明，这一年不仅对芝加哥，而且对整个国家都是极富

挑战性的一年。威尔逊总统怀揣许多理想主义的诉求，前往巴黎
出席和会。巴黎人热情迎接这位了不起的美国救星，是他给协约
国带来了胜利。威尔逊希望他的"十四点"① 能成为条约与和平大
业的基石。尽管新建国的苏联发生了一些引人关注的事件，人们
还是能乐观地看待国际形势。不过，乐观很快变为失望，因为威
尔逊要面对那些急于报复和惩治德国与其同盟国的盟友。

　　和平也把芝加哥引入经济困局。为了保证美国和盟友的物资
供应，工业在战争年代取得了发展，可现在接不到战时订单了。
即使在庆祝战争结束的时候，失业率也在高升。工厂开始裁员，
归国的士兵发现工作都没有了。很多从西线战场回家的白人认为
是黑人偷走了他们的工作，种族仇恨于是开始蓄积。黑人觉得自
己在每次经济衰退中都是最先被解雇的牺牲品，同时痛恨那些仍
然在岗的白人。

　　肉类加工企业已经成为黑人就业的大户，种族间的很多敌意
便在芝加哥的屠宰间里发酵。黑人在芝加哥的就业机会主要依赖
战争订单任务，所以他们也是最先感受到战后经济阵痛的一批人。
1919 年 1 月下旬，美国就业服务局的一位黑人官员抱怨："黑人
在芝加哥根本找不到工作"，"与别的困境相比，失业更容易造成
种族摩擦"。至 1919 年 5 月，联合牲畜交易市场的总就业人数从 1
月份的 6.5 万多降至 5 万，而且将继续下降。此外，归国士兵也
抬高了失业率。考虑到企业管理方的反工会立场，此时的黑人劳

---

　　① 威尔逊总统于 1918 年提出的计划。第一次世界大战交战诸国本同意在"十四
点"基础上进行和谈，但后来又发生分歧，导致《凡尔赛和约》的部分条款不符合
"十四点"的初衷。

工担心会丢饭碗，所以对加入工会心存顾虑[31]。

　　尽管牲畜交易市场劳工委员会握有主动权，可是肉类加工厂的老板拒绝同工会直接签协议。阿尔舒勒法官只好分别准备由工会和管理方单独签字的协议。工会领导人意识到，必须在"阿尔舒勒协议"成为历史以前确立集体谈判的总原则。2月中旬，阿尔舒勒抛出了第二个礼包——提高薪资和改善工时制度。4月12日，加工厂老板请求联邦政府在停战后将"阿尔舒勒协议"延期一年。企业管理层显然不想在战后直接和工人发生矛盾，工会则不希望延期。牲畜交易市场劳工委员会在6月发起了肉类加工企业工会扩员的行动。7月6日，上街游行的黑人与白人工人汇集于厂区附近的戴维斯广场公园。将所有加工厂里的工人，尤其是新来的南方移民纳入工会组织的目标似乎还遥不可及。许多黑人不信任工会。90%的白人已经组织起来了，可是3/4的黑人却没有加入这场劳工运动。

　　与此同时，芝加哥西南部的阿尔戈玉米制品厂在7月8日发生暴力罢工事件。联合牲畜交易市场的很多波兰、俄罗斯和立陶宛裔工人都有亲友在阿尔戈厂工作，于是他们游行到工厂去支持罢工者。有传言说管理层计划雇用黑人顶替罢工者。近600名黑人来到工厂上班的时候，谣言被证实了。这场劳资冲突转变为种族对抗。

　　芝加哥全城和美国各地都在1919年夏天爆发了行业动荡。7月，近25万名芝加哥工人当中有的举行罢工，有的提出罢工威胁。由于中产阶层担心共产主义群体会借机壮大力量，劳资双方的分歧越发无法调和。以往对无政府状态和激进运动的恐惧又一次笼罩芝加哥。1919 年 6 月，芝加哥警方逮捕了 80 岁的无政府主义者迪尼洛·马里（Dinilo Mari），此人在格兰德西街负责一处无政府主义领袖的邮件中转站。《芝加哥论坛报》称警方终于捣毁了无政府主义运动的"神经中枢"。报道还提到，特洛伊北街的乔治·马克斯托尔（George Markstall）因在公共电车上发表攻击威尔逊总统的煽动性言论也遭到逮捕。47 岁的马克斯托尔因为娶了露西·帕森斯，再次唤起了人们对"秣市惨案"的恐怖回忆[32]。

令人担忧的工人阶级革命虽然没有发生，但种族骚乱却爆发了。在湿热难挡的夏天，芝加哥人会蜂拥至湖边避暑。依照传统，26 号街的那一片湖滨是划给黑人使用的浴场，恰恰位于白人专属沙滩所在的 29 号街的南侧。黑人和白人在这两片沙滩上已经发生过几次冲突。7 月 27 日是星期日，16 岁的黑人男孩尤金·威廉姆斯（Eugene Williams）和朋友去密歇根湖游泳。孩子们坐上皮筏从黑人这边的沙滩下水，可是大湖的水流推着他们漂到了 29 号街浴场。一名白人开始向孩子们扔石头，用常见的歧视性言语叫骂。尤金和朋友们一边口头回击，一边躲避。一块石头击中尤金头部，落水的他被水流卷入水底，溺水身亡。芝加哥历史上最惨烈的种族骚乱就此开始了。

街头帮会在骚乱中扮演了核心角色，最突出的是恩格尔伍德地区雷根街的"马仔"，这些白人帮派自称为社会体育俱乐部，"黑带区"以西和以南的街区都是他们的地盘。随着芝加哥在星期一回归常态，警方似乎也恢复了平静。事实证明这种平静只是假象，集结起来的白人来到联合性畜交易市场一带，寻找那些准备下班回家的黑人雇员，与之较量一番。蓄谋已久的种族骚乱演变成不可收拾的惨案。白人暴徒拦停公交车，拖下黑人乘客后打死几人。黑人也不甘示弱，黑人帮派袭击了白人商贩和街边商户。

白人帮派驾车在"黑带区"飞速穿行，经过布朗茨维尔时从车内向外开枪射击。35号街与沃巴什街交会处成为暴乱的核心区。坐落于此的安吉鲁斯大厦是"黑带区"里的一座白人住宿楼。有传言称白人狙击手从安吉鲁斯大厦的窗口向外开枪，于是约1 500名暴怒的黑人围在楼外不散。警察没有在楼内发现武器。对峙过程中，警方与人群发生冲突。枪响过后，几名黑人倒地不起。

骚乱蔓延至南区、卢普区和西区的部分社区。警方已无法控制人群的动向。有证据表明，警方通常同情那些白人帮会。有的警员本身可能就是一些团伙的成员，很多警员的家人也参加了帮会。观察人士特别指出，联合牲畜交易市场警局难辞其咎。该局的警察在帮派暴徒袭击黑人时，竟然视而不见，不予制止。在联合牲畜交易市场周围的社区里，警察经常抓捕受害者，却放过那些行凶的暴徒。虽然暴乱四起，可是警察没有射杀过任何白人。

就在芝加哥准备迎接第二天的运输业大罢工时，星期一的死亡人数已经达到17人。地面和高架铁路于星期二全部停运。成群结队的黑人离开了工位，因为他们不敢穿过白人社区到联合牲畜交易市场上班。当天的暴乱扩散到卢普区，白人士兵和水手们开始加入混战。暴徒在街上殴打并射杀黑人。尽管已经发生了暴乱，出现更大规模暴行的谣言也传遍了全城，可是市政当局没有征调伊利诺伊州国民军进入芝加哥的打算。

市长汤普森声称警方已控制了局势，也拒绝向州国民军求助。与此同时，报界和芝加哥名流却要求军队进城。州长反对单方面采取行动，声称派不派兵取决于芝加哥市长。布里奇波特选出的市议员乔·麦克多诺（Joe McDonough）发出警告，除非当局立即采取行动，否则他要建议选民自己武装起来。最后，汤普森于7月30日才请求出兵——市长屈服于那些想要保护非裔工人的企业主。当晚10：00刚过，国民军从训练营调往指定区域。士兵到达后，只发生了零星的暴力冲突。军队承诺在下周一将非裔工人护送到工厂上班。周末，有人在"后院区"纵火，导致900多人失去家园，受害者主要是波兰裔和立陶宛裔的移民。烧毁建筑的白人帮派试图挑起移民与黑人间的对立。波兰语报纸没有指责黑人，而是谴责了白人帮派，尤其是爱尔兰裔。在此之前，波兰移民和其他东欧人一直置身事外。最后在星期四，即8月7日，黑人在警方的保护下重返工作岗位，国民军也在第二天撤出了。大约一万白人工会成员上街罢工[33]。断断续续的暴力冲突一直延续到8月3日，导致38人（23名黑人、15名白人）死亡。约500人受伤。这场冲突的根本原因是白人与黑人在就业、住房和政治理念方面的矛盾和竞争。芝加哥新近出现的黑人对不同的白人群体都构成了威胁。特别是在黑人最集中的南区，那里的企业也欢迎急于找工作的黑人，所以矛盾更为集中。许多南区那些原有的白人族群，比如爱尔兰人、德国人和斯堪的纳维亚人，都在芝加哥的社会层级中爬升到了一定高度，但依然能感受到黑人群体的竞争压力。其他美国城市也出现过种族矛盾，可芝加哥的情况最为惨烈。暴力冲突在不同种族间划下了泾渭分明的界限，并在以后的20年中无法抹除，也将在20世纪的剩余时间里持续影响芝加哥的种族关系。

　　高攀的失业率和不时发生的种族暴乱使得 1919 年步履维艰。美国感受到苏联引发的"红色恐慌"[①]，移民担心会遭到驱逐。因为钢铁工人准备要和美国钢铁公司较量一番，乱局再次在南区酝酿发酵。钢铁企业决意阻止工会染指自己的地盘——坚决不能让福斯特和菲茨帕特里克或别的什么人得逞。为了对抗劳工运动，美国钢铁公司的老板埃尔伯特·加里警告股东，对待工人必须要公正。公司管理层鼓励创建的雇员代表制度在一战期间受到了欢迎。钢铁企业也支持地方当局打压工会组织者。尽管如此，企业主依然无法阻止美国劳工联合会的行动。钢铁企业将劳工联合会领导人称为危险的激进分子，声称加入工会的只是海外出生的工人，正是他们把国际革命和共产主义运动的幽灵招引过来。各企业把福斯特列为重点危险目标，而菲茨帕特里克和联合牲畜交易市场劳工委员会则出手援助福斯特，阿尔舒勒也出面给予支持。

　　塞缪尔·冈帕斯联系加里要求谈判。1919 年 6 月 30 日，美国劳工联合会的领导人致信加里说，10 万钢铁工人都加入了行业工会。加里没有理会那封信。7 月 8 日，冈帕斯向美国劳工联合会汇报了加里的态度，各地方工会于是威胁要组织钢铁工人罢工。7 月 20 日，基层领导人迫使美国劳工联合会举行投票，决定是否罢工。罢工开始于 9 月 22 日。追随工会的移民团体参与了行动，其中包括钢铁行业工人统一协会。实际上，生于美国的工人的罢工意愿并不强烈。在南芝加哥、城市的东南区，美国劳工联合会从

---

　　① "红色恐慌"指于美国兴起的反共产主义风潮，分为两段。第一段自 1917 年俄国十月革命爆发后延续至 1920 年，恐慌受到欧洲的影响。第二段开始于 1947 年，贯穿整个 20 世纪 50 年代。

钢铁厂里雇用了不同语言背景的组织者，包括波兰移民、克罗地亚移民和意大利移民。

在印第安纳境内的哈蒙德镇，警方向罢工者开了枪，打死 5 名工人。钢铁业大罢工随后爆发。9 月 25 日，约 1.8 万名南芝加哥钢厂工人罢工。警方的应对措施是派出 500 多名警察和 40 名骑警上街巡逻。罢工人群攻击美国钢铁公司南厂区破坏罢工的顶岗工人，暴力冲突随之开始。9 月 29 日清晨，南厂区附近发生枪战。愤怒的工人继续袭击破坏罢工者。10 月 5 日，在 83 号街的伊利诺伊中央铁路通勤站附近，大批集结的罢工者在搜寻不愿意加入工会的人。因为谣传管理方准备招黑人进厂开工，罢工者于是拦停车辆，重点寻找非裔工人。直到 10 月 4 日，报纸《新多数派》（New Majority）宣称，95％的钢铁工人仍在罢工。

可是，面对大托拉斯美国钢铁公司和一批小企业组成的联合战线，工会一方的胜算不大。至当年 11 月，芝加哥钢铁企业的产能大致为 50％～85％。12 月 10 日，最初参加罢工的 9 万人中只有 1.8 万人仍在坚持。随着圣诞节的临近，工人们已经能感受到挫败的痛苦滋味了。1920 年 1 月 8 日，工会取消了已中断几周的罢工行动。

一战时期兴起的劳工运动大潮在 1919 年告一段落。两年后，肉类加工企业将在另一场罢工中挫败切割工人联合会，福斯特和菲茨帕特里克通过联合牲畜交易市场劳工委员会取得的成果已荡然无存。有组织的劳工势力几乎从 20 世纪 20 年代的美国政治舞台上消失了。只有经历过"大萧条"的重重考验，劳工组织才会重返芝加哥南区的肉类加工和钢铁企业[34]。

　　钢铁工人罢工的同时，芝加哥白袜队赢得了 1919 年美国职业棒球联赛的冠军，在世界职业棒球大赛中对阵辛辛那提红魔队时也被看好。芝加哥南区的球队已经拿下了 1917 年的世界大赛冠军，队员们显然有信心再次夺冠。但世间可没有什么万无一失的事情。在输掉对阵红魔队的九场系列赛之后，有传言说白袜队是故意为之，是赌博集团影响了比赛结果。棒球运动始终摆脱不掉涉赌嫌疑，但在世界大赛中做手脚却不是儿戏。虽然法院最终裁定白袜队的 8 名球员无罪，但是新任命的棒球管理专员、芝加哥的本地法官肯尼索·芒廷·兰迪斯（Kenesaw Mountain Landis）对他们做出了终身禁赛的处罚决定。此后 40 年，白袜队再也没能赢下全国冠军，在 20 世纪余下的几十年中更与世界大赛冠军无缘。从这个角度来说，球迷眼里的 1919 年的确是非常糟糕的一年。

第七章

20 世纪的大都市

　　事实证明，对芝加哥和整个美国来说，安稳的日子似乎远未到来：第一次世界大战结束后，全国各地爆发了种族骚乱和罢工；由于"红色恐慌"，成千上万的移民被逮捕、监禁和驱逐出境；许多美国人渴望过上一种他们称为"常态"的平静生活。如果这种"常态"是指战前的阶级和种族冲突，那么在停战协定签署后的四年里，美国正是处于这种状态。在美国城市的街道上，混乱一次次上演，而拥有大量外籍人口的芝加哥迎来了最糟糕的时代。在钢铁工人大罢工期间，士兵突袭了加里的大楼，并对该地区进行了全面搜查，试图找到另一场阴谋的证据。同时，三K党也死灰复燃，该组织主要在美国中西部地区活动，其前身是美国保护协会和所谓的自由卫士。三K党在芝加哥的总部位于芝加哥大学附近的海德公园。总之，这一时期的种族主义、反犹太主义和反天主教活动仍然在毒害着美国社会。

对移民的攻击

　　进步派改革家与美国移民之间的关系错综复杂。他们虽然同情移民的困境，但同时又憎恨政治领袖们依靠移民选民来获得权力，并且他们也害怕天主教会，认为天主教会是反民主和迷信的。自从 1896 年以来，主要由参议员亨利·卡伯特·洛奇（Henry Cabot Lodge）领导的移民限制联盟就一直在争取对移民进行文化水平测试，克利夫兰总统否决了最初的法案。从那时起，共和党和民主党的总统都反对通过该法案。但文化水平测试法案的支持者不顾威尔逊总统的反对，最终在 1917 年使该法案获得了通过。许多进步派人士都支持更加严格的移民限制，以此来解决贫民窟和政治独裁问题。进步派人士把移民问题当作解决美国城市问题的"撒手锏"，他们经常将芝加哥的贫民窟、犯罪、堕落和酗酒等问题归咎于移民。身为移民的美国劳工联合会主席塞缪尔·冈帕斯也支持限制移民的政策，把比美国本土劳动力更廉价的移民的竞争力降到最低，以此来加强劳工运动的力量。

　　移民文化水平测试立法的反对者希望在第一次世界大战前阻止这一立法，要求国会再一次调查移民问题。1911 年，国会成立了美国移民委员会。该委员会由三名参议员、三名众议员和三名总统任命人员组成，他们历时三年，耗资超过 100 万美元，最终，由 300 多名工作人员编写了一份长达 42 卷的移民调查报告。该委员会的调查结果支持移民限制政策，1916 年由麦迪逊·格兰特（Madison Grant）出版的畅销书《一个伟大种族的消逝》（*The Passing of the Great Race*）也表达了同样的观点。当时，欧洲的不同民族被划为不同的种族：波兰人、捷克人和俄罗斯人被划为斯拉夫人种。对于把自己看作盎格鲁-撒克逊人的美国本土白人来说，东欧和南欧的异族显然是不受欢迎的。

1919 年，当共和党控制国会时，麦迪逊·格兰特的朋友阿尔伯特·约翰逊（Albert Johnson）成为众议院移民委员会的新任主席。任职后，他立即呼吁限制移民。为此，众议院于 1919—1921 年再次举行了多次听证会，提出了移民限制议案，但威尔逊总统否决了该法案。

1921 年 5 月 19 日，在哈定（Harding）总统的批准下，这项法案终于获得了通过，成为第一项限制欧洲移民并实行限额制度的法案。该法案以 1910 年人口普查为基础，对移民实现限额，希望以此逆转欧洲的某些移民趋势。1924 年，《国家起源法案》（National Origins Act）取代了这一临时性的法案，将 1890 年的人口普查作为移民和限额的基准。该法案实际上将来自南欧和东欧的移民数量大幅削减。多年来，社会达尔文主义者的理论、本土主义者的谩骂、学术界和民众对移民的攻击，以及美国人对外来移民的普遍恐惧，催生了移民限制运动。于是，通往美国的所谓"金门"砰的一声关上了[1]。

这对于以移民为主要人口的芝加哥来说是一个沉重的打击，因为它切断了该市各族裔以及移民与家人和朋友的联系。而且，近期发生的种族骚乱和非洲裔美国人数量的持续增长，似乎也威胁到了这座城市里的白人族群。因此，许多人担心，在一战结束后的惨淡岁月里，不可能再打破社会阶层的限制向上流动了。尽管一些波兰人、捷克人和来自其他国家的移民回到了他们刚刚独立的祖国，但绝大多数人仍然留在了美国。事实上，许多人发现，他们的祖国并没有像他们想象的那么欢迎他们。本土波兰人把这些前移民看作"美国人"，不希望他们为如何治理这个新国家建言献策。结果，由于美国的本土主义和欧洲的态度，芝加哥的外族人口放弃了他们的本民族身份，被美国化了。但具有讽刺意味的是，他们同时也变得更加孤立了。他们接受了自己成为"归化的美国人"这一观念，虽然仍然为自己的祖先感到自豪，但却已经与美国的生活永久地联系在一起了。

对于许多芝加哥人来说，移民限制既带来了机遇，也带来了许多显而易见的问题。来自输出国的稳定的人员流动被切断，意味着移民的本民族文化无法得到持续的更新。因此，一些人担心，他们群体的独特性会消失。不过，也有人认为，这样可以使移民更快地融入美国文化中，并且在建立自己的民族社区时，不必再背负同化新来移民的负担。局外人很少能认识到，新移民对少数民族社区本身已经构成了挑战。例如，新来者会怎样对待工会？他们会加入兄弟会吗？他们将如何参与政治？他们的习惯是否容易被更大的民族文化所同化？他们会支持教会学校①吗？来自输出国

---

① 美国的私立学校中有超过一半是教会学校。教会学校的特点是除了上课还有每天的宗教祷告。上教会学校的孩子不一定要信教，但是如果进了教会学校，学校要求的祷告和与宗教相关的课程也必须要上。与非教会私立学校相比，教会学校的学费相对便宜。

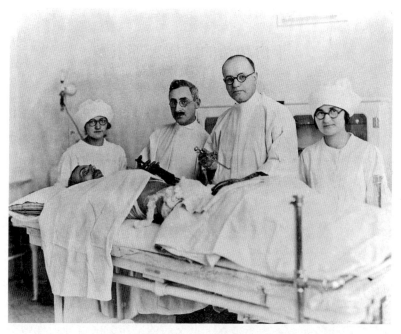

1910年，拿撒勒圣玛丽医院的手术室。20世纪初，波兰裔的
医生和护士开始为波兰社区提供广泛的医疗服务。

其他地区的移民将如何与那些已经在芝加哥定居的移民交往？因
此，要保持和提高新移民的地位，少数民族群体必须要接纳和同
化他们。然而，随着移民流被切断，这些新来的移民便可以像老
移民一样在美国社会扎根。在芝加哥拥有40万人的波兰人社区，
以及美国许多其他地区波兰人社区的领导人，开始将美国社会视
为永久而非暂时的"家"。所以，许多人都赞同波兰人"移民换移
民"那句话[2]。这种情况屡见不鲜，大规模的政治变革给芝加哥
的街道带来了意想不到的后果。

平房和新的民族大都市

这张摄于 1910 年左右的照片记录了途经沃巴什街的联合环线列车，这些有轨电车穿行于芝加哥市中心。

虽然早在 20 世纪第一个十年，第一次世界大战的军事经济就减缓了芝加哥周边地区新房屋的建设，但平房热潮已开始改变这些边远地区和郊区。新的公交线路将偏远地区与环路连接起来，扩大了住宅区。1907 年的《有轨电车解决条例》（The Traction Settlement Ordinance）把管理公共交通的工作交由监理工程师委员会负责，这也是首次由专业人士负责有关公共交通系统的一部分管理工作。1913 年通过的《统一条例》（ Unification Ordinances）规范了公共交通系统，确立了芝加哥城铁的地位。这条高架铁路最初是在 19 世纪 90 年代开发的，现在归电力企业巨头塞缪尔·英萨尔（Samuel Insull）所有，它由一条新的联合环线环绕市区。尽管财政问题一直困扰着公共交通，但新建的城际电力线路、有轨电车线路和高架线路增加了住宅建设的可能性。新的"平房区"的发展严重依赖公共交通，这种情况发生在 20 世纪

20 年代末汽车全面普及之前；1908 年，向北建设的电气高架线路
到达埃文斯顿，在接下来的十年里又增加了一些车站。在城市里，
雷文斯伍德的延伸段在 1909 年到达了金博尔大街。有轨电车沿着
城市的街道在不断地延伸[3]。

　　这座城市狭窄的街道和恶劣的天气在很大程度上塑造了芝加
哥独具特色的砖砌平房，不过人们在这里也可以找到灰泥外墙、
木质框架和更为宽敞的具有加州风格的平房。芝加哥平房结合了
传统的轻捷架构公寓和别墅的特点，即那些建于 19 世纪末和 20
世纪初的安妮女王风格住宅①、维多利亚式住宅②，以及美国的四
方形住宅的特点。平房呈长方形，约有一层半高，有许多窗户，
笔直地矗立在 25～37 英尺宽的传统芝加哥建筑用地上，房前有一
小块草坪，还有一个后院。平房的建造在很大程度上得益于住宅
建造过程中的各项技术改革。木材的加工生产、水暖和电力消费
产品方面的技术进步使新式住宅的建造成为可能[4]。

　　平房是 20 世纪芝加哥第一批大规模建造的真正意义上的现代
住宅。这些单门独院的住宅配有中央供暖、供电设施和现代化的
浴室设施。后来，许多住宅还带有一个独立的车库，车库面对着

---

　　①　安妮女王风格住宅指英国安妮女王统治时期的巴洛克建筑风格。安妮女王风
格在建筑中象征着一种先进的、优越的建筑形态，是一种非常具有代表性的西方建筑
风格。这种建筑在旧上海的租界区曾经非常流行。在英语世界的其他地区，尤其是在
美国和澳大利亚，安妮女王建筑的风格与英国的显著不同。

　　②　维多利亚式住宅指英国维多利亚女王统治时期设计建造的房屋。复杂的外部
装饰和烦冗的内部陈设是这一时期建筑的共同特点。工业化的发展降低了建筑和装饰
材料的成本，使得诸如纺锤形立柱、复杂雕刻品及其他装饰元素得以大规模生产，并
逐步运用到建筑外墙的装饰当中，许多工艺复杂的材料和图案也在此时应运而生。

一条后巷，偶尔还有侧车道。由弗兰克·劳埃德·赖特（Frank
Lloyd Wright）设计的新型草原式住宅①对芝加哥大规模的平房建
造也产生了极大影响，这种平房的内部装饰着木质家具、嵌入式
橱柜和硬木地板，室内环境易于清理，热情好客的主人可以在前
门和门厅迎接客人。1910—1930 年，开发商在芝加哥全市建造了
大约 8 万套这样的砖房。这些砖房位于一个新月形的区域，这片
区域从湖滨北部地带一直延伸到印第安纳州的边境，后来人们把
这里叫作"平房区"。大约有两万人出现在内环郊区的镇上。到
20 世纪 20 年代末，这些住宅已经占据了芝加哥外围社区和郊区
的大部分空地[5]。

　　平房区的开发商主要是一些小型的少数族裔家族企业，也有
一些大型开发商。20 世纪 20 年代，平房成为芝加哥白人社会地
位的象征。当时，平房区许多新社区的居民是白人新教徒。他们
搬出了恩格尔伍德或杰斐逊公园等老社区，去寻找更好的住房，
远离他们不欢迎的种族群体。平房区的这些新社区建有新式的公
立学校，以及天主教、犹太教和新教的教堂，其中的许多机构已
不再具有明显的族裔特征，但在多数情况下，个别族群仍然声称
拥有这些社区和机构的所有权。尽管芒德莱恩反对设立少数族裔
教区，但许多教区，如西南部的波兰裔教区圣图里比乌斯，即使
没有被正式地认定为少数族裔教区，也仍然是众所周知的民族教

---

　　①　草原式住宅是由美国著名建筑师弗兰克·劳埃德·赖特于 1900 年前后设计的
一系列住宅。这类住宅大多坐落在郊外平坦的草地上，周围是树林，用地宽阔、环境
优美。建筑从实际生活需要出发，在布局、形体以至取材上，特别注意同周围自然环
境的配合，形成了一种具有浪漫主义闲情逸致及田园诗意般的典雅风格。

区。但在 20 世纪 20 年代，平房区的新社区已经被视为美国人的社区，与当初的芝加哥移民定居点完全不同了。

1920 年以后，老工业中心以外的社区开始出现显著增长。位于加工厂后院南面和西面的盖奇公园社区的人口增加了一倍多，达到 31 355 人。芝加哥南面的芝加哥草坪社区，人口增长超过了 300％，达到 47 462 人。西北边的波蒂奇公园社区的人口数量从 1920 年的 24 439 人跃升至 10 年后的 54 203 人。北木公园社区的居民数量从 1920 年的不足 3 000 人增加到 1930 年的超过 1.4 万人。到 1930 年，奥斯汀的人口已超过 13.1 万，相当于当时的一个大型城市的规模，这在很大程度上都归功于 1915 年在迪威臣大街上开通的有轨电车。西塞罗和伯温两座城镇的人口在 1910—1930 年急剧增长。西塞罗的人口从 14 557 人增加到 66 062 人。1903 年，西部电力公司的霍桑工厂开业，吸引了许多人来到这个位于芝加哥市城郊的工业区，平房和两层的砖砌新住宅也吸引了很多人。随着平房区在大草原上的扩张，位于西塞罗以西的伯温的居民数量从 1901 年的 5 841 人增加到 1930 年的 47 027 人。到"大萧条"开始时，伯温地区几乎到处都是住房。因为伯温小镇离西塞罗和芝加哥很近，这使得它发展成为一个像附近的河畔新城那样的市郊住宅区，不过没有河畔新城那么有名[6]。

最初由拉弗涅、阿普萨拉和斯威特敦三个社区与伯温组成的郊区后来被统称为伯温。1902 年，居民们将这个地区合并为一个村庄。六年后，伯温获得伊利诺伊州的特许，变成一座城市。1901 年，伯温的人口为 5 841 人。在随后的岁月里，捷克移民大量迁入该地区，为他们建造平房的开发商也一同来到。随着每年

1915—1930 年，建筑商在芝加哥建造了大约 8 万间平房，在郊
区又建造了 2 万间。这些住宅为居民提供了所有现代化的便利设
施，包括中央供暖设施、室内厕所和供电设施。图为在东比弗利社
区拍摄的一排平房。

数千套新住宅的竣工，伯温市中心也迅速发展起来。在 20 世纪 20
年代的建筑热潮中，农田被一排排的平房所取代，其中不乏许多
坚固的"超级"平房。伯温自诩是 20 世纪 20 年代美国人口增长
最快的城市，人口增长了 222%[7]。

　　芝加哥的西部郊区展示了平房和社会阶层向上流动之间的联
系。20 世纪初，工业区沿着芝加哥河的南支流以及伊利诺伊—密
歇根运河继续扩张。1900 年，新的运河的开通使原来集中的工业
区进一步扩大。皮尔森社区拥挤的街道曾经是捷克移民、波兰移
民和其他东欧移民两代人居住的地方，但现在许多人把目光投向
了更远处的西部郊区。他们原先主要定居在位于下西区的皮尔森

社区和芝加哥中心社区。20世纪20年代，这些社区仍然是充满
活力的民族文化中心，但富裕的居民很快开始搬离这里。在1895
年时，下西区的住宅配套发展已经相当成熟，但1930年有19 000
名居民离开了这里。1920年，位于皮尔森社区西南部的南朗代尔
地区被称为"捷克人的加州"，这里居住着84 030名居民。不过，
到了20世纪20年代，虽然不如老皮尔森的情况那么严重，但这
片定居点的人口也开始减少。截至1930年，只有76 749名芝加哥
人还居住在南朗代尔。第26街被称为"波希米亚的百老汇"。像
美国所有的街道一样，第26街也通往城外，它通向西塞罗和伯温
这两个城镇。于是，捷克人和波兰人便沿着第26街，紧随着西进
的洪流向芝加哥的西部郊区进发。

各种组织机构也随着捷克人的西迁搬到了西部郊区。与在芝
加哥时一样，波希米亚社区很快就在西郊的政治生活中占据了举
足轻重的地位。随后，索科尔·塔博尔健身中心、索科尔·伯温
健身中心以及成立于1927年的索科尔·斯蒂克尼健身中心也纷纷
在伯温落户。捷克人还在西郊为"自由思想者"或"理性主义
者"① 设立了学校。在伯温镇，哈夫利切克和伊拉塞克这两所学校
都是为信奉理性主义的波希米亚人设立的。此外，东欧人的教堂
也很快在西塞罗和伯温两地出现[8]。

虽然开发商也为非裔美国人建造了几栋平房，但多数平房都

---

① 芝加哥的捷克移民按照宗教信仰大致可以分为两部分：绝大部分的捷克人移
民到芝加哥后，放弃了原先的天主教信仰，成为无宗教信仰的人，他们称自己为"自
由思想者"或"理性主义者"；还有一小部分的捷克移民保留着原先的天主教信仰或者
转向信仰新教。

位于芝加哥市南城区边上的摩根公园社区，居住在平房区的仍然是清一色的白人。平房区的白人当然不欢迎黑人，有时甚至天主教徒和犹太人也会受到新教徒的歧视。尽管如此，大批的天主教徒和犹太人还是迁到了平房区，并在马奎特公园附近定居。天主教徒在平房区建立了许多教堂，例如圣丽塔教堂、托伦丁·圣尼古拉斯教堂。立陶宛天主教徒甚至在马奎特公园社区开办了文法学校、高中和医院。1928 年，查尔斯·悉尼（Charles Sydney）博士来到马奎特公园社区担任拉比。随着犹太人搬进该社区，犹太教人数迅速增加，两个月内就有 200 名新成员加入。然而，自1919 年种族骚乱以来，种族问题同样笼罩着这里。

小尼克·阿德拉（Nick Adlar, Jr.）（右）是迪尔伯恩城堡平版印刷公司的老板，站在公司 1923 年开始运营的第一台印刷机旁边。20 世纪 20 年代，许多年轻人都曾在芝加哥的经济大潮中试水。

1927 年 3 月，芝加哥草坪社区当地的一家报纸《自由钟》
（*Liberty Bell*）刊登了一篇题为《种族恐慌搅动 60 街》（*Color
Line Scare Stirs 60 Street*）的文章，报道了这样一件事：卡梅
隆·拉特（Cameron Latter）是一名来自芝加哥卢普区的律师，
他在大干线铁路沿线购买了一处地产，准备建一个冰库。该项计
划立即遭到当地居民的反对。居民向政府提出请愿，不让该企业
进入自己的社区，声称新的《城市区划法》（Zoning Law）明令禁
止将该处房产用作工业用途。芝加哥市议会曾于 1923 年制定了
《城市区划法》，该法出台后，立刻受到平房区居民的欢迎，因为
该法可以将危害居民利益的企业拒之门外[9]。拉特先生的律师对
居民的诉求提出了抗议，认为《城市区划法》在这个案件中不
适用，就连区划法上诉委员会也承认了这一点。因为事实上，
一家混凝土砖块制造工厂目前就建在这块地上。后来，拉特扬
言要在这块地上建造三座平房，然后租给非裔美国人，以此来
引起当地居民的注意。最终，居民们还是让卡梅隆·拉特建造
了冰库，因为他们宁愿与企业为邻，也不愿意与黑人为邻。次
年 12 月，美国西南改良俱乐部联合会召开会议，宣布他们希望
禁止有色人种进入任何西南社区，并且呼吁实施种族限制性契
约。然而，具有讽刺意味的是，1929 年 2 月，为庆祝林肯 120
周年诞辰，位于芝加哥草坪社区 62 街的长老会与圣路易斯教会
联合举办了"跨种族星期天"活动，邀请黑人牧师和一个黑人
合唱团与附近的白人一同祈祷。虽然非裔美国人可以在芝加哥
草坪社区唱歌、讲道和祈祷，但在 20 世纪 20 年代的美国，他
们是不能住在这里的[10]。

黑人大都会

种族限制性契约规定，白人房产持有者不得将房子出租或出售给黑人。该规定在 20 世纪 20 年代开始流行，目的是防止白人社区中有黑人居住。种族限制性契约、《城市区划法》和地块划分规则成为 20 世纪 20 年代芝加哥控制城市和郊区各方面发展的重要法规。因为种族限制性契约覆盖了全市的中产阶级白人社区，所以对非裔美国人来说，这意味着他们将被该市的大部分住宅市场拒之门外。1926 年，最高法院驳回了科里根诉巴克利一案的上诉，支持被告使用私人种族隔离协议的原判。1927 年秋季，芝加哥房地产委员会向全市各区派出发言人，宣传此类协议。不到一年，这类契约就延伸到了南区。因为开发商在合同中惯用种族限制性条款，所以甚至连郊区的居民在租售住房时也开始签署此类协议。工人阶层居住区一般没有种族限制性条款，因为这些居住区对黑人中产阶级没有吸引力，而且这些地区往往充斥着暴力威胁，使得非裔美国人不愿意在此寻找住房[11]。

虽然暴力和限制性契约限制了黑人的住房选择，但他们仍然继续在实行种族隔离的芝加哥市内建立自己的社区。显然，不断增长的黑人人口需要更多的住房。总的来说，1919 年的种族骚乱之后，芝加哥房地产委员会虽然限制了黑人的住房选择，但确实意识到，需要规划建设一片更大面积的黑人住宅区。20 年代初，大批白人迁离了这些规划地区。1920 年，黑人仅占南城区华盛顿

公园社区居民人口的 15%；而十年后，该社区的居民增加了近
6 000 人，非裔美国人占了总人口的 92%。因为非裔美国人中的中
产阶级搬进了华盛顿公园社区东部较好的住房中，州立街仍然是
华盛顿公园社区的社会阶层的边界线。

　　其实，在格兰德大道社区的北部，这种种族变化早就开始了。
在 1920 年，黑人仅占该社区 8.7 万人口中的 32%，仍然有大量的
爱尔兰人和犹太人居住在这里。十年后，该地区的人口增长到
10.3 万人，其中黑人占了总人口的 94.6%。于是，格兰德大道社
区彻底变成了贫民区。格兰德大道社区成为不断扩大的布朗茨维
尔社区的中心区域。这两个地区在许多方面为 1919 年后的芝加哥
种族更替确定了模式。黑人中产阶级想要更好的住房，于是搬到
了被白人中产阶级遗弃的地区。尽管受到白人的抵制，但是居民
的种族结构还是很快发生了变化。因此，芝加哥的白人希望这些
限制性条款能够限制黑人住宅的扩张[12]。

　　由于被排除在更广阔的城市之外，非裔美国人试图在芝加哥
的南部建立自己的城市。黑人领袖成立了一些机构来帮助创建
"黑人都市"，或者称为"布朗茨维尔"。就像欧洲的移民一样，芝
加哥的非裔美国人也为芝加哥南部地区的许多机构打下了基础。
在 19 世纪与 20 世纪之交，芝加哥只有十几座黑人教堂，而 15 年
后，这一数量就翻了一番，黑人教堂已经成为布朗茨维尔最古老
的机构。1847 年，芝加哥黑人成立了黑人卫理公会并建了奎因教
堂——这是芝加哥最古老的黑人教堂。三年后，黑人浸信会信徒
建立了西尼亚浸信会。1850 年，其他非裔美国浸信会教徒建立了
锡安山浸信会，并很快与前者合并为奥利弗浸信会。奥利弗浸信

会在黑人大迁徙中发挥了核心作用，成为到这里来寻找工作和住房的南方黑人的信息中心。20 世纪 20 年代，奥利弗浸信会拥有大约 1 万名信徒，自称是世界上最大的新教教会，与黑人卫理公会一样在芝加哥的黑人居民中享有极高的地位。其他教会也纷纷在布朗茨维尔建立起各自的教堂，这些教堂随之呈现出级别高低的差异，既有历史悠久的新教教堂，也有临街的小教堂，不一而足。

布朗茨维尔社区的非宗教机构也在发展。由丹尼尔·黑尔·威廉姆斯（Daniel Hale Williams）博士于 1891 年创建的节约医院是芝加哥最具雄心的黑人非宗教机构。最初是想把它建成一家欢迎多种族的医院，然而在 20 世纪初，种族歧视的现实意味着节约医院终将会发展为一家几乎完全属于黑人的机构。到 1916 年时，该院几乎所有的医生和除了护理督导外的所有护士均为黑人。此外，布朗茨维尔还有其他许多的机构，例如妇女俱乐部、基督教青年会等[13]。

其他类型的生意也在布朗茨维尔的街道上蓬勃发展：杂货店、理发店、服装杂货铺和其他小商铺在繁忙的街道两旁林立。酒馆、夜总会全都体现出"黑带区"的主要特征。位于第 35 街以南的州立街是芝加哥著名的商业步行街，但 20 世纪 20 年代开始逐渐衰落，于是许多黑人的娱乐场所向南迁移到了格兰德大道，很快，从州立街向东到南公园路的第 47 街成为该社区的娱乐圣地。1927 年 11 月 23 日，布朗茨维尔的第一家大型商业舞厅——位于南公园路的萨沃伊舞厅——开业。1928 年，皇家剧院开业，这座可容纳 3 500 人的电影院是巴拉班·卡茨连锁影院的一部分，它既播放电影，又有现场表演，因此成为几代黑人艺人的容身之所。

芝加哥很快成为一种新型城市音乐——爵士乐——的中心。人们普遍认为，新奥尔良的爵士音乐家们是在 1917 年 11 月中旬美国海军关闭了臭名昭著的斯托里维尔红灯区后才开始来到芝加哥的。事实上，新奥尔良市的妓院和舞厅只是分散到了城市的其他地方，音乐家们并没有必要离开那座城市。芝加哥之所以吸引黑人爵士音乐家们，是因为它本身所具有的城市优势。它为黑人音乐家提供了更多的机会，尤其是在第一次世界大战期间和战后，由于大迁徙，芝加哥南区大部分地方的面貌发生了很大的变化。

大胆前卫的《芝加哥论坛报》早在 1906 年就宣称"黑人在音乐领域有前途"，虽然报纸所说的"音乐领域"可能指的是白人所熟悉的滑稽歌舞表演①和歌舞杂耍表演②，但它也表明，娱乐业为黑人提供了一个可以从事一种为社会所接受的职业的机会。白人对职业的偏见使南区成为非裔美国人夜生活的乐园。对于黑人音乐家来说，夜生活为他们提供了施展才华的机会；而对企业家来说，这是一个极好的投资项目。

因为很多领域都禁止黑人商业投资者进行投资，所以他们就把主要精力都集中在赌博和娱乐业上。20 世纪的爵士乐与行业协会以及娱乐生活联系密切。事实证明，最初出现在州立街上、后

---

① 19 世纪，美国逐渐出现了滑稽歌舞表演这一表演形式——白人用炭把脸涂黑扮演黑人角色。演员除了涂脸，通常还要画非常夸张滑稽的大红嘴唇，表演黑人的歌舞及其他滑稽的动作。由于当时的社会背景是白人群体对黑人的压迫和鄙夷，所以这类表演的剧情通常包含对黑人群体特征的过度夸张和嘲讽的成分。

② 大概在 1880—1930 年，美国本土最主要的娱乐形式就是歌舞杂耍表演。歌舞杂耍表演包括演唱、杂技、戏剧、舞蹈、魔术、柔术、读心术等。

来出现在格兰德大道上的夜总会十分有吸引力，许多可以满足不同种族顾客需要的爵士乐俱乐部纷纷在这座城市开业。如雨后春笋般出现的俱乐部把州立街和后来的第 40 街变成了不夜城。诗人兰斯顿·休斯（Langston Hughes）在 1918 年访问第 35 街和州立街时曾评论说："这里的午夜就如同白天一样。"

虽然局外人经常指出这些场所的罪恶，但爵士乐俱乐部并不经营跨种族的色情生意。1919 年种族骚乱后，一些爵士乐俱乐部不再接待白人顾客，而是成为非裔美国人的社区机构。其他爵士乐俱乐部则只在清晨时分营业，而这个时段并不是白人顾客的活动时间。

夜总会还经常与当地的共和党有联系。美国内战以来，绝大多数非裔美国人都支持"伟大的黑奴解放者"林肯所在的共和党，但他们对共和党的忠诚只持续到 20 世纪 30 年代。芝加哥市长汤普森对黑人选民做出的承诺大多没有兑现，就像他对白人有组织的犯罪视而不见一样。每当涉及爵士乐俱乐部时，他都往往避而不谈。1919 年，弗吉尔·威廉姆斯（Virgil Williams）在他位于南城区的皇家花园舞厅举办"第 2 选区和谐大晚宴"来款待那些黑人和白人政客。当共和党在芝加哥举行全国代表大会时，他还在皇家花园舞厅为政客们提供娱乐活动。而作为回报，汤普森则为南城区的地下酒吧提供保护，因此，尽管有时候执法过度的联邦特工会关闭这些酒吧，但汤普森会通过快速发放营业执照让它们继续营业，而这些执照大多是以"饮料"店营业执照的名义发放的。

1926 年，尽管受到白人工会的反对，但市中心的酒店和俱乐部还是开始雇用一些非裔美国音乐家。路易斯·阿姆斯特朗①（Louis Armstrong）就曾在沃巴什大街著名的黑鹰餐厅演奏过。像"大学旅馆"和"巴尔·塔巴林"这样的俱乐部都以演奏爵士乐为特色。虽然黑人可以在白人开的俱乐部里表演，但这些俱乐部仍然不对黑人顾客开放。种族隔离在芝加哥南城区继续存在，并由此促进了独立的黑人音乐运动的发展，创造了一种非常复杂的城市爵士乐，这种音乐形式往往受到芝加哥多元文化的影响。

　　对于来到芝加哥的黑人来说，爵士音乐家代表着城市的精英阶层。他们穿着优雅的燕尾服，与歌舞杂耍表演中描绘的衣衫褴褛的黑人形象截然不同。像厄尔·海因斯②（Earl Hines）这样的男人，无论在黑人还是白人观众眼中，都代表着最优秀的演奏家。夜总会歌舞表演的国际性要求音乐家们要守时、穿着得体，并在舞台上时刻保持清醒。非裔美国人乐团的指挥戴夫·佩顿（Dave Peyton）总是不厌其烦地指出，他的乐手们应该避免一些坏习惯，例如迟到、抽烟、喝酒以及大声喧哗。厄尔·海因斯则对迟到的乐手处以每分钟 5 美元的高额罚款。在夜总会进行歌舞表演的音乐人很快就学会了要注意细节，并严格执行芝加哥夜总会的规定。这些针对音乐人的规定在许多方面反映出，新兴的产业模式已开始影响芝加哥传统行业的从业者，他们也是时候接受新的行业规范了[14]。

----

①　路易斯·阿姆斯特朗：美国乃至世界著名的小号演奏家，被视为爵士乐的标志。
②　厄尔·海因斯：美国爵士钢琴家、乐队指挥家，被称为"现代爵士钢琴第一人"。

爵士乐与棒球

　　20 世纪 20 年代，爵士乐俱乐部吸引了大量"找乐子的人"来到布朗茨维尔，从而给美国人的娱乐形式带来了许多变化。旧的娱乐形式因新的通信技术而发生了革命性的变化，发展出一种新的面向城市的大众文化。电影迅速地流行起来，吸引了大批观众。卢普区的一些大剧院每周都会吸引成千上万的观众来观看电影或由最优秀的歌舞杂耍演员出演的华丽的舞台剧。1927 年，芝加哥剧院平均每周接待 4.6 万名观众，麦克维克斯剧院每周有 2.2 万人光顾，东方剧院则有 4.3 万人观看"演出"。种族文化和草根文化已经在芝加哥的社区里生根发芽。在皮尔森和其他工薪阶层地区，当地的剧团在第 18 街的塔利亚大厅等场所上演反映当地阶级问题和种族问题的戏剧。很早以前，德国移民、捷克移民和其他种族的移民就在芝加哥当地的大厅、沙龙和学校里建立了剧院。20 世纪初，随着大型社区电影院的出现，原本那种强调族裔色彩的文化在很大程度上被更广泛的大众流行文化所取代。电影院把美国式的娱乐带给了那些因移民限制而刚刚与家乡隔绝的少数族裔。许多剧院，像阿尔文剧院、人民剧院和阿罗剧院，都为几代芝加哥少数族裔的工薪阶层提供了娱乐服务。虽然这些剧院偶尔也会放映一些民族电影，但在标准的美国电影帮助下，一种改变了美国城市的大众流行文化产生了。

　　除了大剧院，一些像比约斯梦想剧院、专为女性开设的乐队包厢剧院和亚当斯剧院这样的小剧院也纷纷在卢普区开业。其中，亚当斯剧院在早期的两起民权案件中扮演了重要的角色。由于亚当斯剧院拒绝让黑人在主楼层就座，1923年，美国全国有色人种协进会就此提起诉讼，最终剧院老板同意为黑人在主楼层安排座位。但当亚当斯剧院的一名引座员试图强迫黑人观众坐在第一排时，再一次发生了侵犯民权的事件。虽然法院审理的案件结果令人喜忧参半，但这预示着法院即将采取行动，并为最终推翻种族隔离制度埋下了伏笔[15]。

　　除了电影，唱片和广播也成为娱乐革命的一部分。1921年，西屋电气公司旗下的KYW电台开播，这是芝加哥市的第一家广播电台。次年4月13日，《芝加哥每日新闻》和公平百货商店联合开办了WGU广播电台。接着，在1924年，论坛报业集团转而经营WGN广播电台，它的电台呼号让芝加哥人想起了该报的报头格言"世界上最伟大的报纸"[16]。随着芝加哥成为主要的广播中心，其他媒体也迅速跟进。与当地的剧院一样，无线电波也把宗教、种族和文化节目带进了芝加哥的千家万户。最终，作为芝加哥劳工联合会喉舌的WCFL广播电台，把"阶层"问题展现在听众面前。事实证明，这种新的交流形式在早期是非常灵活和民主的。布鲁诺·齐林斯基（Bruno Zielinski）的节目为少数族裔社区提供了娱乐服务。齐林斯基在WEDC电台的一档名为《西基尔科家族的麻烦》（*Troubles of the Siekierki Family*）的节目中扮演了一个滑稽的芝加哥波兰裔美国人的儿子[17]。20世纪30年代是这类节目的鼎盛时期，意第绪语、立陶宛语、德语、捷克语节目和黑人节目充斥着芝加哥和其他大城市的广播电台。虽然广播保留了当地的民族文化，但也引入了一些全国性的节目，给芝加哥的听众们带来了不同的视角。在 20 世纪二三十年代，少数民族仍然抵制美国的主流文化；而至少在一段时间内，新技术使当地的娱乐传统得以有效地延续下去。

　　棒球运动把芝加哥的男青年从社区的沙土空地聚集到大型的联赛体育场。1901 年，新的美国联盟加入了 1876 年成立的国家联盟。两年后，来自芝加哥的白袜队和小熊队就参加了第一次世界棒球大赛。仅仅三年之后，两队就开始争夺冠军。但在 20 世纪20 年代，真正让美国公众为之振奋的是贝比·鲁斯（Babe Ruth）带领的洋基队，并且让棒球运动在 1919 年灾难性的黑袜丑闻①事件后重新焕发了活力。洋基队在 20 年代赢得了 6 次美国联赛冠军和 3 次世界冠军。查尔斯·科米斯基（Charles Comiskey）发现这有利可图，认为有必要在科米斯基体育场的外场搭建新的观众席，以吸引那些想观看白袜队和洋基队比赛的观众。

　　但是，芝加哥很快就将拥有一支自己的冠军球队：1929 年，芝加哥小熊队赢得了 11 年来的第一个全国联赛冠军，由此拉开了小熊队第二个黄金时代的序幕。小熊队曾在 19 世纪八九十年代称霸整个棒球界，之后的整个 20 世纪 30 年代，他们一直每三年就能夺得一次桂冠。但这支球队在 1929 年参加世界大赛时似乎受到

---

　　① 黑袜丑闻是美国棒球比赛史上的一次赌博丑闻。1919 年，代表美国联盟的芝加哥白袜队在与代表国家联盟的辛辛那提红人队之间的比赛中打假球，故意输掉比赛。此后，白袜被戏称为"黑袜"。芝加哥白袜队曾是一支所向披靡的职业棒球队，可是1919 年爆发的黑袜丑闻彻底改变了这支球队的命运。在"黑袜魔咒"的笼罩下，白袜队直到 1959 年才重返世界大赛，直到 2005 年才重获大赛冠军。

了诅咒：哈克·威尔逊（Hack Wilson）在众目睽睽下丢了一个球，小熊队在第四场比赛的第八局以 8 比 10 的比分丢掉了领先优势。康尼·麦克（Connie Mack）率领的费城人队在五场比赛中击败了主教练为乔·麦卡锡（Joe McCarthy）的小熊队，赢得了世界大赛冠军。威尔逊的失误使人回想起 1918 年的世界大赛，当时年轻的右外野手莱弗蒂·泰勒（Lefty Tyler）在第六局打了一个平飞球，让红袜队得了两分。遗憾的是，小熊队在之后的整个世纪里都被失误所困扰[18]。

无马马车

1913 年，亨利·福特（Henry Ford）在他位于密歇根州海兰德小镇的工厂引进了装配线，从而使汽车工业和整个美国发生了巨大的改变。美国人对汽车的喜爱使 T 型车迅速成为家喻户晓的词汇。对于广大的中产阶级来说，汽车是他们可以买得起的商品；对于一些工人来说，汽车也不完全是可望而不可即的东西。虽然没有多少人清楚 1913 年出现的现代装配线会对他们的生活产生什么样的影响，但芝加哥将再也不会和从前一样了。

芝加哥市民是新式无马马车①的早期支持者。1895 年，汽车行业的先驱吉姆斯·弗兰克·杜里埃②（J. Frank Duryea）赢得了

---

① 汽车刚一出现时曾被称为无马马车。
② 吉姆斯·弗兰克·杜里埃：美国的一位汽车发明家，与其兄一起制造了美国最早的汽油驱动汽车，他的哥哥被称为"美国汽车之父"。

美国第一场汽车比赛。该活动由《芝加哥时报》（*Chicago Times*）的出版商 H. H. 科尔萨特（H. H. Kohlsaat）组织，原本计划从芝加哥开到威斯康星州的密尔沃基市，但威斯康星州拉辛市北部的道路状况不好，迫使比赛改变了原来雄心勃勃的计划。感恩节那天，比赛路线改为从芝加哥市的杰克逊公园开到埃文斯顿市，然后再开回来。结果，只有两辆车跑完了全程，杜里埃以平均每小时 7 英里的速度完成了 54.36 英里的赛程，赢得了 5 000 美元的奖金。尽管比赛前芝加哥下了一场暴风雪，路上有一英尺厚的积雪，但他只用了 3.5 加仑的汽油就跑完了全程。与此同时，还举行了首届车展，这是一次规模不大的展览会，共展出了 12 辆汽车[19]。

一些有远见的人认为，汽车将会使城市受益良多。1897 年，市议员查尔斯·F. 冈瑟（Charles F. Gunther）提出了多项建议，希望汽车和无马公交车能成为城市街道上的主要交通工具。作为更新有轨公交车特许经营权措施的一部分，他提议在街道上铺设沥青路面，并且预言，马匹和恶臭的粪便将会从街道上消失，取而代之的将是拥有橡胶轮胎的汽车，人们的出行和货物的运送将变得快捷而又安静。冈瑟说："在我看来，汽车解决了这个问题。"他还把芝加哥称为"美国的巴黎"，意思是说，就像法国的首都巴黎一样，在新的交通方式上，芝加哥应该走在前列。《无马马车》（*Horseless Carriage*）杂志的编辑 E. P. 英格索尔（E. P. Ingersoll）甚至设想最终拆除城市街道上有轨公交车的轨道，并称此举为"无法估量的进步"[20]。

芝加哥成为早期的汽车制造中心。在 20 世纪的头十年里，在芝加哥新成立了 28 家公司，生产出 68 种型号的汽车，芝加哥也因开发出深受广大消费者欢迎的"高轮车"而闻名。然而由于第一次世界大战爆发，芝加哥的汽车工业衰落了。不过，芝加哥却成为汽车零部件生产的重要中心[21]。

随着 20 世纪的到来，汽车给芝加哥的市民带来了机遇，但同时也带来了一个问题。当时，汽车主要是富人们的玩具，他们在周日时驾驶着汽车在公园里兜兜风。和其他的许多新发明一样，当地政府最初也不知道该如何对待这些新出现的汽车。许多人仍然把汽车和自行车归为一类，而自行车似乎是一种更实用的交通工具。骑自行车的人坚持要求铺设更好的道路，并将这些要求提交芝加哥市政府以及伊利诺伊州政府。1899 年，骑自行车的市民赢得了一条自行车专用道。接着，富有的汽车车主也紧随其后，要求铺设沥青路面，而不是传统的鹅卵石街道。然而，早期的汽车经常回火，惊吓到马匹和行人。司机对行人也毫不尊重，经常把车停在人行道上。

1899 年 6 月，芝加哥富有的司机打算以巴黎汽车俱乐部为样板，成立一家汽车俱乐部。该俱乐部成立的初衷是希望维护车主的利益，反对南部公园管理委员会的禁止汽车在该区街道上行驶的规定，认为这一做法阻碍了汽车行业的进步。该俱乐部的组织者是罗伯特·肖（Robert Shaw）和 C. E. 伍兹（C. E. Woods）（一家早期的汽车制造商费舍尔设备公司的总经理）。最初，俱乐部大约有 50 名会员。俱乐部成立后的首要目标就是推翻南部公园管理委员会的决定。6 月 16 日，南部公园区的警察阻止蒙哥马利·沃德和罗伯特·肖在密歇根大街上开车。不过，仍有一些司机不顾法律规定驾车上街。

　　市政府和州政府均试图对这种新型的交通工具及其拥有者进行监管。1899 年，哈里森二世市长要求政府首席法务官起草一项法令，规定对所有打算开车穿过街道或公园的人进行检查，然后发放执照。《芝加哥论坛报》赞扬了这位市长的决定，指出巴黎也有类似的法律，并声称总有一天司机必须得接受行驶速度和开车技能方面的监管。该报还认为："在芝加哥的马匹逐渐适应新的交通秩序之时，特别是在今后的几年里，公众当然希望只有驾车技能合格的司机才能驾驶这种新型的交通工具。"于是，一项要求司机在芝加哥取得驾照的法令于 1900 年 5 月 8 日生效。当时，有四名女性获得了驾照，其中包括朱利亚·布拉肯（Julia Bracken），她是芝加哥第一位持有驾照的女性。

这是一则芝加哥汽车学院的广告，广告中的女士也正在看
一则芝加哥汽车学院的广告，并深受吸引。

　　1902 年 12 月，芝加哥市议会要求在每辆汽车上都标上号码，以便于识别。芝加哥的司机对此表示强烈抗议，认为挂牌照会有

损车容。在要求汽车安装某种形式的车牌方面，其他城市要远远领先于芝加哥。出租车司机 A. C. 班克（A. C. Banker）带头反对该条例。1905 年，芝加哥汽车俱乐部起草了一项法律，提交给斯普林菲尔德市的立法机构，呼吁对汽车的行驶速度进行监管，并要求所有的汽车都必须由伊利诺伊州驾照管理办公室颁发牌照。该法律规定，在交通拥挤的地区限速为每小时 10 英里，人口较少的地区限速为每小时 15 英里，如果超速则罚款并吊销牌照。拟议中的法律同时还规定，慢速车辆靠右侧行驶，让速度更快的车辆从左侧超车。这项规定专门针对那些"沿着乡间小路悠闲地开着车，不愿为速度快的汽车让路"的农民司机。显然，外出的城市居民在乡下开车时不希望因当地农民挡路而减速。到 1907 年，伊利诺伊州向司机发放了驾照。同时，当地政府继续寻找处理汽车问题的方法。然而，问题仍然存在。有报道称，1910 年芝加哥有 5 000 多辆汽车在无照行驶，其中部分原因是缺乏相关法律要求司机出示其驾照。由于芝加哥市和伊利诺伊州都在发放驾照，加上执法方面的困难，关于汽车管理的难题仍然存在。1913 年，伊利诺伊州最高法院裁定该州的驾照法无效。虽然州法律仍未最终确定，但法院支持了芝加哥收取驾照费用的规定。到 1916 年时，州法律已经被重新修改，取得州驾照要支付 6 美元的费用。那一年，据伊利诺伊州报告，该州有近 25 万辆有牌照的汽车[22]。

　　1901 年，芝加哥举办了首届芝加哥汽车展。当时，每一万居民中只有一人拥有汽车。这是该市首次举办大型室内车展。3 月 22 日是车展的第一天，来宾均为受邀人员，预计有 2 万人参加。展览会于翌日晚上 7：00 向公众开放。组织者预计此次车展将成为全国规模最大的一次，届时将有 80 家制造商展出他们的汽车。此外，展览会还设有一条室内赛道，公众可以乘坐展出的任何一款汽车；《芝加哥论坛报》预测，这将是一场"堪比赛马的社会活动"。一位参观者说，开幕式的观众人数是纽约车展的三倍[23]。

尽管存在法律和其他方面的棘手问题，但芝加哥和整个美国还是接纳了汽车这种新兴的事物。到 20 世纪 20 年代，汽车似乎已经无处不在。伯纳姆和贝内特的"1909 年规划"计划修建宽阔的林荫大道并拓宽密歇根大街，这一规划鼓励了汽车这种新的交通形式。报纸上还有专门报道汽车的专栏，如 J. L. 詹金（J. L. Jenkin）在《芝加哥论坛报》上开设的专栏。1925 年 1 月，正值美国进入 20 世纪 20 年代的繁荣时期，芝加哥计划委员会的一位主管尤金·S. 泰勒（Eugene S. Taylor）在一次美国筑路工人协会召开的会议上发表了讲话。泰勒支持修建更宽更好的道路，他呼吁修建一条环城高速公路。他还代表司机乐观地指出了芝加哥已经取得的进步。尽管泰勒声称芝加哥街道上的汽车数量每年增加 5 万辆，但他认为芝加哥在处理日益拥挤的交通问题上做得很好。他进一步指出，1921 年新落成的密歇根大街桥使交通流量增加了 700％。首席公路工程师弗兰克·T. 希茨（Frank T. Sheets）也在会上发表了讲话，强调了维护伊利诺伊州公路的重要性。随着大会的召开，一场"优质道路展"在芝加哥体育馆拉开帷幕。组织者预计有大约 2 万名观众来参观展览。280 家参展商带来了数吨重的重型机械和挖掘机向公众展出。那时的芝加哥正以每天新增 137 辆车的速度飞速进入汽车时代[24]。

当月晚些时候，芝加哥弗林特公司的总裁 H. J. 罗森伯格

（H. J. Rosenberg）宣称，"汽车改变了文明世界的面貌。"威尔斯·圣克莱尔公司的总裁、实业家 C. H. 威尔斯（C. H. Wills）甚至宣称，汽车是"对人类无价的恩惠"。他指出了该市郊区的发展，认为"如果没有汽车，现在城市外围无尽的土地仍将是农田"。威尔斯还声称，更重要的是，汽车把农民从封闭的状态中解救出来，增加了他们的财富。他坚持认为，汽车改变了人性，使整个美国变成"一座城市"；汽车对国家的意义就像血液循环对人体的意义一样。他甚至还提到了美国的开国元勋，声称这种新的交通工具有助于将"亚当斯、汉考克和杰斐逊的思想"付诸实践。至少汽车的支持者们认为，汽车把整个国家团结为一体，实现了其开创者的预言。

图片中印第安纳州密歇根市周围的沙丘地带为芝加哥人提供了一个就近的度假胜地。在州际公路铺设好之前，汽车在等待从芝加哥驶来的客船。

　　虽然汽车行业领袖的此类声明是在意料之中，但汽车的负面效应也很快显现出来。林肯公园的管理人员发现，公园里的交通问题让其不堪重负，因为这是卢普区和北城住宅区之间唯一一条直通线路。从早上 7 点到晚上 7 点，平均每小时有 3 506 辆汽车沿着林肯公园的湖滨大道行驶，至少有 1 544 辆车通过林肯公园内的斯托克顿大道，总计 5 000 多辆车通过林肯公园。公共汽车的开通加剧了公园内的交通拥挤状况。1924 年，1 420 辆汽车在公园内的交通事故中受损。林肯公园的设计初衷只是为了让人们驾着马车兜风，所以现在公园的管理人员不得不重新进行设计。在 1925 年之前的 8 年间，他们不但拓宽了公园的入口，消除了许多弯道，还开通了一条从俄亥俄州到韦伯斯特街的滨湖大道，并计划把该线路一直延伸到欧文公园大道，将林肯公园与南部公园连接起来，让从南部开往北部的车辆避开卢普区。

　　西区也同样被交通拥堵问题所困扰。1929 年，芝加哥西部公园委员会试图拓宽并铺设一条大道。当地纳税人对该项目的评估结果表示反感，声称更多的交通实际上损害了土地的价值。观察人士指出，汽车甚至给小巷也造成了拥堵。芝加哥汽车俱乐部组织的一项测试显示，西区林荫大道的交通明显是芝加哥市最慢的。一些人认为，拟建的高速公路至少可以部分地解决这个问题[25]。

　　到了 20 世纪 20 年代中期，汽车带来的麻烦已经不仅仅是交通拥堵，当时它被称为库克县"最具威力的暴力死亡杀手"。1924 年，库克县有 684 名男性、女性成人和儿童死于车祸，比 1923 年 721 人的死亡记录减少了 5％。县验尸官奥斯卡·沃尔夫（Oscar Wolff）认为车速过快是造成死亡的主要原因。沃尔夫提出了一项法案，要求对伊利诺伊州的所有驾驶员进行"精神和身体检查"。他指出，东海岸各州已经向所有驾驶员发放了驾照，死亡率已经有所下降。沃尔夫还说，被撞死的行人往往要么年纪较大，要么年纪很小，驾驶员稍微谨慎一点就能挽救生命。他还警告说，当小孩子在附近时，汽车应该减速[26]。整个 20 世纪 20 年代，因车祸造成的死亡问题一直存在，车祸死亡率持续上升，直到 1929 年才出现 6％的下降。1929 年，库克县有 1 022 人死于车祸。1927年时这一数字为 969 人，1928 年时这一数字则为创纪录的 1 089人。由于 1928 年的死亡人数，芝加哥市法院首席大法官哈里・奥尔森于 1929 年初重新开放了交通法庭。奥尔森指出，"车祸造成的死亡人数是凶杀死亡人数的三倍"。1929 年车祸死亡人数的减少是由于城市交通事故的急剧下降。1928 年，芝加哥交通事故的数量为 916 起，1929 年则降至 799 起。人们认为，安全教育起到了积极的作用。铁路道口也经常发生交通事故，所以司机应当停车下来查看，确认是否有火车正在通过[27]。

　　到 1928 年时，汽车的发展已经重塑了美国的工业格局。那一年，汽车工业（汽车制造和零部件生产）取代了铁路，成为钢铁的最大用户。据称，接下来的一年将是该行业更辉煌的一年。在1 月初的纽约车展上，有人预测 1929 年的汽车产量将达到 600 万辆。随着爵士乐时代的经济繁荣，这一预测似乎并不离谱。芝加哥人也期待着那个月晚些时候的汽车展。事实上，尽管预计需求量会有所下降，但 10 月的汽车销量还是创下了历史新高。然而，随着同年 10 月股市的崩盘，20 世纪 20 年代的乐观情绪戛然而止，汽车行业的繁荣局面将宣告结束。

为了满足对更优质道路的需求，1929 年伊利诺伊州首次对汽油征税。伊利诺伊州是美国最后一个征收汽油税的州。因为吸引了众多来自征税州的司机来这里加油，所以许多加油站都建在伊利诺伊州与威斯康星州和印第安纳州的边境附近。芝加哥反对征收汽油税，但失败了。1929 年 8 月 1 日午夜，伊利诺伊州的立法委员开始推行对每加仑汽油征收 3 美分税费的政策，这导致前一天晚上加油站发生了抢购。汽车司机把油箱、罐子和油桶都装满了汽油，加油站的销量也因此创下了纪录[28]。

尽管拥有私家车的人越来越多，但在 20 世纪 20 年代，芝加哥地区仍然严重依赖公共交通。自从 19 世纪公交车问世以来，卢普区一直是这个庞大的公交系统的中心。尽管存在种种问题，但该市仍然维持着一个可用的公共交通系统。有轨电车在芝加哥主要的商业街上来回穿梭。主要在城市林荫大道上行驶的公共汽车也加入了这个繁忙的运输行列。城铁在人们的头顶呼啸而过，而一批又一批关于新建地铁系统的建议似乎每年都在不断被提出。早在 1915 年以前，芝加哥就已经拥有了一个庞大的城际有轨电车系统，它将芝加哥的外围郊区和其他一些城市连接起来，从北部的密尔沃基和西北部的迪卡尔布，到西南部的乔利埃特市和奥罗拉市，甚至延伸到印第安纳州的南本德市。在南区，一条城际有轨电车将芝加哥偏远的南郊与阿彻大街和西塞罗大道连接起来，到达这里的乘客可以再乘坐其他公共交通工具进入卢普区[29]。

许多通勤铁路也把这片地区连接起来。到 19 世纪 80 年代，有 15 条铁路从城市延伸到不断发展的郊区。1925 年，18 条通勤铁路要求将票价提高 20%，芝加哥地区的居民对此反应强烈。一

位通勤者称赞伊利诺伊州中央铁路公司实现了该公司线路的电气
化，并要求其他铁路公司效仿该公司的做法。这位通勤者还说：
"可以将票价提高 20%，但铁路必须实现电气化。"郊区居民认
为，冒着滚滚浓烟的蒸汽火车应当被清洁的现代交通方式取代。
伊利诺伊州中央铁路公司的记录显示，电气化实际上大大加快了
郊区通勤者前往市中心的速度，并消除了令人讨厌的烟尘，避免
它们落在乘客身上弄脏衣服。城市居民也对票价上涨提出抗议。
当铁路公司试图在车厢里张贴广告来增加收入时，通勤者们又开
始抱怨。西北铁路公司拆除了车厢里的行李架，以便乘客能够看
到广告。以前，郊区居民坐在座位上时，包裹和行李箱都是放在
行李架上的，但现在这种权利似乎被剥夺了，乘客们不得不把行李
包裹挤放在座位上，而此时铁路公司却要提高票价。迫于北部郊区
居民抗议的压力，该铁路公司总裁迅速撤销了这一决定。与此同时，
铁路公司则在不断抱怨通勤火车亏损。尽管在 20 世纪 20 年代并没
有数据显示由于汽车的出现导致了铁路乘客人数的减少，但这是非
常有可能的。实际上，虽然一些人放弃了火车通勤而选择开车去上
班，但郊区的发展带来的通勤人数的增加最初抵消了这部分流失的
通勤者。然而，汽车开始进入还没有开通铁路线的郊区。早在 1916
年，随着由建筑师霍华德·范·多伦·肖（Howard Van Doren
Shaw）设计的森林湖集市广场购物中心和位于威尔梅特村的西班
牙大卖场的建设，一种可以方便汽车停泊的购物中心在郊区出现
了。这是一种集零售、办公、住宅公寓和宽敞的停车场于一体的
购物中心。到 1930 年时，1/8 的芝加哥市民已经拥有了汽车。尽
管汽车的发展仍需时日，但它已经重新定义了芝加哥地区[30]。

1915 年以前，大型城际电力火车将芝加哥与中西部地区的
城市和乡镇连接起来。图为 1907 年前后的芝加哥—奥罗拉—
埃尔金城际列车。

汽车对休闲娱乐的影响几乎是与汽车的发展相伴而生的。汽
车给人们带来前所未有的便捷。芝加哥市民可以开车到城郊的路
边小店去从事各种活动，有合法的，也有非法的。有些郊区店铺
会迎合一些顾客的特殊需求：这些人在郊区时，可能会与平时在
市里邻居面前或警方监视下判若两人。阿彻大街、奥格登大街和
密尔沃基大街的路边小店开始用非法饮酒、赌博和卖淫来吸引前
来寻欢作乐的人。父母们开始担心自己孩子的"乘车"约会和性
道德问题，因为孩子们现在都不在家里的门廊或客厅谈情说爱了。

黑帮是更令人关注的问题。很难想象，如果没有了汽车，卡
彭①团伙会是什么样子？汽车使驾车射击和流动作案成为可能。

---

① 卡彭：芝加哥黑帮教父，1925—1931 年掌权，是黑手党"暴徒时代"当仁不
让的标志。

1929年的情人节，克拉克街的一个车库发生了一起骇人听闻的凶杀案。敌对帮派杀死了约翰·奥伯塔①（John Oberta）和他的司机。另外，经常会有一些流氓因买不起汽车而乘坐出租车作案。联合牲畜交易市场劳工领袖约翰·基库尔斯基（John Kikulski）和斯坦利·罗科斯茨（Stanley Rokosz）都是在遭到暴徒袭击后死亡的，而这些暴徒都是乘坐出租车到达和离开杀人现场的。

黑帮

芝加哥作为美国黑帮之都的名声始于20世纪20年代。1927年，芝加哥大学历史学家威廉·E. 多德（William E. Dodd）在发表演讲时称，多年来芝加哥对违法犯罪包庇纵容、视而不见，现在已经自食其果。他还表示，对印第安人的一贯掠夺，州政府对联邦法律的无视，以及19世纪末强盗资本家对市政府的操纵，这些都导致了芝加哥腐败风气的盛行。"外来移民们读到的都是些关于违法行为的耸人听闻的头条新闻，受此影响，他们也试图以身试法，并且能够逍遥法外。在中西部所有的地方中，芝加哥是受这些违法行为的影响最为严重的城市。犯罪越是普遍的地方，犯罪增长得就越快。"[31] 同年，市长候选人爱德华·R. 利辛格（Edward R. Litsinger）称芝加哥为美国的"犯罪之都"。该市的谋

---

① 约翰·奥伯塔：美国黑帮成员。在他童年时，小朋友根据连环画中的一个人物给他取了个外号"笨蛋"（The Dingbat），之后一直被他延用。

杀案已增加了 93％。他指出，政治，特别是汤普森市长和伊利诺伊州检察官罗伯特·E. 克罗（Robert E. Crowe），正是腐败的根源。当然，犯罪和政治在芝加哥早就有了联系。在汤普森的两届任职期间，市政厅充当了黑恶势力的保护伞。1923 年，威廉·德弗（William Dever）当选市长后，随即向涉黑的啤酒商和其他黑帮宣战，由此爆发了黑帮之间、警察和黑帮之间激烈的暴力冲突。在 1927 年的连任竞选中，汤普森承诺要建设一个允许售酒的"湿润的"城市，继续保持多德所说的地方政府对联邦法律的藐视态度。汤普森在谈到自己的对手时调侃道："德弗是'干的'，利辛格也是'干的'，他甚至从不洗澡，并且夸口说自己好几年没洗澡了。但是，请读一读我汤普森的执政纲领吧，你就会发现在新大陆没有比这里更'湿润的'地方了。这是竞选活动中唯一一个'湿润的'执政纲领。"[32] 很明显，汤普森是在向许多一直反对禁酒令的芝加哥少数族裔示好。

1921 年，阿尔·卡彭从布鲁克林来到了芝加哥，这是该市有组织犯罪增长的一个重要原因。其实，早在卡彭到来之前，芝加哥黑帮就已经开始改变旧的 19 世纪的行事风格。现代科技和新型的公司组织让他们彻底改头换面。随着电话、汽车，以及汤普森冲锋枪的最终出现，芝加哥犯罪集团"奥菲特"变得如鱼得水。从举行 1893 年世博会那时起，"可疑小子"迈克尔·肯纳和"民主党澡堂"约翰·库格林就控制着第 1 选区的黑道。每当二人需要帮助时，当地的黑帮都会伸出援手。19 世纪 90 年代末，这对搭档把吉姆·科洛西莫（Jim Colosimo）收入麾下，帮助他们打理妓院生意以及控制该地区日益增长的意大利势力。科洛西莫出生于意大利，他很快就在芝加哥站稳了脚跟，为肯纳和库格林收取"保护费"。同时他还兼任道路清扫工和工会组织者，并且很快就进入第 1 选区的权力机构，还在南沃巴什大街开了一家酒馆。到 1912 年，科洛西莫已经控制了南区的黑道生意。他与歌剧演员恩里科·卡鲁索（Enrico Caruso）、律师兼改革家克拉伦斯·达罗（Clarence Darrow）成为莫逆之交。这位黑帮大佬经营的小型妓院遍布全城。据报纸估计，科洛西莫通过经营各种所谓的"度假村"，每月能赚 5 万美元。他穷奢极欲，为父亲和自己购买了豪宅，房子里的仆人一律穿着制服。作为镀金时代①的产物，他还热衷于炒作，高调宣传自己在芝加哥黑道买卖的成功。为了享受奢华生活，科洛西莫又把约翰尼·托里奥（Johnny Torrio）从布鲁克林请来，帮助自己打理生意。

　　与科洛西莫不同，托里奥是一位做事井井有条、低调少言之人，他十分珍视自己的家庭生活，喜欢在幕后工作。他曾是布鲁克林赫赫有名的黑帮分子，在托里奥协会的幌子之下经营着一个庞大的黑帮组织。在他纽约的邻居们眼里，托里奥不过是一个身材矮小、腼腆、"稍显优雅"的男人，成功经营着一家地下博彩公司。但鲜为人知的是，这个沉默寡言的小个子男人，还掌握着数家妓院，并对非法生意的运营实行企业化管理，这种现代化的犯罪模式很快改变了美国的犯罪状况。托里奥有时还会雇用邻居家

----

　　① 镀金时代一词来自马克·吐温（Mark Twain）与查尔斯·沃纳（Charles Warner）合写的长篇小说《镀金时代》（Gilded Age）。当时，美国正处在经济迅速发展的"黄金时代"，但假公济私、投机取巧、行贿受贿、贪污腐化、中饱私囊之风盛行。表面的繁荣掩盖了腐败的风气、道德的沦丧及其他潜在的危机。

一个名叫阿尔·卡彭的男孩帮他跑跑腿。在对卡彭进行了几次考察之后，将其纳入麾下。后来，卡彭又为布鲁克林的另一位黑帮成员弗兰基·耶尔（Frankie Yale）效力过，从此走上了黑帮的血腥暴力之路。但是不久之后，卡彭结婚生子，举家搬到了巴尔的摩市，他在一家建筑公司做记账员，似乎把黑帮抛在了身后。然而，1920 年，在他的父亲去世后，卡彭与约翰尼·托里奥重修旧好，而此时托里奥已去了芝加哥，成为科洛西莫手下的帮派大员。于是，"美国梦"驱使卡彭踏上西进的旅程，前往芝加哥寻求发展。

托里奥已在芝加哥低调而高效地建立起了自己的黑帮帝国，而科洛西莫则继续过着奢靡浮华的生活。科洛西莫爱上了一位名叫戴尔·温特（Dale Winter）的歌手，整日痴迷于情爱之中，甚至把自己的生意全部交给托里奥打理。1920 年 3 月，科洛西莫与妻子维多利亚·莫瑞斯科（Victoria Moresco）离婚，并与温特结婚。而远在布鲁克林的弗兰基·耶尔——那位极度危险的黑帮人物——看到了科洛西莫的愚蠢行为，决定加入芝加哥的黑帮组织。1920 年 5 月 11 日早晨，科洛西莫告别了新婚妻子，来到办公室，准备把自己在过去几个月里落下的事情处理好。就在当天下午，一名袭击者——很可能就是耶尔本人——在办公楼的大厅里将其枪杀。四天后，有 5 000 名哀悼者跟随科洛西莫的灵车来到其最后的安息之所——橡树林公墓，为其送葬。芝加哥的历史上曾举行过许多次盛大的黑帮老大葬礼，而科洛西莫的葬礼是第一次。本来耶尔希望能够接管芝加哥黑帮组织，但科洛西莫的死反而巩固了托里奥的地位。

　　科洛西莫的钱归了他的父亲，托里奥则继承了科洛西莫的犯罪组织，并最终掌控了数以千计的地下酒吧、妓院和赌场。禁酒令为托里奥和其他黑帮提供了一个绝佳的发展机会，那就是为芝加哥甚至全美国非法供应啤酒、葡萄酒和烈酒。与其他的大商人一样，托里奥也在寻求扩大他的市场。虽然在芝加哥市内的黑道势力偶尔会受到打击，但他在郊区的生意十分兴隆。尽管托里奥还需要贿赂当地的警察和各种政治组织，包括汤普森领导的共和党，但他每年仍能净赚数百万美元。而且仅在芝加哥地区，这位来自布鲁克林的黑帮老大就雇用了 800 名员工。因此，在 1921 年，他让 22 岁的阿尔·卡彭来到芝加哥，帮助其控制日益壮大的黑帮帝国。

　　第二年，卡彭的哥哥拉尔夫（Ralph）也来到了芝加哥。卡彭兄弟俩共同经营着托里奥的几家妓院。不到一年，托里奥就把阿尔·卡彭提拔到了自己黑帮帝国里的最高职位——在位于南沃巴什街 2222 号的"四平分"① 俱乐部担任经理。虽说卡彭现在是托里奥的合伙人，年薪 2.5 万美元，但他主要还是充当皮条客。卡彭虚构了一家合法公司，并且印制了一些名片，声称自己是一个二手家具经销商。他还以布朗诊所为幌子，在同一条街的不远处开了另一家公司。布朗诊所成为当时托里奥-卡彭团伙的指挥中枢。1924 年，对布朗诊所的一次突袭记录显示，托里奥-卡彭团伙的年利润约为 300 万美元（按 2007 年的标准可折算为 3 600 万

————————

　　① "四平分"是一座四层楼的建筑，一楼是酒吧，二楼是赌博大厅，三楼是妓院，四楼则是处理非法生意的办公室。

美元）。

　　1922 年，卡彭把妻子、母亲和孩子都接到了芝加哥，其余的
家人也很快搬到了芝加哥。他在南区买了一套普通的二层住宅楼，
那里几乎没有意大利人。拉尔夫则继续住在北城区曾经和他的兄
弟合住过的公寓里。邻居们都知道卡彭是一位成功的二手家具经
销商，他有一个大家庭，他的家人对人非常友好，卡彭还经常邀
请他们来家里吃意大利面。和托里奥一样，卡彭也非常重视个人
的私生活，总是穿着体面的服装，彰显自己的中产阶级身份。

　　为了避免无谓的暴力冲突，托里奥提出：芝加哥足够容得下
所有的帮派。他将芝加哥划分为不同的区域，呼吁各帮派之间和
平共处。然而，随着小帮派控制了当地生意，街区暴力开始升级，
在政坛引发强烈的反对浪潮，间接导致改革派的威廉·德弗于
1923 年当选市长。德弗打算执行联邦禁酒令。很快，警察和黑帮
之间、各黑帮帮派之间就爆发了冲突。托里奥和卡彭决定把他们
的组织搬到附近的小镇西塞罗。1923 年 10 月，托里奥在罗斯福
路开了一家妓院，警方迅速对其进行了查封，同时还查封了托里
奥在西塞罗的另一家妓院。托里奥一向是一位务实的商人与和事
佬，于是，他与西塞罗的各帮派达成了一项协议，瓜分对郊区黑
道的控制权。不久，托里奥携带数百万美元前往意大利，把母亲
安顿在一个配有 30 名仆人的庄园里。而此时，卡彭在哥哥弗兰克
（Frank）的帮助下接管了西塞罗，而拉尔夫在附近的森林公园又
开设了一家妓院，此后，西郊的卖淫业就落入了卡彭家族的掌握
之中。

　　阿尔·卡彭把安东酒店作为其在西塞罗的总部。托里奥-卡彭

团伙控制了霍桑赛马场。卡彭经营的地下酒吧、妓院和赌场遍布西塞罗。现在，他已经完全掌控了黑道，甚至还为昔日的恩人彼得·艾洛（Peter Aiello）（卡彭曾经在巴尔的摩为其做过记账员）组织了一次全市大游行①，以表达对其感激之情。与科洛西莫和托里奥一样，卡彭家族也支持当地的共和党。1924 年，西塞罗的选举变成一次暴力事件，因为黑帮试图控制选举结果。县法官以保护西部电力公司发电厂的工人免受枪击之名带领警察进入西塞罗，其实是去保证选举公正，然而卡彭支持的共和党人最终还是以微弱优势取胜。在此次干预行动中，警察身穿便衣，驾驶着无牌照汽车，开枪击毙了弗兰克·卡彭。迪恩·奥班尼②（Dion O'Bannion）为弗兰克·卡彭的葬礼提供了价值 2 万美元的鲜花，这场葬礼成为芝加哥历史上最奢华的葬礼之一。

　　不久，阿尔·卡彭把他的总部迁到了霍桑酒店。霍桑酒店位于西 22 街 4833 号、西部电力公司发电厂以西，看起来就像是一座堡垒，是卡彭黑帮组织在郊区的象征。在 25 岁时，卡彭就已经掌控了西塞罗和芝加哥的大部分黑帮组织。不过，卡彭的组织并不亲自动手打打杀杀，而是借刀杀人，利用西塞罗警察去解决问题。此时，工薪阶层生活的郊区街道上似乎恢复了往日平静。然而，《西塞罗论坛报》（Cicero Tribune）对黑帮进行了口诛笔伐，还曝光了卡彭经营的妓院。最终，卡彭收买并控制了该报，而撰

---

　　①　阿尔·卡彭在前往芝加哥投奔托里奥时，艾洛借给了卡彭 500 美元。后来，卡彭在芝加哥迅速站稳了脚跟并成为黑帮老大，但他没有忘记昔日老板借给他 500 美元的恩情，出于感激，他在芝加哥为其组织了一次全市大游行。

　　②　迪恩·奥班尼：芝加哥爱尔兰帮派首领，芝加哥的顶级花商。

写讨伐文章的编辑由于拒绝接受贿赂而惨遭殴打，并被迫离开了西塞罗。此后，《西塞罗论坛报》被绰号为"赌王"的路易斯·考恩（Louis Cowen）所控制，并成为卡彭黑帮的喉舌。1932 年，考恩在把霍桑赛马场的收益上交该组织时遭到了刺杀[33]。

卡彭继续巩固其在黑社会尤其是在西塞罗的地位。1926 年 4 月 27 日，一名不明身份的袭击者在西塞罗的小马酒馆前枪杀了威廉·H. 麦克斯韦金（William H. McSwiggin），同时遇难的还有他的两个朋友：约翰·达菲（John Duffy）和吉姆·多尔蒂（Jim Doherty），这三个人都出身于警察世家。另外三个人——爱德华·汉利（Edward Hanley）、威廉·奥康奈尔（William O'Connell）和迈尔斯·奥康奈尔（Myles O'Connell）——在此次袭击中幸免于难。在公众看来，麦克斯韦金和卡彭似乎彼此相识，并有过合作。这位年仅 26 岁的州助理检察官才华横溢，很显然，他与黑帮的关系非常密切。随着调查的进行，卡彭的名字迅速浮出水面，卡彭的弟兄们纷纷被捕，但卡彭却失踪了。他在潜逃了四个月之后，于 1926 年 7 月 28 日致电芝加哥当局投案自首，但他很快就洗脱了谋杀麦克斯韦金的罪名，此案至今仍未被侦破[34]。

帮派斗争仍在继续。卡彭放弃了托里奥的帮派共存政策，并试图巩固其对芝加哥黑社会的控制。卡彭想与海米·韦斯（Hymie Weiss）和解，于是让韦斯控制麦迪逊街以北所有的啤酒特许经营店。但韦斯拒绝了，因为他想为被谋杀的迪恩·奥班尼报仇。1924 年，迪恩·奥班尼在圣名大教堂对面的花店被持枪歹徒杀害。卡彭于是决定干掉韦斯。1926 年 10 月 11 日，在韦斯与他的四名同伴——律师 W. W. 奥布赖恩（W. W. O'Brien）、私酒贩帕特里克·默里（Patrick Murray）、政治家本杰明·雅各布斯（Benjamin Jacobs）和他们的司机萨姆·佩勒（Sam Peller）——一起穿过芝加哥大道以南的州立街时，卡彭的人从二楼的窗户朝他们开了枪。这位 28 岁的黑帮头目在枪林弹雨中当场毙命，圣名大教堂的正面也因此伤痕累累。这一次为韦斯准备的奢华葬礼，使芝加哥成为美国名副其实的"黑帮之都"。9 天后，卡彭在市政厅附近的谢尔曼酒店召开了一次和解会议。他先是让法官约翰·莱尔（John Lyle）担任调解人，但法官拒绝了他。于是，卡彭又求助于前市长汤普森。这次会议取得了成功，帮派间又重新恢复了和平[35]。

到了 1927 年，黑帮似乎已经完全控制了芝加哥。黑帮成员公然藐视法律。蒂姆·墨菲（Tim Murphy）在一次警方行动中被捕后告诉记者："听着，这个小镇的警察连雪地里的一头大象都追踪不到。我觉得抓住我的人就是一只苏格兰狗，就是一个吃三明治能从胳膊一直咬到肘部才发现咬错了的蠢货。"蒂姆接着又抱怨说，逮捕他是件很费劲的事。他说带他进来的警察是个叫夏洛克（Sherlock）的毛头小子。"他应该开一家侦探所。他要是开了，我就把手表藏起来，看他能不能找到。"[36]

1927 年 4 月，汤普森以 8.3 万票的优势第三次当选市长。汤普森吹嘘说，如果英国国王敢来芝加哥，他也会当头给他一拳，卡彭黑帮匪徒对此欢呼雀跃[37]。这是一次混乱的选举：在 2 月的初选中，投票箱被盗，一名选举工作人员被枪杀。4 月，位于第 42 选区的民主党总部被炸，尽管无人受伤，但传递出的信息是明

确的：黑社会中的某些帮派不希望再出现第二个德弗那样的民主
党政府。

芝加哥当时还存在着执法不公的现象。4 月 4 日下午，一名
叫丹·希利（Dan Healy）的警官枪杀了绰号为"阴谋家"的黑帮
成员文森特·德鲁奇（Vincent Drucci）。德鲁奇曾是奥班尼的同
伙，曾领导黑帮恐吓其他的选举人。随着笼罩着芝加哥的暴力威
胁愈演愈烈，国民警卫队在城市的街道上随时待命。与此同时，
5 000 名芝加哥警察守卫着投票站，并在街上四处巡逻。警方还受
命逮捕了捣乱分子德鲁奇，并调查了德弗市长的支持者——第 42
选区的议员多西·克罗（Dorsey Crowe）——的办公室被闯入一
案（这次事件导致一名看守被杀，同时谣言四起，有人说歹徒计
划绑架克罗和第 42 选区的其他德弗政府的民主党人）。希利警官
在德鲁奇被拘期间枪杀了他，当时二人正坐在一辆警车里，希利
警官准备将德鲁奇带到刑事法庭大楼。两人发生了争执，于是希
利向德鲁奇开了四枪。陪审团认为希利属于正当防卫，否认他有
任何不当行为；希利还作证说，枪击事件后他收到了八九次死亡
威胁。尽管黑帮成员有些肆意妄为，但德鲁奇在被拘期间被随意
枪杀，丝毫无法减轻警方腐败的恶名[38]。

暴力活动仍在继续。11 月，一枚巨大的炸弹在西亚当斯街
823 号爆炸，这是由伯奇-斯基德莫尔-祖塔犯罪集团经营的一家
"度假村"，这一举动被认为是在警告该帮派不要在麦迪逊街以南
的地区活动。15 名妓女和几名嫖客从倒塌的大楼里跑了出来，警
方随后逮捕了几名卡彭的党羽。被炸俱乐部的经营者艾拉·谢尔
曼（Ira Sherman）表示，他不知道为什么会有人要让他破产。几

天后，一枚炸弹在由约翰·雷莫斯（John Remus）经营的一家餐厅爆炸。这位第 25 选区的前共和党州代表说，爆炸的发生是由于他拒绝了三名男子让其购买他们兜售的酒水这一无理要求。随后，炸弹再次袭击了亚当斯街的度假村，以及北阿什兰大道 323 号的一家软饮料店。在为期一周的暴力事件中，共有七枚炸弹爆炸。在此期间，卡彭进行了一次狩猎之旅，他似乎在有意与暴力事件脱离干系，在其手下对敌对帮派进行打击之时为自己制造一个不在场的证明[39]。

　　大约两周后，卡彭宣布他已经厌倦了这份工作，准备离开芝加哥，也许永远不会回来了。这位黑帮大佬抱怨说："我人生中最美好的年华都是在做公益中度过的。我给人们带来了轻松与快乐，给他们展示了美好时光。而我得到的却只是谩骂……好吧，现在我要走了，我想谋杀会停止的。不会再有酒了。你们再也找不到掷骰子游戏，更不用说什么'轮盘赌'或'纸牌赌'了……为公众服务是我的座右铭……但我却得不到理解。"接着，他称赞西塞罗是一个美丽的小镇。芝加哥警察局长休斯（Hughes）祝卡彭圣诞快乐，并说如果卡彭再也不回来，他也不会生气。然而，卡彭并没有离开小镇很长时间。12 月 18 日，卡彭回到了西塞罗，被软禁在位于南草原大道的家中。警察接到命令，逮捕任何进出他家的人。波兰裔啤酒商乔·萨尔蒂斯（Joe Saltis）在位于后场社区第 50 街的一家酒馆被捕，并被关在一间牢房里。卡彭和萨尔蒂斯都声称他们的宪法权利受到了剥夺。与此同时，一枚炸弹袭击了由伯奇-斯基德莫尔-祖塔犯罪集团经营的另一家店铺[40]。

　　帮派斗争持续不断，卡彭的势力与现在由"疯子"莫兰①
(Bugs Moran) 领导的奥班尼帮派之间的争斗仍在继续。1928 年
底，卡彭的保镖——绰号为"机关枪"的杰克·麦古恩（Jack
McGurn）——为其老板策划了另一场地盘争夺战。麦古恩在卡彭
组织中迅速崛起，莫兰的党羽决定要干掉他。1929 年初，麦古恩
枪伤痊愈后，请求卡彭允许他摧毁奥班尼帮。最终，这些积怨为
这座城市最臭名昭著的大屠杀——"情人节大屠杀"——埋下了
伏笔。

　　麦古恩从镇外找来杀手袭击奥班尼帮。他们在北克拉克街租
了一个房间，奥班尼帮曾把那里的车库作为运送白酒和啤酒的配
送点。为了证明自己案发时不在现场，卡彭回到佛罗里达州的棕
榈岛别墅与家人团聚，但直到他们所策划的袭击发生的前几天，
他一直都在通过电话与麦古恩保持着联系。麦古恩假意答应给这
伙人送来加拿大威士忌，以此把他们引诱到车库。卡彭的手下计
划在 2 月 14 日上午 10：30 发动袭击。

　　当时，守卫看到一名男子进入了车库，他们误以为是莫兰。
这时，卡彭的手下开着一辆偷来的警车赶到现场，其中两人穿着
警服。他们进入车库后，宣布是警方在进行突袭行动，并命令里
面的七名男子靠在车库的墙上。冒牌警察解除了莫兰手下的武装，
然后开枪杀死了除弗兰克·古森伯格（Frank Gusenberg）之外的
所有人（尽管当时古森伯格身中 22 枪，但他却侥幸活了下来）。

---

　　① "疯子"莫兰：迪恩·奥班尼的副手，头号枪手，在爱尔兰帮派中负责冲锋陷
阵。曾任芝加哥爱尔兰帮派首领。

警察立即将古森伯格送到一家医院，克拉伦斯·斯威尼（Clarence Sweeney）警司在他死前曾试着审问过他，但古森伯格坚守黑道规矩，拒绝开口，只是说"没有人——没有人向我开枪"。最终，卡彭的手下没能干掉莫兰，因为他睡过了头，所以侥幸躲过一劫。

　　大屠杀震惊了整个芝加哥。报纸报道说，该市黑帮成员离城的人数创下了历史新高。2 月 18 日，芝加哥的列车将至少 50 名黑帮成员送到了迈阿密。《芝加哥论坛报》估计，有 500 名黑帮分子逃到了佛罗里达州。芝加哥人的到来导致迈阿密的酒店价格迅速上涨，房租都以高出市价的现金支付。在 2 月 14 日那个寒冷的早晨，警方未发现任何人犯有谋杀罪。当被问及是谁杀了他的同伙时，莫兰说："只有卡彭才会这样杀人。"随着 20 世纪 20 年代落下帷幕，芝加哥的帮派斗争还将继续[41]。

第八章

危机年代： 大萧条与战争

1929 年 10 月 24 日，黑色星期四，股市崩盘，标志着史无前例的大萧条的开始，这次经济危机直到第二次世界大战爆发才结束。从前"咆哮的 20 年代"① 的"高消费"生活很快就变成了大萧条时期灰暗而阴郁的日子。美国的制度，尤其是资本主义的自由市场经济体制，以及民主制度，在寻求走出经济困境的道路时受到了质疑。芝加哥很快就感受到了金融崩溃的压力。1930—1931 年，芝加哥的失业率达到了空前的水平，芝加哥也在为摆脱

---

① 1918 年第一次世界大战后，美国进入了经济的高速发展时期，社会、文化、政治、人们的精神生活等各个层面经历了重大变化。随着经济和股市的繁荣，人们开始把钱花在娱乐和消费品上，工业的飞速发展使普通人第一次能够购买汽车等商品。1919 年，妇女获得了选举权，以崭新而自信的现代女性面孔出现。爵士乐在美国变得非常流行，跟着爵士乐跳舞成为当时最受欢迎的娱乐形式之一。整个 20 世纪 20 年代沉浸在喧嚣、狂热、绚丽多彩的气氛中，因此被后人称为"咆哮的 20 年代"。

危机而苦苦挣扎着。大萧条的出现结束了共和党对地方政府和国
家政府的控制。1929 年 3 月，赫伯特·胡佛（Herbert Hoover）
入主白宫，他曾承诺要推动美国经济增长，但在经济崩溃后的几
个月里，这一承诺被证明仅仅是一句空洞的口号而已。曾试图打
造共和党政治机器的芝加哥市长汤普森根本无法适应新的经济现
实。与此同时，他的民主党对手安东·瑟马克也潜伏在幕后，希
望把芝加哥带入一个新的民主党时代。

失业潮

在整个大萧条时期，很难获得可靠的失业统计数据。美国人
口普查局有意淡化这场灾难的严重性，各种各样的报道倾向于混
淆视听。然而，公众对于失业问题仍看得十分清楚[1]。随着芝加哥
和美国陷入更深的经济困境，失业率也在不断攀升。几乎与此同时，
保守主义势力开始对那些试图把失业者组织起来的人采取反制措施。
《芝加哥论坛报》上登载着对"共产主义煽动者"进行攻击的报道。
法官赫伯特·G. 伊门豪森（Herbert G. Immenhausen）对领导失
业者在市政厅前举行示威游行的艾伯特·戈德曼（Albert Gold-
man）律师处以 100 美元的罚款，理由是戈德曼在法庭上与被告
耳语。法官明确表示，他不喜欢"亲苏分子"[2]。几天后，芝加哥
警察局对涉嫌组织该市失业人员的激进分子进行了三次突袭式检
查，逮捕了 10 名男子和两名女子。在西迪威臣大街 2021 号，警
察捣毁了一处所谓的"红色办公室"，毁掉了桌椅、书籍、印刷品

和唱片。警察还突袭了位于芝加哥西区街 2457 号的人民大厅，停止了影片《沙皇伊凡雷帝》（*Czar Ivan the Terrible*）的放映，逮捕并审问了那些观看免费电影的观众，此外还对位于南霍尔斯特德大街 3133 号的立陶宛礼堂进行了搜查。《芝加哥论坛报》指出，搜查结果表明，美国共产党的六名激进分子领导了在市政厅的失业示威活动，他们与一战时期的劳工领袖、时任美国共产党主席威廉·福斯特（William Foster）有关联[3]。1930 年 3 月，《芝加哥论坛报》敦促警方保持警惕，并警告称，《宪法第一修正案》（First Amendment Right）赋予的权利是神圣不可侵犯的，但仍然谴责了激进的煽动者。同年 6 月，工会印刷商殴打了两名共产党人，因为两人分发了与工会团结联盟有关的小册子。工会团结联盟是一个自称代表失业者的组织。两人中的一人死亡，而警方报告称，另一人无法辨认出袭击者。失业人群的示威活动触动了芝加哥这座城市的神经，使人回想起了"秣市惨案"和第一次世界大战后的大规模罢工[4]。

在整个 20 世纪 20 年代，芝加哥的共产党一直都很活跃。不断加深的金融危机给他们的活动注入了新的活力。芝加哥的工薪阶层社区受到的冲击最大。北区的共产党人四处集会，包括在著名的莳萝泡菜俱乐部①、芬兰工人会堂，以及斯堪的纳维亚人和乌克兰人管理的众多民族会堂。许多人还参加了在俗称"疯人院广场"的华盛顿广场公园举行的露天集会，集会由北区的多家工厂

---

① 莳萝泡菜俱乐部是 1917—1935 年在伊利诺伊州芝加哥市很受欢迎的波希米亚俱乐部，是当时流行的地下酒吧，里面有歌舞表演和戏剧，在当时颇具影响力。这里也是"自由思想家"论坛的所在地。

组织。在南区，大规模游行十分常见。华盛顿公园为共产主义者
提供了一个集会场所。1931 年 2 月，3 000 名"来自不同种族和
民族"的和平游行者从第 31 街和州立街游行到第 50 街和联邦街，
随后组织者在那里举行了一次大型露天集会。大约 20 名儿童举着
谴责雇用童工的横幅带头游行。共产主义工会联盟称这是一次
"饥饿游行"。100 多名芝加哥警察在沿途维持秩序。第二年，又
发生一次大规模的"饥饿游行"，一个跨种族团体从第 47 街和联
邦街穿过联合牲畜交易市场街区，游行到第 43 街和阿什兰大道。
一支荷枪实弹的警察部队再次待命维持秩序[5]。

　　尽管芝加哥拥有雄厚的工业基础，但失业率却高居伊利诺伊
州之首。该州近 60% 的失业人口居住在芝加哥。从 1930 年 10 月
1 日至 10 月 25 日，有 22 609 人在州政府设立的免费职业介绍所
提出过申请，其中有 12 426 人来自芝加哥。只有不到 25% 的芝加
哥申请人找到了工作，而申请到工作的人中又有 2/3 是来自芝加
哥南部地区的。该市为失业者设立了十个流浪人员收容所。
1927—1933 年，纽约的就业人数减少了 25%。1927 年的制造业
从业人员中，只有一半在 1933 年仍有工作。1931 年，芝加哥的
总体失业率为 30%，远高于大萧条最严重的 1932—1933 年的
25% 的全国失业率。非裔美国人遭受的损失更大，1932 年时，芝
加哥 40%～50% 的黑人工人没有工作[6]。

　　在大萧条初期，芝加哥主要依靠私人慈善机构来解决贫困问
题。1931 年 10 月，埃奇沃特失业问题委员会召集所有社区组织
开会，讨论北区的救济问题。这次会议被认为是该市第一次尝试
将所有社区组织团结起来，参与当地的救济工作。州长救济工作

委员会的 M. H. 比克曼（M. H. Bickman）、失业工人委员会的罗伊·雅各布森（Roy Jacobson）和当地的领导人在会上发表了讲话。此次会议的组织者将罗杰斯公园慈善舞会的日期定于 10 月 28日，并且各团体纷纷设立了救济站。此外，组织者鼓励教堂和学校照顾好自己社区中需要帮助的人，而将其余人员的救济问题转交给位于大通公园的州长联合救济基金会。会议的组织者还希望州长能发放公共工程基金，以使人们重返工作岗位。郊区住宅区的狮子会①计划在利兰大道上开设自己的救济站，以照顾他们社区中的穷人。根据狮子会的计划，任何人只要持有由当地牧师、狮子会会员书写的便条，都可以到救济站领取救济券。狮子会表示，他们的方法将减少繁文缛节，使贫困人员更容易获得救济。北岸酒店协会还承诺支持这些救济站。在大萧条的初期，商人们仍然有能力资助当地的救济工作，而位于北克拉克街 7074 号的阿德菲剧院的管理人员把一周收入的 10％捐作救济资金[7]。

　　在南区，芝加哥的非裔美国人社区在尽力应对大萧条所带来的可怕局面。经济衰退对布朗茨维尔的打击尤其严重。黑人领袖们计划举办一场户外音乐会，为他们贫困的邻居们筹集救济资金。国会议员奥斯卡·德·普里斯特（Oscar De Priest）强调，芝加哥的非裔美国人在大萧条中遭受的损失最大。他声称，芝加哥黑人在银行倒闭潮中损失了 600 万～800 万美元。筹划者希望能筹集到 5 万美元的资金，然后交给州长失业委员会，供黑人社区使用。

---

　　①　狮子会全称为"国际狮子会"，于 1917 年由梅尔文·琼斯（Melvin Jones）组建，是世界最大的非营利性慈善服务组织，总部设于美国，拥有 46 000 个分会，有140 万名会员分布于世界各地。

黑人机构也对危机做出了反应。比尔利肯俱乐部是布朗茨维尔地区的一个青年组织，他们分发圣诞篮子，为贫困家庭收集玩具。在大萧条初期，位于南草原大道 5700 号的教堂每天为 300 多人提供食物。在哈罗德·M. 金斯利（Harold M. Kingsley）牧师负责的教区，所有来到教堂的人都能得到咖啡和面包作为早餐，而且还能获得一顿丰盛的午餐。当地领导人在州长的救济委员会的支持下，在南印第安纳大道设立了一家救济站。布朗茨维尔的人们都在努力地帮助穷人。社会工作者约瑟夫·D. 布赖恩（Joseph D. Bryan）和妻子在 1931 年圣诞节期间向贫困家庭的孩子们分发了 1 600 件衣服。芝加哥教会联合会和圣公会城市传教会发起了一场圣诞派对活动，帮助布赖恩夫妇分发裤子和其他衣物。布赖恩告诉《芝加哥卫报》，在过去的一年里，有 2 000 多名儿童曾向他寻求食物、住所和衣服方面的帮助[8]。

对于工人来说，解决救济问题的办法很简单，那就是提供工作，而不是单纯施舍。1931 年 9 月 7 日，4 万多名工会会员沿着密歇根大街游行到芝加哥军人球场，要求增加就业机会。游行者要求结束禁酒令以解决失业问题。游行持续了一个半小时。围观的人群冲着标语牌热烈欢呼，标语牌上写着"给我们啤酒，就会有一百万名工人找到工作"和"国家需要的是一杯真正的啤酒"，鸡蛋检查员工会举着的牌子上面写着"禁酒令减少了鸡蛋的消费"，大概是因为没有酒吧为顾客提供腌制和煮熟的鸡蛋。建筑工会的牌子上面写着"通过改造贫民窟来启动建筑项目"。钉马掌工、身着制服的电梯操作员和穿着白大褂的切肉工也走在形形色色的工人游行队伍当中。在接下来的 10 月 31 日，大约五万名游行者再次走上卢普区的街头。来自北区、南区和西区的游行队伍聚集在市政厅，70人在那里面见了市长瑟马克，提出了他们的要求，其余的示威者则继续到格兰特公园去听演讲。瑟马克答应会尽力满足他们的要求，但他坦言自己也能力有限[9]。

尽管州、市和社区各方都在努力筹集救济资金，但事实证明，随着资金流开始枯竭，危机已势不可当。1932年1月11日，300多名男女与警察发生冲突，他们威胁要袭击位于布朗茨维尔的州长救济站。冲突导致三名警察和一些抗议者受伤。因为房租救济已经停发，抗议群众要求得到援助。随后，国际劳工保护组织、黑人权利斗争联盟和失业理事会的成员聚集在南联邦大街4000号开会。警方突袭并逮捕了19名成员。到了1932年夏天，芝加哥的救济基金几乎消耗殆尽，救济站面临关闭。为此，芝加哥和伊利诺伊州的官员会见了重建金融公司①的代表，与其协商贷款事宜，以避免库克县的所有救济站关闭。这些救济站每天都要支出10万美元，最后20万美元的州政府拨款也已经分发完毕。因此，伊利诺伊州竭尽全力地寻求联邦政府的财政援助，希望联邦政府能立法批准为伊利诺伊州提供4 500万美元的额外救济[10]。

随着经济形势的恶化，伊利诺伊州不断面临着危机。1932年10月，州紧急救济委员会再次报告说资金短缺，救济站在冬季可能会关闭，目前只能勉强维持。重建金融公司要求伊利诺伊州再次立法来筹集资金，然后才能提供帮助。关于在全州范围内征收

---

① 重建金融公司是一家由美国联邦政府在1932—1957年管理的政府背景公司，为州和地方政府提供财政支持，并向银行、铁路和其他企业提供贷款，目的是提高国家的信心，帮助银行在大萧条开始后恢复日常经营活动。

销售税的问题引发了激烈争论。重建金融公司已经向伊利诺伊州提供了超过 2 000 万美元的贷款，而它向任何州贷款的最高额度为 4 500 万美元。对一个已经遭受大萧条重创的城市来说，征收汽油税根本就是杯水车薪，起不到多大作用，而情况仍在恶化。9月，失业人数每天都增加 500～600 人，当月新增的失业总人数超过了 8 000 人。市议会还在考虑一项关于举行失业游行的提议，这次游行是为了抗议救济机构为响应伊利诺伊州削减成本的要求，将易腐食品的订单削减 60%。他们还抗议食物定量配给（这一做法在伊利诺伊州的有关机构看来，比让失业者自己购买食品更经济[11]）。

芝加哥人及其他美国人普遍将他们的困境归咎于执政党。结果，共和党先是在芝加哥，继而在全美国的辩论中落败。市长汤普森曾以芝加哥拒绝改革为由打造了一支共和党的施政团队，他似乎是希望大萧条能就此消失。1930 年 10 月，汤普森宣称经济衰退"完全是心理上的"。为此，他提出了一项芝加哥繁荣计划来扭转局面。市政厅在散发的传单中承诺"生意翻番，取消排队领取面包的食物配给模式，为失业者创造就业机会"。汤普森希望芝加哥市民能在参与活动的商店里消费，并且消费即可参与一项价值 100 万美元的抽奖活动。然而，由于美国商会的抗议，有关负责人拒绝公布抽奖结果，加上公众的强烈反对，结果该计划最终在年底夭折。汤普森似乎希望通过游行宣传和花言巧语鼓励选民在 1931 年再次选他为市长，然而报纸却在不断地大肆渲染他与阿尔·卡彭以及芝加哥黑社会的关系[12]。

安东·瑟马克与民主党的崛起

　　当1931年1月15日午夜的钟声敲响时，参加芝加哥市长初选的16位候选人终于敲定了。不过令人意外的是，名单上出现了一位来自第1选区的非裔美国共和党代表——奥斯卡·德·普里斯特。多数观察人士认为，这只是一种政治手段，是为了让黑人社区从共和党人那里得到更多的帮助。民主党领袖安东·瑟马克唯一的反对者是拳击运动的推广者詹姆斯·C.马伦（James C. Mullen）。查尔斯·V.巴雷特（Charles V. Barrett）呼吁共和党人团结起来，把汤普森赶下台，因为汤普森已被视为"咆哮的20年代"的腐败残余分子[13]。

　　汤普森把此次选举当作一场盛大的表演。在选举期间，他为群众提供面包和马戏表演。关于卡彭，汤普森笑称："我并不觉得卡彭与我有什么瓜葛"。他还邀请一名牛仔和一名牛仔女郎参观了市议会。在科尔特剧院，汤普森骑着马走上舞台。在芝加哥街道上，他还和象征着他的初选对手的动物一起游行。汤普森的这些滑稽表演在过去曾使芝加哥人感到无比愉悦，他相信这一次仍然会如此[14]。

　　共和党候选人提名的竞争最终演变为汤普森和法官约翰·H.莱尔（John H. Lyle）两人之间的较量。芝加哥的许多共和党人认为，莱尔是他们清除市政府腐败唯一的希望。《芝加哥论坛报》在初选中支持莱尔，该报的文章宣称，所有的目光都聚焦在共和党初选和莱尔所代表的反腐斗争上。莱尔曾在汤普森政府中与黑帮势力斗争过。汤普森不仅有大批的妓女为其拉选票，还拥有充裕的竞选资金。莱尔指控汤普森收受了卡彭的贿赂金[15]。尽管汤普森的腐败和对他的指控使市政府很难堪，但他最终还是以 6.7 万多张选票的优势赢得了 2 月 24 日的共和党初选，只是这一次他的选票未能超过半数。市议员阿瑟·F. 艾伯特（Arthur F. Albert）勉强获得第三名，但由于他赢得了相当多的市政厅的反对票，从而分散了反对票的票数，客观上促成了汤普森的获胜。而瑟马克则不出所料地赢得了民主党的初选，并有望赢得市长职位[16]。

3 月 23 日晚，近 2.6 万名瑟马克的支持者在芝加哥体育场举行了大规模集会。演讲者指责汤普森的“偏见、偏执和不宽容”，谴责了他“煽动”德裔、爱尔兰裔和犹太裔社区的可耻行径。演讲者还抨击汤普森的“滑稽表演”不过是一场闹剧，并再次指出全世界都在关注芝加哥的选举[17]。

人口迁移重塑了芝加哥的政治格局。长期以来，共和党人一直依赖在美国出生的白人选民和黑人的选票。大萧条削弱了共和党的支持率，但或许更重要的是，东欧和南欧族裔社区的增长开始对选举产生影响。1930 年，外国移民及其子女占芝加哥人口的 64.3%。这一比例实际上低于 1910 年的水平，但是越来越多的少数族裔开始成为公民并投票给民主党。捷克裔、波兰裔、犹太裔和德裔越来越多地将自己的命运与民主党联系在一起，大萧条只不过是强化了成千上万芝加哥人的这一决定。随着民主党领袖罗杰·沙利文（Roger Sullivan）和乔治·布伦南（George Brennan）的相继去世，1928 年，出生于捷克的安东·瑟马克接管了芝加哥民主党。他建立了一个强大的联盟，其中包括一些不属于共和党的团体。许多芝加哥人都认同瑟马克的移民背景。在致力于建立一个强大的多种族权力机构的过程中，瑟马克扮演了一个终极政治掮客的角色。爱尔兰裔试图重新夺回对民主党的控制权，但被瑟马克击败，在1931年大选前夕更是惨遭滑铁卢。

　　瑟马克拥有诸多制胜武器，但至关重要的是，他在下西区的捷克选区拥有一个强大的基地。瑟马克在为第12选区常设民主组织工作十年之后，在29岁时当选为伊利诺伊州议会的代表。他在1902—1909年任州议员期间扩大了自己的政治基础。此时，许多移民社区已经开始感受到禁酒令所带来的威胁。于是，德裔社区对此采取了相应的措施，召集了包括捷克裔和波兰裔在内的各种移民团体开会，成立了地方自治联合协会，这是一个致力于在芝加哥和全国范围内阻止禁酒令实施的组织。芝加哥的选区也可以自行投票支持禁酒，而事实上许多选区已经这么做了，把支持禁酒作为一项反移民措施。瑟马克很快站到了反对禁酒的一边，他反对任何试图控制酒精消费的做法。地方自治联合协会发展得非常迅速；1907年，瑟马克当选为会长，从此，瑟马克成为伊利诺伊州最为重要的反禁酒斗士。他很快意识到自己的职位的重要性，以及这一职位所赋予他的权力。1908年，他当选为第12选区常设民主组织的委员。他的地位越来越高。1909年，第12选区的选民举行了一次特别选举以填补市议员空缺，他们选举了瑟马克这位仅仅受过五年教育的前矿工和手推车操作员为他们的市议员。瑟马克曾希望能同时在州议会和市议会中担任职务，但最终还是在1910年被选为市议员后放弃了他在州议会中的职位。"捷克人的加州"的居民都认为他是一位亲切和受人尊敬的人。他曾涉足房地产和储蓄贷款业务，每一项业务都需要与邻居进行面对面的接触。同时，他所有企业的营业地址都在皮尔森公园附近的第26街，这里是捷克移民、瑟马克和民主党人活动的重要公共场所。

瑟马克的声望和权力与日俱增。他开始竞选更加有影响力的职位，意在登上市政厅的权力宝座。1922年，他当选为库克县委员会主席。六年后，瑟马克在美国参议院的竞选中失利，不过他巩固了对库克县民主党人的控制，带领民主党人取得了美国内战以来最辉煌的胜利。瑟马克还是一位伟大的联盟缔造者，他致力于建立一个由移民民主人士组成的影响深远的联盟。在迈克尔·伊戈（Michael Igoe）的领导下，爱尔兰裔继续与瑟马克的势力对抗，但瑟马克技高一筹，在民主党市长提名的角逐中最终所向披靡[18]。

随着竞选的进行，瑟马克展示了他广泛的民族联盟。1931年3月26日，波兰妇女在谢尔曼酒店为瑟马克举行了集会。共和党的女性也参加了此次集会，并在会上发表讲话，阐述了清除市政厅腐败的必要性。4月2日，工会组织为瑟马克举行了集会。《芝加哥论坛报》在选举中支持瑟马克时写道，他承诺为芝加哥制定一项新政，这比罗斯福总统承诺为美国制定新政①早了一年多。就在市长选举前，州检察官的代理人突袭了卡彭的知名同伙丹尼尔·塞里特拉（Daniel Serritella）的办公室，这桩丑闻成为压倒

---

① 新政是指1933年富兰克林·罗斯福就任美国总统后所实行的一系列经济政策，其核心是：救济、复兴和改革。

汤普森的最后一根稻草。

1931年4月7日，瑟马克以191 916票的优势击败了汤普森，这位曾经被汤普森称为"傻瓜"和"捷克佬"的来自西区的捷克人，赢得了除5个选区外的所有选区。这一次，芝加哥人将民主党人送上了权力的宝座，为1932年的总统大选奠定了基础。汤普森还拥有三个非裔美国人选区和两个黑帮控制的选区。其实，早在芝加哥市正式宣布选举结果之前，来自全美国甚至全世界的电报就已经到达这座城市，祝贺瑟马克把汤普森赶下了台。瑟马克率领的团队打了一场漂亮的胜战，从此，芝加哥的民主机器诞生了。不过，人们没有预料到的是，民主党人会从1931年一直到下个世纪的很长一段时间里执掌市政厅。值得一提的是，在大选区中，唯一的爱尔兰裔选区是由乔·麦克多诺（Joe McDonough）控制的布里奇波特街区。乔·麦克多诺议员的助手是理查德·J.戴利（Richard J. Daley）——一位年轻而雄心勃勃的民主党人，他曾通过在法学院夜校上学而出人头地，现在正在为该选区而努力工作[19]。

瑟马克先生，该市的第38任市长——第一位移民市长，同时也是第一位既不是爱尔兰人也不是盎格鲁-撒克逊人后裔的市长——正面临着一份艰巨的工作。尽管民主党人对选举的胜利欢欣鼓舞，但是芝加哥仍然深陷经济大萧条中，因此瑟马克深感任务之艰巨。他是个沉默寡言的人，只是在看到市长办公室的门上写着自己的名字时，才流露出对胜利的一丝喜悦之情："我的对手可不喜欢这个名字。但它现在就在这儿，而且大多数人似乎都喜欢它。"瑟马克在48小时内上任并开始着手工作。

瑟马克对整个经济形势十分了解，他很清楚芝加哥迫切需要州政府和联邦政府的援助，把芝加哥从财政危机中拯救出来无疑是新政府当前的首要任务。到 1932 年 10 月，大约有 75 万芝加哥人加入了失业大军。而仍在该市工作的 80 万人中，许多人只拥有一份兼职。大萧条涉及各个经济领域。由于房客无力支付房租，房东驱赶房客的现象激增，导致租金大幅下降。但这些被驱赶的房客拒绝离开，并且常常在邻居的帮助下，仍旧待在他们租住的公寓里，因此社区时常爆发冲突。到 1931 年 9 月，该市的 228 家银行中，只有 51 家仍在营业[20]。

大萧条的标志之一，就是芝加哥政府无力支付工作人员的工资，对该市公立学校的教师影响尤甚。直到 1931 年 4 月前，教师还可以收到以现金形式支付的工资，但 4 月的工资则延迟到了 5 月才以现金的形式发放。然而到了夏天，学校董事会开始用代币券给教师支付工资。从 1931 年 4 月 1 日至 7 月 16 日，芝加哥学校的董事会总共拖欠了 1 500 万美元。虽然州长的税收委员会指责董事会浪费，但董事会成员对此予以否认，并将其归咎于经济低迷。董事会共发放了 500 多万美元的代币券。对此，教师工会的律师警告说，这种发放代币券的行为可能是非法的（虽然联邦爱迪生公司宣布将接受这类代币券作为其服务的报酬）。对此，教师工会的 500 名会员向学校董事会请愿，要求停止发放代币券。并且，教师工会的商务代表玛格丽特·黑利（Margaret Haley）劝阻商人不要再接受学校董事会发放的代币券[21]。

随着 9 月新学年的开始，教师的不满情绪越来越强烈。9 月 29 日，大约 700 名教师在海德公园高中集会，抗议这种代币券制度。斯科特学校的校长亨利·W. 萨姆纳（Henry W. Sumner）担任此次集会的临时主席。自从 4 月以来，芝加哥有 1.4 万名教师一直以代币券的形式领取工资。他们的生活境况越来越糟，企业迫使教师们接受对代币券打越来越大的折扣，一美元的代币券往往只抵得上几美分。与此同时，越来越多的律师也加入到了对抗董事会的行列中。许多教师靠借高利贷维持生活，还有一些教师则通过用代币券换取现金从中牟利。最后，在芝加哥教师联合会提起诉讼后，巡回法院停止了用代币券支付薪水的制度，随后教师便进入了无工资可领的日子。截至 1933 年 8 月，芝加哥学校董事会拖欠教职员工工资总额达 2 600 万美元。不过，教师们并没有坐以待毙。1932 年 1 月 4 日，教师组织租用了芝加哥体育场，举行了一次包括瑟马克市长和其他政要参加的 2.7 万余人的大型集会。截至 1 月 7 日，他们已经向伊利诺伊州议会递交了一卡车的请愿书，要求议会强制董事会履行义务，支付教师工资。教师和学生们把希望都寄托在代表们身上。超过 90 万的选民在请愿书上签名。1932 年 11 月，《芝加哥每日新闻》指出，该市拖欠 1.4 万名教师和 4 000 名其他公立学校员工超过 2 000 万美元的工资。该报文章说，老师们时常会因为缺乏足够的食物而昏倒。其实，早在 1928 年，还没有出现全面的经济崩溃之前，《芝加哥每日新闻》就设立了"最贫困家庭援助基金"，但据报道，需要帮助的家庭数量正在大幅增加[22]。

　　除了教师，消防队员、警察及其他的市政府雇员也常常拿不到工资。1933 年夏天，芝加哥的商界开始向市政府施压，要求努力结束经济危机。芝加哥学校董事会批准了一项紧缩政策，解雇了 1 400 名教师，增加了校长和高中教师的工作量，缩短了学年，并关闭了该市的一所专科大学。学校董事会还废除了初中教育制度，将幼儿园的数量减半，并削减或取消了许多其他项目。政策出台后，随之出现了全市范围的抗议活动。7 月 21 日，为抗议这些变化，3 万多名市民参加了在芝加哥体育场举行的群众集会。9 月，学校在一片混乱中开了学。仅菲利普斯高中就有 100 多名警察巡逻。芝加哥的教育行业已经跌到谷底。

尽管从未能从州议会争取到更多的资金用于处理学校危机以及失业救济，但瑟马克在努力应对不断恶化的经济危机。现在，这位新市长将希望的目光投向了华盛顿特区。1932 年，随着富兰克林·罗斯福当选美国总统，这一期盼变得越发强烈。1932 年 1 月，瑟马克呼吁州议会对紧急救济进行立法，增加 2 000 万美元的救济援助。瑟马克指出，私人慈善机构已经"弹尽粮绝"。他说："过去，我们的慈善组织都有应急储备。但在过去的两年中，这一资源已经枯竭。"他补充道，现在是"僧多粥少"，寻求救济的家庭数量多了四倍。瑟马克还特别谈到了一位曾经是白领的小房主的困境，这个小房主现在也加入了贫困大军。瑟马克警告说，许多原本对共产党不屑一顾的人现在听了那些革命性的言论都已转而支持。同年晚些时候，瑟马克让美国众议院银行和货币委员会做出选择：要么把钱送来，要么派军队到芝加哥防止暴乱。

当选市长一年后，瑟马克向联邦政府申请"繁荣贷款"，以应对大萧条。他不自觉地鼓励政府采用凯恩斯主义的方法来解决大萧条，并与胡佛政府接触，希望获得援助。此外，瑟马克还解雇了许多汤普森团队的员工，但并没有补充新成员来顶替他们的职位，以此来减少工资的支出。他努力推动公共工程的建设，并向重建金融公司贷款，开工建设了芝加哥地铁。1933 年，瑟马克前往欧洲宣传即将在芝加哥举办的世界博览会。这位来自西区的捷克人深知良好的公共关系的价值，也知道该如何利用它来吸引投资[23]。

瑟马克还开始着手控制市议会。保持独立和创建自己的选区组织是市议员长久以来的惯例。然而，这位新市长不会容忍这种自治，他必须明确谁才是老大。当他辞去县议会主席一职竞选市长时，他确保让自己的长期盟友埃米特·韦兰（Emmett Whealan）接替他的位置。而在辞去库克县民主党主席职位时，他又把权力交到了自己手下一名忠实的追随者帕特·纳什（Pat Nash）的手中。虽然他卸任了县党主席一职，但他仍继续担任县民主党委员，以此牢牢控制着所有地方权力机构。瑟马克可不是一个傻瓜，他不但牢牢地掌控了整个民主党，还对民主党在伊利诺伊州乃至全国各地所取得的每一项成果充分加以利用。事实上，瑟马克打算夺取和控制民主党的权力的想法由来已久。早在 1932 年，这位市长就巧妙地控制了州民主党，击败了他的老对手迈克尔·伊戈，提名亨利·霍纳为州长。

1932 年，瑟马克支持民主党的总统候选人，主要原因在于候选人反对禁酒令。瑟马克最初支持的是参议员詹姆斯·H. 刘易斯（James H. Lewis），但也支持和他一样有着移民背景的纽约州前州长阿尔·史密斯（Al Smith）。史密斯信奉天主教，曾是一名工薪族，与把瑟马克推上市长宝座的新移民有着密切的联系。他是一个白手起家的人，并且和瑟马克一样反对禁酒。虽然是富兰克林·罗斯福赢得了民主党总统候选人的提名，但瑟马克却成功地在民主党的竞选纲领中加入了反对禁酒的内容，俗称"伊利诺伊州纲领"。他在芝加哥民主党全国代表大会上的行动确保了芝加哥地区民主党的团结。在总统大选期间，瑟马克和库克县的民主党人支持罗斯福，使这位纽约州前州长获得了芝加哥和伊利诺伊州历史上最多的总统选票。最重要的是，瑟马克做了一件许多人认为不可能的事：他选举了一位芝加哥犹太人担任"草原之州"①的州长。瑟马克和芝加哥似乎很可能从 1932 年 11 月民主党的胜利中获益。

罗斯福的总统竞选之路充满了艰难曲折。他在宣誓就任总统前去佛罗里达州休闲度假。1933 年 2 月 15 日，罗斯福结束了钓鱼之旅，乘坐游艇在佛罗里达海岸登陆。当晚，他的支持者在迈阿密海滨公园为他举行了招待会。一大群人聚在那儿迎接候任总统的到来，瑟马克坐在检阅台的第一排。罗斯福坐在敞篷车里，向他的选民挥手致意。当车开近检阅台时，罗斯福示意瑟马克到车里来，但瑟马克一直等到罗斯福发表完简短的讲话后才上前。演讲结束后，瑟马克和其他政要走到罗斯福乘坐的车旁。这两位民主党人彼此交谈了几句，正当罗斯福乘坐的汽车准备离开时，突然枪声响起，瑟马克和另外四人被子弹击中。顿时，现场一片混乱，瑟马克大喊着让汽车赶快离开，但是，罗斯福的汽车在不远处停了下来，瑟马克在两名同伴的帮助下走向汽车，同时，警察从复仇心切的人群中救出了那名刺客。罗斯福怀抱着瑟马克坐在

_____

① "草原之州"是伊利诺伊州的别名。

车里，汽车风驰电掣般地驶向医院。据称，瑟马克曾对总统说道：
"我很高兴被打中的是我而不是你。"在与死神搏斗了19天之后，
瑟马克最终于3月6日去世。有3万人参加了葬礼游行，2.3万人
参加了在芝加哥体育场举行的仪式，5万人在接近零度的低温下
见证了他在波希米亚国家公墓的葬礼。

刺杀事件发生后，一时间谣言四起。有人说是芝加哥的黑帮
派朱塞佩·赞加拉（Giuseppe Zangara）去刺杀瑟马克而不是罗斯
福。同时，到处散布着关于瑟马克与芝加哥黑社会有瓜葛的流言蜚
语，因为长久以来，市政厅的腐败尽人皆知。虽然瑟马克承诺要在
芝加哥世博会之前消除黑帮势力，但传言说他对待黑社会帮派厚此
薄彼，从而置自己于险境之中。尽管如此，一项全面的调查最终显
示，凶手目标实际上是总统，而不是芝加哥市长[24]。

凯利与纳什：民主党的新生

瑟马克遇刺身亡后，芝加哥的民主党人迅速齐聚一堂推举新
的领导人，各民族派别纷纷举荐自己的人选。有人提名芝加哥最
具影响力的非爱尔兰裔政治家雅各布·阿维（Jacob Arvey）为市
长，但是就像阿维所说的，"这会让爱尔兰人感到不安"[25]。帕
特·纳什推荐第17选区议员弗朗西斯·J.科尔（Francis J. Corr）
为临时市长。在这位临时市长任职一个月后，4月14日，市议会
投票选举南部公园管理委员会主席埃德·凯利（Ed Kelly）为市
长。于是，芝加哥的政治史开启了一段跨越了大萧条和第二次世

界大战的非凡历程。如果说瑟马克是芝加哥民主党中的乔治·华盛顿（George Washington），那么凯利就是民主党中的安德鲁·杰克逊，他使民主党成为芝加哥政治中一股强大而持久的力量。正当旧的城市机器似乎要消亡之时，芝加哥的民主党迅速成长为美国历史上最成功的城市政治组织之一，而埃德·凯利和帕特·纳什对它的发展可以说是功不可没。

凯利曾一直处于选举政治的边缘。他在布里奇波特长大，是一位爱尔兰移民的儿子，最初在市里当一名伐木工。多年来，凯利不断得到提拔，同时一直在发展自己的政治关系，包括与《芝加哥论坛报》出版人罗伯特·R. 麦考密克（Robert R. McCormick）的友谊。尽管缺乏正规培训，他还是被提拔为总工程师。1922 年，他加入了南部公园管理委员会。两年后，他开始担任委员会的首席执行官，任期长达十年。尽管他是一位受人尊敬的政治人物，但他只担任过任命的职务，大多数人并不认为他是重要的政治人物。但随着瑟马克的遇刺，这一切都改变了[26]。

事实证明，凯利是芝加哥民主党中真正的组织天才。他与华盛顿的罗斯福政府建立了联系，并利用这种联系来加强他在芝加哥的政府组织。凯利和纳什一边避开罗斯福政府的批评者，一边把罗斯福的新政项目当作赞助单位，帮助饱受经济萧条困扰的芝加哥人，同时也巩固了他们对民主党的支持。凯利和纳什对于在新政计划下谁会被雇用或解雇并没有完全的决定权，但他们也不羞于把华盛顿经济计划创造的就业机会归功于自己[27]。

大萧条所带来的考验使芝加哥人释放出了他们自己、全美国乃至全世界都很少了解的力量。芝加哥人以坚定的决心去面对这些困难。瑟马克去世前，他曾开始筹备1933年的口号为"一个世纪的进步"的世界博览会，以庆祝该市成立100周年，并准备再次把全世界带到密歇根湖畔。瑟马克遇刺事件意味着埃德·凯利将承担世博会的筹备工作。与1893年世博会不同，1933年的世博会以未来为建筑灵感，展示了各种充满活力的色彩和建筑材料。这座"彩虹之城"在夜晚被白色和彩色的灯光照亮，给公众以无限的遐想。

在1933年的"一个世纪的进步"世博会上，乘坐空中缆车的乘客可以鸟瞰多姿多彩的未来主义建筑。

　　"一个世纪的进步"世博会于1933年5月27日开幕，主展区占地477英亩，位于卢普区以南的湖滨地带。11月12日，世博会结束，但在1934年5月26日又重新开启，直到10月31日才结束。世博会的再次开放在一定程度上说明了它的受欢迎程度，而且大萧条的现实使得重新开放显得十分必要，主办方也希望能通过世博会的再次开放来帮助还清债务，因为私人投资者为此次世博会提供了大量的资金。世博会通过出售会员资格来供给举办展览活动所需的费用，主办方分别以1 000美元和50美元的价格向公众出售持续会员资格和初始会员资格，每一项筹集了17.14万美元。后来，大众会员资格向公众开放，又筹集了637 754美元。只要5美元，芝加哥市民就可以购买一张会员证，世博会一开幕，就可以兑换成十张入场券。在1929年"黑色星期二"的前一天，"一个世纪的进步"世博会委员会曾授权发行了1 000万美元的债券。然而，世博会结束前不到一个月，主办方已收回了所有剩余的票据，还清了债务。事实证明，这次世博会举办得相当成功，特别是在考虑到当时经济困难的情况下。由于举办了两年，世博会参观达48 769 221人次，远远超过了1893年世博会[28]。

尽管芝加哥市民和来自世界各地的嘉宾参观了未来主义建筑，如克莱斯勒大厦、西尔斯大厦以及明日之家，乘坐"旋风"过山车或漫步在比利时村的街道上，但大萧条仍然在芝加哥和整个美国持续肆虐。随着希特勒在德国掌权以及意大利的墨索里尼和苏联的斯大林分别坐稳了权力的宝座，芝加哥的政治压力也开始变得明显起来。纳粹政权对犹太人的攻击，引起了芝加哥犹太人的恐慌，并且很快这座城市的斯拉夫群体也感受到了中欧政治发展给自己带来的威胁，而意大利族群则分裂为法西斯主义者和反法西斯主义者。此外，第一次世界大战后，芝加哥的德裔在很大程度上已融入社会，但随着希特勒提升了德国人的自豪感和期望，德裔美国人同盟也开始蠢蠢欲动。

在芝加哥，亲纳粹分子大多在北区的各个礼堂和酒馆里会面。

1933 年世博会上的西尔斯大厦拥有未来主义的线条。与 1893 年的世博会不同，大萧条时期的世博会策划者们期待着一个科技发达的世界。

1938 年 2 月，战争的乌云笼罩着欧洲，1 000 名亲纳粹分子聚集在日耳曼尼亚俱乐部，演讲者攻击犹太人并鼓吹法西斯主义。芝加哥警方以扰乱治安罪逮捕了五人，其中包括两名纳粹分子。日耳曼尼亚俱乐部很快就禁止在它的大厅里举行纳粹集会[29]。同年 7 月，德裔美国人同盟又计划在贝尔蒙特大道和西大街的江景游乐园举办一场民俗文化节和集会。反纳粹组织，包括德裔美国人文化联盟、美国犹太人大会以及圣约之子会对此表示抗议。然而，江景游乐园的管理人员表示，他们仍打算举办民俗文化节，或许是因为，位于西北大道 3855 号的芝加哥德裔美国人同盟的总部就在游乐园的北面。最终，纳粹分子把活动地点改到了位于帕克里奇小镇的乌克兰国家公园。虽然抗议接踵而至，但民俗节活动还是如期举行了[30]。

　　德裔美国人同盟和其他亲纳粹组织在芝加哥及周边地区集会时，暴力活动也无处不在。1938 年 10 月，150 多名警察在西迪维西大街 1019 号的林肯特纳大厅附近驱散了一场骚乱。在德国从捷克斯洛伐克手中夺取了苏台德地区之后，德裔美国人同盟举行了庆祝活动，庆祝"苏台德地区获得自由"。大约 2 000 名抗议者与亲纳粹分子发生了冲突。警察强行穿过人群，这时，一位名叫罗斯·塞贝克（Rose Sebek）的女人扔了一个西红柿，打在了一名警察的脸上，于是警察拘留了塞贝克和另外 12 个人，最终导致大约 5 000 名抗议者走上街头。尽管发生了暴力事件和抗议活动，德裔美国人同盟仍在继续举行集会，即便是在欧洲即将全面爆发战争前也是如此。1939 年 6 月，大约 4 000 人在科尔兹电气公园行纳粹军礼。数百名身穿纳粹制服的男子在公园里来回走动，而100 名警察则在杰斐逊公园警察局随时待命[31]。

　　1933 年参加世博会的人在 10 月 9 日庆祝"芝加哥日"。1893年，芝加哥人为纪念 1871 年芝加哥大火，把 10 月 9 日定为"芝加哥日"。

在芝加哥，只有少数的德国移民支持德裔美国人同盟，而芝加哥的捷克斯洛伐克人却纷纷挺身而出，保卫自己的家园免受纳粹的占领，罗斯·塞贝克和她的朋友们只不过是其中的活跃分子而已。位于"捷克人的加州"的皮尔森公园，再次成为捷克人的爱国主义中心。1938 年 9 月 29 日，英、法、德、意四国签订的《慕尼黑协定》将捷克斯洛伐克的苏台德地区割让给了纳粹德国，随后，芝加哥的捷克社区在皮尔森公园集会，他们向罗斯福总统递交了一份决议，支持捷克斯洛伐克的自由，并谴责纳粹主义。1939 年 3 月 15 日，纳粹德国吞并了捷克斯洛伐克的剩余领土，为此，组织者在皮尔森公园再次举行了群众集会。捷克裔美国人全国联盟、波希米亚天主教徒联盟以及斯洛伐克裔美国人联盟的芝加哥分会组织了这次集会。当时，皮尔森公园的礼堂里挤满了人，拥挤得几乎让人窒息，警察最后不得不关上了门，赶走了数百名没能进去的听众。大约有 5 000 名捷克裔和斯洛伐克裔芝加哥人紧张地坐在礼堂里，"就像在葬礼上一样，死一般的沉寂"。当演讲者再次就捷克斯洛伐克的自由问题发表演讲时，男人们的脸因激动而绷得紧紧的，女人们则大声哭泣[32]。显然，芝加哥的少数族裔仍然关心着自己家乡发生的事情。

迫切需求：社区组织

20 世纪 30 年代，芝加哥人开始重建工会组织，一场以"产业工会联合会"为名义的复兴劳工运动很快为芝加哥的许多工人提供了发言权。早在 1930 年，芝加哥大学的社会学家就试图找出解决芝加哥社区青少年犯罪问题的方法。20 世纪 20 年代，克利福德・R. 肖 （Clifford R. Shaw） 和他的同事们提出了一套关于青少年犯罪原因的新理论，反对将中产阶级的价值观强加给移民和劳工阶层。他们希望利用少数族裔劳工阶层本身的制度和价值观，由内向外地解决这个问题。早期的研究已经明确界定了芝加哥帮派活动的区域，并反对种族犯罪，认为市内的自然环境和社会状况本身就是帮派活动的自然滋生地，只有从社区一级做出改变才能降低犯罪率[33]。

当肖开始寻找一个能够验证这一观点的市中心社区时，他锁定了芝加哥南部的布什社区。这个社区位于南方工厂和伊利诺伊州中央铁路之间。南方工厂现在是美国钢铁公司的一部分，工厂将布什社区与南岸的中上阶层社区分隔开来。还有众多的铁路把它从芝加哥南部的其他地区中分割出来。肖要找一个有明确的边界和独特的地区文化的城区，而布什社区正好符合他的要求。

波兰圣迈克尔天主教堂是布什社区社会生活的中心。教堂的尖塔与南方工厂的烟囱一样耸入天际。木制的两层小楼和一个临时的砖房紧紧地挤在一起，似乎是要把工厂给围起来。教会控制着这个波兰聚居区，移民们从这里到芝加哥的钢铁厂去上班谋生。起初，社会学家们以为移民们会与浸信会管理的当地定居点结盟，但他们很快就明白，社区中真正的约束力不取决于那些半路杀出的新教徒，而是取决于圣迈克尔教堂的约翰・兰格 （John Lange） 神父。

詹姆斯・麦克唐纳 （James McDonald） 抵达芝加哥南部来负

责该项目。他很快就意识到了兰格神父和圣迈克尔教堂的重要性，并与波兰社区建立了联系。肖来到这里，见到了兰格神父，于是就诞生了这个后来被称为罗素广场社区委员会的布什社区项目。1933 年，圣迈克尔青年俱乐部成立，大约 15 个月之后，布什社区项目开始全面运作。肖希望像教区和青年俱乐部这样的当地机构能够取代社区的帮派组织。事实证明，项目在减少青少年犯罪方面取得了巨大的成功。麦克唐纳和肖看到，在只有很少的外部帮助的情况下，布什社区的人们拯救了自己[34]。

　　曾参与了芝加哥区域计划，并且在加工厂后院社区工作过的索尔·阿林斯基（Saul Alinsky）很快就弃用了肖的项目，认为他们的做法过于保守。他寄希望于在芝加哥联合牲畜交易市场的加工厂后院社区检验自己的组织理论。20 世纪 30 年代，加工厂后院社区出现了几位年富力强的领导人，他们在积极寻找赋予社区权力的方法。1938 年底，阿林斯基来到这个街区；次年初，他在一次会议上遇到了约瑟夫·米根（Joseph Meegan），两个人在很多问题上都不谋而合，很快就成了朋友。举办这次会议的青年委员会是产业工会联合会中的肉类加工厂工人组织委员会的一个分支。新成立的组织认为，管理社区和管理车间同样重要。然而，产业工会联合会的激进做法，不仅在很多方面威胁着芝加哥的政治秩序，还严重影响到联合牲畜交易市场的工人和管理层之间的经济关系。于是，年轻的工会成员们组建了青年委员会，旨在改善加工厂后院社区的娱乐设施。米根是戴维斯广场公园的主管，公园就位于马什菲尔德大道上的肉类加工厂的西面。阿林斯基认为，在没有教会和族裔领袖出席的情况下，召开社区和劳工代表大会不会取得什么成果。阿林斯基来自其他街区，是一名犹太人，毕业于芝加哥大学，他热心于新劳工运动，并且对肉类加工厂工会组织非常了解。米根则是一名爱尔兰天主教徒，在加工厂后院社区另一边的富勒公园区长大，十分了解加工厂后院社区的种族和宗教状况。20 世纪 30 年代末，这两位年轻人结成了同盟。

新联盟组织的官方口号是"我们人民将决定我们自己的命运"，这表明，新组织是一种比克利福德·R. 肖设想的青年俱乐部更具变革潜力的机构。事实证明，在接下来的几十年里，加工厂后院社区委员会将是芝加哥一股强大的政治力量。

1939 年 7 月 14 日，新组织在戴维斯广场公园举行了首次集会，年轻的斯洛伐克裔美国神父安布罗斯·翁德拉克（Ambrose Ondrak）以祈祷开场。米根和阿林斯基一致认为，加工厂后院社区委员会应该由民主选举的本地的领导人来管理，而不是由外来的调查人员和改革者来管理。他们规定，新组织的成员仅限于包括妇女组织和青年团体在内的当地组织，每个组织拥有三个代表席位和一张选票。组织的既定目标是团结社区，增进所有居民的福祉，不论他们的种族、肤色或信仰。加工厂后院社区委员会还开设了一个公开讨论社区问题的论坛。这就是阿林斯基的梦想的实质：一个社区可以通过团结一致的行动来影响自己的未来[35]。

迫切需求：劳工组织

第一次世界大战之后，随着劳工运动遭受失败，在芝加哥市的主要产业中，工会的作用消失了。20 世纪 30 年代，随着罗斯福新政的出台，以及《国家复兴法案》（National Recovery Act）和 1937 年《瓦格纳法案》（Wagner Act）的通过，劳工运动开始复苏。事实上，尤其是在大规模生产行业，劳工运动甚至在产业工会联合会创立前便已开始。1933 年，芝加哥市只有 2% 的钢铁工人签订了工会合同。更多的人发现自己被所谓的"雇员代表计划"所代表，而"雇员代表计划"只不过是公司控制的前台组织。1935 年成立的早期的产业工会联合会提倡产业工联主义，也就是说，无论某人从事什么行业，都应该加入工会。原先的美国钢铁工人协会很快就并入产业工会联合会的钢铁工人组织委员会。到1936 年时，美国劳工联合会中保守的工联主义者开始驱逐产业工联主义者。第二年，产业工会联合会又将矛头指向了美国钢铁公司的南方工厂。1936 年 7 月 16 日，原来的公司代表计划的 3 000名成员集体加入了钢铁工人联合会。还有大约 9 000 名钢铁工人持观望的态度。在接下来的一年里，产业工会联合会的活动遍及芝加哥地区的钢铁厂。钢铁工人组织委员会的组织者们利用钢铁厂的许多少数族群俱乐部来接触工人。产业工会联合会组织者还试图赢得工人们的妻子和姐妹的支持，影响社区组织，并吸引非裔美国人加入他们的组织[36]。

　　1937 年 3 月 2 日，也就是劳工运动复苏的大约 9 个月之后，美国钢铁公司伊利诺伊州分部的本杰明·费尔利斯（Benjamin Fairless）与钢铁工人组织委员会的菲利普·默里（Phillip Murray）签署了一项协议。这份协议是产业工会联合会主席约翰·L. 刘易斯（John L. Lewis）和美国钢铁公司董事长迈伦·泰勒

(Myron Taylor) 秘密谈判的结果。该协议对劳工运动产生了直接的影响，因为它是与美国最大的、传统上最反工会的公司之一签订的，使钢铁工人组织委员会成为一个主要的工会组织，同时也使产业工会联合会成为美国经济中的一支重要力量。在两个月的时间里，钢铁工人组织委员会与另外 88 家公司达成了协议，并在全国拥有了 28.8 万名会员。工会组织者们忙得不可开交，每天都有成千上万的钢铁工人加入工会。到 1937 年 5 月时，仅芝加哥的会员就超过了 3 万人[37]。

　　尽管由于亚洲和欧洲的战争威胁有望会带来更大的销量，所以"大钢铁"公司同意与钢铁工人组织委员会签订协议，但"小钢铁"公司①仍然决心与劳工组织者斗争到底。1937 年 5 月 27 日，钢铁工人组织委员会组织了钢铁行业中的"姐妹花"——共和国钢铁公司和扬斯敦板管公司的工人罢工。在芝加哥，2.5 万名钢铁工人走上街头罢工。在阵亡将士纪念日当天，钢铁工人组织委员会在共和国钢铁公司罢工者的工会指挥所——山姆咖啡馆——举行了工人和支持者的大规模集会。活动人士带领 1 000～2 500 名工会成员游行至公司门口。大约 50 名芝加哥警察会见了抗议者，要求他们解散。随后，警察开始不分青红皂白地向游行人群开枪，造成 10 人死亡、68 人受伤。警察电影审查委员会不允许与这场冲突有关的影片在芝加哥上映，而芝加哥警方则迅速

---

　　① "大钢铁"公司和"小钢铁"公司都是指不与产业工会联合会合作、拒绝工会化的钢铁企业。"小钢铁"公司指的是美国的八家钢铁公司，其中包括共和国钢铁公司和扬斯敦板管公司；与美国的"大钢铁"公司相比，它们只是规模较小、没有联盟的"小钢铁"企业。

采取行动，阻止任何与这场屠杀有关的负面宣传[38]。

　　钢铁工人组织委员会迅速做出反应，芝加哥市政厅开始感受到巨大的压力。6月8日，钢铁工人组织委员会在公民歌剧院组织了集会，6月17日又在芝加哥体育场举行了群众大会。范·A.比特纳（Van A. Bittner）把芝加哥警察叫作"可恶的野蛮警察"和"疯狂的流氓警察"。阵亡将士纪念日大屠杀很快对芝加哥的民主党执政层构成了威胁。凯利市长需要对东南城区的情况迅速做出反应，他最终制定了一项更有利于钢铁工人组织委员会和产业工会联合会的政策。面对1939年的市长选举，民主党领导人开始意识到产业工人这股新兴的政治力量。凯利似乎准备赋予产业工会联合会更大的影响力，而且他也知道它对罗斯福政府也很有影响。大屠杀发生后，工会领导人感到，他们与芝加哥民主党的关系发生了转变，从冷漠或完全的敌意，转变为友好。凯利支持产业工会联合会，甚至市议员也开始称赞工会组织[39]。芝加哥的政客们可以感觉到政治风向已经发生改变，而且产业工人阶级也开始发挥自己的政治力量。

　　这种"新"关系给芝加哥市的肉类加工业工人组织委员会带来了截然不同的结果。1938年，美国国家劳资关系委员会通过了解散阿穆尔公司的雇员代表的计划，这为后来产业工会联合会协议的签订奠定了基础。在产业工会联合会召集阿穆尔公司所有工厂的代表召开大规模会议之后，该公司要求展开谈判，但管理层对签署协议这件事一直犹豫不决。美国国家劳资关系委员会的选举对于肉类加工业工人组织委员会来说是成功的。1938年11月，工人们为此次所取得的巨大胜利举行了庆祝活动。这次，芝加哥警方没有像在钢铁罢工中那样去干预庆祝活动。与美国钢铁的协议一样，针对阿穆尔公司的胜利也向其他牲畜交易市场的工人发出了信号，于是他们也纷纷涌向产业工会联合会。不久，威尔逊公司、罗伯茨·奥克肉类加工公司，以及联合牲畜交易市场的工人们组成了肉类加工业工人组织委员会地方分会。第43街和帕克斯大道的交叉口被工人们私下里称为"产业工会联合会角"，而工会的批评者则把这个十字路口称为"红场"。1939年3月，凯利市长公开支持肉类加工业工人组织委员会第44地方分会与联合牲畜交易市场签订协议。第44地方分会一致通过决议，感谢凯利的支持。显然，民主党人很快就从1937年阵亡将士纪念日事件中走了出来。1939年4月，穿过加工厂后院的游行队伍举着横幅，上面写着"给凯利100万张选票，与阿穆尔公司签一份协议"。

产业工会联合会还非常支持刚刚成立不久的加工厂后院社区委员会。不论是在肉类加工厂，还是在社区，都能感受到组建劳工组织的迫切需求，这些需求很好地融合在一起。1939年6月，芝加哥肉类加工业工人委员会召开会议，打算实施一项影响深远的计划，把整个社区组织起来，支持阿穆尔公司的工人打算签订一份工会协议的想法。尽管在前一年国家劳资关系委员会投票通过了解散阿穆尔公司的雇员代表的计划，但该公司仍然拒绝谈判。产业工会联合会的组织者计划举办街区聚会和舞会。7月23日，产业工会联合会在比鲁蒂斯格罗夫举办了一场盛大的野餐活动，一名神父代表加工厂后院社区委员会向肉类加工业工人组织委员会成员发表了讲话，同时天主教主教伯纳德·希尔（Bernard Sheil）也敦促工人们在工厂里组织起来[40]。很快，40个劳工组织和社区组织就团结了起来。垄断资本主义的黑暗岁月即将过去。

二战中的国际贸易中心

　　1939 年 9 月 1 日，《芝加哥论坛报》刊登了一则题为《战争》（War）的头条新闻。芝加哥人一觉醒来，无比震惊地发现，欧洲和世界的历史已翻开了一个可怕的新篇章。一段时间以来，芝加哥的波兰社区一直在为敌对行动的爆发做准备。如今，随着波兰军队英勇抗击纳粹的入侵，每天都有可怕的消息从中欧源源不断地传来。世界陷入了战争，而由于有太平洋和大西洋两大天然屏障的保护，并且仍对第一次世界大战的经历保持着清醒的认识，美国似乎要努力置身事外。

　　然而，美国的孤立主义在芝加哥的许多种族社区却并没有立足之地。波兰裔、捷克裔和其他的族群立即把自己的社区动员起来。1939 年 10 月 4 日，芝加哥人宣布成立波兰救济委员会芝加哥分会，实行严格的人道主义。10 月 8 日，一个新成立的团体——波兰妇女军团——在公民歌剧院举办了一场音乐会，为新的救助基金筹集资金。与此同时，代表了该市 72 座教堂和波兰组织的波兰平民战争救济组织，把一万多名有波兰血统的妇女召集在一起，为正在遭受苦难的波兰人民制作服装。所有的衣服都将交由红十字会在被占领的波兰分发[41]。

　　与此同时，一个自称"波兰裔美国人委员会"的团体在北密尔沃基大街 984 号举行了为期两天的会议。领导人强调了他们的信念，即波兰将生存下来并重新获得独立。1940 年 2 月，该组织在芝加哥体育场组织了一次大规模集会，吸引了 1.8 万人为波兰救助组织筹集资金。波兰男高音扬·基普拉（Jan Kiepura）与约瑟夫·哈勒（Joseph Haller）将军一同出现在会场。哈勒是波兰流亡政府的部长，也是在 1920 年抵抗苏联入侵的波兰军队的领导人[42]。

随着战争的继续，筹款活动也在增加。美国服装工人联合会向红十字会捐赠了 2 000 美元，用于救助波兰。与此同时，为了筹集资金，该工会还组织了纸牌派对、时装秀等各种活动。筹集到的第一批救助物资在 4 月被运往波兰，包括 1 600 吨食品和用品，其中包括为波兰儿童提供的 1.5 万加仑鱼肝油。另外，1940年 6 月，波兰救济委员会还取道意大利向波兰运送了 6 000 吨粮食。报道称，波兰当时有 700 万妇女和儿童正面临饥荒。到 1940年 9 月，芝加哥的波兰平民战争救济组织拥有 105 个单位，共8 000 名正式成员。9 月 22 日星期天，在布里奇波特的圣母永恒之心教堂举行了一场大型弥撒，标志着为期一天的会议的开始，会议将讨论芝加哥波兰社区的战争救济工作。当天下午，会议转移到了位于北阿什兰大道 1309 号的波兰妇女联盟大厦总部[43]。

不管是否承认，芝加哥的所有族群都很快就意识到了战争的威胁。芝加哥几个最大的种族群体面临着纳粹政权的恐怖威胁，他们试图影响美国公众舆论，希望美国参战。市长凯利似乎也确信，美国迟早会卷入这场战争。法西斯分子在欧洲和亚洲的大屠杀仍在继续，凯利已经为即将到来的冲突做好了准备。批评人士认为，凯利的行动太快，战争仍是可以避免的。但市长办公室的定位是：如果美军加入战斗，芝加哥将在国内前线发挥带头作用。1941 年 3 月 5 日，凯利成立了芝加哥国防委员会并担任主席。71 名商界领袖参加了该委员会的工作，委员会致力于让城市工业为战争做好准备，并使每个街区都成为防御计划的一部分。委员会的首要任务之一是对该市进行工业调查，并在同年夏天组织了一次铝金属回收活动。他们在湖滨地区的国会广场设立了一个回收中心，由三名海军预备役人员守卫。不久，贵重的铝金属慢慢地堆成了一座小山。另外，警察、消防和加油站也在全市范围内开展了收集铝金属活动。7 月 23 日，数百名服装工人联合会的成员游行穿过卢普区，然后将回收的铝堆放在一处铝金属回收站。在此次回收活动的头两天，芝加哥市就收集了 8 万磅铝金属[44]。

凯利领导的国防委员会对工业生产进行了仔细的研究，发现小型企业对战争的反应很关键。他们还发现，大萧条仍然困扰着美国经济，而美国经济还没有被战争启动。10 月 2 日，国防委员会召开了一次由 4 000 家小型制造商参加的会议。凯利市长希望能通过此次会议指导这些制造商如何通过集中他们的资源来竞标政府工程。但同时凯利也担心，由于缺少用于生产非军工产品的原材料，那些没有参与战时生产的工厂将被迫关闭，最终将导致数以千计的芝加哥人失业[45]。

华盛顿特区正在建立新的民防系统，负责帮助公众为战争做好准备。凯利与罗斯福的密切关系使他在芝加哥和伊利诺伊州北部地区新建的民防组织机构中占据了重要的地位。1941 年 5 月 20 日，联邦政府成立了民防办公室，将芝加哥设为民防区之一，由凯利领导，使得这位市长管辖的范围超越了城市边界，横跨整个大都市区，赋予了他巨大的权力。芝加哥的交通枢纽地位对战争起到了至关重要的作用[46]。

12月7日，日本偷袭珍珠港后，芝加哥警方守卫着桥梁，防范任何可能让这座城市陷入恐慌的破坏分子。第二天，联邦和地方特工突然出现在芝加哥日本社区的商店里。当凯利市长下令关闭25家日本餐厅和餐饮服务公司时，它们的老板和员工似乎对此还茫然不解。全国共有726名日本人被拘留，日裔芝加哥人预料到他们也会有同样的遭遇。日裔员工们挤在位于南州立街551号的芝加哥最大的日本企业的密室里，入口处有一把很重的锁，上面的牌子上写着："市长下令短期关闭此处。"现年30岁的美国居民津田五郎（Goro Tsuchida）和他出生在肯塔基州的美籍日裔妻子闷闷不乐地坐在北克拉克街1130号的餐厅里，他们的两个儿子正在等待应征入伍。与此同时，战争消息大幅推高了联合牲畜交易市场的牲畜价格[47]。

令许多人感到恐惧但对另一些人来说则是解放自己祖国的希望的战争，现在已经成为现实。这次战争危机带来了前所未有的问题，甚至比美国内战时期还要严重。芝加哥在为战争提供人力、在确保盟军成功的工业生产方面都发挥了关键作用。随着美国的参战，芝加哥这个西方的商业中心变成了全世界的商业中心。事实证明，这并非易事，因为到1941年底，芝加哥仍然主要面向和平市场。日本炸弹的威胁几乎在一夜之间使美国经济从尚未完全从大萧条中复苏的状态，转变为充分就业和劳动力短缺的状态。

事实证明，战时生产的转变是艰巨的，并对这座城市的人口、社会和经济的发展产生了巨大影响。到 1942 年初，芝加哥的各家公司共完成了 20 亿美元的战争订单，而就在三年前，芝加哥用于军工产品生产的资金还几乎为零。这座城市的制造业基地增长得比以往任何时候都快。作为交通中心，芝加哥成为国防工业的所在地是必然的。从 1940 年 6 月开始一直到太平洋战争结束，私营公司和联邦军工厂在工厂建设上共花费了 13 亿美元，其中 1/3 用于建造厂房，建筑工人将仍然具有乡村特色的城郊改造成了大型工业区。

在战争开始的头两个月，由于原材料的削减，芝加哥停产了大约 600 种民用消费品。由于大萧条使传统市场的需求下降，这些制造商非常乐意从事军工生产。战争使这些工厂从生产旱冰鞋、自动点唱机、开罐器和玩具车，转变为生产轰炸机机头、"闪电战"牌 5 加仑装便携式汽油罐和 M-1 步枪，这就需要对工人进行大量的再培训。与此同时，随着征兵活动和征兵令将劳动者纳入军队，劳动力结构也发生了巨大的变化。最初，由于关于战争的命令传达到这座城市的速度极其缓慢，凯利市长和芝加哥商业协会负责人多次亲自前往华盛顿特区，试图将投资从美国东海岸和西海岸转移到芝加哥市。结果，不到两年，到 1942 年初已没有处于闲置状态的工厂，因为现在芝加哥已经成为战争物资的主要生产基地[48]。

芝加哥人很快就不得不面对战争这个现实，丈夫和儿子们都去参军了，女性也参加了美国陆军女兵军团、美国海军女子志愿应急服务队，或者在军队中担当志愿者，承担包扎等传统工作。事实证明，她们在战时的后方经济中起着至关重要的作用。当

芝加哥大批年轻人自愿参军奔赴二战战场。图为 1942 年一名
来自加工厂后院社区的年轻骑兵。

"铆钉工罗西"①（Rosie the Riveter）成为战时的一个标志性人物
时，工人阶级妇女其实早已在芝加哥的包装间、工厂和仓库工作了。
1920 年，女性雇员已占联合牲畜交易市场劳动力的 20％。然而，随
着越来越多的女性认为帮助国家在国内前线作战是她们的爱国责任，

———————————

① "铆钉工罗西"原名杰拉尔丁·多伊尔（Geraldine Dayle）。1943 年，多伊尔在
美国田纳西州的飞机制造厂工作，曾拍摄征兵海报。海报在呼吁男人们上战场的同时，
也号召妇女们去工厂工作。她成为美国的一个文化偶像。

中上层阶级的妇女也被这场战争拉进了工业生产的大军中。

珍珠港事件爆发后的一年里，有超过 30 万的芝加哥妇女在各种战时工厂中工作，占女性人口的 19%。妇女为战争救济组织筹集了大约 87 万美元，生产服装 276 112 件，改制服装 4 906 200 件，并为武装部队包装了 71 600 套应急包。红十字会的工作人员制作了 400 万个外科敷料包。此外，女性还向军人中心和美国劳军联合组织捐赠了 8 000 多磅饼干和 150 642 块蛋糕。妇女们收集了 30 多万吨废金属，为军需工业节省了 300 万磅油脂。她们资助购买了几辆救护车，并为心怀感激的美国大兵们装了 7.5 万只圣诞袜的礼物。红十字会组织协调了这些活动。乔利埃特市立学校的主管部门宣布，女教师可以不必遵守珍珠港事件前的规定，即结婚后必须离开学校，学校董事会还通知公立小学和高中的教师，如果她们嫁给了军人，就可以继续工作。《芝加哥论坛报》要求女性对各种援助组织保持耐心，因为把每个想要提供帮助的人都安置到位需要花一定的时间。就像他们在大萧条时期所做的那样，社区里的居民都团结起来。每周一和周三，大约有 300 名女性聚集在埃奇沃特海滩酒店缝制衣物、制作绷带和外科敷料包[49]。

1942 年初，芝加哥公立学校在芝加哥职业学校为妇女开设了为期十天的国防培训班。来自美国普尔曼标准公司飞机部门的 20 名女学员组成了首批学时为 6 小时的班级，旨在培训学员完成制造轰炸机机翼所需的 2 500 项操作。对更多产业工人的需求令罗斯福政府深感忧虑。随着战争的继续，战时工业人员的培训仍然是一个至关重要的问题，在整个战争期间一直都在进行经济转型[50]。1943 年 5 月，战争人力委员会实施了一项重要举措，将女性纳入国防行业，因为男性工人纷纷去参军，解决劳动力短缺问题迫在眉睫。1944 年，芝加哥市长凯利亲自向芝加哥的女性发出呼吁，这是该市历史上第一次"只招收女性"劳工。一些公司派出员工挨家挨户招聘女性。1944 年，芝加哥的失业率降至 1%，工资随之上涨[51]。

1942 年 10 月 28 日，芝加哥市成功地进行了首次空袭警报演习。次年 5 月，伊利诺伊州民用空中巡逻队对该市进行了一次模拟空袭。然而，对真正空袭的恐惧在这里基本不存在，因为芝加哥似乎离战场太远，不会有直接的危险。尽管如此，凯利政府设置的街区长还是随处可见，也无处不在显示着美国的军事力量。随着为战事做准备成为卢普区的首要任务，芝加哥市中心俨然成了户外军事博物馆。商店橱窗在吸引人们购买自由债券。马歇尔·菲尔德百货公司创设了一处"胜利中心"，其中开设关于园艺、食品保存和烹饪的课程。芝加哥人把范比伦街和州立街的拐角，也就是午间人们聚集的地点，称为"胜利角"，把市政厅的西侧称为"胜利广场"。海军把一艘被俘的日本小型潜艇陈列在州立街和麦迪逊大街的拐角处。军人中心成为卢普区夜生活的主要消遣之地，身着制服的士兵、水手和海军陆战队员每次出征前都要在此狂欢一夜。

1943 年 9 月，芝加哥人正式启动了第三次战争贷款计划。组织者于 9 月 7 日晚在城市歌剧院举行了集会，并于两天后正式开始了这项活动。9 月 13 日中午，该市的每一座教堂都敲响了钟声，当地民防长官开始了为期四天的挨家挨户推销战争债券的活动。与此同时，当城市成功开展贷款活动之时，盟军接受了法西斯意大利的投降。在泰勒街和霍尔斯特德街，意大利裔商人挥动着旗帜走上街头，自发地在小意大利街头游行。在意大利的胜利仅仅暂时转移了芝加哥人对贷款活动的注意力。不久，大批好莱坞明星云集芝加哥，为这次活动注入了更多的活力。9 月 15 日，8 000 人在联合车站欢迎包括米基·鲁尼（Mickey Rooney）、哈勃·马克斯（Harpo Marx）、朱迪·嘉兰（Judy Garland）和贝蒂·赫顿（Betty Hutton）在内的众多电影明星的到来。在之后的两次集会上售出了超过 1 500 万美元的债券，其中包括 9 月 16 日晚在芝加哥军人球场举行的大型集会，其间，芝加哥人可以参观排列在州立街两旁的坦克、高射炮、推土机和吉普车，还有一名伞兵降落在州立街，令人群大吃一惊。芝加哥的企业和种族团体都对债券售卖热烈响应。维伯特百货公司的员工购买了 750 万美元的债券；波兰罗马天主教联盟购买了 100 万美元的债券，而此前该组织已经持有了 500 万美元的债券。著名的非裔美国商人 C. 尤德尔·特平（C. Udell Turpin）领导着伊利诺伊州债券运动的黑人分部，他在黑人社区的各种债券活动中筹集了 1 000 多万美元。非裔美国青年组织比利肯斯在战争期间一直支持债券运动。1944 年，第 15 届巴德比利肯游行活动中还包括在华盛顿公园举行的大规模战争债券集会，其他的集会则在布朗茨维尔的舞厅和夜总会举行[52]。

　　定量配给制打击了家庭和社区。与此同时，废金属回收运动、废报纸回收运动、动物脂肪收集活动在芝加哥全市如火如荼地开展起来。1942 年，芝加哥以人均收集 113.7 磅废金属位居全国首位。芝加哥市政厅主导了整个地区的回收工作。1944 年 8 月，尽管芝加哥的废金属和脂肪收集量有所下降，但芝加哥人仍然收集了 5 000 吨纸张，占全国总量的 38%。芝加哥所有的社区和郊区都建有胜利花园、战争纪念碑和荣誉榜，上面有当地军人的名字。

这张照片摄于 1942 年，背景建筑是坐落在加工厂后院社区的战争纪念馆。

虽然芝加哥远离战场，也没有远程空袭的威胁，但芝加哥人非常害怕纳粹分子破坏当地的工业和人们为战争所做的努力。在战争初期，芝加哥警方封锁了位于西北大道的德裔美国人联合会。1942 年夏天，赫伯特·豪普特（Herbert Haupt）在芝加哥被捕成为头条新闻。豪普特是一名 22 岁的德国移民，在芝加哥长大，曾在德国的一所间谍学校上学，后来返回芝加哥炸毁了一间工厂。豪普特于 6 月 27 日被捕，经审判后被判有罪，于 8 月 8 日被处决。芝加哥当局还拘留了他的父母、姨妈、姨父，并以窝藏间谍罪判处他们终身监禁。豪普特案震惊了芝加哥和全美国，它以一种危险的方式向芝加哥的德裔美国人显示，德裔社群已经受到了严密的监视。作为对这种怀疑的回应，芝加哥的德裔美国人不遗余力地向人们证明他们对美国的忠诚。

二战期间，成千上万的日裔美国人从西海岸迁居到芝加哥。珍珠港事件之前，芝加哥只有大约 350 名日裔美国人居住。第一批外来的日裔美国人于 1942 年 6 月到达。不久，芝加哥就成为西海岸日裔难民最集中的目的地。两个较大的日裔社区分别位于北区和南区。这两个社区充当着时常敌对的非裔美国人和白人社区之间的缓冲区。

第二次世界大战对芝加哥市造成了极大的影响。在与轴心国的消耗战中，芝加哥军需品的产量虽然不及底特律，但也发挥了举足轻重的作用。截至 1944 年，芝加哥总共生产了价值 230 亿美元的军火，其中 78 亿美元的军火由芝加哥承包生产，并且芝加哥的军工企业因此引以为豪地赢得了"美国陆海军战时生产奖"。在美国的 8.5 万家国防工厂中，只有大约 5％的工厂获此殊荣，其中 200 多家在芝加哥市，75 家在芝加哥郊区[53]。

50 家当地企业为 B-29"超级堡垒"轰炸机制造零部件，军方称，这种超级武器将为盟军带来最终的胜利。制造 B-29 轰炸机所需的大部分铝板由美国铝业公司生产，而道奇公司的芝加哥飞机发动机厂则负责生产该轰炸机的四个引擎。芝加哥的工厂组装了该机的大部分部件。虽然该机在其他地方完成最终组装，但芝加哥人还是觉得自己拥有这架飞机的"所有权"，他们对制造B-29轰炸机感到非常自豪。芝加哥飞机发动机厂的一名叫保利娜（Pauline）的年轻女检查员给一家飞机零部件加工商写了一封信，因为该加工商曾把她的名字写在材料的包装箱上，这些材料从新泽西运来，准备在芝加哥的工厂进行组装。信上写道："所以你看，我的朋友，就是那些有时对我们来说似乎并不重要的小零件，以及我们的工作，却决定了胜利；所以，让我们彼此再接再厉，因为我们前方的将士依赖我们在这里所做的工作，让我们为他们提供补给，这样他们就能尽早结束这场战争，带着我们都希望和祈祷的最终胜利回到我们的身边。"[54]在芝加哥以及美国所有其他地方，战争产业使人们克服了地区、种族、阶级和民族的差异，同仇敌忾。

　　尽管芝加哥在战争期间工业生产大幅增长，但联邦政府对西海岸的投资却让这座城市在战后陷入了两难境地。第二次世界大战引发了巨大的经济变革，使美国的工业基地从芝加哥、中西部和东北部转移到了其他地方。联邦政府对投资的重大调整导致了工业和人口的永久性转移。美国人从全国各地涌向西海岸的国防工厂，重塑了战后美国。1940—1945年，数以百万计的美国人向西迁移。1948年，美国人口普查局表示，"在美国历史上，可能从来没有出现过像过去7年那样大规模的国内人口流动"。1940—1947年，大约有2 500万人（总人口的21%）从家乡迁移到另一个县或州。非裔美国人和西班牙裔美国人占了迁移人口的大部分，他们移居到奥克兰或洛杉矶，他们的到来使这些城市的种族结构发生了变化。像洛杉矶的阻特装骚乱这样的种族冲突，以及其他各种冲突，给这些城市留下了棘手的社会问题。旧金山湾区对于第二次世界大战时航运的重要性怎么强调都不过分，正是它造就了现代的奥克兰。凯泽造船厂生产的"自由号"货船对赢得战争胜利起了很大的作用[55]。

　　一度沉寂的城镇和小城市现在随着战时工厂的建立和美国各地移民的到来而繁荣起来。西海岸城市首次扮演了全国性而非区域性的经济角色。波音公司的大型飞机工厂改变了波特兰。飞机工业开始在洛杉矶扩张。圣地亚哥曾经只是去蒂华纳途中一个破旧的汽车站，现在成了海军陆战队的主要登船点。城市成为西海岸发展的新引擎，到1990年，美国80％的西海岸人居住在城市化地区。新西部完全不是美国浪漫主义想象中的狂野西部，而是呈现出高度工业化的城市景象[56]。

　　此外，在战后的几年里，随着西海岸经济的扩张，以牺牲芝加哥和其他老工业区的利益为代价，西海岸成为许多退伍军人及其新家庭的目的地。联邦政府的慷慨政策吸引了许多工业来到美国西部和南部地区，很多新工业中心对工会和得到税收政策支持的大企业怀有敌意。许多在战争期间离开家乡的芝加哥人认为，美国较温暖的地区可能更适合抚养孩子和寻找向上流动的机会。20世纪40年代，芝加哥人口大幅增长，1950年人口达到了顶峰，大约有370万居民。但物极必反，后来芝加哥开始陷入人口衰退，到20世纪末，似乎只有新的移民潮才能扭转这一趋势[57]。

　　事实证明，第二次世界大战是芝加哥乃至整个美国历史的转折点。在战争中发挥了如此重要的作用，并为军队提供了如此多的兵力之后，芝加哥人以及芝加哥市在许多方面再也不是原来的样子了。保利娜和其他像她一样的妇女离开了工厂，成为妻子和母亲。还有许多人曾经是战争新娘，现在她们的丈夫也回来了。然而，战争的经历永远不会被忘记，而且随着 20 世纪的发展，它将对妇女和她们的家庭生活产生巨大的影响。

社会环境的改变对退伍军人来说也是一个问题。他们离开了自己所生活的封闭族群，与来自全国各地的其他人混居在营房和船上。这些年轻的芝加哥人第一次见识了外国和美国的其他地方，这种新体验使许多人不想再回到第 47 街上自己熟悉的二层小楼、罗杰斯公园社区的公寓或伯温镇的平房，而是希望能有一份比在屠宰场杀猪更好的工作，于是就去其他行业寻找工作。一些人则借助《退伍军人权利法案》（GI Bill）的政策完成了高中学业或上了大学。还有一些人定居在美国各地；有些人回来了，但却未能从战争的恐怖中走出来。然而，大多数人还是回到了芝加哥的家中，寻找新的机遇，过着平淡无奇的生活，不过，他们往往会离开原来的族群社区，到城郊寻找新的住房。

在二战后的 30 年间，芝加哥的黑人人口激增，并保持着持续增长的态势。第二次世界大战期间，大约有 6.5 万名非裔美国人从南方农村来到芝加哥，挤进了南区和西区的贫民区，趁着战时的繁荣来这里寻找机遇。1940 年，库克县和杜佩奇县的黑人工人仅占工人总数的 2.8%；而五年后，他们几乎占到了劳动力人口的 14%。在阿穆尔公司工作的女性中，有很多都是黑人，她们的人数在二战期间翻了一番。数百名黑人妇女受益于产业工会联合会与芝加哥城市联盟的一项计划，该计划将她们安置在了各行各业。芝加哥卧铺车搬运工兄弟会主席、早期的民权运动领袖菲利普·伦道夫（Philip Randolph）威胁说，如果军工制造商继续歧视黑人，他们将在华盛顿举行游行。这一摊牌迫使罗斯福总统签发了第 8802 号行政命令，禁止国内所有的国防工厂和政府机构实行种族歧视，这对于仍然支持美国南方和全美各地在公共住房项目上实行种族隔离的联邦政府来说，是不可思议的一步。正如《芝加哥每日辩护人》（*Chicago Daily Defender*）经常报道的那样，尽管有行政命令和对战时工人的巨大需求，但歧视依然存在；尤其是黑人妇女，似乎依然是雇主们种族主义和性别歧视的受害者。当市政府和联邦政府提议在卡柳梅特地区为生产军工产品的黑人工人修建住房时，白人房地产组织就提出了抗议。

1965 年，芝加哥的黑人居民比密西西比州还多。黑人从南方到芝加哥的迁移直到 20 世纪 70 年代中期才结束。尽管如此，黑人仍然面临着歧视，尤其是在那些位于市郊的战时新兴产业中。绝大多数芝加哥白人反对种族融合，尤其是在住房方面。战后，种族问题将成为芝加哥人面临的主要矛盾[58]。

第九章

二战后的芝加哥： 变革的时代

　　无论是对游客还是对居民来说，1945 年的芝加哥都是一座沉闷、破旧的城市。先是由于大萧条，然后是第二次世界大战，多年来的疏于管理对卢普区和社区产生了影响。虽然战时新产业带来了短暂的繁荣，但芝加哥的基础设施早已经年久失修。除了为战时工作人员修建了一些公共住房外，战时的住宅建设很少。而大批移民的涌入使城市的住房短缺达到了极限。许多退伍军人把他们的新家搬到父母家或者岳父母家。随着非裔社区人口的激增，社区的范围却仍然被限制在一个自 1930 年以来仅略有扩大的贫民区，种族紧张局势再次爆发。

　　自 20 世纪 30 年代美国银行大楼竣工以来，卢普区几乎没有大的建设项目。20 世纪 40 年代初，美国工程进展管理局修建了一条新地铁，但公共交通状况仍然很差，财政也已经入不敷出，虽然已经规划了高速公路，但还尚未开工建设。与美国其他许多城市一样，芝加哥也面临着诸多的问题。许多芝加哥人认为郊区比他们原来的旧城区更适合居住和工作，另一些人则希望借着新政带来的契机和战前的组织经验来重建这些社区。

二战后的民主党人

　　对于理查德·J. 戴利来说，在 1945 年，除了南区布里奇波特社区的居民以外，很少有芝加哥人认识到二战后的世界充满机遇。戴利是一位爱尔兰移民的独子。儿时的朋友曾这样谈论年轻时的戴利："他的家庭比我们其他人的要富裕一点，他是附近唯一一个有手帕的孩子。"[1] 后来，戴利去了德拉萨勒学院上学，这是一所基督教兄弟会的学校。他从商科毕业后，进入了联合牲畜交易市场工作。凭借着自己的教育背景和人脉，戴利在多兰·卢德曼畜牧委员会公司找到了一份工作。在以后的日子里，戴利经常把自己描绘成一个牲畜场牛仔，但其实他主要是在交易所大楼的办公室里工作。

　　这名来自南区的爱尔兰天主教男孩很快从街头、学校和所在选区的办公室里学会了一些基本道理，其中的一条就是"忠诚乃一种美德"。戴利在德拉萨勒学院懂得了忠诚的力量：忠诚包括对朋友的忠诚、对邻里的忠诚、对教区的忠诚，以及对教会和民主党的忠诚。戴利学到的另一个道理是，无论同伴犯了什么错，永远不要告发他们。在德拉萨勒学院，男孩们会因为把同学们的错误行为告诉修士而受到惩罚。戴利和南区的天主教信徒们似乎天生就具有政治天赋。虔诚的爱尔兰信徒认为，如果没有来自天堂的朋友的帮助，很可能你无法得到永恒的、公正的奖赏，你必须得认识天堂的某个人才能通过天国之门。这就像一个来自第11选区的人，他需要一份工作，但必须得有一位赞助人——一位有一定政治影响力的赞助人。戴利十分清楚游戏规则，并且要成为芝加哥最伟大的世俗赞助人[2]。

芝加哥大部分的幕后权力都是由"政党分赃"制度造成的。如果说芝加哥大火使这座城市陷入瘫痪，那么"政党分赃"制度的效果有过之而无不及。所谓"政党分赃"制度，简单来说就是把政治盟友、朋友甚至家庭成员安排到政府中工作。这是美国长久以来的一贯做法，可以追溯到联邦政府甚至是殖民地时期。1881年，在美国总统加菲尔德被一名失意的谋职者暗杀后，这一制度开始遭到全美国人的唾弃。而12年后，芝加哥市长哈里森又遭遇了同样的命运。尽管国家和地方政府都试图进行公务员制度改革，但在芝加哥乃至整个美国，任人唯亲仍然是政坛习惯。戴利不但对这种政治权力分配的习惯做法了然于胸，而且明白，如果能有效地运用这种政治技巧，就会获得更大的权力。年轻的戴利最初为布里奇波特社区的传奇足球明星、政府参议员、人称"大乔"的麦克唐纳（McDonough）效力，从此开始了他的政治生涯。1924年，戴利成为汉堡体育俱乐部的主席，这家俱乐部实际上是当地社区的一个街头帮派，也是麦克唐纳的一支政治"军队"。汉堡体育俱乐部平时从事体育运动，曾参与1919年的种族骚乱，但他们的主要工作是为民主党的政客们争取选票。戴利成为主席，保证了麦克唐纳对俱乐部的继续支持，同时也确保了俱乐部成员对麦克唐纳的继续支持。

戴利努力工作，谨言慎行。多年来芝加哥的贪污腐败让许多当地人变得愤世嫉俗，对当地政客也不再信任。1931 年，随着瑟马克以压倒性优势当选为市长，戴利迎来了机会，因为麦克唐纳曾支持过瑟马克，并且在瑟马克的新政府中拥有相当大的影响力。戴利开始在当地的政党组织中慢慢崛起，最终在 1936 年代表共和党首次当选为州代表。只有在芝加哥和伊利诺伊州才存在这种奇怪的政治现象，因为根据当时的法律，州议会的每个选区都有三名代表，其中一名必须来自少数党，因此，在民主党占绝对多数的布里奇波特社区，当地政党推举戴利填补因死亡而空缺的共和党席位。戴利的轻松获胜，使民主党人实际上在布里奇波特社区获得了三票。

因此，在大萧条和罗斯福新政期间，戴利以民主党人的身份开始了自己的事业。他从瑟马克和罗斯福身上吸取了教训。从瑟马克那里，戴利认识到控制芝加哥移民和工薪阶层以及政党组织的重要性；他还了解到，市议员通常是一群无法掌控的腐败分子。而从罗斯福总统那里，年轻的戴利学习到，政府可以在普通公民的生活中发挥积极的作用。罗斯福新政为政府如何保障国民过上更好的生活提供了范例——至少在理论上是这样。后来，戴利又从凯利市长那里学会了如何借力联邦政府新的优惠政策。戴利确实是时代的幸运儿。作为一名年轻的政治家，在他大部分的公共生活中，他都是在观察和向芝加哥民主党的元老们学习。第二次世界大战后，他已做好了做出更大贡献的准备[3]。

当然，过去 15 年的经历还教会了戴利以及大多数芝加哥人和美国人：要想全国人民团结一心，就必须要建立一个强有力的联邦政府。退伍军人管理局的成立和《退伍军人权利法案》的颁布使人们认识到了这一点。士兵们迫切地想过上他们在太平洋战场和欧洲战场上浴血奋战换来的美好生活，他们相信政府推出的这些方案可以保证这一点。美国的黑人和白人、女性和男性都期待着一个更好的美国，而对于什么是"更好的美国"，他们可能有着各自不同的理解，就像 1919 年那样，这些各自不同的理解可能意味着冲突，尤其是种族之间的冲突。

种族问题

芝加哥的种族问题十分普遍，尤其是在南区。伍德朗社区位于海德公园和芝加哥大学的南面，二战后，这里一直存在着种族冲突。1920 年，美国人口普查只统计了伍德朗 2% 的非裔美国人，他们主要是中产阶级，生活在以爱尔兰裔、德裔和英裔为主的群体中。黑人往往集中在从第 63 街以南到第 67 街、从格罗夫别墅大道以西到南公园路的区域，这是白人房地产商在 1919 年之后同意让给黑人的区域之一。对这片区域进行的人口普查记录显示，当年这里有 16.6% 的黑人。10 年后，黑人占伍德朗社区总人口的 13%。随着黑人人口的不断增加，种族隔离变本加厉；格罗夫别墅大道以西的地区被称为西伍德朗，该地区 80% 以上的人口是黑人[4]。

　　20世纪20年代，与第63街相邻的街区曾呈现出一种短暂的特征。许多在卢普区工作的人搬到了伍德朗，许多建筑被分隔改造成带有小厨房的单间公寓。第63街已成为南区居民主要的购物和娱乐街。公共交通的发展和城市娱乐文化的兴起孕育了众多的街头商业，吸引全芝加哥市民从各区纷至沓来，聚集在这片"灯火通明"之地。

　　伍德朗离芝加哥大学很近，到1930年，该校大约一半的教职员工都住在这个社区。一些芝加哥名人也以伍德朗为"家"。不断增长的中产阶级黑人、白人大学教授和行政人员，再加上以白领为主的流动人口，组成了一个充满活力的多元化社区。然而，在二战后的经济繁荣和种族主义的双重影响下，这种混居只能是暂时的。

　　1930—1960年，伍德朗社区的人口从6.6万增长到8.1万。其中，黑人占社区人口的比例从13%跃升至近90%。当时，格罗夫别墅大道是白人与黑人社区的种族分界线。1940年，格罗夫别墅大道以西的地区几乎没有白人居民。第二次世界大战后，黑人开始迁往格罗夫别墅大道以东的地区。1948年，最高法院宣布种族限制性契约是非法的，这类契约帮助土地所有者不向黑人或其他被认为不受欢迎的人出售或出租土地。第二次世界大战后，由于芝加哥城郊发展迅速，许多向上流动的白人离开了伍德朗等社区，迁往城郊。与此同时，芝加哥的黑人人口快速增长，他们也需要到拥挤、破败不堪的贫民区以外的地方去寻找住房。于是，在20世纪50年代，伍德朗发生了大规模的"种族流动"，4万名白人离开该地区，取而代之的是黑人和大约

2 000 名波多黎各人。到 20 世纪 50 年代初，畅销书《芝加哥机密》（*Chicago Confidential*）将第 63 街称为"布朗茨维尔最时髦的大街"[5]。

伍德朗和南区发生的这一切表明，在受到第二次世界大战的混乱影响之后，贫民区发生了变化。二战对芝加哥的黑人产生了巨大的影响。首先，二战使美国重新开始了大迁徙。1940—1975年向北迁移的黑人数量远高于此前的南方移民人数。各种族重新"划分"社区边界是一个漫长、痛苦甚至充满暴力的过程。芝加哥的人口从 1940 年的 339 万人增至 10 年后的 362 万人，之后在1960 年降至 355 万人；而黑人人口则从 1940 年的 27.8 万人增加到 1960 年的 81.3 万人，并保持持续增长。二战后，芝加哥白人很少自愿融入与黑人混居的社区。相反，他们不断地重新划分种族界限，即使这些界限只是暂时性的。这些界限清晰地勾勒出"第二贫民区"。到 1960 年，这已经成为芝加哥的生活现实[6]。

恩格尔伍德的黑人社区

第二次世界大战结束后，老乔治·杰克逊（George Jackson）从美国陆军服役归来，他对密西西比州格林菲尔德社区的生活感到非常失望。参军的经历改变了他，他想要过上比在南方更好的生活。1952 年，杰克逊决定跟随妹妹北迁到芝加哥。起初，杰克逊一家和妹妹住在西区。不久，杰克逊开始在市中心的邮局工作。最后，他们一家通过朋友在南文特沃斯 5500 号街区买下了一套带有店面的两层公寓小楼。

文特沃斯大街是一条热闹的街道，有一条有轨电车线路，可以让杰克逊夫妇乘车去探索这座城市。附近有圣安妮罗马天主教堂和一所教区学校，它们都在杰克逊夫妇的生活中发挥了重要的作用。安吉莉娜·杰克逊（Angeline Jackson）出生在一个天主教家庭，曾就读于密西西比州的教会学校和天主教高中。对杰克逊夫妇来说，坐落在街角的古老的爱尔兰教堂无疑为他们在新城市提供了一个安心之所。当安吉莉娜听说了在芝加哥发生的枪击和暴力事件后，她很担心自己的孩子。拥挤的芝加哥似乎与南方小镇的生活大不相同：在南方，安吉莉娜觉得她知道自己与白人邻居的关系如何，"他们要么喜欢你，要么不喜欢你，这一点你是很清楚的"。而芝加哥的种族关系似乎很复杂。白人可能表面上对黑人微笑，但心底仍然憎恨他们。毫无疑问，芝加哥是一个错综复杂，有时甚至是令人恐惧的地方，而圣安妮教堂为黑人在这个陌生的世界里提供了一个避风港[7]。

到了 20 世纪 50 年代末期，杰克逊一家的城市生活发生了变化，或者更准确地说，是变得流离失所。最直接的变化是从杰克逊家的街对面开始的。过去经常播放山姆·库克①（Sam Cooke）专辑的唱片店、糕点店、杂货店以及他们的大儿子乔治（George）工作的上城区药店都消失了，取而代之的是芝加哥土地清理委员会为修建南区高速公路而清理出的一片空地。这里尘土飞扬，看

---

① 山姆·库克：美国福音音乐、流行乐黑人歌手，同时也是美国灵魂音乐的先驱者之一，被称为"灵魂乐之王"。

上去像是战场。推土机一到，剩下的白人家庭就搬离了。现在，一条通往美国西部的铁路成了新的种族分界线。建筑工人就在杰克逊家的门外开始修建高速公路，巨大的运土设备每天都在门前轰鸣，宛如数百万辆的卡车、小汽车和公共汽车呼啸而过，最终，一条新的快速运输线将在 1962 年高速公路开通后建成。这是一条拥有 14 条车道的高速公路，从杰克逊夫人家的前窗即可俯瞰这条高速公路的加菲尔德大道出口匝道。不过，现在杰克逊一家发现自己被困在了重建的城市中心[8]。

　　就在杰克逊家旁边，建筑工人正在建造摩天大楼。工人们首先拆除了联邦街上的贫民窟，然后开工建设新住宅楼，这彻底改变了杰克逊一家的生活。以前，小乔治和他的弟弟普伦蒂斯（Prentiss）经常在圣安妮教堂和上城区药店前长满草的林荫道上踢足球；现在，一座高速公路的大桥矗立在那里，上城区药店搬走了，而圣安妮教区的白人工薪阶层也消失不见了。这条高速公路在南区筑起了一堵"墙"，然而，这堵位于第 35 街以南的新"隔离墙"却无法阻止不断膨胀的黑人人口，阿穆尔广场、富勒公园和恩格尔伍德很快变成了黑人社区。位于第 35 街科米斯基公园北面的停车场成为黑人和白人的另一道边界。在第 11 选区占主导的民主党也有助于保持这条种族分界线。20 世纪 50 年代，随着城市重建改变了种族和民族社区的边界，南区社区也发生了巨大的变化。

　　杰克逊一家所在的恩格尔伍德正好处于人口和经济变化的中心。多年来，这个社区一直是种族冲突的热点地区，这里时不时会爆发冲突。1952 年，当杰克逊一家搬到第 55 街和文特沃斯大

Entrance to Teachers' College,
Chicago Normal and Training School,
Englewood Chicago, Ill. 1023

　　照片中的芝加哥师范大学是恩格尔伍德社区的一家重要机构，
甚至"师范大道"这条街就是以它命名的。

街时，变化已在酝酿之中。到 20 世纪 50 年代中期，恩格尔伍德已经是一个"处于变化中的"社区了，南方的白人和黑人纷纷涌入该区，因为许多白人工薪阶层搬到了南部和西部，或者干脆放弃了这座城市，他们留下了一大片老房子，这些维多利亚式住宅已经过时、不值钱了。第二次世界大战期间，这里的公寓经过改建变得拥挤不堪，工人蜂拥而至，因为这里交通便利，靠近联合牲畜交易市场和不断向东南部和西南部扩张的战时工业带。一般来说，新来者首先会来到恩格尔伍德最破旧的地方，所以最老的街区的变化是最明显的。到 1960 年，白人只占恩格尔伍德人口的36.6%，他们一般住在加菲尔德大道的维兹泰森教区，这里一直是白人尤其是爱尔兰裔的居住区。这里有一所男女同校的教区学校，还有一所女子高中[9]。

变化着的城市风貌

特德·斯威根（Ted Swigon）就住在维兹泰森教区和恩格尔伍德社区的西北部，那里是波兰移民的世界，他的父母和祖父母都在这里生活。他的父亲老西奥多·斯威根（Theodore Sr.）在北区长大，他很幸运地娶了一位南区的波兰姑娘，她住在牲畜市场附近的圣若望教区。由于波兰裔的年轻女性结婚后喜欢住得离自己的母亲近点，于是斯威根一家就在后场社区安了家。

作为一名祭坛侍童，特德·斯威根对圣若望教堂了如指掌。在举行祭坛仪式时，斯威根会和其他的祭坛侍童一起帮神父穿上法衣、准确地祈祷、亲吻神父的斗篷、准备礼拜仪式。随着年龄的增长，斯威根逐渐掌握了所有礼拜仪式。圣若望教堂的唱诗班在附近很有名气。每逢圣日，唱诗班就会从那座有着高大塔楼和玫瑰花窗①的石灰岩教堂后面列队入场[10]。

这张摄于 1956 年的照片中，5 名圣若望教会学校的祭坛侍童站在一起，中间的是特德·斯威根。

除了教堂，在后场社区和芝加哥的其他社区中，公共的、私人的活动场所比比皆是。与大多数的城市社区一样，后场社区到

———————————

① 玫瑰花窗指教堂正门上方的大圆形窗，内呈放射状，镶嵌着美丽的彩绘玻璃，因其形状像玫瑰花而得名，由于它所处的位置而成为装饰的重点。

处是人们聚集在一起进行社会、政治和文化活动的地方。客栈、公园、大厅，以及在繁忙的主干道和小巷的日用品商店，都成为居民们的光顾之所。在圣若望教堂附近的一家五金店里，常进行纸牌游戏。当附近的男人们聚在店后面抽上一两支烟时，狭窄昏暗的商店里就弥漫着一股雪茄的味道。他们用波兰语开着玩笑。店主常常因为玩牌怠慢了顾客，尤其是那些被他们的父亲打发来买钉子、螺丝或其他一些五金器具的街坊的孩子们，这时老板的儿子就会在大人发牌时招待顾客[11]。

自小在圣若望教会学校学习的经历，让斯威根和几名同学选择去奎格利预备神学院学习神职。然而两年后，他决定放弃成为神职人员，于是转学到德拉萨勒学院。最终，他班上其他去奎格利上学的男孩也做出了同样的选择。就在天主教会似乎已在美国的城市获得更大影响之际，无数斯威根那一代的年轻人却决定放弃神职，而且许多认为自己可能会成为修女的年轻女性也改变了原有的想法。在美国的天主教教区和社区里，人们对于宗教的态度正在悄无声息地发生着变化[12]。

在 20 世纪 50 年代即将结束之时，这种转变似乎还并不令人担忧。绝大多数的芝加哥天主教徒仍在星期天做弥撒；他们的孩子上的仍是教区学校和天主教高中；古老的教会语言——拉丁语，作为弥撒和圣礼的使用语言仍然经久不衰。来自不同民族、不同教派的修女们维持着世界上最大的私立教会学校——芝加哥天主教学校。仁爱修女会的修女们，对芝加哥的社区仍保持着她们从都柏林带来的忠诚。除了小学和中学，1846 年，她们还开办了圣泽维尔学院，这是伊利诺伊州的第一所高等学府。1956 年，这所

学院跟随着爱尔兰裔迁到了市郊[13]。费利西亚修女会主要照顾波
兰裔儿童，而圣卡西米尔修女会则主要为立陶宛社区服务。这些
修女会中的许多修女都长期在芝加哥天主教会的学校、医院、疗
养院、孤儿院和其他类似的机构中工作。

　　选择成为神职人员的人似乎仍然很多。1958 年 4 月，大主教
区任命了 34 名新神父。同年晚些时候，又有 8 名神父接受了任
命。1958 年 8 月 16 日，三组年轻的仁爱修女会的修女参加了就职
仪式。早晨 7：30，在圣泽维尔学院的教堂里，27 名修女进行了
职业宣誓。三小时后，在殉道者女王教堂，另外 26 名修女戴上了
银质戒指并宣誓。最后，在下午，19 名修女戴上了见习修女的白
色头巾。同年，大约 2 000 名青年男女参加了芝加哥各神学院的
学习。在教会学校和中学就读的 30 多万名学生，似乎确保了源源
不断的神职人员[14]。

　　特德·斯威根成长于一个人们熟知的社区环境里，那里有民
族教堂、酒馆、杂货店、汽水店、糖果店、熟食店和公园。每个
族群都有一套几乎完整的机构，为其成员提供从出生到死亡的服
务。在后场社区，立陶宛人会在圣十字教堂接受洗礼、接受教育、
结婚，死后尸体也会从圣十字教堂出发，然后被送往圣卡西米尔
立陶宛公墓下葬。波兰裔社区情况类似。不过，后场社区也有许
多非天主教教堂，例如德国路德宗圣马蒂尼教堂、俄罗斯东正教
圣迈克尔教堂，附近还曾经有一个小犹太教堂。虽然已经出现了
民族同化，特别是在第二次世界大战之后，但是美国劳工阶层社
区的族群认同感仍然很强，这种族群认同感能让人感受到自己族
群的存在，甚至感到自己就是一股政治力量，因为在这座城市里，

族群划分在社区、工会大厅和投票站都至关重要[15]。

照片中仁爱修女会的新成员正从殉道者女王教堂走出来。
1955年，这些年轻女性刚刚完成就职宣誓。

这种生活方式日复一日、年复一年，似乎永远都不会改变，然而这座城市的结构已悄然发生了变化。后场社区的老居民们看到他们的孩子搬到了西南城区的"新"社区，甚至搬到了郊区。从二战和朝鲜战场上归来的退伍士兵们不再选择肉类加工这类工作，而是在迅速扩张的城郊地带寻找更好、更干净的工作和住房。尽管如此，20世纪50年代，还是有许多人留在了后场。并且，在二战后，更多的新移民迁到这里，其中包括来自波兰、立陶宛和其他被战争蹂躏地区的流离失所者。1945年，美国通过特别立法，允许这些移民进入美国。随着他们来到作为芝加哥核心的老工业区，许多波兰和立陶宛社区的老机构又重新焕发了活力。难民的到来，在许多方面掩盖了由于受到经济繁荣和技术变革的影响而正在发生的长期变化。即使许多以前的居民现在都搬到了郊区，但在后场的街道上仍能听到有人在说波兰语。有些人会在星期天或假日回来拜访老教区或者参加兄弟会的聚会；还有一些人会回到圣奥古斯丁社区中心玩宾果游戏；更多的人则是回来参加亲友的成人仪式、葬礼，或者在普拉斯基音乐厅举行的婚礼上跳舞。1880 年后曾出现改变了芝加哥的移民潮，现在这些移民的子女和孙辈们在文化和观念上变得更加美国化了，因为第二次世界大战的经历改变了他们。即使大多数人仍然会少许本民族的语言，偏好某种本民族的食物，喜欢在婚礼上跳波尔卡舞①，或者喜欢在周日下午到丹·瑞恩伍兹森林公园、塔尔诺格罗夫或阿彻大街上的波洛尼亚格罗夫社区野餐，但他们已经变成了地道的美国人。变化和延续性同时成为大多数芝加哥人生活的标志。

　　20 世纪 50 年代末，以西 47 街和阿什兰大道交叉口为中心的后场社区仍然是白人工薪阶层的聚居区。二战后，即使面临着压力，人们所熟知的后场社区仍然保持完好。显然，不论新移民，还是市政厅、伊利诺伊州，尤其是华盛顿特区正在做出的决定，都有可能改变这个人们所熟知的世界。第二个贫民区——尽管芝加哥人不会这样称呼，已经开始在南区和西区出现了。为此，许多芝加哥人未雨绸缪，试图阻止或者至少延缓这些正在发生的变化。

---

　　① 波尔卡舞是一种捷克民间舞蹈，舞者们常站成一个圆圈，舞步很小，半步半步地跳。

社区的新变化

普通的芝加哥人每天都面对着周围新城市日益兴起的现实。这对有些人来说，意味着他们将会有更多有利的选择；而对另外一些人来说，却预示着灾难。社区必须时刻保持警惕，以保护自己免受变化带来的负面影响。在这种情况下，社会阶层发挥了巨大的作用。像海德公园、黄金海岸或林肯公园这样的社区，能够更好地操纵社会经济体系，掌控自己的命运。而像布里奇波特等一些其他社区则需要依赖政治势力，后场社区依靠社区组织，还有一些社区甚至使用暴力来努力保护他们的利益。无论如何，在战后的数年里，这股正在改变着芝加哥的巨大力量使许多芝加哥人，不论是黑人还是白人，都感到束手无策。巨大的经济、人口和政治力量似乎在推动着人们，改变着这座城市的现实。由战争和政府机构带来的变化，往往是以高速公路系统或公共住房等项目的形式，将芝加哥割裂开来。

没有发生改变的传统之一是街道上的肤色规则。和大多数的美国城市一样，芝加哥在20世纪50年代仍然存在着严重的种族隔离现象，民权运动尚未触及北方的城市。黑人进入文特沃斯大道以西的社区居住，带来了零星的暴力、怨恨和恐惧，给整个南区的种族问题火上浇油。大规模公共住房项目改变了联邦街贫民窟的面貌，并且随着丹·瑞恩高速公路贯穿整个南区到达恩格尔伍德社区，城市建设给这些地区带来了巨大的变化。其他的社区试图阻止类似变化，保护自己的社区。于是，在海德公园社区，实力雄厚的芝加哥大学及其成立的东南芝加哥委员会发起了一项保护湖滨社区的运动。尽管海德公园社区的居民表面上对种族融合持宽容开明的态度，但他们还是制订计划将工薪阶层、贫穷的白人和黑人等拒之门外（1958 年宣布的海德公园建设项目显然是为了控制黑人和底层白人进入这里）。芝加哥大学的一名积极分子推行的计划，旨在"保护"这所大学免受日益蔓延的贫民窟的侵害，该计划涉及南区 900 英亩土地，需要拆除 600 栋建筑。规划者预计该项目将耗时 5 年。1958 年，该项目破土动工。根据计划，海德公园 A 项目和 B 项目要建造 550 套公寓、250 排房屋和一个购物中心，预计耗资 1 500 万美元。

　　尽管大学官员和城市规划者都公开否认存在种族和社会阶层偏见，但包括产业工会联合会在内的各种团体仍然公开批评这一计划。有时，海德公园的种族对立甚至会公开化。1958 年 10 月 1 日，支持建设项目的社区周刊《海德公园先驱报》（*Hyde Park Herald*）刊发了一封匿名信，攻击黑人是"野蛮人"，是"尖叫、吵闹、牢骚不断的低收入者，无论他们住在哪里，都会把那里变成贫民窟"。信的作者还呼吁海德公园社区的人们"排去贫民窟的污水，为那些追求生活意义的人提供一个干净美丽的庇护所"。而在后场社区和西伍德劳恩社区，白人和黑人工薪阶层则组织起来，试图保护他们的社区，阻止"城市重建"这头"洪水猛兽"。[16]

　　中产阶级非裔领袖把伍德劳恩看作一个可以免于沦为通常意义上的贫民区的地方，他们在 20 世纪 50 年代加入白人商人和剩下的为数不多的白人居民的行列，试图维持社区的稳定，保持其中产阶级的特征。1958年，因为高失业率与该社区服务的水平下降，社区保护委员会开始为西伍德劳恩的重建制订计划。西伍德劳恩的非裔领袖与社区贫困化进行了长期的斗争，他们指出，该地区与其他已经变成贫民窟的南区社区不同。尽管如此，商业街上还是出现了衰败的迹象。这里成为一个试验案例，证明芝加哥黑人可以掌控自己的未来、拯救自己的社区。并且该地区的领导人很快进行澄清，他们希望这里"被保护"，而不是被推平重建。黑人对西伍德劳恩的领导为科蒂奇格罗夫以东的邻近社区的发展指明了道路[17]。

居住在东伍德劳恩社区的人们对负责海德公园社区和肯伍德社区保护项目的芝加哥大学有意见，他们认为，这所大学的目的是把贫穷的黑人居民丢进伍德劳恩。1958年4月，非裔美国人社区活动家露丝·波特（Ruth Porter）在给朱利安·利瓦伊①（Julian Levi）的信中写道："伍德劳恩社区的跨种族特征正在迅速消退。"她抱怨说，为了牟利，不择手段的房东加速了这种种族过渡，因为他们大规模地把本来在白人手中的租赁权移交给了黑人，并极端地提高租金："稳定的白人居民居住得越来越不稳定了。"许多人觉得市政府根本不在乎这些[18]。

约瑟夫·米根是后场社区保护运动的重要参与者。作为后场社区委员会的负责人，他看到邻居们正在陆续搬走。以前的社区居民经常说，如果后场地区有更好、更新的经济适用房，他们就会留下来。米根希望建造新住宅，使那些工薪阶层的邻居们能继

---

① 朱利安·利瓦伊：芝加哥律师、教育家、城市规划师和城市重建的倡导者。

续留在后场，保持这个社区原有的特色[19]。为此，他说服芝加哥市政府建设了一批占地更小的独户住宅。于是，南区和西南城区不久就开辟出了一些零星的小地块，用于建造新住宅。米根的计划简单明了，那就是：工薪阶层有权决定自己的未来。20 世纪四五十年代，记者、社会学家和天主教的各级神职人员都称赞后场社区委员会是发展基层民主的典范，然而种族问题仍然困扰着这里，社区委员会的官员曾公开表示：“黑人与住在这里的人没有任何共同之处。”[20]

　　从 1953 年到 1958 年初，后场社区委员会共建造了 150 多座新房，并对 4 000 多座旧房进行了改造。房屋融资和修缮并没有给后场社区造成什么问题。当地的 22 家银行和贷款机构承诺继续为后场社区委员会的社区保护项目提供资金。由于后场社区是天主教信徒密集的地区，而新搬来的人信奉新教，因此，天主教领袖全力支持后场社区委员会的社区保护项目，同时要求后场社区的 43 名神父也要支持这个项目。《新世界》（New World）的一篇社论称赞社区保护项目是芝加哥其他地区进行城市重建的典范：“项目在保护自己的社区，更重要的是，它们没有给其他社区造成新的麻烦。由于没有进行大规模的拆迁，居民都留在了原地，没有迁到周围的社区从而造成新的住房问题。因此，项目在客观上保持了周围社区的稳定。”这家天主教报纸还进一步抨击了海德公园社区的城市重建计划：“这些计划可能会对某个社区有利，但同时也把问题扩散到了其他社区，此种做法是有待商榷的。”[21] 简而言之，所有的社区都是相互联系的，这些问题应该在不破坏传统的居住模式和制度的前提下，在当地乃至全市范围内逐步得到解决。

关于市区重建的争论

　　芝加哥的天主教徒面对着的是一座快速变化的城市。1958
年，约翰·埃根（John Egan）神父试图保护受到种族变化和城市
重建威胁的市中心教区。埃根抨击了海德公园的重建计划和公路
建设，并且在谈到南区高速公路对教区的影响时表示："当高速公
路穿过一个街区时，它带走的不仅仅是拆迁的建筑，同时还毁掉
了一个社区和一种生活方式。"埃根神父称赞了后场社区委员会的
自主管理模式，并准备让它成为芝加哥乃至全美国的典范。种族
问题仍然存在，埃根指出，黑人的住房问题是这个时代的主要道
德问题，并且特别提到了海德公园，如果为了修建高速公路而拆
除当地人的住处，那就意味着他们将被迫搬迁到其他社区，而其
他社区的人又会迁往郊区。因此，这位天主教领袖呼吁要增加住
房和减少种族隔离。埃根声称非裔美国人是"巨大的、无声阴谋
的受害者"。他断言："如果处理得当，城市重建将给我们所有人
带来不可估量的福祉。"其实，埃根反对的并不是城市改造本身，
而是专家和官僚们所采取的做法，因为根据城市重建计划，仅在
海德公园一个社区就需要拆除大约 4 500 套住房。埃根指出，城
市在二战后正在以更快的速度发生着变化。这位神父还援引芝加
哥城市规划部顾问 D. E. 麦克曼（D. E. Macklemann）的话说：据
估计，1950—1958 年，已经有 2.5 万套住宅被拆除，有超过 10 万
居民受影响；到 1961 年，还会有 2.5 万套住宅被拆除。对此，埃

根十分担心人口迁移会冲击社区稳定，而这些地区的人口绝大多数都是天主教徒[22]。

劳工领袖和天主教会同时谴责海德公园计划和肯伍德计划。美国产业工会联合会也对该计划"深感遗憾"，并声称海德公园重新实施了非法的种族契约制度。劳工领袖则指责该计划的制定者们对湖滨社区实行强制经济隔离。该计划对某些群体明显不公平，工会领袖表示，这是将中等收入人群从湖滨社区赶走的又一步骤。他们还进一步把白人钢铁工人居住的特兰伯尔公园社区的种族骚乱与海德公园计划联系起来，指出了上层阶级的虚伪。美国产业工会联合会呼吁打破贫民区，尽管他们并没有给出具体的方案。而市长、市议会虽然礼貌性地听取了意见，却依然支持这些重建计划[23]。

被谋杀的黑人少年

长期以来，后场社区一直是工业和种族冲突的中心。街头帮派在这一带势力十分强大。该地区的青少年通常在公立和天主教高中就读，由于族群混杂，那里的种族和民族关系非常紧张。青少年常常不自觉地陷入一种父母们不知道或不理解的社会环境中。这些工薪阶层的家庭把他们的孩子——尤其是男孩——送到公立高中学习，而因为白人和黑人之间经常发生暴力冲突，所以尤其是在这些公立高中，种族问题要大于民族问题。

17 岁的约瑟夫·施瓦茨（Joseph Schwartz）住在第 52 街和

拉夫林大街附近，在牲畜市场附近的铁路货场当货务员。高中辍学后，施瓦茨和父亲就房租问题发生了争执，于是搬出去和哥哥住在一起。他整日在康奈尔广场公园附近的一家糖果店闲逛，就在这家糖果店，约瑟夫·施瓦茨加入了一个叫作"叛逆者"的街头帮派[24]。

17岁的黑人学生阿尔文·帕尔默（Alvin Palmer）就读于西区的法拉格特高中。二战结束后，阿尔文的父亲伊利亚（Elijah）决定从阿尔文的出生地克利夫兰搬到芝加哥，此后他们一直都住在西区，直到1956年。在此期间，伊利亚一直在做二手家具生意。阿尔文是一名优秀的学生，参加了童子军，同时他还是少年红十字会、法拉格特高中学生会和美国海军陆战队高中预备役的成员，后来又继续就读于西区中学高中部，预计将于1957年6月毕业[25]。

1957年3月11日晚，阿尔文从他住的老街区乘坐一辆沿凯兹大道向南行驶的公共汽车。晚上10点前，他在第59街下车，在一家香烟店前等候搭乘开往东部的公共汽车。住在第59街和文特沃斯大道的黑人杂货铺店员威尔莫尔·约翰逊（Wilmore Johnson）也在街角等车。突然，一辆满载青少年的汽车开了过去，车上都是"叛逆者"的成员，已经喝得酩酊大醉的约瑟夫·施瓦茨跳下车，靠在红绿灯柱上，怒视着这两个黑人。然后，这位白人少年一把抓住阿尔文的胳膊，用一个三磅重的圆头锤击打他的头部。约翰逊见状马上向两人跑去，施瓦茨又用锤子打了他的手臂，然后沿着街道逃跑了。10小时后，阿尔文伤重离世。

"叛逆者"很快开车回到他们在后场社区的糖果店，施瓦茨在那里给大伙展示了那把血迹斑斑的锤子。这个杀人武器本来属于另一名帮派成员拉里·阿达斯（Larry Adas），后来施瓦茨把锤子给了另外两名"叛逆者"成员杰里·班迪克（Jerry Bandyk）和罗纳德·怀特（Ronald White）。班迪克本来试图销毁锤子，结果没有成功，于是把凶器藏在他父亲的车库里[26]。

这起谋杀震惊了整个芝加哥市，打破了芝加哥媒体在报道种族冲突时盛行的"保持缄默"的规则。青少年帮派明目张胆地随意杀人使芝加哥人为之震惊。警方在西南城区进行了搜查，寻找罪犯，并对白人青少年常去的地方进行了地毯式搜索。

与此同时，住在盖奇公园附近的约瑟夫·米蒂奇（Joseph Mildice）也开始独自做一些调查。他是一名年轻的警官，刚刚加入警队 22 个月。很快，他的工作得到了回报：两个电话打到了他的家里，向这位 26 岁的警察举报了凶手及其同伙的身份。芝加哥警方逮捕了 6 名"叛逆者"成员，他们全都住在后场，大多数被告人员就读于盖奇公园高中。当这些青少年向警方交代作案过程时，案情变得越发清晰：他们的袭击十分随意。当施瓦茨在街角看到阿尔文·帕尔默时，他只是简单地说了句"那儿有一个"，就决定了阿尔文的命运。

当施瓦茨听说阿尔文死了，他就把头发理了，鬓角也刮掉了，以便使自己更难被认出来。但其他的"叛逆者"很快就向警方交代了犯罪事实。3 月 15 日，《芝加哥论坛报》刊登了一则头条新闻，宣布警方逮捕了 15 名青少年，新闻的详细内容是：那天晚上，两辆载满"叛逆者"成员的汽车一起在街上闲逛，想在一个白人社区抓一个黑人。州检察官本杰明·阿达莫夫斯基（Benjamin Adamowski）呼吁对这 15 名男孩全部判处死刑。阿达莫夫斯基说：“这是一起冷血的谋杀。对他们判处死刑，一点儿都不为过。”这位愤怒的州检察官还表示，他们都应该像黑帮一样作为杀人犯来接受审判。施瓦茨说：“这还只是其中的一起事件。”阿达莫夫斯基就这个团伙的名字说：“如果他们真想成为这样的人，那我们就把他们当成'叛逆者'对待。”[27]

　　因为谋杀了阿尔文·帕尔默，15 名男孩全部被起诉。除了一人以外，其他所有人都住在后场。这伙人来自不同的族群，其中波兰裔美国人不但控制着自己所在的街区，还控制着整个后场地区。警方以谋杀罪逮捕了施瓦茨和另外 10 名“叛逆者”，并将其余的 4 人移交给青少年犯罪主管部门。当这些“叛逆者”出现在审讯现场时，只有 6 人的亲属到庭，大多数男孩独自面对法官。芝加哥警察局青少年部门负责人迈克尔·德莱尼（Michael DeLaney）把孩子们的犯罪归咎于他们的父母。德莱尼说：“不管怎么说，芝加哥青少年帮派的疯狂行为都源于父母的失职。”

　　帕尔默被杀事件加剧了芝加哥的种族紧张局势。《芝加哥每日辩护人报》发表社论说：“这起犯罪事件缩短了导火索的燃烧时间，而这条导火索可能会点燃种族紧张局势的火药桶。”黑人已经开始对白人采取一些报复行为。伊利诺伊州全国有色人种协进会主席杰拉尔德·D. 布洛克（Gerald D. Bullock）宣称，行凶者针对的是所有黑人公民。“叛逆者”成员杀死帕尔默是因为他的黑皮肤。布洛克还表示，这起谋杀案代表了“许多芝加哥人对少数族裔的态度”。阿尔文·帕尔默的被杀绝非无端而起，而是一种青春失控的象征。黑人和白人通常不住在一起，但他们必须在同一座城市里一起工作、一起上学。阿尔文之死对这座已经处于压力之下的城市的一直动荡不安的种族秩序产生了令人不寒而栗的影响。如此毫无意义、毫无缘由的种族屠杀威胁着南区和整个芝加哥的和平[28]。

帕尔默一家在西 59 街的一个小教堂为阿尔文举行了守灵仪式，并于 3 月 19 日在恩格尔伍德的基督上帝教堂为其举行了葬礼。1 000 多名芝加哥黑人和白人参加了葬礼。克劳德·哈里森（Claude Harrison）是一名法拉格特高中的白人学生，他将学生捐款交给了帕尔默的父母，以帮助其支付葬礼费用。白人和黑人学生担任名誉护柩人。帕尔默的父母将他安葬在克利夫兰。6 月，施瓦茨被判 50 年监禁，他在法庭上失声痛哭。几年后，他给自己曾上过学的德拉萨勒学院写信，向那里的修士表达了他对阿尔文之死以及自己被毁掉的生活的懊悔和悲伤之情[29]。帕尔默和施瓦茨的经历反映了芝加哥在二战后经历巨大变化时期的紧张局势。芝加哥为达到新的种族平衡而进行的努力贯穿了整个这段时期。

1945 年后，芝加哥又出现了一个新的贫民区。白人权力机构重新建立了新的种族界限。在南区，白人和黑人的中产阶级和工薪阶层都面临着不确定的未来。他们分别以自己的方式抵制着"第二贫民区"。南区和西区的白人社区已被贫民区包围。该市非裔美国人的数量继续快速增长，一些不在社区领袖掌控之内的力量重新划定了贫民区的边界。新建的高速公路和住宅项目使许多家庭被迫搬迁，由此重塑了南区。人们的反抗也变得愈加愚蠢和暴力，其实这只是他们对这个不断变化的城市所做出的一种反应[30]。

为了避免暴力、社区重建和种族问题，唯一的选择就是搬迁。二战后，芝加哥郊区出现了前所未有的发展，郊区在芝加哥地区的政治、社会和文化生活中正发挥着日益重要的作用。

二战后的郊区

二战后，芝加哥的郊区似乎没有什么变化，然而城市结构在二战期间就已经发生了巨大的变化。1940 年以后，交通的变化改变了芝加哥市、郊区和整个地区之间的关系。铁路、运河和公共交通将郊区和卢普区连接在一起。二战后，汽车、卡车和高速公路开始对郊区产生更大的影响。新的战时工业给城市带来了变化。城市的发展正以一种更加分散和不受控制的模式进行着。

1940 年以前，芝加哥的城市发展还有一定逻辑可循。铁路系统连接了所有的住宅区和制造业区域。土地成本最低的地方当然是在芝加哥的郊区，不过这些土地都远离铁路线。19 世纪中期以来，这里已有工业和职工宿舍。二战前，郊区相对稳定，兼具郊区和都市的功能。这些地方的社区往往都属于相同的类型。然而，二战打破了这种旧的模式。快速发展有时也意味着无序发展，从而使城市区划和监管标准受到损害。1940—1960 年，芝加哥的郊区面积扩大了一倍多。在二战结束后的 15 年，这个拥有 6 个县的大都市区已经拥有 610 万居民，大约相当于生活在美国山区各州的总人数。大都市区占地约 3 700 平方英里，相当于特拉华州的面积。1920 年后，芝加哥市区人口在大都市区人口中所占的比例下降到 80%。到 1960 年，它只比周边郊区高出一点点，并且在未来的几年还将进一步下滑。

郊区化一直与芝加哥和大多数美国城市的产业分散联系在一起。开发商很早就将位于芝加哥西部郊区的梅尔罗斯帕克打造成了一个蓝领区。1925 年，《芝加哥晚报》报道称："梅尔罗斯帕克为节俭人士提供了一个理想的居住之所。"虽然梅尔罗斯帕克并不具备宣传中所列的所有优势，但像芝加哥地区的所有社区一样，它有着真诚、良好的氛围。郊区的普通住宅大都建在工厂附近，这些住宅不仅可以为工人提供居住之所，同时也为企业提供了现成的劳动力[31]。

芝加哥南部和印第安纳州西北部的工业郊区见证了重工业，尤其是钢铁业的大规模发展，这里云集着许多大型钢铁企业。紧邻芝加哥市的蓝岛镇，其发展要归功于石岛铁路公司，因为该公司在那里开设了修理厂。很快，一些企业就被石岛铁路和其他横越蓝岛镇大草原的铁路所吸引，纷纷来此发展。不久，蓝岛镇西南部出现了中洛锡安、罗宾斯和波森社区，而在西面除了原有的梅尔罗斯帕克社区，又新出现了斯通公园社区和斯蒂克尼社区。

芝加哥西部郊区的主要工业区在西塞罗。1906 年，西部电力公司将其巨大的霍桑工厂设在西塞罗，该厂是美国贝尔电话系统的制造部门，生产了 4.3 万多套各种型号的电话设备。该厂还生产过打字机、缝纫机、电风扇、吸尘器、真空管，以及一套彻底改变了该行业的电影音响系统。在其鼎盛时期，也就是二战后，大约有 4 万人在霍桑工厂工作，厂区内甚至还有一条 10 英里长的铁轨[32]。

芝加哥的企业家最早参与了整个工业区的建设，为未来郊区的发展开创了先例。这种制造业区域的建设一直持续到大萧条时期，甚至在大萧条时期工业区的建设也没有真正停止过。1935—1940年，当地75％的制造商把工厂都建在郊区。到1940年，对越来越多的企业来说，显然已经不一定非要在城市选址。工人们随企业来到郊区并在此定居下来。许多工人住在自己建造的房子里，还有一些人购买了在20世纪20年代的平房热潮中由大大小小的开发商们建造的房屋[33]。

二战后，芝加哥郊区出现了有规划的产业园区，园区内建有许多单层建筑和停车场。开阔的土地和风景优美的产业园区环绕在工厂周围，与这座城市中那些建于19世纪的黑暗肮脏的工厂相比，显得非常现代。这些新工业郊区吸引了新的成长型公司来到这里发展。到20世纪50年代末，芝加哥几乎被一圈完整的工业郊区所包围[34]。

20世纪50年代，芝加哥的房地产市场出现了惊人的增长，主要集中在芝加哥的城郊和周边地区。二战后的15年里，建筑商在芝加哥的大都市区建造了近70万套新房[35]。起初，许多郊区的发展杂乱无章，对住房的建筑标准几乎没有什么统一的规定。然而到了1940年，郊区的建设有了统一的标准，不仅把当地的需要和都市功能有机地结合起来，通常还建有活跃的商业中心。然而二战中断了这种模式。50年代，在第211街和西大街过去曾是大草原的地方出现了全新的公园森林社区，拥有大约4 000套新住宅和3 000套公寓。工薪阶层聚居的郊区，如第87街附近的家乡小镇和芝加哥西南的西塞罗大道等，也开始为更富裕的新的产业工人阶层服务。还有一些郊区的村庄或小镇也出现了惊人的扩张。在芝加哥附近的印第安纳州边界，加里、哈蒙德两个小镇新建了大约 2.2 万套住宅。芝加哥的西部郊区也出现了扩张。随着白人家庭离开城市搬到郊区，韦斯切斯特、埃尔姆赫斯特、朗伯德、拉格兰奇公园和维拉公园这些小镇的房价都有所上涨[36]。

芝加哥周边地区的工业继续扩张。在二战后的 14 年里，斯科基山谷的工业发展得最快，有 163 家新公司落户于此。埃文斯顿和德斯普兰斯的工业也增长得很快，分别新建了 44 家和 18 家制造厂，其投资模式与斯科基山谷的大同小异。席勒公园新开了 52 家工厂，艾迪生公园 33 家，哈伍德高地 25 家，惠灵 10 家，北湖 7 家，其中包括在 50 年代末曾雇用了 7 000 名工人的一家大型自动化发电厂。由于高速公路的建设，这些村镇与新工业郊区之间的交通变得十分便利。在 1950 年以前，所有的郊区通勤仍然依赖铁路服务，之后，高速公路的出现让边远的社区开始蓬勃发展起来。新的高速公路对芝加哥的城市景观和经济发展产生了巨大的影响，出现了一些不再依赖传统通勤线路的更大的新郊区。在芝加哥城外 40 英里的地方，还出现了一些以汽车产业为主导的新社区。此外，还兴建了没有铁路连接的新工厂，整个产业区都是如此。1950 年，芝加哥地区共有 102 个通铁路的城镇，这些城镇居民的人口数均在 2 500 人以上。而 10 年后，在大约 36 个人口达到 2 500 人的新城镇中，至少有 6 个没有铁路连接[37]。

在战后的建设时期，拥有便利的公路交通至关重要。1951 年，伊登斯高速公路建成通车，使芝加哥北部地区改头换面，并带来周边地区住宅和工业的繁荣，工业得以远离土地成本高昂和

二战后，许多芝加哥白人离开城市搬到了郊区。由于大萧条和二战而推迟的住宅建设在 1945—1960 年呈井喷式发展。常青公园就是这段时期迅速发展起来的住宅区之一。

发展空间拥挤的市区。另外，三州州际公路的开通，就像过去的绕城铁路一样，同样刺激了芝加哥大都市区的发展。

芝加哥市区及郊区的工人数量也反映了这些变化。1947 年，芝加哥的制造商雇用了 53.2 万名工人。10 年后，38.9 万名工人在芝加哥的市区工厂工作，减少了 26%；郊区的工人数量则从 1947 年的 19.3 万人增加到了 27.6 万人，增长了 43%。据估计，在芝加哥郊区增加的 125 万居民中，有 50 万人是被制造业的发展吸引来的。芝加哥北部地区的发展体现为新建的小型制造厂，这主要是得益于高速公路的建设。这些新的企业和人口反过来又吸引了保险公司和研究机构等。在斯科基镇和展望山镇还分别开设了老果园和兰赫斯特两个大型购物中心。

　　20 世纪 50 年代，斯科基成为芝加哥郊区发展的典范。1900
年，当时被称为奈尔斯中心的郊区人口只有 568 人。1926 年，
"L" 地铁线从霍华德街延伸到斯科基的登普斯特街。到了 1930
年，该镇人口已达 5 007 人。尽管大萧条阻碍了经济的进一步增
长，但第二次世界大战及战后余波再次刺激了该镇的经济增长。
1950 年，斯科基已有 1.4 万名居民。由于伊登斯高速公路的开
通，斯科基进一步扩张。10 年后，该镇人口达到了 5.9 万人，其
中大部分人来自芝加哥的犹太社区。50 年代，斯科基的就业基数
也飙升到了 216%。然而，88% 的斯科基居民并不在郊区工作，他
们大多数仍然在市区工作，因此 90% 的人开车去上班。斯科基成
为这些上班族的城郊住宅区，成为一个拥有健全的、不断扩展的
纳税产业基地的住宅区[38]。

　　郊区工业的增长并不意味着市区失去了其作为工业基地的地
位。相反，即使到了 50 年代，市区在工业领域仍处于主导地位。
然而，芝加哥的主要问题在于发展空间不足。50 年代，高速公路
在芝加哥市横穿而过，造成大量土地流失。由于修建国会街高速
公路，59 家制造厂被拆除。计划修建的西北高速公路将在穿越西
北城区工业带的过程中，拆迁 225 家以上的制造企业。

　　市区仍有土地，但大部分都在难以到达的地方。1952 年进行
的一项调查发现，芝加哥有超过 11 平方英里的闲置工业用地，但
其中只有 4 000 英亩的土地是真正可用的，而且这片可用地还存
在一个问题：有近 1 000 英亩的土地在卡柳梅特湖区内，在开发
之前需要先进行垃圾填埋。铁路又占用了 1 600 英亩土地，繁忙
的铁路交通错综复杂，使这些地方失去了对新企业的吸引力。最

后，可供出售的土地又分布不均，大多数位于南区，而新企业不想在这个重工业区内落户，因为这里受到钢铁厂、精炼厂的严重污染，很难招到其他市区的工人到这里工作。

　　此外，关于土地的竞争也很激烈。二战后，经济蓬勃发展，因此许多公司打算拓展业务。当时，芝加哥市区已有相当数量的新企业，新工厂的设计成为主要问题。与住宅楼一样，二战后，建筑、交通和制造业的变化对现代工厂的建设也产生了影响。许多厂房是按照"牧场式房屋"的风格设计的，是造型优美的单层厂房，而不是传统的多层建筑，这种风格的厂房被认为更有效和更容易维护。很多时候，开发商认为没有必要把铁路连接到厂区。公司希望能把厂区建成产业园，但由于市区的地价昂贵，因此计划常常难以实施。在老城区，厂房一般占厂区面积的66%，其中新建筑通常就占了47%。建筑后退①用地、停车场以及未来可能进行的扩建，都需要降低建筑面积与厂区面积的比例，而这一切在郊区比在市区更有可能实现。另外，市区工厂建筑陈旧，而维护、拆除成本又太高，加上市区内街道拥挤、发展空间不足，这些都促使企业从市中心迁走。此外，大约每三家制造厂中就有一家位于商业区和居民区，处在工业区之外，这是1923年分区法实施之前的遗留问题。规划人员认为，这些工厂最终都将不得不搬迁。

　　在这一转型中，受冲击最严重的是芝加哥的中心区工业带。

————

　　①　建筑后退是指，沿道路两侧新建、扩建、改建的建筑物应当按照规定后退一定距离，以保证街道采光、通风，避免建筑物对城市街道造成过多的压迫感。

该工业带北起迪维西大街，南至第 51 街和加菲尔德大道，东起密歇根湖，西至西大街。芝加哥的重头企业，包括日渐衰落的联合牲畜交易市场，大多坐落在这里。1952 年，芝加哥 58% 的工业岗位都在该地区，中心区的产业工人人数占芝加哥产业工人总数的一半以上，每平方英里最多集中了 2.8 万名工人，他们大多数在多层建筑的厂房中工作。1952 年，据估计，芝加哥至少有 600 万平方英尺的工业用地被破败的建筑物占据而处于闲置状态，这些建筑大多位于迪维西大街和加菲尔德大道之间的地带，因此企业希望离开这一地区毫不奇怪。这场企业搬迁潮不仅发生在芝加哥市内，也发生在整个芝加哥大都市区。1946—1950 年，243 家工厂离开市区搬到了郊区，其中有 52% 的工厂来自市中心。在二战后的 5 年中，从芝加哥搬迁出去的工厂数量比前 21 年搬迁的工厂数量总和还多[39]。

　　二战后的郊区开发顺应了 20 世纪 20 年代平房区人口的分布趋势，为那些算不上贫穷但也不属于精英阶层的人们提供了经济实惠的大型郊区社区。随着卡车和汽车的出现，廉价的联邦住房贷款担保使得郊区化成为可能。20 世纪 30 年代的城市规划者曾担心芝加哥和其他传统城市的过度拥挤问题。罗斯福新政期间设计规划的绿化带城镇影响了二战后的城市规划。随着美国军人从二战战场返回家乡，过度拥挤再次成为一个全国性的问题，许多人将郊区视为进行人口和产业疏散的好地方。对于战后崛起的新美国来说，郊区似乎成为美国人实现单户独栋住宅的梦想之地，因此，1940—1960 年，郊区的开发面积增加了一倍多。

　　芝加哥市的南面是一片开阔的草原，这里很快将被开发成

　　二战后，斯威夫特公司削减开支，关闭了位于联合牲畜交易市场以西的工厂。

1945 年后芝加哥最著名的森林公园社区。1946 年 10 月 28 日，该社区项目正式开启。埃尔伯特·皮茨（Elbert Peets）按照传统设计方法对森林公园社区进行了规划设计，不过，英国的"花园城市运动"和美国打造城市绿化带的做法也都对他的设计产生了影响。由于许多退伍军人在这里定居，所以该社区很快就被称为"退伍军人之城"。1948 年 8 月，第一批新住户入住这个尚处在到处是建筑泥浆和混乱状态的社区，然后在此定居。1949 年 2 月 1 日，该社区正式设立为村。到 1950 年，该村有 3 000 多户人家，全部为白人，直到 1959 年第一个黑人居民才来到这里。到 1960 年，已有近 3 万人生活在森林公园社区。退伍军人及其家人来到这个新社区，这里的经济适用房和一系列规划设施——包括购物中心、社区中心和族群混居都深深地吸引了他们[40]。

　　二战后，芝加哥的住房短缺给退伍军人和他们的家庭带来了诸多问题。一位早期的森林公园居民利昂娜·德卢（Leona De-Lue）和她的家人曾住在卢普区的谢尔曼酒店，直到后来才在森林公园找到一套公寓。大多数新居民都在公共住房认购排名单上登记并签了名。在建筑工人还未完工的时候，公房就已被卖出。当首次社区会议在一个帐篷里举行时，参加会议的既有现有的公房租户，也有未来潜在的租户。随着该村庄社区的设立，居民开始创建村政府[41]。

　　二战后，由于芝加哥地区居民通勤范围的扩大，许多较老的乡村居民点没有发展成独立的城镇，而是成为城市的郊区，人口激增。1920—1960 年，阿灵顿高地、朗伯德和唐纳斯格罗夫等老乡村中心的人口从 2 500 人跃升至两万多人。巴特利特、罗塞勒这样的城郊住宅区也迅猛发展。发展最快的则是那些既是居住区又是工业区的城郊村镇，如内伯维尔、芝加哥高地和本森维尔[42]。

消失的畜牧场

　　多年来，芝加哥始终是美国的工业和农业中心。畜牧营销、肉类加工以及其他相关产业是芝加哥经济中的永恒角色。这座城市是伴随着肉类加工业的发展成长起来的。错综复杂的铁轨和四通八达的冷藏火车，将芝加哥的肉类加工业与美国其他地区的肉类加工业联系在一起。自联合牲畜交易市场成立起，芝加哥市的牲畜商人就控制着全国的市场。各地的农民都指望芝加哥来为他们的猪、牛、羊、马定价。前身为德克斯特公园馆的国际圆形剧场就是为了举办著名的国际家畜博览会而建的，这是美国最盛大的家畜展览。甚至大规模的工业大罢工也集中在由第47街、阿什兰大道、潘兴路和霍尔斯特德街围成的这一平方英里的范围内。很难想象城市中各处没有飘散着畜牧场气味的芝加哥会是什么样子。

当然，在芝加哥这样一个充满活力的经济体中，变化是经常发生的。芝加哥的肉类加工业长期以来一直在经营着"外围"工厂，其中许多都与一些规模较小的牲畜饲养场有业务关系，比如在圣约瑟夫、南圣保罗和堪萨斯城的畜牧场，或者是不断扩张的奥马哈市场。然而，与芝加哥的主要业务相比，这些业务还是处于次要地位。1893—1933年，芝加哥的肉类加工商确保了联合牲畜交易市场的成功，反过来，联合牲畜交易市场也保证了大量的牲畜供应来维持肉类加工厂的运营。在此期间，每年至少有1 300万头牲畜抵达芝加哥牲畜市场。然而，在20世纪20年代，肉类加工业的分散化已经开始产生影响，堪萨斯城已经发展成为仅次于芝加哥的第二大肉类加工中心[43]。

然而，大萧条结束了畜牧场长期大量收购牲畜的状况。1933年以后，畜牧场的年收购量再也达不到1 300万头了，远远低于20世纪20年代的创纪录数量，当时的最高收购量曾两次超过1 800万头。到了20世纪50年代，尽管芝加哥市场仍然是美国主要的畜牧市场和该行业的"晴雨表"，但其他市场往往吸引了更多的家畜交易商。

　　1952 年，威尔逊公司在堪萨斯城重建了厂房。尽管它仍然与
堪萨斯城牲畜市场这个中心市场有铁路相连，但威尔逊公司从农
民那里直接购买家畜，而不是从市场上购买，这种经营模式开始
改变这个行业。同时，农民也不再那么依赖铁路将牲畜运往市场。
所有这些，再加上牲畜养殖中心的逐渐西迁，意味着肉类行业开
始发生了变化。到了 20 世纪 50 年代中期，威尔逊公司在保留卢
普区总部的同时关闭了在芝加哥的工厂，解雇了数千名工人，其
中大部分是黑人和墨西哥裔。20 世纪 50 年代末，斯威夫特公司
和阿穆尔公司也都关闭了它们在芝加哥的牲畜屠宰场。

　　二战后，不论是联合牲畜交易市场，还是阿穆尔公司的发展
史，都与一个叫威廉·伍德·普林斯（William Wood Prince）的
人的生活和命运紧密相连。他是纽约一位富有的保险高管的儿子，
但在他 10 岁时，他的一位远房表亲弗雷德里克·亨利·普林斯
（Frederick Henry Prince）成为他的监护人。弗雷德里克是一位出
色的投机商，在铁路上投有巨资，并且控制着芝加哥的联合牲畜
交易市场。威廉从格罗顿高中和普林斯顿大学毕业后，于 1944 年
参加了二战，当时任炮兵队长。弗雷德里克曾写信给他，提出要
正式收养他，这样他的家族就仍然可以控制自己公司的股份。弗
雷德里克去世后，威廉与表哥的长期合作伙伴詹姆斯·F. 多诺万
（James F. Donovan）开始共同管理着这块地产。

　　威廉最终成为联合牲畜交易市场和运输公司的总裁，并开始
了一项使公司现代化的计划，以使它们更具竞争力。新的卡车码
头和设施随着新的生猪市场的出现而出现。由于芝加哥需要更多
的展览空间来举办大型贸易展览，于是人们对圆形大剧场进行了

扩建。1954 年 9 月 6 日，联合牲畜交易市场迎来了它的第 10 亿头牛，这头名为"比利"的牛是为了纪念弗雷德里克而饲养的。威廉向农民承诺，将为他们提供更好、更现代化的设施，并向东部的"外围"肉类加工商承诺将更快地把牲畜运送到他们的屠宰区。威廉希望借此结束这家老牌芝加哥企业业务长期低迷的现状。

1957 年，威廉离开了联合牲畜交易市场公司，去经营家族控股的阿穆尔公司。联合牲畜交易市场的许多人希望，此举将加强阿穆尔公司对芝加哥工厂的投入，保持该肉类加工商的市场占有率。威廉还推动了阿穆尔公司的制药和化学部门的发展，希望公司能够更加多元化[44]。在威廉执掌阿穆尔公司后不到四年的时间里，该公司就实现了巨额盈利。他的成功秘诀就是"去中心化、现代化、多样化"。由于威廉将公司 40％ 以上的资产投入化工、石油和肥皂等利润更高的领域，阿穆尔公司很快就成为美国发展最快的肉类加工公司。此外，阿穆尔公司还开始销售高利润的冷冻食品。不久，威廉决定关闭包括芝加哥工厂在内的五家不挣钱的大工厂。起初，阿穆尔公司宣布还将继续开展在芝加哥的炼油业务，甚至还暗示可能会在芝加哥建立一家新的工厂。但这对于大约 2 000 名被解雇的芝加哥阿穆尔公司员工来说算不上是什么安慰。阿穆尔公司还表示打算继续在芝加哥为其东部的工厂收购牲畜，但这也被证明只是一个短暂的承诺。

斯威夫特公司也迅速从芝加哥的联合牲畜交易市场撤离。尽管在 1956 年斯威夫特公司对其在芝加哥和其他肉类加工中心的牛肉加工设施进行了现代化改造，但三年后，它还是宣布要在伊利诺伊州的罗谢尔新建一家工厂，并关闭了芝加哥的屠宰车间。斯威夫特公司声称，新工厂将使公司更有效地为芝加哥地区服务。
不过，数千名员工可能并不同意这一说法。1962 年，已经在这里
76 年的斯威夫特公司总部从联合牲畜交易市场搬到了卢普区。
1959 年，肉类加工行业杂志《屠夫的倡导者》（*The Butcher's
Advocate*）告知读者，联合牲畜交易市场正在失去其全国行业领
军者的地位[45]。

最终，20 世纪末的恶意收购浪潮也没有放过威廉。1969 年，
灰狗公司接管了阿穆尔公司，威廉被迫辞去了公司负责人的职务。
芝加哥肉类加工业的衰落和亏损，在很大程度上预示了工业化的
芝加哥和整个国家的未来[46]。

联合牲畜交易市场公司再也没能从衰落中恢复过来。1965
年，该公司庆祝其成立 100 周年，发表了它作为一个优质的肉类
市场的未来规划。然而到了 1970 年，其猪肉业务已经停止运营；
1971 年夏天，牛肉业务也关闭了。该公司成为该行业重大变革的
受害者。芝加哥肉类工业的长期衰退已是无法遏制的了。

许多芝加哥人认为，肉类加工业的消失对这座城市来说是一
个积极的信号，而不是去工业化的标志。1947 年，芝加哥制造业
的增加值占全国制造业增加值的 5％以上，所占比例与加州相当，
是得克萨斯州的两倍。在 20 家主要制造业集团中，有 9 家的市场
份额超过了 5％。芝加哥的制造业在肉类加工、糖果、钢铁、通
信设备和商业印刷等领域所占的市场份额还要更大。

但自 1939 年以来，芝加哥的老牌工业都在衰落。食品加工、
家具和服装的产量持续下降。二战前，这三个行业的从业人员占
该地区产业工人总数的 25％以上；1947 年，他们只占 18％，到

1957 年则降到了不足 16％。而金属和机械制造业却在持续增长。1957 年，电气和非电气机械制造业的从业人数占芝加哥产业工人的 25％以上。到 50 年代末，金属（初级加工和制造）和机械两个行业成为芝加哥制造业的主导产业，共占整个制造业工作岗位的 50％以上，占全市就业岗位的近 25％。1950 年，36％的芝加哥居民仍在制造业工作。

到 20 世纪 50 年代中期，芝加哥地区已成为世界上最大的钢铁生产地。从芝加哥南区的第 79 街一直到印第安纳州的加里，161 座露天炉和 26 座电炉环绕着密歇根湖，生产着美国的钢铁。在这里运营着美国最大的三家钢铁厂：美国钢铁公司的加里工厂和南方工厂以及内陆钢铁公司的印第安纳港工厂。共和国钢铁公司、威斯康星钢铁和扬斯敦板管公司组成了一个甚至连匹兹堡都无法与之匹敌的钢铁生产区。1953 年，这些工厂生产出了价值超过 15 亿美元的钢材，为近 10 万名工人提供了就业机会。仅美国钢铁公司就雇用了 5.4 万名工人。

此外，1953 年芝加哥还在糖果行业占据着主导地位。美国制造的棒棒糖有 1/4 来自芝加哥。该行业雇用了 2.2 万名员工，每年的工资总支出为 8 600 万美元。芝加哥在柴油机车、电子设备、塑料等一系列产品的生产方面均处于领先地位。由于有这种多样性和工业实力，尽管芝加哥的许多制造厂迁到了郊区或西海岸，但有理由相信，随着服务业经济的发展和工业基础的稳固，芝加哥的经济前景将十分强劲。在 20 世纪 50 年代早期，去工业化似乎是不可能的[47]。

然而，该市仍有一部分地区被忽视了，因此一些人呼吁对新的工业区进行规划。其中一个区域就在卢普区的南面。1953 年，南区规划委员会提到该地区破旧废弃的住宅和工业建筑，呼吁该市创建一个大工业园区。南区规划委员会的报告称，这对于一个现代化的工业区来说是一个绝佳的位置。报告指出："黑人劳动力可以得到利用，这一点已经在芝加哥的许多工业中得到充分体现，这些工业已成功地采用了非歧视性就业方案。中南部的许多贸易和技术学校可以提供必要的职业培训，更好的住房和新的社区设施将更加有助于吸引和留住潜在劳动力。"克服许多人所持有的种族偏见使人们从南区和西区获得了就业机会，因此南区规划委员会将这个提案视为关于重建南区的更大方案的一部分[48]。

尽管芝加哥拥有雄厚的经济实力，但郊区却扮演着越来越重要的角色。富裕的芝加哥人搬到了边远地区，这主要是因为种族对立日益加剧、市区过度拥挤，以及美国人对新事物的渴望。这座城市看上去年代久远，已与战后的美国脱节。在许多人看来，芝加哥似乎是一个有着民族商店、教堂和老工厂的地方，人们或许会亲切地记得，这里是"我们长大成人"的地方，但却不是一个适合养育战后一代的地方。无论是对工业开发商来说，还是对需要向上流动的芝加哥人来说，郊区都不失为一个可以替代过去繁忙、肮脏的工业城市的现代化的、经济实惠的好去处。

第十章

戴利的城市

　　事实证明，来自布里奇波特的戴利是一位狡猾而强硬的政治家。他职业生涯中最重要的事件是：1947 年成为第 11 选区民主党委员会成员，后来又在 1953 年成为库克县民主党主席。在选区的政治环境中成长起来的戴利学会了不轻信别人，而他的政治对手也很快领教了他的暴躁脾气。他的盟友们也知道，只要他信任他们，他们就可以信任他。1955 年，戴利的耐心得到了回报。担任库克县民主党主席对大多数人来说意味着位高权重和财富，但戴利却对财富没有丝毫兴趣。他想要的是权力，是那种能够改变一座城市、带来尊严和使他可以结交到有影响力的朋友的权力。戴利想同时担任芝加哥市长和县民主党主席的职务，这是一个连瑟马克都没有达到的目标，因为瑟马克在竞选市长时，那些大亨们迫使他放弃了县民主党主席的职位。他们也期望戴利会如此，不过，这次他们会失望的。

1948 年，马丁·肯内利（Martin Kennelly）接替凯利担任市长。此前，凯利曾表示，非裔美国人可以居住在芝加哥的任何地方，然而很快就出现了来自白人种族歧视者和持怀疑态度的黑人的负面反应，于是凯利被迫退休。委员会又推举来自布里奇波特的肯内利为改革派候选人。肯内利承诺要把芝加哥建设成为一座现代化的城市，但他面对的也是一些唯利是图的有权势的议员。这位新市长取缔了布朗茨维尔的非法彩票，因此惹怒了黑人政治领袖、人称"大红"的威廉·道森（William Dawson）。道森于20 世纪 30 年代离开共和党，加入了民主党；事实证明，这件事不仅关系到黑人的未来，也关系到所有芝加哥人的未来。道森不希望警察干预博彩行业，因为这款赌博游戏为布朗茨维尔的众多企业家创造了数百万美元的利润；但肯内利认为博彩滋生腐败，发誓要取消这种大众消遣方式。道森则针锋相对，发誓要把肯内利扳倒。二人之间的冲突恰恰为戴利提供了一个采取行动的机会，他知道，要想获得市长职位，就必须得到黑人的支持。道森同意支持戴利，因为戴利很明智，会对博彩睁一只眼闭一只眼，而肯内利失败的命运在他的第二个任期结束后就已成定局了[1]。

1955 年，库克县民主党中央委员会提名戴利为市长，将肯内利从该党支持的候选人名单中剔除，于是这位现任市长决定以独立候选人的身份参选。芝加哥的四家报纸都反对戴利，它们认为戴利会被腐败的市议员控制。但是，戴利和他的大批支持者在社区发起了支持选戴利担任市长的运动，并赢得了社区的支持。当晚，芝加哥古镇社区的市议员帕迪·鲍勒（Paddy Bauler）举行了庆祝活动，他高喊："芝加哥还没有准备好改革！"市议员们认为他们可以控制戴利，芝加哥的大多数报纸和进步政客们也这样认为。事实上，除了他自己，戴利不会被任何人控制。他宣布自己将继续担任县民主党主席，这令杰克·阿维（Jake Arvey）和其他民主党人非常懊恼。8 年后，阿维承认尽管他曾反对这一前所未有的举动，但至少对戴利来说，这是一个好主意。戴利表示："人们告诉我，如果你是一位政党领袖，就不能再成为市长。就在那时，我决定要领导我的政党并担任市长。"他的确这样做了。戴利成为一位事必躬亲、大权独揽的"老板"，把权力都集中在他位于市政厅五楼的办公室里。鲍勒也好，阿维也罢，无人能与这位新任市长相提并论。这一切发生得如此之快，那些民主党的中坚分子都对此始料未及，根本无法阻止。最终，戴利成为芝加哥的新老板[2]。

　　这位新市长面对的是一座有着诸多问题的城市，尤其是面对着市中心缺少投资的问题。自经济大萧条以来，卢普区很少有新的建设。在肯内利的任期内开始建造的保诚大厦于 1955 年开业，改善了这一状况。但要想让芝加哥保持其在美国经济中的地位，还需要付出更多的努力。保诚大厦高 41 层，耗资 4 000 万美元，在戴利上任的第一年对外开放，并引发了新一轮对市中心的开发。作为当时该市最高、最大的办公楼，它拥有超过 100 万平方英尺的出租面积和 125 家租赁公司，到 1959 年 1 月，出租率达到98%。大楼的一至八层被保诚保险公司留作自用，并雇用了在大楼里工作的 7 000 名员工中的 1 800 人。这座巨大的建筑需要 345人来管理和运营，大厦的顶部耸立着 924 英尺高的"芝加哥之声"电视台的天线；在最高层建有一个大型餐厅和观景台，可以鸟瞰芝加哥最佳的城市景观。从 1955 年底到 1959 年 1 月，超过 150 万人参观了保诚大厦的顶部[3]。

戴利在他的第一个任期内迅速投入工作，努力增强市中心对投资者的吸引力。开发商宣布将开发新建筑，并制定规划，使卢普区对商家和游客都更具吸引力。1958 年，承包商为卢普区增加了超过 100 万平方英尺的办公空间，这是自大萧条开始以来"中央商业区"新增的最大的办公空间。1958 年底，芝加哥市中心的办公面积达到 36 379 126 平方英尺，这是前所未有的。

1959 年伊始，联邦官员为美国法院选择了新址，这需要拆除旧的法院大楼、北方剧院和曼捷斯帝酒店。规划人员还为伊利诺伊大学在芝加哥地区的新校区选址。1959 年，芝加哥和库克县还没有一所四年制的公立大学。多年来，伊利诺伊大学一直在海军码头①开设课程，但也只是开设了头两年的大学课程，因此芝加哥显然还需要一些四年制大学所必需的更大的教学场地，这对戴利政府来说既是一个机会，也是一个问题。新校园的场地要大，而且交通还要便利。为此，大学董事会讨论了一系列地点：卢普区以南的铁路终点站附近、湖滨地区的北岛公园、加菲尔德公园。戴利倾向于把新校区建在市区，最好是市中心的位置[4]。然而，关于新校址的选择问题充满了阶级和种族斗争。

市长和那些有意要保护正在被破败所吞噬的市中心的商人们，

---

① 海军码头位于芝加哥的密歇根湖畔，靠近芝加哥市中心。海军码头是芝加哥具有历史意义的建筑物。它始建于 1914 年，从 1916 年开始向公众开放，是当时世界上最大的码头，在两次世界大战期间曾作为海军的训练基地和使用基地。如今已成为芝加哥的标志性景点，是芝加哥人休闲的好去处。

担心黑人聚居区会吓跑他们富有的白人客户。二战后，这个客户群中出现了许多 1945 年以前没有的新客户。此外，新一届政府面临着日益加剧的郊区化和白人外迁问题，以及城市破败和投资减少等问题，这些问题在西区和南区尤为突出。这与这些社区的种族和社会阶层的变化有很大关系。

建设现代城市：公共住房和高速公路

1937 年的《联邦住房法案》（Federal Housing Act）催生了芝加哥住房管理局。当时，罗斯福新政的支持者在努力寻找解决大萧条时期住房问题的方法。在戴利时代，芝加哥住房管理局建造了大量高层公共住房，这些住房后来成为该局的代表之作，同时也是败笔之作。从芝加哥住房管理局成立之初，公共住房项目中就融入了理想主义：良好的规划、"大政府"① 模式和用现代建筑解决城市问题。在项目初期，公共住房（以下简称"公房"）的倡导者们把帮助那些因大萧条和二战而流离失所或处于不利地位的家庭作为其使命[5]。

芝加哥住房管理局的工作分为两个阶段。第一阶段是在 20 世纪 30 年代末，当时公共工程管理局在西区、北区和远南区建造了三层和四层的无电梯楼房以及两层的连栋住宅。所有这些建筑都

---

① "大政府"指奉行干预主义政策的政府，一般被理解为意味着经济管理与社会控制。

于 1938 年建成并投入使用，由芝加哥住房管理局管理。建筑师设计的这些住宅项目规模庞大（按照大萧条时期的标准来说），适合步行，有庭院、砖砌拱门、雕塑和其他设施。艾达·威尔斯家园是联邦政府在二战前建造的第四个也是最后一个住宅项目。在规划人员为该项目选择场地时，联邦政府仍然推行种族隔离的政策。威尔斯家园是公共工程管理局专门为黑人居民建造的，于 1941 年竣工并投入使用，是老的住宅项目中最大的公房项目[6]。

在第二阶段，公共工程管理局为战时工人和退伍军人建造了大量联排别墅。在战争期间，就业和工资增加了，城市人口也增加了。战争工人大量涌入，尤其是第二次大迁徙浪潮使城市黑人的数量激增。根据联邦政府的命令，所有的新公房都必须是为战时工人建造的。这些项目在战争爆发之前就已处于规划阶段，一旦所处地区缺乏经济适用住房就可以开工建造。由于考虑到这一点，芝加哥住房管理局又继续进行了四个项目的建设：卡布里尼、朗代尔花园、布里奇波特和布鲁克斯。二战后，芝加哥住房管理局同意将这些住宅转为保障性住房。在这一时期建造的一排排房屋看起来就像军营。这个"排屋"时代为城市居民创造了有吸引力的经济适用房。联邦政府在二战期间建造了奥尔特盖尔德和文特沃斯花园住宅，芝加哥住房管理局还在较远的南区建造了另一个项目——西切斯特菲尔德家园，这在该机构的早期历史上是绝无仅有的。芝加哥住房管理局建造这些房屋是面向租户的，因此建造了许多独立的单户住宅。

随着欧洲和太平洋战争的结束，为退伍军人提供临时住所成为一个难题。芝加哥住房管理局的当务之急很快从为战时工人提供住所，转变成为退伍军人及其新家庭提供住所。于是，在芝加哥公园区和库克县森林保护区的空地上出现了许多退伍军人的临时住所。尽管这些空地往往位于城市郊区的中产阶级地区，但这种策略可以使人们低价而快速地获得土地。退役军人的这些住房包括工厂建造的预制装配式房屋、胶合板房和二手的活动房等各种房屋。后来，对这些临时住所中居民的重新安置工作直到1955年才最终结束。由于芝加哥住房管理局撤开了二战前关于种族隔离的规定，战后的几次种族冲突都是由住房问题引起的。位于西南城区的机场家园和芬伍德公园住宅都发生了种族冲突。凯利市长一直支持芝加哥住房管理局的种族融合政策，直到后来马丁·肯内利市长上台[7]。

战后几年的各种联邦法律为大规模的城市重建铺平了道路。其中许多的住房项目都是由政府资助的，而私人开发商则会资助其他项目，如南区的草原海岸和湖泊牧场社区。改革者和规划者将《衰败地区再开发法案》（Blighted Area Redevelopment Act）和《城市社区保护法案》（Urban Community Conservation Act）视为重建美国城市的工具。罗斯福新政和战后住房法案也推动了这座城市的转型。房主贷款公司和联邦住房管理局的成立都是对20世纪30年代的经济衰退做出的应对措施，它们将投资目标从衰败的市中心转向郊区，从而改变了郊区的面貌。这些联邦计划，加上汽车和高速公路建设的长期影响，创造了一个新的城市体系，这个体系在20世纪20年代末就已初现雏形，但由于30年代的金融崩溃和战争而有所中断[8]。

白人工薪阶层发现自己被困在郊区和不断扩大的黑人聚居区

之间。而黑人也感到非常沮丧：一方面，他们在积极努力地重建中心城市，但另一方面，城市内外充满敌意的白人却并不希望黑人居住在附近，这令他们左右为难。与此同时，在芝加哥市最大、最拥挤的贫民区所在地——南区和西区的街道上，都可以找到黑人人口增长的证据。

1940 年，美国人口普查统计数据显示，芝加哥有 277 731 名黑人，仅占该市人口的 8% 多一点。10 年后，跃升至 492 265 人。到了 1960 年，有 812 637 名黑人居住在芝加哥，占总人口的 22% 还多。芝加哥的黑人在二战期间和二战后都面临着严重的居住环境过度拥挤的情况。与此同时，私人开发商则想抓住在郊区建房和赚钱的大好机会。在战后的 15 年间，他们在郊区以及城市的西北城区、西南城区和东南城区修建了近 70 万套住房。仅 1950—1956 年，就有约 27 万名芝加哥白人搬到了郊区，其他人则搬到了城市的边缘。二战后，19 世纪的人口趋势几乎完全逆转。1940 年，芝加哥市拥有该地区 74% 的人口；20 年后，这一比例降到不足 64%。这种趋势一直持续到 21 世纪，到 2008 年，大芝加哥地区只有大约 1/3 的居民住在市内。

戴利在 1955 年上任时，面临着传统白人民主党人大批离去的窘境。房地产公司和贷款公司利用人们对种族冲突的恐慌兜售房屋，获得了巨额利润。白人和黑人之间的冲突似乎是不可避免的，随着不满情绪的加剧，冲突在整座城市爆发了。20 世纪 50 年代，芝加哥出现了一系列针对海滩和公园等公共场所的小型种族骚乱。市政府计划在旧的黑人区进行大规模重建，部分原因是要缓解贫民区的住房压力，希望使该市的穷人有一个更好的未来。但在许多方面，这些建设进一步恶化了局势，造成了更多的摩擦。

随着二战结束，芝加哥的负责公共住房的领导层决定效仿纽约，开始制定第三阶段的公共住房建设和设计规划，高层时代拉开序幕。1947年，芝加哥住房管理局决定增加迪尔伯恩公园住宅的高度。迪尔伯恩公园住宅是该局在南州立街修建的第一座电梯大楼。芝加哥住房管理局的两任局长伊丽莎白·伍德（Elizabeth Wood）和罗伯特·R. 泰勒（Robert R. Taylor）都在致力于提高楼层高度。杜鲁门政府想降低公共住房的成本，于是钱成了压倒一切的因素。如果芝加哥的郊区有土地的话，芝加哥本可以将成本和高层建筑的高度控制在最低水平，但由于白人议员反对黑人在他们的选区里占用公共住房，所以这一点是根本不可能实现的。戴利曾两次前往华盛顿，与艾森豪威尔政府就这些四层楼建筑的方案进行辩论，认为这些低层建筑可以为家庭提供更加人性化的住房。然而在1959年，这座城市最终还是屈服了，不得不继续修建高层建筑[9]。

到1958年，在第35街和州立街，一直向南延伸至潘兴路的州道花园住宅项目已经建成并投入使用。这个庞大的项目包括毗邻州立街的两栋有1 168个单元房的10层建筑，以及西部沿石岛铁路修建的6栋17层建筑，它们是钢筋混凝土的框架结构建筑，只覆盖了沿州立街向南四个街区的33英亩的13%的面积，建筑之间是开阔的广场，但没有商店、工厂或其他社区机构[10]。

早在1957年，一些居民就搬进了史泰威花园，当时这个由8栋楼组成的建筑群中的第一座公寓楼刚刚投入使用。第一批租户中的唐·P. 吉布森（Don P. Gibson）夫妇和他们的两个孩子搬到了南州立街的303号公寓。吉布森一家是从一栋被改造成了多个小公寓的两层小楼里搬出来的，他们原来在那里每周需要支付12.5 美元的租金。现在，吉布森夫妇每月需要为这套新的两居室公寓缴纳 55 美元的租金。25 岁的退伍军人吉布森曾在位于伊利诺伊州拉格兰奇的通用汽车公司的电动部门工作。身为非裔美国人的吉布森一家在他工作的西郊根本找不到房子[11]。

　　芝加哥还计划开发一个规模更大的住宅项目——泰勒家园，将在史泰威花园以南建成使用。泰勒家园占地 95 英亩，从潘兴南路一直延伸到第 54 街。它包括 28 栋完全相同的 16 层建筑，每 3 栋构成一组，形成一个 U 形，唯一能将这一组与另一组区别开来的是红色或黄色的贴面砖。这里和卡布里尼绿色家园最终合并在一起，取代了原先被称为世界上最大贫民窟的联邦街道贫民窟。尽管戴利试图把泰勒家园建成一个低层建筑项目，然而 1960 年，高层建筑还是开始动工了，这一年是芝加哥住房管理局历史上规模最大的建设年，当年开工建造了 8 000 套公寓，其中包括泰勒家园的 4 415 套。泰勒家园的建设分四个阶段进行，历时两年。2 000 名工人以每周 17 层的速度浇筑混凝土框架。随着项目的竣工，芝加哥住房管理局的公寓数量超过了公房申请人的人数，导致公房申请标准的放宽，于是在项目的最后阶段，从 51 街到 54 街住满了大量未经筛选的租户，因而这些建筑后来出现的问题租户最多[12]。

　　按照计划，芝加哥住房管理局在 1957—1968 年的住宅项目中建造的公寓，75% 将提供给大家庭。除了 696 套公寓外，其余的都属于高层建筑。家庭集中分布在相对较小的市区地段上，造成了极大的人口密度。在泰勒家园，7 000 名成年人和 2.1 万名儿童——几乎全是黑人——居住在仅 95 英亩的土地上，平均每户家庭有将近 6 人。但很多评论家认为，其实这些官方数据并没有反映出真实的情况。虽然公共管理人员宣称，这些高层建筑是为了使老旧社区现代化，但却有成千上万的租户彼此顶脚踏头地挤住在一起。老贫民窟既可怕又拥挤，然而很快，新建的住房项目也开始出现同样的问题[13]。

1962 年 3 月 5 日，戴利市长欢迎第一位房客詹姆斯·韦斯顿（James Weston）来到泰勒家园。即使到了 1962 年，高层建筑项目似乎仍然有望带来一座新城市，为城市贫民带来一个新的开始。芝加哥住房管理局执行董事阿尔文·E. 罗斯（Alvin E. Rose）亲自致信租户，感谢他们"让我们的社区成为全市最美丽的社区，我希望你们能像我一样为你们美丽的草坪、花坛和公寓的清洁而感到自豪"[14]。一些人认为这些项目是重建南区的第一步。他们把希望寄托在那些曾经住在芝加哥住房管理局的低层住宅和联排别墅的居民身上。最初的那些公共住房的居住密度小得多，居民都是通过严格的标准筛选出来的，的确实现了住房改革家的愿望，那批居民都对他们在 1960 年以前的住宅项目中的生活保有美好的回忆。但是，受柯布西耶①（Corbusier）影响，并且还沉浸在包豪斯②（Bauhaus）的梦想之中的城市规划者和建筑师们，把州道花园和泰勒家园视为芝加哥城市的未来。这些社区既靠近卢普区，又靠近大型企业，拥有便捷的公共和私人交通网络。然而，高层

---

①　柯布西耶：瑞士裔法国建筑师、城市规划家、作家和画家，是 20 世纪最重要的建筑师之一，是现代主义建筑的主要倡导者，被称为"现代建筑的旗手"。

②　包豪斯：一种设计思潮。该思潮重视产品功能，力求造型简洁，反对多余的装饰，奉行"少即多"的原则。

建筑的问题很快便显露了出来，粉碎了这些乌托邦式的梦想。
1965 年，一位居民抱怨道："世人把我们所有人都看成是大楼里
的老鼠，像贱民一样生活在这里。"[15]

这些大型项目的选址是芝加哥住房管理局和市议会之间长达
十年的政治和种族博弈的结果。这些决策导致了第二个黑人贫民
区的产生。白人参议员继续反对在他们的社区建设任何公共住房。
而黑人参议员按理应支持公共住房项目，认为它们不仅让租户种
族多元化，而且增加了选区里的可靠选民。但这两派议员都担心
黑人和白人混居会削弱人们对他们在政治上的支持。当然，白人
议员反对公共住房和任何黑人进入他们的社区，也是在很大程度
上代表了他们的选民。在 20 世纪 50 年代，这似乎是芝加哥市和
整个美国北方城市的共同问题；随着美国南部黑人民权运动的爆
发，在接下来的十年里这种安排将会遭受很多质疑[16]。

随着为高速公路、住房项目和其他开发项目进行的土地清理
工作的开展，社区每天都处在混乱的状态中。20 世纪 50 年代和
60 年代初，政府开始着手改造芝加哥，城市面貌发生了重大变
化。1959 年，芝加哥土地清理委员会有 28 个在建项目。执行董
事菲尔·A. 多伊尔（Phil A. Doyle）指出，该委员会将把其中的
15 个定为住房开发项目。仅 1958 年，该委员会就协助搬迁了 428
户家庭和 253 个单人住户，评估了 1 390 处房产，收购了 375 处房
产，拆除了 107 栋建筑[17]。

真正的未来浪潮终于在 50 年代到来了。汽车，也许比任何其
他消费品更能代表二战后美国的成功、乐观和傲慢。汽车塑造了
芝加哥市的物质、经济和社会的未来。国会高速公路是第一条贯

穿芝加哥市的公路，为此，规划人员重新设计了南北两侧的道路。
芝加哥市和伊利诺伊州政府还公布了一项新的 14 车道高速公路的
设计方案，这条高速公路将横穿南区的中心地带。"双重双向"的
设计意味着从第 26 街到第 67 街的这 5 英里的路段将耗资 1.1 亿
美元。设计师们希望把这条高速公路建设成为全国高速公路的典
范。新的公路系统将市区和郊区连接在一起，在城市的景观上切
出一个巨大的豁口，随之而来的是人口结构的巨大变化[18]。

　　这些高速公路是随着 1956 年《州际高速公路法》（Interstate
Highway Act）的颁发出台的一项更大的全国性计划的一部分。
根据该法案，国会为 4.1 英里的免费高速公路的建设提供资金，
整个公路网将于 1971 年竣工，预计耗资 270 亿美元。该项计划最
终的花费大约是预计的两倍，因为除了高速公路，还需要投入更
多的人力、物力用于建设和改善传统道路。在 1956 年，还没有人
能了解道路工程会对美国的经济和旅行产生什么影响，然而，到
了 1958 年，人们开始感受到它的影响。乘客不再乘坐火车，而卡
车则与货运列车在全国运输业中展开竞争，这自然影响到了芝加
哥作为美国主要铁路中心的地位。

　　在新公路网竣工之际，伊利诺伊州也完成了部分旧州际收费
公路网的改造，并于 1958 年 12 月正式启用了新收费公路。这条
收费公路全长 187 英里，横跨芝加哥地区，历时 27 个月建成。它
成为东部收费公路网的一部分。伊利诺伊州段公路的竣工标志着
从芝加哥到纽约长达 837 英里的主"干线"的建成。这个公路网
的大部分在联邦政府给予资金援助前就已经开始规划和建造，它
成为美国中西部地区和东海岸地区之间的重要交通纽带[19]。

伊利诺伊州州长威廉·G. 斯特拉顿（William G. Stratton）在 1958 年底指出，芝加哥及其附近地区的公路建设是该地区历史上规模最大的公共工程项目，超过了全国所有其他大都市的公路建设项目。1959 年，仅在库克县，伊利诺伊州政府、联邦政府以及地方政府就为公路建设拨款 1.3 亿美元。在过去的五年里，芝加哥的街道和公路建设费用高达 3.46 亿美元，其中 1.03 亿美元用于拆迁，其余的用于建设。《芝加哥论坛报》证实：在接下来的一年中，芝加哥将从 5 亿多美元的公共工程项目中受益，而公路项目占了很大比例。1958 年，西区地铁在国会高速公路沿线开通。芝加哥交通运输管理局为未来的丹·瑞恩高速公路也规划了一条类似的快速公交线路。与美国各地的城市专家一样，芝加哥的城市规划师们也试图通过良好的公共交通来降低美国民众对私家车的需求[20]。

高速公路建设贯穿整座城市，使那个时代的人们、企业和机构深受影响。在西南方向，史蒂文森高速公路夺去了人们的家园，甚至威胁到了历史悠久的圣布里奇波特教堂的存在。据称，戴利市长曾亲自出面干预，拯救了这座 1936 年他和他的妻子举办婚礼的教堂。当然，戴利市长也曾出手干预使布里奇波特免遭破坏：当时，他把丹·瑞恩高速公路从原来的规划位置向东移动了一点。这条公路原计划穿过诺尔麦尔大道附近的中心地带，戴利在任职一年后就对这个计划做了改动。评论人士认为，此举是为了维持黑人和白人之间的种族隔离，但在位于第 11 选区的布里奇波特社区和卡纳里维尔社区，高速公路对这里的种族平衡几乎没有什么影响。而政治权力、白人街头帮派却对非裔美国人社区的扩张构成了更大的障碍。这条高速公路先穿过贫穷的白人工薪阶层和少数族裔社区，然后进入芝加哥市区，美国各地的其他高速公路情况也是如此。工程师们表示，公路建设取得了积极的成果，其中的成果之一就是拆除了贫民窟。撇开种族问题不谈，戴利几乎是不可能允许高速公路摧毁他的政治基础的。

事实上，高速公路系统已经把芝加哥的白人和黑人社区分割开来。为了修建肯尼迪高速公路，圣斯坦尼斯劳斯·科斯特卡教区约400个波兰裔美国家庭搬迁，这是在芝加哥成立的第一个波兰教区。以丹·罗斯滕科斯基为首的波兰裔政客也无法阻止这条高速公路的建设，但为了防止他们心爱的诺布尔街教堂被毁，他们把这条高速公路的位置稍微改动了一下。西区意大利裔的情况更糟，因为神圣守护天使教区正好位于丹·瑞恩高速公路线上。1959年，教区居民在教堂做了最后一次弥撒，之后在西卡布里尼街860号建了新教堂。四年后，这座城市再次进行了拆迁，为伊利诺伊大学的新校区让路，搬迁的意大利教堂也再次被推倒。在这样一座城市影响力比种族问题更重要的城市里，城市重建和高速公路发展的重要性胜过了各社区的利益。

丹·瑞恩高速公路于1962年12月15日开通。市长戴利和高速公路的倡导者丹·瑞恩的遗孀鲁比·瑞恩（Ruby Ryan）在第18街参加了剪彩仪式。为庆祝通车，戴利和他的同事们乘坐汽车进行了首次通行，汽车由丹·瑞恩高速公路向南行驶到第63街，然后再向北返回卢普区。不过，最近戴利开始怀疑，继续以这种方式分割城市是否是个好主意。自丹·瑞恩高速公路开通几个月以后，每天大约有13万辆汽车从它的14条车道上通过。其中，卡车和商用车占交通量的 14%。丹·瑞恩高速公路最初设计的通行能力为每天 14.2 万辆汽车和 7 400 辆卡车，然而每天的通行量很快就远远超过这一数字。现在，"丹·瑞恩"已经成为"交通拥堵"的同义词。工程师估计，一辆小型卡车对高速公路路面造成的磨损相当于 300 辆轿车，而一辆牵引拖车对沥青路面造成的冲击则相当于 2 900 多辆轿车。

　　这条新建的公路很快就被磨损坏了。1967—1974 年，伊利诺伊州为此支付了 750 万美元的修路费。1974 年，一项耗资 2 250 万美元的维修工程宣布动工；2006—2007 年，整个道路再次进行了翻修。芝加哥交警理查德·怀泽（Richard Wiser）一语中的地指出："道路设计不合理。"截至 1972 年，丹·瑞恩高速公路共发生了 5 478 起交通事故，约为卡柳梅特高速公路的 5 倍，比同期的肯尼迪高速公路多 1 648 起，成为芝加哥最危险的高速公路。尽管新建的高速公路四通八达，一座座摩天大楼在阳光下熠熠生辉，然而戴利的新现代主义城市仍然问题多多，而许多都是由糟糕的城市规划以及市政厅和华盛顿特区的错误决策造成的。高层建筑和大规模的高速公路建设使芝加哥的社区像 20 世纪 30 年代那样再次行动起来，试图去控制这些变化[21]。

戴利市长的辉煌

　　随着 20 世纪 50 年代的结束，在芝加哥和全国各地，很多事情似乎发展得都还不错。尽管经济严重衰退，但美国经济在 1958

年的最后一个季度出现了反弹，大多数美国人对未来的一年都抱有一定的乐观态度。在芝加哥这个"世界生猪屠宰场"，加工厂后院的气味仍然弥漫在南区。从芝加哥南部到加里，炼钢喷发的热浪照亮了夜空。即使地位被撼动，位于美国中部的芝加哥仍然是美国的工业和交通中心，拥有着庞大而结构多样的人口。随着大型公司和服务阶层的崛起，越来越多的人成为白领，甚至是粉领，而不是蓝领。尽管如此，这座城市仍然是劳工组织的堡垒。1958年11月，超过1.2万名工人参加了西区大型国际收割机厂的罢工，罢工一直持续到了新年。尽管在变化与稳定之间一直存在着微妙的平衡，但十年间一股涌动的暗流正在改变着芝加哥和整个美国[22]。

那个街道两旁林立着两层公寓、平房和店面，沿街遍布着工厂、教堂和社区酒吧的古老而又熟悉的芝加哥，似乎仍然还是老样子。尽管在战后的建筑热潮中，郊区不断发展，但像黄金海岸、索加纳什、贝弗利或南岸等这样的"奢华"社区仍然吸引着富人和那些想要成为富人的人们。随着选举时间的临近，各选区长①依然会挨家挨户按响门铃，向选民做出承诺。街角的警察在街道上巡逻，人们很清楚他们在一个有着严格的种族、阶层和性别界限的城市中所处的位置。

尽管情况令人乐观，但1958年仍是漫长而艰难的一年。的确，20世纪50年代充满活力和自信，但由于核武器的出现和第

---

①　选区长是美国政党制度中选举产生的官员，负责在某个政党和当地的选民之间建立直接的联系。

二次世界大战带来的社会变革，那也是一个令人焦虑不安的十年。对于在大萧条和二战时期成长起来的一代人来说，在表面的乐观和进步之下，悲剧似乎永远不会太过遥远。随着 1958 年即将结束，发生的各种事件都在提醒着芝加哥人这一现实。12 月 1 日，天使圣母学校的大火给芝加哥的假期蒙上了一层阴影，93 名儿童和修女在大火中丧生。几个月来，这座城市一直被这场灾难所困扰，这座城市也因此改变了防火方式，自动喷水灭火系统很快出现在全市的学校和其他建筑中，消防检查方法也得到了改进[23]。

戴利认为自己是一名建筑工人。1972 年 2 月 2 日，他和姐姐斯特拉·路易斯·斯洛姆卡（Stella Louise Slomka）一起参加了新落成的拿撒勒圣玛丽医院的铲土仪式。

这是戴利在他的第一个市长任期内的最后几个月时光。在
1958 年 11 月的选举中，库克县民主党痛击了共和党。民主党人
积极地为 1959 年春天的另一场市长选举做着准备，而共和党人似
乎并不那么热切地希望与当地的"敌人"开战，他们四处寻找候
选人来对抗戴利，但遭到大多数人的拒绝。有报道称，热门音乐
节目主持人霍华德·米勒（Howard Miller）也拒绝了提名。当
时，《芝加哥论坛报》的赫布·莱昂（Herb Lyon）写道："来吧，
任何人都可以成为候选人。"最后，共和党将目光转向了精力充沛
的、坚定的蒂莫西·P. 希恩（Timothy P. Sheehan）。希恩曾在
1958 年秋天竞选国会议员时落败，是第一位竞选芝加哥市长的罗
马天主教共和党候选人。其实，民主党人也经常提名天主教徒，
天主教徒在该市人口中所占的比例超过了 50%，在选民中所占的
比例甚至可能会更高。希恩在圣诞前夜接受提名时呼吁结束芝加
哥的机器政治①和"老板"戴利的统治[24]。

　　在 1959 年到来之际，戴利已为他的第二次市长竞选做好了准
备，宣布了建设新城市的各项计划。麦迪逊银行信托公司总裁兼
新成立的门户委员会主席 A. 安德鲁·伯米（A. Andrew Boemi）
带头改造了近西区，并清除了麦迪逊大道的贫民区。伯米还宣布
了一项为期 22 年、耗资 15 亿美元的新计划，旨在"在芝加哥繁

---

　　① 机器政治指始于 19 世纪后半叶的美国政党政治形式，老板筹集款项，让某个
政党上台，政党上台后瓜分公职和公共工程，然后再从公共工程中捞钱，整个美国被
所谓的政治老板所控制，政府腐化堕落，变成了私人的赚钱机器，直接威胁着民主政
治的生存。幸亏美国进行了适当的制度变革，成功地遏制了老板政治，美国的民主制
度才得以幸存。

华的卢普区边缘创造健康的郊区生活条件"。该方案要求振兴从北
大街南到 26 街、从阿什兰大道东到密歇根湖的地区。规划者们宣
称，芝加哥将和巴黎、伦敦和纽约一样，跻身于拥有与商业区毗
邻的优质住宅区的世界大都市之列。在 20 世纪 50 年代，吸引中
产阶级家庭进入市中心成为解决城市问题最受欢迎的方案之一，
但直到很久以后这个方案才得以实现。

　　1960 年 1 月，芝加哥市宣布将在春季启动一项耗资 1.2 亿美
元的奥黑尔航站楼项目。1958 年，约有 60.3 万名乘客抵达奥黑
尔机场，占该市空中交通总量的 11%。这座位于芝加哥市西北部
的新机场，号称是世界上最大的民用机场。虽然位于西南城区的
中途机场仍然是"世界上最繁忙的机场"，但由于其地理位置、周
边住宅和工厂的限制，它似乎已经"时日无多"了。1959 年初，
各航空公司安排了首批飞往奥黑尔的喷气式飞机航班。芝加哥航
空专员威廉·唐纳斯（William Downers）预测，一旦喷气式飞机
普及，奥黑尔机场的客运量将很快超过中途机场，因为新飞机需
要更长的跑道才能安全起降，而奥黑尔机场就拥有这种跑道。据
估计，到 1965 年，将有 680 万名乘客在奥黑尔机场降落，占该市
航空乘客总量的 75%。

　　当推土机在社区作业、芝加哥在为奥黑尔机场的喷气式飞机
时代做着准备时，戴利在全国的声誉和影响力也在不断提高。无
疑，芝加哥的"老板"在他的第一届任期内已经巩固住了他的权
力。他冷静而积极地迎接着 1959 年的市长选举，共和党人则担心
出现最坏的情况。戴利在竞选期间一直很忙。4 月 1 日，在一场
暴雨中，戴利参加了奥黑尔机场新航站楼的奠基仪式。在选举前

的那个星期天，戴利在各种公共场合露面，包括参加圣彼得大教堂的弥撒。当晚，他在谢尔曼酒店向意大利裔发表演讲，然后又在国会饭店向希腊裔发表演说。他还计划在晚上拜访第12选区的民主党总部。戴利的努力得到了回报，当计票结果出来时，他以46.5万票击败了共和党候选人蒂莫西·希恩，取得了令人印象深刻的胜利。该市71％的选民支持民主党，戴利赢得了除第41选区之外的所有选区的支持。当天晚上，戴利承诺"拥抱慈善，热爱怜悯，谦卑地与上帝同行"，这句话在他的胜选演讲中被多次提及。《芝加哥论坛报》对这位新当选的市长表示祝贺，但也提醒他该市存在的问题。社评指出，增税和居住环境恶化是最重要的问题。报纸接着还提到了其他一些问题，比如注意公共交通的负荷问题、伊利诺伊大学新校址的选择、铁路枢纽的巩固，以及随着圣劳伦斯航道的开通，五大湖地区商业的扩张问题。戴利的市长信箱似乎已经满了，市长以他在第一任期内所表现出的惯有的精力积极地处理着这些问题。

　　戴利立即为城市勾勒出了雄心勃勃的规划。他在第二次就职的当晚，呼吁联邦政府向美国各城市注入数亿美元。他对挤进市议会会议厅的900名观众表示："没有哪个城市有财力去重建和保护其中心地区、街区和社区。"[25]戴利强烈认为，地方、州和联邦的政府必须在社会中发挥积极作用，这意味着联邦政府应该投入资金，而且是大量的金钱来帮助重建美国的城市，尤其是芝加哥。然而问题在于，1959年时白宫的主人仍是共和党人德怀特·D.艾森豪威尔（Dwight D. Eisenhower）。戴利和民主党希望在1960年11月的总统大选中能够改变这一状况。

　　1959 年对这座城市来说是一个好年份。不仅圣劳伦斯航道开
放，而且芝加哥白袜队还赢得了美国职业棒球大联盟的冠军，这
是 40 年来的第一次，也是自 1945 年小熊队赢得最后一个全国职
业棒球大联盟冠军以来第一次有芝加哥球队赢得冠军。尽管市长
预言胜利在望，但遗憾的是，充满活力的白袜队在世界大赛中还
是输给了洛杉矶道奇队，直到 2005 年才再一次进军世界大赛。不
过，芝加哥球迷还是有很多值得庆祝的事情。这座城市举办了泛
美运动会，并在英国女王伊丽莎白二世访问期间举行了盛大的宴
会。一向以家庭为重的戴利还建议她下次再来时"带上孩子
们"[26]。戴利期待着 20 世纪 60 年代的到来以及民主党人能够入主
白宫，但同时他也很有先见之明地警告称，未来 10 年，美国和芝
加哥将面临许多考验。

　　尽管手握大权，但戴利在 20 世纪 50 年代的最后几年面临着
严峻的政治挑战，腐败和丑闻不断增加。1958 年末到 1959 年初，
"色情之角"丑闻传遍伍德劳恩社区，将警察卷入了一个卖淫集
团。第二年，萨默代尔丑闻①爆发，几名芝加哥警察被发现参与了
一个盗窃团伙的活动。事实证明，这一发现是戴利与警方关系的
转折点，也标志着戴利与旧的警察局长遴选制度决裂。戴利迫使
警察局长蒂莫西·J. 奥康纳（Timothy J. O'Connor）辞职，之后
任命了一位局外人——加州大学的刑事司法教授奥兰多·W. 威
尔逊（Orlando W. Wilson）为局长。威尔逊随后领导了对政治腐

---

　　①　萨默代尔丑闻指芝加哥萨默代尔区的一群警察组织了一个大型盗窃团伙，抢
劫零售商店，甚至用巡逻车把贵重物品运回家中。

败和行为不正当的警察局的全面改革，甚至还改变了警车的颜色，闪烁的警灯也从红色变成了蓝色。威尔逊巩固了警区，从市议员手中夺取了任命警官的权力。戴利因此控制住了这一丑闻频发的局面，改善了自己的形象[27]。

多年来，戴利会见了许多达官贵人。这张照片拍摄于 1969 年，站在他右边的是后来成为教皇约翰·保罗二世的红衣主教卡罗尔·沃伊蒂拉（Karol Wojtyla），左边是红衣主教约翰·科迪（John Cody）。

1959 年底，民主党总统候选人开始向党内领导人发出呼吁。阿德莱·史蒂文森（Adlai Stevenson）曾在 1952 年和 1956 年两次当选为民主党总统候选人。现在，随着受欢迎的艾森豪威尔总统卸任，许多人希望史蒂文森能再次领导民主党，然而他却并不情愿。1960 年春天，戴利找到这位伊利诺伊州前州长，但没有获得任何承诺。对于史蒂文森的长期盟友戴利市长来说，1960 年的选举既是机遇，也是挑战，他不会再等待这位犹豫不决的伙伴了。戴利获得了机会，使自己以总统拥立者的身份出现，这次挑战将会为民主党赢得伊利诺伊州。

当史蒂文森还在犹豫时，约翰·F. 肯尼迪 (John F. Kenne-dy) 于 1 月 2 日宣布参选，并将在之后民主党的初选中获胜。在 20 世纪 50 年代，初选更像是一场人气竞赛，肯尼迪无疑证明了自己对民主党选民的吸引力。5 月 10 日，他在西弗吉尼亚州的初选中获胜，这表明，尽管肯尼迪是天主教徒，但他可以在一个新教徒占绝对多数的州赢得支持。7 月 13 日，在民主党的大会上，史蒂文森终于决定要参选总统了，但为时已晚，因为戴利已经下定决心支持肯尼迪。戴利直言不讳地告诉这位老伙伴，他得不到伊利诺伊州代表团的支持。那位来自马萨诸塞州的年轻参议员肯尼迪很早就行动起来，争取戴利以及其他重要的民主党领袖的支持。对芝加哥的政治机器来说，最重要的是，魅力超凡的肯尼迪可以帮助该党赢得总统选举。戴利在组织肯尼迪的提名过程中发挥了至关重要的作用，他必须通过伊利诺伊州以及肯尼迪和民主党的选举来证明芝加哥政治机器的重要性[28]。

当肯尼迪与理查德·M. 尼克松 (Richard M. Nixon) 对决时，芝加哥的力量再次影响了国家政治。戴利市长向这位民主党候选人保证，芝加哥将给他 50 万张选票，这将确保肯尼迪赢得伊利诺伊州的支持。戴利有很大的机会成为总统政治的最终参与者，因为伊利诺伊州可能会在这场势均力敌的选举中成为摇摆州。肯尼迪的天主教信仰和他与波士顿爱尔兰人的关系，甚至在他赢得提名之前就已经是一个热门话题。现在，民主党人担心它可能会在许多州，尤其是在南方，成为影响选举的一个重要因素。许多人担心，即使是在伊利诺伊州的南部，宗教问题也可能动摇选民的信心，因为他们可能会害怕一位信奉天主教的爱尔兰裔美国人入主白宫。该州倾向于投票给共和党，1956 年艾森豪威尔以压倒性优势获胜，甚至连芝加哥也把票投给了共和党候选人。尽管存在这样的政治现实，但戴利知道，成功与否取决于库克县的投票率，库克县的选票要足以抵消郊区和共和党在该州南部的选票。

每次肯尼迪参议员抵达芝加哥时，戴利都会精心安排当地媒体进行更多的新闻报道。肯尼迪明白芝加哥和伊利诺伊州对他是否能入主白宫有多么重要，所以他在大选前的那个星期五又出现在芝加哥。为了让肯尼迪的出现令人难忘，戴利使出了浑身解数。尽管一直在下雨，芝加哥的民主党人还是参加了一场盛大的火炬游行。从卢普区到芝加哥体育场，市工作人员站列在街道两旁，2.8 万名民主党人欢呼着迎接总统候选人。劳工领袖向他承诺他将会得到 65 万名工会成员的支持。戴利希望整场活动都能通过电视进行转播，于是，肯尼迪夫妇支付了 12.5 万美元，用于黄金时段的报道。戴利在芝加哥体育场发表的演讲引起了全国关注。他向肯尼迪总统保证，那些站在街道两旁的支持者们将在选举日当天全部到场[29]。

星期一，戴利告诉记者，肯尼迪将赢得芝加哥市 60 万张选票

的支持。第二天，1960 年 11 月 8 日，多达 89.3％的芝加哥选民
参加了投票。肯尼迪以 456 312 票赢得了芝加哥选民的支持，虽
然这一数字与戴利公开预测的不完全相同，但足以让他以 8 858
票的优势拿下伊利诺伊州，而该市 50 个区中只有 3 个支持尼克
松[30]。戴利于 11 月 9 日凌晨 3：00 致电肯尼迪，告诉他伊利诺伊
州的选举结果。他可能是第一个称呼肯尼迪为"总统先生"的人。
戴利一直躲在当地民主党总部莫里森酒店里，直到下午 1：15 才
告诉媒体："我对选举结果感到非常高兴。看来肯尼迪参议员将赢
得伊利诺伊州的支持。对于一位伟大的候选人来说，这是一次巨
大的胜利。"戴利很高兴，因为他还挫败了丑闻缠身的共和党人
本·阿达莫夫斯基（Ben Adamowski），成功阻止了他连任伊利诺
伊州的检察官。在芝加哥，全国选举在重要性上总是从属于地方
选举，民主党还在伊利诺伊州大获全胜，选举奥托·克纳（Otto
Kerner）为州长，并重新选举保罗·道格拉斯（Paul Douglas）为
参议员[31]。

　　几乎立刻就有传言称，戴利采取非正当手段帮助肯尼迪获得
了选举，腐败的芝加哥政治机器已经控制了白宫。尼克松及其政
党则痛斥选民舞弊。事实上，伊利诺伊州的选举结果并没有对肯
尼迪入主白宫产生影响。肯尼迪在加州和得克萨斯州的胜利，足
以抵消尼克松在伊利诺伊州获得的选票，但芝加哥民主党政治机
器的名声还是吸引了全国媒体的关注。大多数评论家认为民主党
人在芝加哥的选票上作弊了，共和党人则在郊区和南部各州的选
票上作弊了，所以，选举结果差别不会太大[32]。当戴利站在权力
的顶峰时，全国的注意力都集中在他身上。当地的共和党人，包

括反复以调查来威胁戴利的阿达莫夫斯基，似乎都已经被击败了，甚至总统都要听取这位"来自畜牧场的年轻人"的意见。可以说，戴利拥有了绝对的权力。

　　戴利在白宫有了新的影响力，芝加哥市政府认为自己是美国生活中的一股积极力量。城市重建仍然是市长的首要任务。1961年4月，戴利公布了一项新的五年基本建设计划，耗资21亿美元，包括公共住房、高速公路、桥梁、高架桥、街道改建、下水道以及其他项目。戴利致力于建立一个由当地支持者组成的联盟，以实现他的目标。共和党控制的州参议院阻止了芝加哥提高销售税的计划，因此他不得不依靠提高房产税来支付部分项目的开支。尽管如此，顺从的市议会还是以40票赞成、3票反对的结果通过了戴利的预算和他对城市未来的设想[33]。

　　1963年，戴利开始为另一场选举做准备。他这次的对手是前州检察官阿达莫夫斯基。许多人认为，1960年的选举更多的是为了击败阿达莫夫斯基，而不是让肯尼迪当选。选举前夕，《时代》（Time）杂志在封面上刊登了戴利的照片，并称他为"有良知的斗士"。戴利在文章中指出："如果某件事符合公众利益，那么它就符合民主党的利益。好的政府就是好的政治。"这份杂志赞扬了芝加哥在戴利的头两个任期内所取得的进步，并写道："一种新的节奏，与这座城市昔日充满活力时一样令人兴奋的节奏。"尽管如此，《时代》还是提到了一些问题，比如萨默代尔丑闻和日益加剧的种族冲突，甚至天主教会也在城市重建这个问题上反对戴利。教会认为，因为戴利的项目迫使非裔美国人离开了他们原有的住宅，他们将主要涌入天主教白人居住的社区。颇受争议的海德公

园-肯伍德项目，把芝加哥大学所在的社区变成了一座坐落在种族
不断变化的南区的中产阶级学术堡垒，似乎也证实了这些
担忧[34]。

　　尽管受到全国媒体的称赞，但事实证明，1963 年的市长选举
对戴利来说仍然是一场艰难的选举。由于推土机将住满了选民的
社区夷为平地，全市范围内的建房运动遭到了许多人的批评。在
西区，因为兴建伊利诺伊大学在芝加哥的新校区而被迫搬迁的意
大利裔社区抗议戴利的做法。在北区附近，为中上阶层居民建造
的桑德堡村也引起同样的反应。此外，持枪歹徒在 2 月的一次带
有明显黑帮性质的杀戮中打死了两名市议员。最后，房产税也激
怒了房主。于是，大量的芝加哥波兰裔市民开始支持阿达莫夫斯
基，而且西南城区的几个白人选区也加入共和党的阵营，甚至西
南城区的许多爱尔兰人也投票反对戴利，种族问题变得至关重要。
阿达莫夫斯基打出了种族牌，尽管戴利仍然以很大的优势获胜，
但这次阿达莫夫斯基吸取了教训。这位共和党候选人在种族变化
剧烈的社区取得了巨大进展，赢得了 51％的白人选票，但是黑人
选民支持戴利。对许多芝加哥白人来说，戴利已成为"黑人"候
选人。20 世纪 60 年代已经拉开了帷幕[35]。

　　1963 年 4 月，还没有人意识到这对美国来说会是多么令人震
惊的一年。11 月 22 日，李·哈维·奥斯瓦尔德（Lee Harvey Os-
wald）在达拉斯刺杀了肯尼迪。在这场悲剧引起全世界的关注之
时，突然间，戴利的权力似乎也受到了威胁。肯尼迪去世的消息
传来时，戴利正在莫里森酒店的民主党总部与助手们共进午餐。
第二天，戴利在市议会会议厅主持了一场追悼会，哀悼自己"失

去了一位伟大的朋友"。一周后，议会投票决定以这位遇害总统的名字重新命名西北高速公路[36]。

　　遇刺事件发生两天后，新总统林登·约翰逊（Lyndon Johnson）打电话给戴利，开启了芝加哥政治史上一段真正意义非凡的关系。两人都出身贫寒，都是在政治历程中成长起来的。在很多方面，尽管他们有着明显的不同——得克萨斯人与芝加哥南区人、新教徒与天主教徒、华盛顿政客与大城市市长、南方人与北方人——但二人志同道合，都谙熟政治之道。两人在政治上可能都冷酷无情，但都认为政府和政治应该是社会的积极力量。他们都怀念富兰克林·罗斯福，并在罗斯福新政期间开始了自己的政治生涯。在 11 月 22 日肯尼迪总统遇刺之后的那段黑暗日子里，两人相互支持，同舟共济，一直保持着 24 小时畅通无阻的通信联系。约翰逊似乎很敬畏这位芝加哥市长，戴利每次访问白宫时都会感到宾至如归，他与约翰逊的关系甚至比与肯尼迪还要密切。戴利在华盛顿特区仍有"影响力"。在许多方面，约翰逊的"伟大社会"① 计划与戴利的改善芝加哥城市建设和社会问题的愿景产生了深刻的共鸣。

　　人们不应低估他们对未来共同愿景的献身精神。约翰逊和戴利都是务实的政治家，他们担心美国城市的衰落，支持建立积极的政府。虽然他们可能不同意或忽视许多社会自由主义者的观点，但二人一致认为，政府应该被用作一种工具，使社会对每个人都

---

　　① 　1964 年，美国总统约翰逊在演讲中说："美国不仅有机会塑造一个富裕和强大的社会，而且有机会塑造一个伟大的社会。"由此提出的施政目标，便是"伟大社会"。

更加公平。他们都拥护肯尼迪"新边疆"① 的基本原则，但在很多
方面，他们都比这位被刺杀的总统更有远见，也有能力走得更远。
1964 年《民权法案》（Civil Rights Bill）的通过对约翰逊"伟大社
会"计划的实施至关重要。20 世纪 60 年代初，戴利大力推行
《民权法案》，对他来说，这项法案似乎是多年来扩大美国梦的努
力顺理成章的结果。实际上，戴利非常清楚，芝加哥的非裔选民
人数继续在以惊人的速度增长。到 20 世纪 60 年代中期，有 100
多万黑人在芝加哥和库克县安家。伊利诺伊州的一项简化选民登
记的新法律提高了黑人在当地和全国选举中的参与度，这些选民
倾向于投民主党的票，并可能会确保该党继续控制这座城市，因
此戴利和约翰逊都不会忽视这个如此重要的投票群体。在戴利和
约翰逊看来，正确的做法对民主党来说也是最好的做法。

　　随着 1964 年大选的临近，他们的关系变得更加牢固。一直缺
乏安全感的约翰逊希望能在与巴里·戈德华特（Barry Goldwater）
和共和党候选人的较量中取得决定性的胜利。为此，他依赖包括
戴利在内的老牌民主党权力掮客。约翰逊总统来到芝加哥参加传
统的火炬游行，称戴利市长是"美国最伟大的政治家"。而芝加哥
的民主党人也没有让约翰逊失望，约翰逊的竞选团队在当年 11 月
带着 67.5 万张选票离开了芝加哥。芝加哥的非裔美国人也慷慨地
回报了约翰逊总统和民主党人的《民权法案》，约翰逊获得了超过
90％的黑人选票。在民主党全国代表大会上支持提名约翰逊的戴

① 美国总统肯尼迪于 1960 年 7 月在洛杉矶接受民主党总统候选人提名演说时提出的政治口号，后被用来称呼其国内施政纲领。

利，沉浸在取得了芝加哥和华盛顿特区权力的胜利的喜悦之中[37]。

戴利对从约翰逊政府那里获得资金很感兴趣。约翰逊领导国会通过了大量新法案，支持向贫困宣战计划和"伟大社会"的倡议。戴利则给予了持续的支持。约翰逊计划延续罗斯福新政以创建一个崭新的、进步的美国。事实上，戴利并不总是赞同"伟大社会"的设计者的想法，但他非常愿意利用联邦政府对芝加哥的慷慨援助。诸如要求社区控制公共资金的"社区行动计划"等策略其实并没有打动戴利的心，他不相信福利计划。但戴利市长为了从他与约翰逊的关系中获益，很快就接受了各种"伟大社会"计划。戴利从联邦政府那里拿到了资金，但拒绝让芝加哥的"社区行动计划"按照华盛顿的要求运作，因为他要对"社区行动计划"和其他任何下达到芝加哥的联邦计划进行控制。戴利从埃德·凯利那里和他与罗斯福在新政全盛时期的关系中学到了很多。戴利知道，联邦资金很重要，但前提是他和当地的民主党必须要掌控它。戴利认为，让穷人实际控制"社区行动计划"或任何其他联邦计划的想法是荒谬的。他说："这就像告诉一名做清理工作的人让他去当一份报纸的编辑一样。"他十分清楚，法律要求当地社区"最大限度地切实参与"，这意味着社区将从市政厅拿走金钱、赞助，并最终夺走权力。戴利宣称："地方政府有它不应该放弃的责任。"他成立了芝加哥城市机会委员会来监督"社区行动计划"，并任命自己为主席。芝加哥城市机会委员会的 90 名成员中只有 7 名芝加哥贫困社区的居民，这种对联邦法律的有意规避很快以"芝加哥概念"之称为人所知，而"社区行动计划"基本上已经变成芝加哥政治机器的附属项目[38]。

约翰逊总是站在戴利一边。1965 年 9 月通过的《中小学教育法案》（Elementary and Secondary Education Act）为低收入地区拨款 10 亿美元，此举被认为是约翰逊为了遵守《民权法案》和废除种族隔离，对南部和边境州学区的一种回报。但该法案引发的第一次种族冲突却来自芝加哥，而不是南方。联邦政府已经给了这座城市 3 200 万美元的拨款。卫生、教育和福利部长约翰·加德纳（John Gardner）明白，约翰逊的目标是废除种族隔离。芝加哥民权活动人士阿尔·雷比（Al Raby）对芝加哥的学校体制及其种族隔离制度提出投诉，因此联邦政府暂停拨款，等待调查结果。10 月 3 日，当戴利去纽约迎接教皇保罗六世（Pope Paul Ⅵ）时，他对此大发雷霆，向约翰逊强烈抱怨。总统似乎惊呆了，答应协调此事。当约翰逊会见教皇时，教皇赞扬了他在帮助贫困儿童接受教育方面所做的工作，约翰逊说："这就是我想做的工作……但他们想阻止我，我的一位内阁成员想要切断一座由一位优秀的天主教徒市长管理的大城市——芝加哥——的贫困儿童基金。"约翰逊致力于在他的家乡南方地区推动种族融合，但保障理查德·戴利的政治权力似乎也很重要[39]。

黝黑的芝加哥

在 20 世纪 60 年代初，种族问题给戴利和美国其他大城市的市长们带来了巨大的挑战。尽管戴利支持《民权法案》，并在政治上全力支持约翰逊的计划，但芝加哥的黑人领袖却开始认为，戴利对民权和黑人彻底融入美国社会的态度越来越敌视，这种态度首先表现在学校的种族融合问题上。1963 年的市长选举给了戴利一个教训，表明他正在失去白人社区的支持。虽然第 11 选区对他仍很忠诚，但即使在那里，许多人也想知道这位汉堡体育俱乐部的前主席在帮助白人社区时都做了些什么。1963 年，芝加哥黑人选举戴利为市长，但他现在希望也能在白人社区中获得更多的支持。

　　芝加哥黑人人口的增长给白人社区带来了越来越大的压力，尤其是在公立学校方面。芝加哥的黑人觉得学校和城市都出了问题，而芝加哥的督学本杰明·威利斯（Benjamin Willis）则成了所有问题的症结所在。1963 年 7 月，戴利在美国历史最悠久的民权组织——全国有色人种协进会——的一次集会上发表演讲时，一群黑人和白人起哄嘲笑他。芝加哥拥挤不堪的贫民区学校引发了整个黑人社区的愤怒。7 月 10 日，种族平等大会芝加哥分会的成员在芝加哥教育委员会进行静坐示威。几周后，社区抗议达到了高潮。抗议者指出，在离黑人学校不远的地方，白人学校半空着，黑人孩子则坐在被抗议者称为"威利斯货车"的一种建在拥挤的学校附近的移动教室里上课。然而威利斯依然不肯妥协，导致黑人社区的抗议活动更加激烈。1963 年，《芝加哥卫报》把威利斯称为"芝加哥的华莱士州长"，把他和奉行种族隔离主义的亚拉巴马州州长华莱士联系在一起。10 月 22 日，黑人领袖呼吁抵制学校，以抗议学校董事会拒绝辞退威利斯。西北城区和西南城区的白人学生联合起来为督学辩护，而 22.5 万名非裔美国学生则留在家中罢课。芝加哥组织者在教堂和社区俱乐部开设了"自由学校"①。许多人希望这次抵制活动能在该市引发一场群众运动，并激励全美国的民众。

学校问题刺激了芝加哥的黑人社区。社区组织协调委员会成为芝加哥民权抗议活动的领导者。1965 年 2 月，社区组织协调委员会又发起了一场抵制活动，结果基本相同。几个月过去了，一些人预计，激进的活动很快就会过去。但在 5 月底，教育委员会与威利斯续签了合同，于是，一向谨慎保守的全国有色人种协进会马上对此做出反应，呼吁再次抵制。6 月 10 日，尽管法院颁布禁令，禁止全国有色人种协进会和社区组织协调委员会领导这场运动，但仍有超过 10 万名黑人儿童没去上学。阿尔·雷比领导数百名示威者在市政厅附近静坐罢工，戴利同意与抗议者会面，但会议没有对学校政策做出重大改变。

关于学校的斗争仍在继续。民权领袖认为，戴利利用威利斯作掩护以削弱民众对他所领导的市政府的攻击。按理说，督学办公室是独立于市长的，但大家都知道，在芝加哥，一切都是戴利说了算。1965 年，大约 6 000 人上街游行抗议学校董事会的政策。虽然这个数字看起来很小，但雷比声称，这显示了压倒性的支持，其他人也对此表示同意。因为威利斯和学校董事会拒绝在政策上做出让步，所以抗议看起来更像是被挫败后发出的绝望的呼喊。但最终这种情况引起了民权领袖马丁·路德·金（Martin Luther King）的注意。

----

① "自由学校"是为黑人提供的临时性的、替代性的免费学校，主要在美国南方。最初，它是在美国民权运动期间，组织黑人在美国实现社会、政治和经济平等的一种尝试。

他宣布有意于 1965 年 7 月 7 日访问芝加哥。在为期三天的访问中，马丁·路德·金决定将芝加哥作为北方民权运动的重镇[40]。

金发现戴利是一位值得尊敬的对手。他不顾自己的一些最亲密顾问的建议，把芝加哥作为民权运动重镇的决定，导致了这两个美国政治巨人之间的对抗。1966 年，金来到芝加哥，推动"芝加哥自由运动"，该运动是在与威利斯和学校董事会的斗争中发展起来的。在南方腹地为争取黑人权利而进行的斗争基本上取得了成功之后，金把目光投向北方，希望重振该运动，使其更具全国性。北方人过去常常认为"黑人问题"是南方的问题，但金十分清楚，争取少数族裔权利的斗争也是梅森-迪克森线①以北的问题，尤其是在像芝加哥这样的城市。随着"芝加哥自由运动"的进行，他希望把他的非暴力运动带进北方的中心地带，从而消除越来越多人对"黑人权力"主张的批评。然而，金犯了一个错误，他把戴利看成北方的布尔·康纳（Bull Connor）———一位臭名昭著的、偏执于暴力的伯明翰警察局长。

1965 年发生在洛杉矶的瓦茨骚乱，开启了美国城市种族冲突的新时期。1966 年夏天，随着更多骚乱威胁的逼近，大城市的市长们都屏住了呼吸。金在 1966 年初多次访问芝加哥，他提出的计划提高了黑人们的期望。他在北朗代尔租了一套公寓。1966 年 7 月 10 日，一个酷热难耐的星期天，金在芝加哥军人球场向人们发

① 梅森-迪克森线为美国宾夕法尼亚州与马里兰州之间的分界线，于 1763—1767 年由英国测量家查理斯·梅森（Charles Mason）和测量家、天文学家杰里迈·迪克森（Jeyemiah Dixon）共同勘测后确定，在美国内战期间它成为自由州（北方）与蓄奴州（南方）的界线。

表了演说，然后和大约 5 000 名抗议者一起游行到卢普区，把他
的要求张贴在市政厅的大门上。在军人球场集会的两天之后，在
芝加哥西区爆发了一场暴乱，起因是警察和黑人儿童就一个开放
的消防栓发生冲突。作为回应，戴利同意在消防栓上安装洒水装
置，并在黑人社区修建游泳池，但种族之间根深蒂固的对立依然
存在。同年夏天，金领导了开放住房游行，他说："我从来没有见
过在芝加哥体会到的这种仇恨，在密西西比州和亚拉巴马州都没
有见过。"[41]这些游行常常引来暴力的反抗议者。

　　最终，金在芝加哥的努力几乎没有得到什么回报。戴利只是
简单地同意了各种改革，然后几乎没有采取任何措施来实施这些
改革。在很多方面，戴利都陷入了困境：他需要黑人和白人选民
来维持权力，但他的行为使他疏远了这两个群体。1967 年 5 月，
由于开放社区领导委员会宣布了一项大规模的公平住房、教育运
动项目——"好邻居"，金借机宣布取得了重大进展，然后离开了
芝加哥[42]。种族问题在这座城市仍然是一个非常有争议的问题，
戴利和其他人签署的协议对仍然被困在拥挤的贫民区的黑人穷人
来说意义并不大。尽管芝加哥躲过了 1967 年席卷全国的种族暴
力，但预计这里仍会发生骚乱。暴力将会在 1968 年卷土重来。

举世瞩目的 1968 年

　　不平静的 1968 年在悄无声息中开始了。新年前夜，那些不喜
欢严寒天气的芝加哥人可以在家里观看莉娜·霍恩（Lena Horne）

在第七频道的现场演唱。观众聚集在伦道夫街和州立街，这是芝加哥人在卢普区庆祝新年的传统场地。第二频道播放着《与盖伊·隆巴多共度除夕》（*New Year's Eve with Guy Lombardo*），而 WBBM 广播公司 AM780 电台则在除夕舞会上播放着来自全国各地的音乐。对于那些到市中心逛街的人来说，总是有电影可看：在辛尼斯帝奇剧院上映着电影《乱世佳人》（*Gone With the Wind*），俾斯麦剧院上映着《卡梅洛特》（*Camelot*），卢普区剧场上映着《毕业生》（*Graduate*），伍兹剧院上映着《酷手卢克》（*Cool Hand Luke*）。当汉考克大厦在北密歇根大街上拔地而起时，《芝加哥论坛报》的专栏作家玛丽·梅里菲尔德（Mary Merryfield）对未来的高层生活充满了好奇。这座 100 层的摩天大楼将于 1968 年春季完工，为人们提供月租金 175 美元的经济型公寓，每个家庭则可以以 750 美元的价格租到一套四居室的公寓。梅里菲尔德回顾了过去，告诉她的读者："做好心理准备——大变化即将来临！"在专栏的结尾，她预言，这座摩天大楼"预示着 1968 年急剧变化的世界又向前迈进了一步"。但乐观的梅里菲尔德却没能想到竟会发生如此剧烈的变化[43]。

年轻人通常会聚集在伦道夫街和州立街一起迎接新年的到来。由于当日气温在零下 9 度，所以参加的人数是多年来最少的。大约 1.4 万名芝加哥人聚集在马歇尔·菲尔德百货大楼的大钟下面，在午夜钟声敲响的时候涌到十字路口。人流涌动持续了大约 15 分钟，直到 100 名警察将人群推回人行道。在大钟附近，一名男子突然吻了另一个人的脸颊，用外国口音大声说道："恭贺新年，欢迎来到新国家。"[44]

　　1 月底，越南战场传来了不好的消息，戴利市长的一位挚友的儿子在越南阵亡，并将战火引向了国内的戴利。戴利无法理解越战造成的生命的丧失和徒劳无功，但他却无法参加抗议活动或以任何方式支持反战人群。春节攻势①震惊了全美国，掀起了轩然大波，震动了政府高层，导致约翰逊决定不再竞选总统连任。尽管戴利市长在私下反对这场战争，但在公开场合他仍支持约翰逊总统在东南亚的行动。他对约翰逊总统和自己在其中扮演重要角色的等级制度始终保持忠诚。在白宫一直深受欢迎的戴利市长私下警告总统要减少损失，放弃越南战争，但无济于事。尽管如此，在戴利的道德世界里，忠诚仍然是最重要的[45]。

　　4 月 4 日，詹姆斯·厄尔·雷（James Earl Ray）在孟菲斯一家酒店的阳台上枪杀了马丁·路德·金，消息传来，芝加哥陷入了一片令人震惊的死寂之中。但这种沉寂并没有持续太久，第二天，芝加哥西区爆发了骚乱，所谓的"马丁·路德·金骚乱"震撼了这座城市乃至整个美国。那年春天，随着黑人社区爆发的动乱，整个美国的城市都被卷入暴力的洪流，金主张的非暴力抗议在混乱的街道上消失了。骚乱深深地震撼了戴利，使他犯下了职业生涯中最大的政治错误之一。他觉得这次骚乱是针对他个人的，他说："他们为什么要这样对我？"[46] 4 月 6 日晚，伊利诺伊州国民警卫队在芝加哥街头部署了 4 200 名士兵，正规军也赶到现场镇压暴力活动。

---

　　①　1968 年 1 月底，北越发动了规模空前的春节攻势。超过 8 万人的北越军队对南越几乎所有城市发起了进攻。

在西麦迪逊大街上，暴徒在大街上到处放火，尽管芝加哥的消防队员奋力灭火，却无济于事。在凯兹大道和霍曼大道之间的罗斯福路，大火烧毁了街道南侧的 30 栋建筑和北侧的 16 栋建筑[47]。4 月 5 日，戴利命令芝加哥警方"射杀"纵火犯、抢劫犯。警长詹姆斯·康利斯克（James Conlisk）对这一命令置之不理，这进一步激怒了戴利，但事后看这很有可能是在帮市长，而且最重要的是，此举救了许多人的命。暴乱发生后，戴利市长公开斥责康利斯克，这使得他的命令被公之于众，成为全国的头条新闻，并引来公众的一片批评之声。"射杀"命令中赤裸裸的暴力震惊了美国。戴利曾被评为美国最成功的市长，而仅仅五年之后，媒体就将他描绘成一个猖獗的反动分子，为了保护白人的财产而选择让年轻的黑人暴徒流血[48]。

春节攻势和 4 月骚乱为这灾难性的一年里接下来发生的事做了铺垫。对戴利来说，"射杀"命令把他塑造成白人工薪阶层支持者眼中的英雄，却令他成为其他大多数人眼中不计后果的暴力反动分子。这一年的 4 月，反战示威者在芝加哥与民兵发生冲突，并声称在即将到来的民主党全国代表大会上会有更多反对声音。200 多名白人抗议者，即结束战争全国动员委员会的成员，聚集在市政中心广场，游行到芝加哥大道军械库，大约 200 名警察使用催泪瓦斯与他们对峙，并逮捕了 25 人。抗议者举着标语，敦促警察不要为了保护财产而杀害黑人。一位抗议领袖后来说："如果我们的黑人邻居听说国民警卫队被用来对付为黑人事业而举行示威的白人，他们可能会感觉好一些。"[49]这不会是 1968 年芝加哥的最后一次抗议，也不会是最后一次使用催泪瓦斯。

　　8月20日，苏联军队进入捷克斯洛伐克，"布拉格之春"运动被镇压。芝加哥地区的捷克裔群体在戴利中心广场抗议这次镇压行动，为即将到来的民主党全国代表大会而聚集在芝加哥的越战抗议者们也参加了进来。两天后，芝加哥警察在林肯公园附近截住了两名违反宵禁的长发男孩。其中一名男孩是来自南达科他州的迪恩·约翰逊（Dean Johason），他拔出手枪朝警察射击，结果未打中。随即，两名警察朝他连开三枪将其击毙。阿比·霍夫曼（Abbie Hoffman）和其他抗议领袖当时在反主流文化报纸《芝加哥种子报》（Chicago Seed）的办公室里，报社人员决定为这名17岁的男孩举行一场公开葬礼，由此引发了民主党全国代表大会上的首次抗议。第二天，杰里·鲁宾（Jerry Rubin）和一群"雅皮士"，在市政中心广场提名一头名为"皮加苏斯"的小猪为总统候选人。芝加哥警方逮捕了"皮加苏斯"和六名制造这场新闻闹剧的年轻人[50]。

　　芝加哥陷入了1968年民主党全国代表大会的泥潭。8月23日，超过5 000名国民警卫队队员在当地军火库集结，联邦调查局和其他情报机构也纷纷入驻该市，飞机在城市上空低空飞行，进行空中航拍，这座城市就像是一个武装营地，似乎到处都是联邦探员。不久，芝加哥交通运输管理局也加入了即将到来的混乱中，在大会期间举行了大罢工，关闭了该市的公共交通系统。与此同时，结束战争全国动员委员会也企图在芝加哥组织更多的抗议活动。然而可笑的是，政府的情报机构几乎完全渗透进了这群抗议者的内部。军事情报部门后来估计，截至那周周三，每六名抗议者中就有一人是政府卧底。与此同时，预计将在芝加哥举行的大规模示威活动也没有发生。许多自由派中产阶级团体决定不来芝加哥了，留下大部分学生和其他年轻抗议者来对抗聚集在芝加哥的警察和政客。

8月25日，在林肯公园发生了大会的首次交锋。前一天晚上，警方在晚上11点关门的时候和平地清理了公园；但周日的情况就完全不同了，因为结束战争全国动员委员会的领导人认为有必要进行对抗，于是警察和抗议者之间爆发了冲突，冲突一直持续到凌晨2点，执法人员才终于清理完林肯公园周边的街道。第二天晚上，也就是民主党全国代表大会召开的第一个晚上，又发生了一场更加暴力的冲突。第三天晚上同样如此，这一次警察使用了催泪瓦斯驱散抗议者。

其他示威者聚集在格兰特公园，当晚他们被允许在那里过夜，他们中许多人都是总统候选人尤金·麦卡锡（Eugene McCarthy）的支持者。后来，国民警卫队换了芝加哥警察的岗，但他们并没有驱散人群。大多数抗议者仍继续前进，但也有一些人留在格兰特公园过夜。第二天，返回的芝加哥警察再次使用了武力，暴力事件再一次震惊了这座城市。当晚，在密歇根大街发生了另一场电视直播的冲突，芝加哥再次陷入混乱。对于暴力活动的日益猖獗，警察和抗议者都有责任。

随着4个月里第二轮骚乱的出现，戴利似乎已经失去了对这座城市的控制，他似乎越来越像一个顽固的反动分子。当电视上播出警察在林肯公园殴打抗议者和新闻记者的画面时，戴利在会议大厅愤怒地抨击参议员亚伯拉罕·里比科夫（Abraham Ribi-coff）的画面也出现在电视屏幕上。戴利在接受哥伦比亚广播电视台记者采访时，试图挽回自己的声誉，但收效甚微。结束战争全国动员委员会领导人戴维·德林杰（David Dellinger）称此次会议是反战力量的"悲剧性胜利"[51]。

对于戴利政府来说，1968 年成为一个转折点。此后，戴利及其盟友不断受到攻击。芝加哥也仍然受到各方围攻和全国媒体的关注，即便到了第二年形势也没有任何好转。"芝加哥七君子"① 被指控煽动了此次骚乱。警方对芝加哥黑豹党②总部进行了致命的突袭，导致该党主席弗雷德·汉普顿（Fred Hampton）和下州③组织者马克·克拉克（Mark Clark）死亡。所有这些都使戴利和芝加哥市更加臭名远扬。州检察官爱德华·汉拉恩（Edward Hanrahan）为警方突袭黑豹党总部的辩护进一步激怒了芝加哥的非裔美国人。很快，汉拉恩成为芝加哥白人工薪阶层和保守派人士心目中捍卫"法律与秩序"的英雄，从而成为戴利潜在的政治对手。1970 年 7 月 27 日，"斯莱和斯通一家"乐队在格兰特公园举行了一场音乐会，结果发生了骚乱，因此，就连戴利想通过在格兰特公园举办免费摇滚音乐会来赢回芝加哥年轻人的努力也泡了汤[52]。

戴利作为国家政治人物的地位也严重下滑。1972 年，民主党

---

① 1968 年，民主党全国代表大会在芝加哥召开，反越战示威群众在会场外与警察发生了激烈的冲突，后来有 8 名激进分子被指控"阴谋煽动骚乱"，其中一个人在诉讼过程中被终止审判，被告人数从 8 人减少到 7 人，此案被称为"芝加哥七人案"，7 名被告被称为"芝加哥七君子"。在经过了长达两年半的漫长审议之后，最终，"七君子"被无罪释放。这一事件后来成为美国 60 年代民权运动的重要事件之一。

② 黑豹党是 20 世纪 60 年代美国一个十分活跃的黑人左翼激进组织，其宗旨是促进美国黑人的民权；另外，他们还主张黑人应该有更为积极的正当防卫权利，即使是使用武力也是合理的。

③ 下州一般指美国某些州的南部地区，特别是密歇根州、纽约州和伊利诺伊州。

的改革家们在民主党全国代表大会上否决了戴利及其盟友的代表
席位，取而代之的是由杰西·杰克逊（Jesse Jackson）牧师和独
立参议员比尔·辛格（Bill Singer）率领的代表团。戴利，这位原
来宣称可以让肯尼迪成为美国总统的人，现在甚至失去了在民主
党全国代表大会上的投票权。他将在 1976 年回归，但他的权力和
影响力已经减弱。尽管四面楚歌的戴利及其盟友继续主导着芝加
哥和库克县的政治，但他们发现自己在全国的势力和影响力已经
大幅缩水[53]。

　　1972 年，特立独行的民主党人丹·沃克（Dan Walker）获得
了党内提名，并随后入主州长官邸。新任州长始终与芝加哥的政
治机器相抗衡。乔治·麦戈文（George McGovern）灾难性的总
统竞选影响了整个伊利诺伊州的选票，只有沃克赢得了州政府中
的职位。更糟的是，在芝加哥黑人社区的压倒性支持下，伯纳
德·凯里（Bernard Carey）击败了汉拉恩，共和党控制了州检察
官办公室。民主党似乎从未像现在这样不堪一击。只有戴利的个
人声望似乎还算稳固，因为他在 1971 年和 1975 年都实现了连任。

　　尽管戴利仍然牢牢地掌握着权力，但他的盟友却开始受到腐
败方面的指控。针对企业和戴利儿子的裙带关系的指控也浮出水
面。戴利回应说："即使我不帮助我的儿子，别人也会通过帮助他
们来巴结我……我不向任何人道歉。"[54]与此同时，野心勃勃的检
察官詹姆斯·R. 汤普森（James R. Thompson）还起诉了戴利的
盟友厄尔·布什（Earl Bush）、保罗·维戈达（Paul Wigoda）、马
修·达纳赫（Matthew Danaher）和托马斯·基恩（Thomas
Keane）。这位 72 岁的市长承受的压力越来越大。1974 年 5 月 6

日，戴利轻微中风。有关谁可能会成为继任者的谣言传遍了全城，但戴利最终还是回到了市政厅五楼的办公室，并赢得了又一场市长竞选的胜利。理查德·J. 戴利仍然是芝加哥的同义词[55]。

这张照片拍摄于 1974 年，是拿撒勒圣玛丽医院在威克公园附近的建筑。戴利市长认为这些新建项目对芝加哥的未来至关重要。

第十一章

末日还是重生？

1976年12月20日，74岁的理查德·J.戴利市长在北密歇根大街的一家诊所去世。他没有留下市长宝座的继承人，他的大儿子理查德·M.戴利（Richard M. Daley）（以下简称小戴利）太年轻而且又缺乏经验，还无法接管市政厅。另外，如果这位已故市长之子如此直接、迅速地夺取市府权力，也显得太过于"内定"，会给人以靠裙带关系上位之感。

戴利市长去世后，第34选区市议员、市议会临时议长、黑人领袖威尔逊·弗罗斯特（Wilson Frost）宣布自己希望成为临时市长。与其他许多黑人或白人议员不同的是，弗罗斯特受过良好的教育：1950年，他在费斯克大学获得了学士学位，然后进入芝加哥肯特法学院学习，之后在德保罗大学的法学研究所继续深造。1973年，在与几家律师事务所合作之后，弗罗斯特成立了迈耶-

弗罗斯特律师事务所，后来更名为弗罗斯特-格林布拉特事务所。弗罗斯特自1967年首次当选为市议员以来就一直活跃在戴利的政府中，但大多数市议员认为弗罗斯特担任的职位基本上是象征性的，因此他们迅速采取行动，驳回了他担任临时市长的要求。于是，在布里奇波特社区的圣诞教堂里，在芝加哥人排着长队静静地站着，瞻仰理查德·J.戴利的灵柩之际，议员们召开了碰头会，商议另选一个市长候选人。现在，这位已故市长的盟友们，无论是忠诚的，还是貌似忠诚的，都开始摩拳擦掌，希望在这块政治蛋糕上分得更大的一块。"少壮派"议员埃德·伯克（Ed Burke）和埃德·维多利亚克（Ed Vrdolyak）看到机会来了，试图增加自己的权力，但市长的职位并不属于他们。忠于戴利的人占了上风，他们支持折中的候选人：戴利第11选区的市政参事迈克尔·比兰迪克（Michael Bilandic）。在小戴利能够采取行动登上市长宝座之前，比兰迪克似乎可以扮演政府机构临时守护者的角色，这样就保证了民主党机器的执政连续性。西北城区的罗曼·普辛斯基（Roman Pucinski）和波兰裔感到再次被南区联盟排除在外，但是他们同意妥协，因为普辛斯基打算参加下一次选举。起初，市议员弗罗斯特提出抗议。为了平息黑人群体的不满情绪，新市政府对弗罗斯特委以重任，让其担任市议会财政委员会主席一职，后来他又担任了库克县税务上诉委员会的委员[1]。

迈克尔·比兰迪克的悲剧

　　迈克尔·比兰迪克是个很低调的人，戴利去世后，他仍然和母亲住在布里奇波特社区。他加入了当地的民主党，1969 年被戴利选中参选第 11 选区的市议员并获胜。正直的比兰迪克在腐败猖獗的市议会中权势日隆，兼任财政委员会主席和戴利的议长，所以他似乎是一个非常完美的临时市长人选，他还承诺在代理市长任期结束后不再谋求连任。现在到了市议会开始展示自身实力的时候了，而这是在戴利时代从未有过的情况[2]。

　　比兰迪克接手芝加哥市政府后，许多问题亟待解决。大部分问题由于拖得太久，现在已成烫手的山芋，变得十分棘手。芝加哥人几乎已经记不起戴利之前的市长了，但他们对 1968 年 4 月马丁·路德·金在孟菲斯遇刺之后的岁月仍记忆犹新。种族冲突依然困扰着这座城市。黑人人口继续不断增长，很快就遍布南区和西区，敲开了西南城区和东南城区的白人社区以及郊区社区的大门。因此，有些人认为，芝加哥将走上底特律的老路，形成一个以黑人为主的城市中心区和处于不断防守自己社区状态的白人郊区圈。总之，在比兰迪克当政时期的芝加哥市，种族暴力一直是一个持续的威胁。

　　随着芝加哥经济的持续下滑，该市面临着另一个棘手的问题。由越南战争支出引发的通货膨胀如今与 20 世纪 70 年代中期的石油危机齐头并现。加油站的汽车排起了长龙，油价居高不下，这些都有可能会拖累当地和全国的经济。而不断飙升的利率则危及房地产市场。虽然芝加哥仍然是重要的工业中心，但随着企业从市中心纷纷外迁，芝加哥制造业基地的地位朝不保夕。芝加哥贫民区失业率的上升对这座"运转良好的城市"来说并不是一个好兆头。

比兰迪克在 1977 年的特别选举中赢得了多方角逐的胜利，得以完成理查德·J. 戴利式的任期。罗曼·普辛斯基曾对比兰迪克造成最严峻的威胁，因为这位波兰裔美国政治家曾希望吸引黑人支持自己。普辛斯基曾是一名国会议员，但在美国参议院竞选中失败，后于 1974 年当选为芝加哥市议员。他曾表示已故市长拥有过多的权力，并指责戴利放任芝加哥局势恶化，导致就业岗位流失。比兰迪克渐渐喜欢上了市长的工作，他计划在 1979 年任期结束后再次参选。然而，事情的发展超出了预期。

20 世纪 70 年代末，芝加哥经历了几个严酷的冬天。1978—1979 年的冬天成了迈克尔·比兰迪克的末日。1979 年 1 月 12 日晚上开始出现一场暴风雪，一直持续到 1 月 14 日凌晨。超过 20 英寸的新雪落在新年前夕暴风雪留下的 7～10 英寸厚的积雪上，创下了芝加哥地面积雪的新纪录。这座城市在暴风雪中摇摇欲坠，交通陷入瘫痪：芝加哥交通运输管理局的电车在轨道上运行时，由于在道路上使用了过量的融冰盐，导致电机故障；一些快速交通工具如公共汽车、小汽车和飞机也都暂停了运营。垃圾堆积如山，墓地甚至推迟了葬礼[3]。

那年冬天，雪一直下个不停，比兰迪克似乎有些无力应对。至少可以说，他的公开声明与现实脱节。当他下令芝加哥交通运输管理局的电车在前往卢普区的途中绕过黑人社区时，他可能让白人乘客感到些许温暖，但此举却激怒了黑人选民，他们抗议比兰迪克政府对他们的需求漠不关心。那些在戴利时代的最后一次选举期间一直待在家里的黑人选民们现在变得愤怒起来，因为他们要穿过雪地走着去上班，当然，前提得是他们有工作。比兰迪克似乎鞭长莫及，市政府也似乎无能为力。

曾被戴利任命为消费品销售专员，却被比兰迪克解雇的简·伯恩（Jane Byrne）在 1979 年民主党的初选中，不幸成为维多利亚克的对手。他们之间的不和已经有一段时间了，而这场争斗还牵涉已故市长之子理查德·M. 戴利。伯恩猛烈抨击政府，称市议员埃德·伯克和埃德·维多利亚克是"邪恶的双胞胎"。1979 年 2 月 28 日，伯恩赢得了民主党初选。专栏作家迈克·罗伊科（Mike Royko）表示，他为自己的城市感到前所未有的自豪。一个时代似乎已经结束了。

除了对 1979 年那场雪灾做出的灾难性应对之外，比兰迪克算得上是一位聪敏之人。但是，作为一位坐在市政厅五楼戴利旧办公室里的政治家，他却与这里并不匹配。其实，比兰迪克既不愚蠢也不糊涂，他后来的政治生涯还是非常出色的——成为伊利诺伊州最高法院的法官。

去工业化：第二阶段

芝加哥的经济衰退一直持续到 20 世纪 80 年代。这一次，那

些当初取代肉类加工业的行业也开始衰落。20 世纪 70 年代末，
美国钢铁业经历了一场突如其来的崩溃，重创了芝加哥地区。美
国的大部分钢铁仍然由老旧的低效工厂生产，在与国外现代钢铁
公司的竞争中，那些工厂步履维艰，因为国外的现代钢铁制造商
比美国生产商具有更大的价格优势。这种状况在很大程度上是因
为：二战后，欧洲和日本都忙于从灾难中脱身而无暇他顾，所以
美国的钢铁制造业几十年来一直处于领先地位，没有竞争对手，
由此技术日益陈旧。当日本、德国和北欧各国的新钢厂采用低成
本的现代技术时，这种转变在美国钢厂却没有出现。因此，在这
场新的竞争中，美国的钢铁工业出现了下滑，给芝加哥的钢铁行
业带来更大的压力[4]。在 1979 年之后的 7 年里，芝加哥地区约有
1.6 万名钢铁工人失业。1980 年，位于芝加哥东南城区南迪灵社
区的威斯康星钢铁公司倒闭。这家企业为其母公司国际收割机公
司（以下简称 IHC 公司）提供了生产农用设备和重型卡车所需要
的大部分钢材。但 IHC 公司开始越来越多地从海外购买钢材，因
为同样的钢材从国外进口要比从自己的子公司购买还要便宜。于
是，威斯康星钢铁公司和其他钢铁厂试图引进各种节省劳动力的
设备以降低成本，却既不愿意也无法像日本同行那样实现现代
化。据报道，1976 年，IHC 公司仅在钢铁生产上就损失了 2 000
万美元。第二年，该公司将威斯康星钢铁公司卖给了恩维洛迪
纳工程公司，然而这家公司也没能让它起死回生。1979 年，在
IHC 公司工人大罢工期间，IHC 公司取消了威斯康星钢铁公司
的订单，因为该公司拖欠了 IHC 公司和大通曼哈顿银行的贷款。
1980 年 3 月 30 日，银行冻结了该公司的资产，导致 3 500 名工

人最后未能拿到工资、也未能获得福利或正常退休^[5]。芝加哥的金属行业遭遇了去工业化，全球经济的变化再一次对芝加哥产生了直接影响。

这张照片摄于 20 世纪 90 年代，这座废弃的屠宰加工厂位于旧联合牲畜交易市场，见证着芝加哥在 20 世纪后半叶的去工业化进程。斯威夫特公司于 20 世纪 60 年代初关闭了这家工厂。1971年，联合牲畜交易市场正式倒闭。

威斯康星钢铁公司倒闭后，其他钢厂也纷纷步其后尘。为建造西尔斯大厦提供钢材的美国南方钢铁公司一度雇用了近 1.8 万名工人。在该公司鼎盛的 20 世纪 40 年代，大量的妇女也在此工作，并且一直是该公司的主要生力军。曾在 1974 年任美国最大的钢铁工人区第 31 选区负责人的艾迪·萨德洛斯基（Eddie Sad-

lowski)，当时也是美国钢铁工人联合会工会第 65 地方分会的主
席。1977 年，这位年轻气盛的劳工领袖进行了一次全力以赴的尝
试，想要控制全国工会并对其进行改革，但没有成功。虽然钢铁
工人多年来忍受着恶劣的工作环境和低薪，但他们逐渐在美国经
济中获得了安全稳固的一席之地。在南芝加哥大道上，第 65 地方
分会还为钢铁工人们建造了一个活动大厅和社区中心。钢铁工人
们的处境改变了，开始获得不错的工资和福利。工厂排出的烟尘
笼罩了城市的东南城区，如果游客感到这里的空气差得令人难以
呼吸，那就意味着钢铁工人们的口袋里有钱了[6]。

　　钢铁行业的崩溃重创了社区、商业。商店、酒馆纷纷关门，
居民搬迁，最终，南方钢铁公司、共和国钢铁公司和阿克梅钢铁
公司也相继倒闭，这让仍然生活在周边地区的白人、黑人和墨西
哥裔都震惊不已，一种完整的生活方式消失了。像钢铁谷、渣谷、
亚利桑那、米尔盖特、东区和布什这样的社区，再也看不到这里
的夜空被巨大的露天炼钢炉照亮了。芝加哥以外的其他工厂，包
括内陆钢铁公司也关闭了。美国钢铁公司加里钢铁厂解雇了数千
名工人。对后场和肉类加工业来说，行业变化是一个缓慢的过程，
但对东南城区钢铁制造业和整个芝加哥-卡柳梅特地区来说，却是
一场雪崩式的革命[7]。

　　钢铁行业在经历了巨大的转型后才得以幸存。到 20 世纪 80
年代末，该地区有几家小型钢铁厂开始回收废金属，建立了一些
非工会钢铁企业。印第安纳州西北部的钢铁厂继续生产着美国
25％的钢材，但是钢铁行业的全盛时期已经过去了，五大湖上游
的几座大铁矿处于闲置状态。钢铁工业昔日繁盛时期的工业扩张

造成芝加哥出现了许多难以处理的闲置土地。从普尔曼社区到湖滨的东南城区的居民必须想办法，如何在没有钢铁企业的情况下继续生存下去，因为这些社区都是这些企业在 19 世纪建造的，并在 20 世纪的头 80 年里一直依托这些企业生存[8]。一些天主教教堂耸立在钢铁厂的阴影里，其中许多教堂都经历了社区族裔变化和居民人数逐渐减少的过程。位于第 83 街和南岸大道的波兰圣迈克尔教堂仍然在通往布什社区的入口。这里的高中、社区的文法学校都关闭了，但它的教区居民，无论是在过去还是在现在，仍然在为这座为钢铁工人修建的大教堂而努力，尽力修复了这座宏伟的建筑。尽管大多数波兰裔居民早已离开了这个社区，但现在这个教区仍然提供英语、西班牙语和波兰语的弥撒。高耸的尖塔再也不需要与南方钢铁公司争夺芝加哥南部天际线的主导权了，因为在芝加哥彩虹沙滩以南的湖滨地带，大约有 800 英亩的前钢铁厂用地现在都空置着。坐落在街道对面的罗素广场公园正等待着下一次的城市改造。

其他行业也感受到了去工业化的影响。位于西塞罗的西部电力公司霍桑工厂曾是 4.5 万多名工人的家园，但在 20 世纪 80 年代陷入困境。霍桑工厂在其鼎盛时期一直处于技术革新的前沿，是 20 世纪上半叶的"硅谷"。该工厂与贝尔实验室一起率先为美国电话垄断企业——美国电话电报公司——进行了多项通信创新。1906 年，它作为美国第一家"防火"制造工厂投入使用，大约有 100 栋建筑。工厂位于瑟马克路和西塞罗大道，为芝加哥西南城区的大部分地区以及西塞罗和伯温镇提供了大量的就业岗位。在第二次世界大战期间，贝尔实验室开发了一种精确的雷达系统，由霍桑工厂生产。有声电影的诞生也依赖贝尔实验室和霍桑工厂的专家。霍桑工厂、摩托罗拉工厂以及真力时工厂使芝加哥地区成为通信领域的技术创新之地，仅霍桑工厂的质检部门就雇用了 5 000 人。美国的电话系统是世界上最好的，这主要归功于西塞罗工厂开创的产品。在 20 世纪二三十年代，霍桑工厂也是各种人类行为的研究场所，这些研究调查了现代生产技术及其对个体工人的影响。霍桑工厂甚至还修建了自己的铁路。

1983 年，在经历多年的传言和裁员之后，西部电力公司关闭了霍桑这家老旧的工厂，将生产转移到美国各地，建设了许多新工厂。原先的主楼被拆除，场地变成了购物中心和工业园区。第二年，司法部强制打破了美国电话电报公司的垄断地位。霍桑铁路幸存下来，为商务中心的一些新产业提供服务[9]。尽管有所发展，但西塞罗以及芝加哥许多社区的制造业基地已经不复存在了。20 世纪 80 年代，由于芝加哥和该地区的就业机会不断流失，企业破产接连出现。随着霍桑工厂的倒闭，相关的商店、酒吧和餐馆也纷纷关门歇业。

20 世纪 80 年代及以后，中产化给芝加哥的工业基地带来了更多的问题。早在 1987 年，《芝加哥论坛报》就曾报道，克莱伯恩工业走廊因为急于将市中心的工厂建筑改造成阁楼公寓和零售场所而陷入困境。芝加哥试图通过分区法来阻止这一趋势，以保护这些工业区。到 1990 年，克莱伯恩购物区和 6 个小型购物中心已成为现实。交通拥堵成为仅存的几家制造商和在克莱伯恩一带出现的高档公寓所要面临的一个问题。新居民发现难以忍受老工

厂的噪声和污染，而工厂也发现很难继续留在这些地区。另一个
典型的例子是干草市场区，那里不断增长的中产阶级居民使肉类
加工商、批发商以及其他企业被迫搬迁。随着这座老制造业城市
的变迁，许多人认为它已濒临消亡[10]。

　　从全国范围来看，这个问题可以追溯到 1968 年，当时美国社
会的不平等开始加剧。恶性循环出现了，富人变得更富有，而绝
大多数美国人却没有变富。美国经济的增速开始放缓，芝加哥也
不例外。事实上，芝加哥已经拥有庞大的贫困少数族群人口，这
本身就意味着变化。1973—1993 年，职业女性和男性的实际工资
下降了 11％，而收入最高的 20％ 人群的收入却随着国民生产总值
29％ 的增长而增长。大量雇用已婚女性并支付加班费等举措避免
了制度的彻底崩溃。然而，1989—1995 年，家庭收入下降了 7％。
到 20 世纪 90 年代初，美国最富有的 1％ 的人群拥有的财富翻了一
番多，贫富差距回到了 20 世纪 20 年代大萧条前的水平。虽然多
年来经历了从尼克松政府到里根政府的经济调整，但是美国富人
和工薪阶层之间再次出现了巨大的贫富差距，而富人和穷人之间
的贫富差距更是天壤之别。对于这种转变，人们提出了各种各样
的解释，包括国外竞争的加剧、工会的没落、从制造业向服务业
的转型以及通货膨胀。无论是私人政策还是公共政策的变化，无
论是税率、福利制度还是政府劳工政策，都助长了这一趋势。在
所有的工业国家中，美国社会的不平等程度是最高的。1973—
1989 年，大约有 4/5 的美国家庭出现了收入下降的情况。芝加哥
更是深受收入不平等、贫富差距加大问题的困扰[11]。

　　1967—1982 年，芝加哥失去了 25 万个工作岗位，相当于该

市工业实力鼎盛时期的 46％。尽管一些制造业岗位只是像早些时候那样移出了市区，但也进行了更深层次的重组。1972—1981年，芝加哥市区共失去 10％的私营企业岗位，郊区就业岗位则增长了 25％。这种增长在很大程度上具有种族筛选性；市中心的黑人和西班牙裔被排除在就业市场之外；在郊区和市区分界线的两侧，少数族裔和种族混合地区的就业机会都有所下降，而白人地区的就业机会却全面增加。20 世纪 70 年代，芝加哥 25％的工厂关闭。1947—1981 年，整个芝加哥地区失去了 14％的工业岗位。残酷的趋势仍在延续。1982—1992 年的十年间，制造业的就业率又下降了 18％。1991—1992 年，芝加哥地区约有 2.5 万个工业岗位消失，其中市区占了 1.9 万个。

　　这种对芝加哥和中西部工业实力的破坏已经持续了一段时间。1940 年以后，联邦政府在加利福尼亚和其他太平洋沿岸各州进行了大量投资。从那时起，美国经历了三场太平洋战争，第一次是针对日本，然后是朝鲜战争和越南战争。为此，联邦政府投资航空航天工业和军事工业，并在墨西哥湾沿岸和南大西洋各州建立了基地。而对于老工业中心，华盛顿方面则任由其自生自灭。联邦国防合同在美国中部经济问题中处于核心地位，然而伊利诺伊州在获得美国国防合同的工业州中排名开始下滑，到 1984 年，它在获得联邦国防资金的主要工业州中排名倒数第一。在吸引联邦国防合同方面，东西海岸所谓的"枪带"表现总体上要胜过中西部地区，尤其胜于伊利诺伊州。西部地区的小城市在 20 世纪末都发展成了城市"巨人"[12]。

新卢普区的萌芽

比兰迪克市长试图仿效前任市长和由爱迪生公司总裁托马斯·艾尔斯（Thomas Ayers）领导的商界人士的做法，尽力改造已失去工业基础的南卢普区。这里曾经以印刷公司和大型铁路闻名，这些铁路控制着通往商业区南部的道路；而现在这一地区已被遗弃，变得十分荒凉。迪尔伯恩街火车站昔日曾是芝加哥火车站中的一颗明珠，然而在汽车和飞机的时代，它就像一只濒死的恐龙。尽管卖淫业的规模比在 19 世纪与 20 世纪之交时要小，但在范比伦街以南的风月场所，脱衣舞表演等依然盛行。大零售商离开了南州立街，前往北密歇根大街或郊区。西尔斯大厦等芝加哥摩天写字楼里的高管们，向下望就会看到这个曾经的区域性购物娱乐中心如今破败不堪的样子。卢普区的电影院也陷入了困境，因为观众越来越少。而且无论白天还是晚上，卢普区似乎到处都是黑人，结果越来越多的白人避免去逛商店和剧院。和以往一样，种族改变了这座城市。晚上到市中心逛街的中产阶级顾客不再感到安全，很少有人在晚上冒险去卢普区。与郊区或北密歇根大街的竞争也造成了卢普区的衰落。所有这些因素都对这个传统的市中心产生了负面影响。南州立街夜间最热闹的地方似乎就是太平洋花园教会了，它为卢普区那些无家可归的人提供了住所。

　　1970 年，在西区骚乱和气象员派①领导的愤怒日骚乱之后的动荡岁月里，艾尔斯在位于新落成的第一国民银行大楼的办公室里召开了一次会议，讨论关于卢普区以南废弃的铁路堆场的问题。同时与会的有西尔斯首席执行官兼董事长戈登·M. 梅特卡夫 (Gordon M. Metcalf) 和大陆伊利诺伊银行首席执行官兼董事长唐纳德·格雷厄姆 (Donald Graham)，他们都是芝加哥受人尊敬的商界领袖，正处于事业的巅峰时期；在芝加哥市政府的帮助下，他们可以动员商界发展铁路站场，并开始卢普区的改造。

　　新开发项目要求将联排别墅和中高层建筑结合起来。在第一阶段，它覆盖了波克街以南、州立街以东的铁路用地。在未来的几个阶段，开发会进一步向南推进到第 14 街。比兰迪克政府在推广住宅用地方面表现出了远见卓识，迪尔伯恩公园将在未来几十年里为卢普区住宅的进一步开发奠定基础[13]。

　　市政府还把目光投向了州立街。州立街曾经是一条拥挤的 6 车道街道，横穿芝加哥市中心。到 20 世纪 70 年代末，这里已经变成一片荒凉的地带。1978 年 6 月，芝加哥开始采纳菊池喜代子 (Kiyoki Kikuchi) 的设计方案，将州立街建成为一条商业街，并在伯恩政府执政的头几个月开业。市政府将这条商业街称为"交通路"，因为虽然街道大部分为步行街，但公交车仍会通过这条商业街。菊池喜代子以简约的设计风格与州立街的经典建筑遥相呼应，街道装饰着花岗岩的路边石、花盆和亭子，人行道上铺着沥

———————

　　① 气象员派是美国的一个极左派组织，其前身为 1969 年成立的美国大学生民主会。

青砖。美国公共交通管理局为这个耗资 1 720 万美元的项目提供
了资金。街头出现了手推车和户外咖啡馆，这些在以前的芝加哥
是被禁止的，但一辆辆驶过的公交车向无助的游客排放着废气，
因此很少有人愿意坐在这条脏兮兮的街道上喝咖啡。乘坐轿车的
顾客也不能直接在商店门前下车了。这条商业步行街试图把芝加
哥的心脏地带郊区化，但几年后以失败告终。

比兰迪克还试图通过组织一些特别的活动来引起人们对芝加
哥商业区的关注，从而恢复人们对芝加哥商业区的兴趣。他举办
了首届芝加哥音乐节。他本人还是一名跑步爱好者，积极支持芝
加哥的马拉松比赛。此外，他还为中产阶级家庭提供低息贷款，
以吸引他们返回市区，尤其是迪尔伯恩公园社区。尽管早已名声
在外，但比兰迪克市长还是积极举办并亲临各种活动，为继任者
的成功施政起到了表率作用。

简·伯恩和焦虑的政治

对于芝加哥的改革派来说，简·伯恩当选市长的希望很快就
变成了失望。许多人都曾为芝加哥出现首位女市长而努力过。
1979 年 2 月，简·伯恩抨击比兰迪克政府既无能又腐败。她的举
动不仅温暖了湖滨社区居民的心，还团结了本已愤怒的非裔美国
人。就在玛格丽特·撒切尔（Margaret Thatcher）当选为英国首
位女首相的同一年，芝加哥人也选出了一位性格直率、说话强硬
的女性来领导这座城市。这位新市长很快便得到了湖滨自由党人

的赞誉，因为新政府似乎驳斥了帕迪·鲍勒（Paddy Bauler）有关
芝加哥尚未做好改革准备的说法。

伯恩是在戴利的政治机器里成长起来的。她第一次见到已故
的戴利市长是在 1960 年肯尼迪总统竞选期间；第二次见面是在
1964 年，当时戴利在伯恩所在的索加纳什社区见到了她。在戴利
的建议下，她参与了基层政治。四年后，戴利任命她为消费品事
务专员，她成为戴利的政府中唯一的女性。之后，市长还任命她
为库克县民主党联合主席，并让她在民主党全国委员会占有一席，
从而使她的知名度得到了提高。伯恩是在戴利政府中起象征性作
用的女性：在民众要求民主党向女性和少数族裔开放的压力下，
戴利选择了这位空军飞行员的爱尔兰裔寡妇。伯恩了解游戏规则，
她说："在'谁先上'的游戏中，我先上。我现在只有象征性作
用，我知道他在做什么……但对我来说，'我要做这份工作'……
过一段时间，我就会不再仅有象征性作用了。"[14]伯恩十分清楚芝
加哥的政治是如何运作的，所以，当比兰迪克解除她消费品事务
专员的职务时，她可以曝光比兰迪克政府所进行的内部"交易"。
作为一名内部人士出身的改革家，她将是一位危险的对手。尤其
是在 1979 年的冬天，当比兰迪克在处理公共事务中表现出非常糟
糕的判断力时，芝加哥的黑人社区都团结起来支持伯恩，芝加哥
人抛弃了比兰迪克。

伯恩作为市长任命的官员也让改革者们感到高兴。西北大学
的政治学家路易斯·H. 马索蒂（Louis H. Masotti）负责领导她
的过渡团队，其中包括前独立议员比尔·辛格、利昂·M. 德普雷
（Leon M. Despres），以及社区、种族和劳工领袖们。在 1972 年

的民主党全国代表大会上，辛格以及拯救人类团结行动的负责人杰西·杰克逊取代了戴利留下的团队。戴利执政时期的市议员们觉得自己被排除在伯恩的过渡团队和未来规划之外，而新市长似乎正沿着改革的道路前进。

伯恩在比兰迪克政府时期曾一直与戴利家族，尤其是迈克尔·戴利（Michael Daley）保持着联系。支持比兰迪克的布里奇波特团队的一部分人试图将戴利兄弟赶出去，让自己成为比兰迪克背后的势力。但伯恩却从未与戴利家族切断联系。她让戴利市长手下的前公司法律顾问雷·西蒙（Ray Simon）加入她的过渡团队，她的团队中还包括来自戴利政府的其他几个熟悉的老部下。新市长与戴利的旧势力达成了和解。已故市长之子、州参议员小戴利拜会了伯恩，但其他人似乎都很谨慎，都在等待伯恩先迈出第一步。伯恩很快就明确表示，尽管她曾与比兰迪克和"邪恶的阴谋集团"作对，但她选择与维多利亚克和伯克和解[15]。

据简·伯恩说，她的政治顾问唐·罗斯（Don Rose）——一位长期批评戴利政府、反对比兰迪克的人——鼓励她与正规组织合作，并且告诉她需要正规的政党人士来管理这座城市。在初选胜利后的第一次会议上，市议员马特·比斯扎特（Matt Bieszczat）退出了会议，于是丹·罗斯滕科斯基主持了此次会议。伯恩对这些议员的态度感到困惑，甚至对吉米·卡特（Jimmy Carter）总统的态度也感到十分不解，据说卡特曾问过罗斯滕科斯基："现在可怜的芝加哥该怎么办？"伯恩后来写道："这些人疯了吗？我在市政厅工作了 15 年多，可是他们却把我当作外太空来的入侵者。"还有一些人给伯恩打了电话，包括小戴利，他们都表示支持她。然而，伯恩和小戴利之间的友好关系并不会持续太久。在1979 年 4 月 3 日的市长选举中，伯恩赢得了 82％的选票。维多利亚克是比兰迪克政府时期市议会最有权势的议员，他通过芝加哥住房管理局主席查尔斯·斯威贝尔（Charles Swibel）与伯恩取得了联系[16]。

伯恩很快成为事实上的政治机器候选人。她暴躁的脾气和反复无常的行为为芝加哥各大报纸提供了素材。一直有传言说，实际上她的丈夫、新闻记者杰伊·麦克马伦（Jay McMullen）才是在她背后发号施令的人。伯恩采取了各种不恰当的政治举措，比如保留斯威贝尔为芝加哥住房管理局主席，任命白人女性进入校董会，却无视黑人候选人，从而疏远了她的非裔美国人支持者。此外，她开始与小戴利产生矛盾，并像比兰迪克一样，开始削弱戴利家族的影响力。另外，她还与维多利亚克、伯克、年迈的维托·马尔祖洛（Vito Marzullo）和与犯罪集团有染的市议员弗雷德·B. 罗蒂（Fred B. Roti）结盟，从而导致湖滨社区的自由派抛弃了她。尽管如此，当她刚当选时，看起来仍是所向无敌的，那个"邪恶的阴谋集团"很快成为她有影响力的支持者和智囊团。

事实证明，伯恩的任期只带来了混乱。湖滨自由派为她的当选做了大量工作，却很快在市议会中失去了权力，变成反对派；布里奇波特派也与伯恩分道扬镳；失去了权力的戴利家族则暂时蛰伏。尽管如此，芝加哥从未停止过变化，当这座城市庆祝第一位女市长就任时，变化仍在继续。黑人曾经支持过伯恩，但随着新政府开始执政，黑人显然又一次遭到冷落，怨恨情绪再次膨胀。

或许伯恩觉得，只要她拥有坚实的白人族裔和中产阶级的支持，就可以忽视种族问题。但小戴利又给她带来另一个挥之不去的问题。

伯恩试图让芝加哥日渐衰落的经济形势变得更加光明，甚至暂时搬进卡布里尼公寓体验这里的状况并与居民进行接触。批评人士指出，如果住在芝加哥公房里的所有居民都能像伯恩和她丈夫那样，有众多警察站在走廊里保护他们，那么卡布里尼公寓并不算危险。伯恩的这一姿态只引来了更多攻击，对许多芝加哥人来说，这样做似乎更多是在哗众取宠[17]。

芝加哥市政府正面临着预算短缺的问题。企业衰落，中产阶级的税基减少；基本的城市功能，如街道清洁、路面坑洞修复和垃圾回收似乎遥不可及；警察和消防人员要求提高工资和福利，并威胁要成立工会。此时的芝加哥俨然就是一座运转失灵的城市。1979 年，迪尔伯恩公园社区试图给卢普区带来新的生机。在建筑师哈里·威斯（Harry Weese）、威尔·哈斯布鲁克（Will Hasbrouck）等人的领导下，先是在交通大楼，然后沿着迪尔伯恩街修建了一批住宅。但是，卢普区的辉煌日子还远未到来，新落成的州立街商业步行街并没有让卢普区活跃起来[18]。伯恩和前任市长比兰迪克一样，也意识到必须要另辟蹊径：吸引那些有钱的郊区居民回到卢普区来。伯恩的方案是再次举办芝加哥音乐节、重建海军码头，还有最重要的是要在 1992 年举办世界博览会。市政府希望这会有助于恢复人们对芝加哥的信心，并成为吸引投资的一个新渠道。

1983：哈罗德！

伯恩作为民主党候选人参加了 1983 年的选举。在过去的四年里，她建立了一项庞大的竞选基金，与党内的维多利亚克-伯克-罗蒂派和解，并着手孤立戴利家族。她想要证明，她的当选绝非侥幸，而是标志着这座城市历史上的一次重大变化。对伯恩来说，唯一的障碍就是老上司的儿子小戴利，伯恩在上任之初便抛开了他，然而许多戴利市长的支持者们认为，她冷落了小戴利的母亲，也就是戴利家族现在的掌门人埃莉诺·戴利（Eleanor Daley），这是不对的。小戴利不久竞选州检察官并最终获胜，这为他竞选市政厅议员奠定了基础。许多他父亲的老部下都聚集在他周围，但是还有一些人仍记得老市长当年的大权独揽，担心戴利王朝会卷土重来。他们寄希望于伯恩的领导层会把他们的利益放在心上。对大多数芝加哥人来说，这场斗争似乎是 1983 年的主要政治事件。随着选举的临近，戴利和伯恩阵营不断互相攻击。

与此同时，在黑人社区，一场鲜为人知的政治运动开始酝酿。一些观察人士认为，杰西·杰克逊将竞选市长，尤其是在伯恩傲慢地替换了芝加哥住房管理局的两名黑人董事，并将芝加哥住房管理局的控制权交给白人董事之后。内部人士认为，伯恩的所作所为似乎是在鼓励黑人社区提出一名黑人候选人，意在分散小戴利的选票，果真如此的话，那么她犯了一个严重的政治错误，在民主党的初选中将会对她大为不利。

杰西·杰克逊组织黑人抵制芝加哥音乐节，并发起了一次大规模的选民登记运动，作为对伯恩所采取行动的回应。事实证明，这次运动十分成功，非裔美国选民意识到了自身强大的力量。1982 年 11 月 2 日，伊利诺伊州州长吉姆·汤普森（Jim Thompson）在第三次竞选该州最高职位时，因为缺少芝加哥黑人选民的支持而落败。结果，在即将到来的民主党初选中，巨大的竞选压力就落在了第 1 区议员、前市长候选人哈罗德·华盛顿（Harold Washington）身上。

州长选举两天后，小戴利宣布，他将在 1983 年 2 月 22 日的初选中挑战伯恩。不到一周，哈罗德·华盛顿也宣布参加竞选。伯恩于 11 月 22 日正式宣布参选，次日，民主党委员会成员开会决定将支持谁。乔治·邓恩虽然已经不再担任主席，但仍然是一位强有力的委员，领导着反对伯恩的力量。戴利和华盛顿的支持者们坚持着各自的立场，最终，分裂的民主党推出伯恩作为正式候选人。由于民主党初选的胜利几乎确保了市长选举的胜利，因此争夺市政厅控制权的斗争将异常艰苦。

初选当天，超过 77％的芝加哥选民参加了投票。哈罗德·华盛顿得到了大量黑人选民的支持，而伯恩和戴利则努力争取白人的支持。正如许多人所预测的那样，初选将在湖滨地带和拉美裔选区决出胜负。华盛顿在这两个选区的表现也非常好，赢得了自由派和拉美裔的选票。最终，他以 36％的选票赢得了竞争激烈的初选，而伯恩和戴利的得票率分别为 34％和 30％。华盛顿在另一场令人惊讶的初选中也表现不俗，此事成为全国头条新闻，而芝加哥市却随之陷入混乱[19]。

当芝加哥的黑人社区庆祝初选胜利之时，白人选区却在寻找

选举失败的替罪羊，许多人指责因为戴利分走了白人选民的选票
而导致了华盛顿的胜利，戴利在布里奇波特的一家商店购物时甚
至还遭到了袭击。但如此简单的答案还不够平息人们的愤怒。伯
恩的所作所为激怒了黑人选区，黑人觉得他们在 1979 年支持了
她，而她却背叛了他们。杰克逊的选民登记运动进一步激起了黑
人选民的热情，随后华盛顿出色的竞选活动巩固并扩大了他的支
持率。尽管如此，华盛顿最终仍只获得了约 1/3 的选票，如果民
主党内部没有分裂，他就不会当选。

　　芝加哥的共和党人发现自己陷入了困境。前州长理查德·奥
格里维（Richard Oglivie）和州检察官吉姆·韦布（Jim Webb）
等知名人士拒绝代表共和党参加竞选。在初选中，名不见经传的
候选人伯纳德·埃普顿（Bernard Epton）被提名竞选市长。埃普
顿来自海德公园社区，是前共和党国会议员，在种族问题上有着
良好的记录。他似乎是典型的共和党牺牲品，所以他要么反对伯
恩，要么反对戴利。但是，现在他代表了那些害怕少数族裔接管
市政府的芝加哥人最后的希望。在这座种族分裂的城市里，埃普
顿成了一位貌似可信甚至可畏的候选人。

　　与此同时，简·伯恩扬言要进行一场补选，但结果是徒劳的，
于是她选择不再与党内初选获胜者竞争，不过，她也没有支持华盛
顿或其他任何人。不久，八名民主党议员公开支持埃普顿，种族因
素已成为选举中压倒一切的问题。由于该市其他地区的种族分化严
重，所以湖滨地区将再次在选举中投出关键性的选票。埃普顿（来
自黄金海岸社区）和华盛顿（来自海德公园社区）都来自重要的湖
滨社区。尽管埃普顿的竞选口号是"亡羊补牢，为时未晚"，但最

后，华盛顿还是以 51.8% 的选票赢得了 4 月的选举，他在该市的 50 个选区中拿下了 22 个选区，以不到 5 万张选票的微弱优势险胜埃普顿。芝加哥迎来了该市历史上第一位黑人市长[20]。

然而，华盛顿当选市长后的喜悦很快就被芝加哥的政治现实所冲淡。这位新市长必须与一个由白人议员控制的市议会打交道，而这些白人议员们曾反对他的提名及当选。于是，由维多利亚克和伯克牵头，他们组建了一个由 29 名白人议员组成的联盟，以便阻止华盛顿的任何提议。与伯恩不同的是，华盛顿既不愿意也没有能力与"旋涡派"① 和平相处，所以该市很快就陷入了被称为"议会战争"的立法僵局。政治斗争使华盛顿政府的头三年陷入瘫痪，由此芝加哥获得"湖边的贝鲁特"之称，因为在政治上它似乎与中东饱受战争蹂躏的城市贝鲁特很像[21]。

最后，在 1986 年，法院下令重新划分该市的选区边界，以允许更多的黑人和拉丁裔代表进入市议会。在 1986 年 3 月 18 日举行的一次特别选举中，华盛顿团队控制了 50 个席位中的 24 个；在第二轮的决胜选举中，路易斯·古铁雷斯（Luis Gutierrez）又赢得一个尚未决定的席位，这让华盛顿市长的支持者能够投出打破平局的决定性的一票。三年后，这座城市的政治格局发生了有利于华盛顿的变化[22]。

华盛顿政府在许多问题上与芝加哥政坛的传统做法完全不同。他的前任谈论要建设大型的市中心项目，而华盛顿的顾问们却试

----

① 1983 年，哈罗德·华盛顿当选芝加哥市长后，控制了市议会 50 个市议员席位中的 21 个，另外 29 名议员组成了一个由维多利亚克和伯克领导的反对派联盟，被称为"旋涡派"。"旋涡派"拥有多数选票，而华盛顿则拥有否决权，从而造成立法僵局。

图将资金注入城市外围地区的社区和较小的项目，因此，政府否
决了重建海军码头和举办世界博览会的计划毫不奇怪。此外，华
盛顿团队还推动了"联动式"发展的理念，呼吁投资者将部分资
金转移到社区的慈善和公共事业上，以解决进步人士眼中那种传
统上偏重于市中心的"不平等"发展的问题。因此，芝加哥的许
多权势人物认为华盛顿市长并不看重市中心[23]。然而，市政府支
持为芝加哥白袜队新建球场、扩建麦考密克广场以及卢普区中心
的"37 号街区规划"，所以这一看法并不准确[24]。

　　与此同时，芝加哥的去工业化进程仍在继续，整个大都市区
的企业纷纷倒闭。市政厅试图阻止并扭转这一趋势，宣布将在全
市建立工业走廊，借此维护其制造业基地的地位。虽然芝加哥的
失业率还很高，但华盛顿在黑人中仍深受欢迎。尽管旧的民主党
组织仍然处于混乱状态，并且维多利亚克还在继续抨击华盛顿市
长，但多数人仍预计华盛顿将在 1987 年再次参选并获胜。在 1987
年的初选和市长选举中，种族问题再次成为关键。维多利亚克有
望参选，正如一位政界人士所说，"没有人能打败埃迪"。这次选
举将被证明是芝加哥漫长而多彩的政治历史上最离奇的一次[25]。

　　1985 年 7 月 16 日，距离市长初选还有一年多的时间，简·伯
恩宣布将再次竞选民主党市长候选人提名。她立即抨击了华盛顿
和她的老盟友埃德·维多利亚克。伯恩几乎没有得到民主党内部
的支持，因为他们对她从来没有好感，而且她只有一小笔竞选资
金。但事实证明，她一直是媒体的宠儿，媒体对她的一举一动都
津津乐道。她的竞选基本上都遵循"宣布和指控"的路数进行。
她一参加竞选就指出，任何其他白人候选人都将是捣乱分子，只

会导致华盛顿再次当选。这座城市将迎来另一场充满种族色彩的政治运动。内部人士都想看看小戴利和维多利亚克会怎么做。有传言说，华盛顿将跳过民主党初选，以独立候选人的身份参加大选。早些时候，小戴利和他的支持者曾推动无党派选举的理念，但未能取代初选制度，于是，他决定不参加即将到来的竞选。

华盛顿直到 1986 年 8 月 13 日才宣布参选，比伯恩宣布参选晚了一年多。这位芝加哥市长是在一次大型筹款活动上做出这一表示的，竞选活动由此正式拉开帷幕。其他白人候选人的名字也开始浮出水面，包括来自西南城区第 19 选区的杰里迈亚·乔伊斯（Jeremiah Joyce）和汤姆·海因斯（Tom Hynes）。观察人士认为，这些人可能都是戴利的掩护性候选人。维多利亚克也毫不犹豫地参加了竞选。当然，伯恩继续明确表示，除了她之外，其他任何一位白人候选人参选，都只能是导致华盛顿获胜。最终，海因斯和维多利亚克二人决定避开民主党初选，加入其他党派，与民主党初选获胜者竞争，这让伯恩和华盛顿成为初选对手。海因斯领导了"芝加哥第一党"，维多利亚克则领导了濒临解散的"团结党"。维多利亚克的做法着实令人费解，身为库克县民主党的领袖，却拒绝为民主党出战，而是以独立候选人的身份参选。"湖边的贝鲁特"在全国人民眼中似乎是荒谬可笑的。

在共和党方面，埃普顿宣布参选，将再次迎战所有民主党人，但他很快就退出了，因为显然他并没有得到多少支持来进行下一轮竞选。唐·海德（Don Haider）是西北大学的商学教授，也是简·伯恩的前顾问，他成为最受欢迎的共和党候选人，因为在全州享有声望的共和党人都不愿来芝加哥参选。海德是一个正派的人，有很好的想法。但在初选中，除了一小部分共和党的中坚分子外，他从未召集过选民。因此，白人选民主要关注的是伯恩、维多利亚克和海因斯这三位候选人。

在随后的竞选中，伯恩试图扮演一位种族自由主义者的角色，而把华盛顿描绘成一位只在乎黑人利益的候选人。大多数人都知道，绝大多数选民会再次根据种族划分来投票。非裔美国人对华盛顿的支持似乎很坚定；而即使伯恩得不到许多白人政治领导人的支持，也可以指望白人平民的选票。这次选举再次围绕湖滨选区和拉丁裔选区展开。如果伯恩要想在初选中击败华盛顿，那么那 6 个湖滨选区和 4 个拉丁裔选区的选票将至关重要。当法官 R. 尤金·平查姆（R. Eugene Pincham）在南区拯救人类团结行动总部的一次集会上发表演说，宣称麦迪逊街以南任何投票反对华盛顿的人"都应该被绞死"时，华盛顿的竞选团队几乎是送了伯恩一个她想要的机会。平查姆的言论引起了轩然大波，伯恩希望这能说服湖滨地区的选民支持她，而不是支持所谓的"反向种族主义者"。她声称，华盛顿的竞选活动是偏执的，只有她才能代表整个芝加哥。然而，伯恩高估了自己的实力，湖滨地区的选民并没有反对华盛顿。

1987 年 2 月 24 日，芝加哥人参加了投票，几乎完全是按照种族界限投的票。华盛顿赢得了 50 个选区中的 26 个，黑人选区选票的数量之多令人难以置信。尽管如此，他在白人聚居区的选票只是比上一次多了一点点。在芝加哥，种族分裂的情况依然存在。华盛顿和简·伯恩共得到 78 158 票，其中华盛顿的选票占 54%。超过 100 万的芝加哥人参加了这次投票。与 1983 年不同的是，伯恩在初选失败后表现得很有风度，并表示会在市长选举中支持华盛顿。对此，海因斯和维多利亚克立即表示，华盛顿可能会被击败。但在 1987 年的市长选举中，华盛顿显然仍是最受欢迎的。海因斯和维多利亚克两人都试图把对方挤出竞选。已故市长最小的儿子比尔·戴利（Bill Daley）曾说："这就是所谓的民主党的解体，取而代之的是各自为政。"他显然是在暗指海因斯和维多利亚克。这台民主党机器已经死了，它的灵魂则被交给了一个完全混乱的领导层。海因斯和维多利亚克似乎是要毁掉这个政党，两人都拒绝接受本党初选的结果。对于维多利亚克来说，这一举动看起来尤其奇怪，因为他还继续担任县民主党主席。大多数观察家对共和党候选人海德则完全不予理会。

为了让维多利亚克退出选举，关键时刻，海因斯指责维多利亚克与黑帮有联系。但这一指控根本站不住脚，于是海因斯只好在选举日前的星期天退出竞选。虽然海因斯的大多数支持者现在都转而支持维多利亚克，但为时已晚。1987 年 4 月 7 日，华盛顿以 131 797 票击败了维多利亚克和海德，赢得了他的第二个市长任期。华盛顿市长在拉丁裔选区获得了大量选票，抵消了他在湖滨地区输给海德的部分损失。华盛顿支持的候选人在市议会决选中也表现出色，巩固了他作为市长在立法机构中的地位。现在，华盛顿似乎拥有了一切[26]。

华盛顿知道，他之所以获得这么好的竞选结果，只是因为他得到了非裔美国人的支持，以及他对湖滨地区和拉美裔选区的微弱控制。他希望能将影响力扩展到城市的西北城区和西南城区，使这里的白人能投票给他。尽管伯恩表示支持华盛顿，但她的支持者中有约 85％ 在大选中把票投给了维多利亚克。1987 年 11 月 18 日，华盛顿向这些社区抛出了橄榄枝，提名小戴利和他最强硬的对手之一的女儿——奥雷莉亚·普辛斯基（Aurelia Pucinski）担任县公职。市长表示，这份名单是在"告诉人们，我们在这种尖刻、消极、无法相处的歧路上走得太远了"。他还对他的核心黑人支持者说："如果你们不给他们投票，那你们就不是我的朋友。"声明简单明了地表达了一点，即他的支持者必须同时支持普辛斯基和戴利参加选举[27]。

　　一周后，也就是感恩节的前一天，华盛顿在他的办公室中去世，享年 65 岁，政治混乱再次威胁芝加哥。当市议员戴维·奥尔（David Orr）接任临时市长一职时，觊觎市长职位的各色人物纷纷登场，其中以市议会议长蒂莫西·埃文斯（Timothy Evans）和临时议长尤金·索耶（Eugene Sawyer）为主。与此同时，包括埃德·伯克在内的三名白人议员也通过市议会选举获得了接替华盛顿完成其任期的候选人资格。维多利亚克已经离开民主党，加入了共和党。湖滨选区和拉美裔选区再次成为拥有决定性选票的选区，将决定谁会接替华盛顿。但鉴于芝加哥最近形势的不可预测性，政治观察家们认为一切皆有可能。他们最担心的是已经损害了芝加哥声誉的种族斗争会卷土重来[28]。

　　在新闻界看来，埃文斯很显然会成为接班人，但其实他们对华盛顿的派系知之甚少。华盛顿去世后，许多黑人政治家感到解放了，因为他曾把他们紧紧地拴在一起，现在他们不想再受埃文斯制约。结果，埃文斯只能指望华盛顿派系中的 15 名议员投他的票。白人候选人和埃文斯一样也陷入困境，他们可以获得 24 张选票，但接下来的两张选票却几乎不可能拿到。最终，白人议员和黑人议员达成妥协，选择尤金·索耶作为候选人。

12月1日晚和2日上午，2 500多名支持埃文斯的示威者挤满了市政厅。他们威胁市议员，辱骂尤金·索耶，大喊"奥利奥"①和"汤姆叔叔②索耶"。显然，埃文斯很震惊，好几次表示他不会接受市长这个职位。就在市议会在努力寻找一位新市长之际，当地所有5个电视频道都对此事进行了现场报道。最后，在12月2日凌晨4：01，市议会以29票对19票的结果选举尤金·索耶为代理市长。埃文斯的支持者扬言要报复，尤其是对那些投票反对埃文斯的黑人议员进行报复。但实际上，华盛顿死后，以他为核心的"华盛顿运动"也就土崩瓦解了[29]。

事实证明，尤金·索耶是一位不错的代理市长，但他无法获得华盛顿所享有的黑人社区的支持。此外，埃文斯的支持者还创立了一个新的政党——哈罗德·华盛顿党，试图在1989年的特别选举中获胜，但没有成功。正如一些人预料的那样，小戴利在接下来的两年里脱颖而出，成为领先的白人候选人，并赢得了全市人民的支持。

第二个戴利

对许多芝加哥人来说，小戴利当选为市长就像是一次王室复辟。在比兰迪克、伯恩和华盛顿之后，芝加哥人更加渴望政治稳

---

① 奥利奥是有名的巧克力奶油夹心饼干，诞生于1912年，是美国最畅销的夹心饼干。奥利奥饼干是黑色的，里面夹着白色的奶油，看起来"外黑心白"，此处，黑人辱骂黑人政治家尤金·索耶是代表白人利益的"白心黑人"。

② 汤姆叔叔是小说《汤姆叔叔的小屋》（*Uncle Tom's Cabin*）里的主人公，对白人主人逆来顺受、忠心耿耿，此处意指尤金·索耶对白人讨好逢迎。

定。由于华盛顿过早去世，未能在战胜"旋涡派"的基础上继续前进，他那备受推崇的支持奥雷莉亚·普辛斯基和小戴利的多样化承诺，在他去世后将无法兑现。不过，代理市长索耶还是尽其所能使这座城市在经济困难时期继续向前发展。

1988年12月5日，小戴利宣布参选市长，芝加哥将迎来更多的冲突。当索耶在竞选中犹豫不决，埃文斯试图复兴"华盛顿运动"之时，戴利成功地将白人族裔、湖滨社区和拉丁裔组成了联盟。事实证明，新上任的小戴利是一位老练的政治家，在11月8日的州检察官选举中，他轻松击败了共和党对手。在同年11月的晚些时候，伊利诺伊州最高法院下令将于1989年举行一次市长特别选举，埃文斯推迟选举以便组织竞选的计划因此受挫。与1983年形成鲜明对比的是，黑人社区中的选民分成了支持索耶和支持埃文斯的两派。这两位黑人候选人都无法迫使对方退出竞选，而小戴利面对的情形则与1983年民主党初选时的情况完全相反。

然而，小戴利还是把触角伸向了黑人社区。虽然绝大多数黑人选民把票投给了两位非裔候选人中的一位，但年轻的小戴利在芝加哥黑人社区还是赢得了一些选票。在公开场合，小戴利疏远了他父亲的旧幕僚，毕竟，他们中的许多人先是支持比兰迪克，然后又支持伯恩，没有忠诚可言。相反，小戴利接触了一些他父亲过去排斥的群体，尤其是同性恋者，这些群体很可能会使北区的一些选区倒向他一边。小戴利明白，拉美裔选民的重要性正在与日俱增。小戴利和他的父亲一样，一直与芝加哥的拉美裔保持着友好的关系。至于白人，如果不支持他，他们还有别的选择吗？小戴利未来选举的目标之一就是扩大黑人社区对他的支持。如果他能做到这一点，那么就没有人能打败他。他没有父亲的旧组织，但它的残余力量很快就会向他靠拢，因此，他拥有未来。

年轻、精力充沛、聪明的小戴利没有被公开称为新"老板"。相反，他把自己描绘成一名优秀的"经理"、一个能让这座城市朝着积极方向发展的人。他非常努力地想塑造一个新的形象，以确保自己能在湖滨地区得到支持。对手总是有的，但如果他能把事情做好，控制好喧嚣的市议会，那任何肤色和不同性取向的芝加哥人都会支持他。这座城市已经厌倦了"湖边的贝鲁特"这一名号，渴望政治和平。市议会选举索耶为市长的当晚，市政厅外的抗议和暴力威胁与芝加哥人对老戴利时代政治稳定的记忆形成了鲜明的对比。肯尼迪遇刺后所开创的时代已经结束，这座城市渴望平静。

1989 年 4 月，小戴利在民主党初选中击败了索耶，又在市长选举中以巨大的优势击败了埃文斯和维多利亚克，成为市长[30]。在很多方面，小戴利像他的父亲一样，从不可思议的政治好运中受益，由比兰迪克、伯恩、华盛顿和索耶发起的一些项目开始初见成效，慢慢地，卢普区恢复了生机——最重要的是，国民经济，尤其是中西部地区的经济也开始复苏。很难说这种好转是新市长的成就，但他肯定从这种好转中获了益。小戴利很快意识到，这座城市将再次脱胎换骨，焕发出新的生机。最重要的是，他知道抓住机会的重要性。在他的第一个任期结束之前，民主党人 12 年来第一次处于重掌白宫的边缘，此外，他们还将控制国会，所有这些对民主党人来说都是好兆头。小戴利的弟弟比尔参与了比尔·克林顿（Bill Clinton）竞选总统的组织工作，虽然小戴利在 1992 年的选举中不能被称为"造王者"，但他和他的弟弟比尔·戴

利对于克林顿在伊利诺伊州的胜利发挥了重要作用。芝加哥的命运
再次与全国乃至全世界发生的事件联系在一起。现在，芝加哥人都
对未来持积极态度，但是老戴利昔日的美好时光真的回来了吗？

　　情况并非如此。小戴利将是第一个承认芝加哥面临艰难挑战的
人。他采取行动巩固自己的权力，利用政治机会，取得了市议会的
支持。早在 1990 年，他就任命了三名市议员来填补空缺。1991 年，
市议会出现了几十年来最大的人员变动，当时有 21 名新议员就职，
其中许多人都是在小戴利的支持下取得胜利的。小戴利继续直接任
命议员填补空缺职位，并得到议会多数成员的支持。作为一名优秀
的政治家，他只任命那些对他个人忠诚的人[31]。

　　和他的父亲一样，小戴利对芝加哥这座城市的外观也有着明
确的好恶。然而，与他父亲不同的是，小戴利将成为一名"环球
旅行者"，不仅把芝加哥的好消息带到世界各地，还时刻在寻找芝
加哥未来的投资者。在芝加哥展望 21 世纪的过程中，外国投资成
为其增长的一个关键因素。截至 1990 年，芝加哥的人口已经落后
于纽约和洛杉矶，下滑到第三位，但它仍然是美国经济的一个关
键因素。小戴利的新政府意识到，在信息自由流动的新的经济环
境下，芝加哥的未来取决于芝加哥是否能成为一个对那些与大型
实体工厂没有关联的企业更有吸引力的地方。芝加哥将不得不摆
脱其"巨肩之城"① 的固有形象，成为现代企业的热选之地。

---

　　① 芝加哥的别称为"巨肩之城"，又译作"大肩膀城"；源于两届普利策奖得主、
芝加哥著名诗人、社会主义者卡尔·桑德伯格（Carl Sandburg）在他 1916 年的《芝加
哥》一诗中的诗句："世界的杀猪场……大肩膀城……"自那以后，芝加哥就被称作
"巨肩之城"。

小戴利在妻子玛吉（Maggie）的影响下，意识到这座城市的外表需要改头换面。州立街购物中心破旧不堪，让人想起失败的城市现代主义；标志着第二个贫民区的高层公共住宅建筑也是如此。不仅是卢普区，整个城市的街道和林荫大道都显得破旧不堪。芝加哥的少数群体需要职业培训和就业。美国教育部长威廉·贝内特（William Bennett）称芝加哥的学校是全美国最糟糕的。如果芝加哥想要成为新兴经济体中一座真正的全球性城市，这一切都必须改变。芝加哥将不得不尽可能地保住自己的企业和工业基础，并通过吸引其他公司来扩大这一基础。简单地说，芝加哥需要进行一次"整容"。

1996 年对芝加哥来说是至关重要的一年。经过多年的辩论，该市决定对州立街购物中心进行改造，将允许车辆再次沿着这条"传奇之路"行驶。该工程花费高达 3 000 万美元，因为规划人员不仅允许汽车和出租车重返州立街，还进行了各种其他改进，例如把人行道变窄，以便行人可以近距离地接触芝加哥的建筑杰作和商店橱窗，使其成为一条比购物中心更有活力的半步行街。具有 20 世纪 20 年代风格特点的迷人灯饰和漂亮的地铁站证明了美观和实用并非不可兼得。凸起的花岗岩花坛因栽种的观赏花卉而变得生机勃勃。"拆迁"使州立街重新焕发了生机，并迅速发生了变化。州立街以西的旧仓库建筑变成了阁楼公寓，住满了新一代的城市居民。众多的大学把南卢普区变成了伊利诺伊州最大的大学城，有 5 万多名学生在求学期间进入卢普区或居住在卢普区内的宿舍。在 1996 年还发生了另一个重大的变化：城市规划者将南湖滨大道西移，在湖滨地区创建了一个博物馆区。那些习惯了 20

世纪 70 年代荒凉公路的司机们，如今开车经过的都是造型优美的
几何图案雕塑和花园[32]。

为了美化城市，小戴利政府在卢普区和格兰特公园种植了数
以千计的鲜花和灌木。

　　小戴利的批评者们对那些开始时出现在市中心的街道上，然
后又出现在社区里的花盆进行了诸多嘲讽。尽管如此，芝加哥人

和游客们都开始欣赏起这些街头植物，因为它们反映出一种新的活力和前景。老戴利曾负责伊利诺伊大学芝加哥分校和奥黑尔机场等大型建筑项目的建设；而小戴利关注的是一些细节，对他来说，街道上的景观、招牌、照明，都变得很重要。突然之间，至少在卢普区和北密歇根大街上，破旧的城市景象开始消失。老戴利喜欢时髦的现代化高楼大厦；而年轻的小戴利则想要铸铁栅栏、鲜花，甚至是社区街道上的民俗标识。小戴利的政府提倡使用街道标记来识别社区，这些标记显示着本地社区的名称，如安德森维尔、希腊城、林肯广场和北霍尔斯特德。尽管结果可能喜忧参半，但地标保护对戴利的城市建设也同样重要。保护地标是件好事，但如果阻碍了经济发展，就另当别论了。该市庞大的保护团体经常与政府发生冲突。不过，这位偏爱后现代主义建筑风格的市长十分赞同他那位喜欢现代主义风格的父亲的观点，即发展就是好的，市中心的发展对芝加哥的生活至关重要[33]。

与哈罗德·华盛顿不同的是，小戴利和他的父亲一样，把卢普区视为这座城市的门面。

小戴利的"城市美化运动"深入到了当地社区。北霍尔斯特德社区在街道上设置了街区标识，以庆祝芝加哥的同性恋社区的建立。

他深知, 在全球经济中, 一扇令人印象深刻的大门是多么重要; 也深知芝加哥的大门必须闪闪发光。戴利政府推断, 发展将从其中心区向外呈波浪式扩展。从这一点看, 小戴利是大城市市长中的一位传统主义者[34]。

成效非常明显, 芝加哥成为一个对企业投资更具吸引力的地方。1999 年, 在 21 世纪前夕, 戴利庆祝了自己执政的首个十年。芝加哥似乎焕发了新的活力。著名的麦克阿瑟基金会主席阿黛尔·西蒙斯 (Adele Simmons) 曾写道, 芝加哥已经发生了翻天覆地的变化, 并对这些变化大加赞赏, 其中包括对芝加哥住房管理局、芝加哥公立学校和芝加哥公园区进行的改革, 但最令人印象深刻的则是这座城市美丽的城市景观[35]。

经济和移民

外国公司在芝加哥和伊利诺伊州大量投资, 伊利诺伊州已成为美国中西部地区外商直接投资的首选之地。自 20 世纪 90 年代以来, 芝加哥地区的出口贸易稳步增长, 这对当地的就业和经济发展产生了积极的影响。1993—1999 年, 芝加哥的出口额一直位居全国第六。仅 1999 年的出口额就超过了 210 亿美元。建设一个新的市中心——一个许多人在新经济中淘金的乐园, 成为戴利政府的首要目标[36]。美国国内的许多公司也认为芝加哥很有吸引力。2001 年 3 月, 波音公司宣布, 将把总部从西雅图迁至芝加哥, 暂时扭转了美国经济向西海岸转移的趋势。虽然大约 560 亿美元的公共补贴只给芝加哥地区带来了 450 个工作岗位，但重要的是，它再次凸显了芝加哥对企业的吸引力——尽管在过去 20 年里，芝加哥流失了大量企业。再加上布拉什糖果公司宣布将在 2003 年底关闭的事实，似乎显示出这座城市正从一个制造业城市转型为一个更加全球化的城市。布拉什糖果公司的倒闭意味着 1 000 个工作岗位的流失，但这只是这座城市漫长的去工业化道路上的又一个里程碑。批评人士抱怨波音公司获得巨额补贴，而芝加哥的工薪阶层仍然对未来感到担忧。的确，他们有很多担心，不仅是工厂倒闭，还有工资停滞不涨，甚至是经常下降。1979—2000 年，伊利诺伊州制造行业的实际工资下降了 17％，而全国的实际工资下降了 10％。虽然工资下降是由包括工会力量减弱等多种因素造成的，但芝加哥工人依然要面对这个现实。事实上，日益严重的经济不安全和不平等已经是美国的一个全国性问题[37]。

　　当然，芝加哥的地理位置和它在全国交通网络体系中的主导地位也帮助它保持了经济基础。2006 年，芝加哥成为美国第 10 大国际货运门户城市。在占美国国际贸易 65％的 25 个最大的货运门户城市中，芝加哥是唯一一座既不位于边境也没有海运业务的城市。芝加哥大都市区在美国国内和国际贸易中发挥着积极的作用，包括印第安纳州西北部在内的芝加哥大都市区拥有 3 200 多英里的国道、2 000 多英里的一级铁路、142 个多式联运站、163 个货运港口和 4 个主要机场。芝加哥作为航空运输中心的重要性，几乎是无与伦比的。在美国所有的机场中，芝加哥的国际空运货值排名第三，货运量排名第五。进入 21 世纪，芝加哥还在多式联运能力方面处于全国领先地位，货物可以装在集装箱里，通过船、火车和卡车运往世界各地。事实上，芝加哥已经被列为世界第三大多式联运集装箱港口。芝加哥对全国货运线路的控制，依然是这座城市在从迅速去工业化的经济复苏到积极参与新全球化经济这一过程中的关键。

尽管取得了这样的成功，芝加哥地区的交通仍然面临着一些非常严重的问题。与美国许多地方交通基础设施一样，芝加哥的交通设施也受到忽视；尽管遭到当地社区的反对，但芝加哥的机场仍需要扩建，而且多式联运系统的发展空间受限，许多铁路和驳船货场都是在 100 多年前建成的，急需升级。唯一的解决办法是，在进入这个新的增长时代之际，芝加哥需要继续向外扩张。2002 年，伯灵顿—北圣达菲铁路在威尔县南部建设了一座最先进的多式联运站，占地约 600 英亩，为此，普洛斯物流公司在威尔明顿收购了 184 英亩土地。普洛斯物流园坐落在 20 世纪 90 年代关闭的一座联邦军火厂的旧址上。此外，联合太平洋铁路公司也于 2003 年在芝加哥以西 80 英里的奥格尔县开设了一家规模更大的多式联运站——"全球三号"[38]。

空间问题仍然是芝加哥在维持其制造业中心地位时面临的一个主要问题。尽管由华盛顿市长发起并得到小戴利支持的"工业走廊"计划取得了成功，但工厂仍很难在该市立足。尽管政府试图限制以市场为主导的将老工业区变成纯住宅区的需求，但许多制造企业还是感受到了搬迁的压力。2006 年，在南区，恰佩蒂牛羊肉屠宰与加工公司也因为感到压力而要搬离它有 60 年历史的厂区。在布里奇波特和卡纳里维尔高档社区之间的地区，这个曾经充斥着肉类加工厂的声音和气味的地方，新住宅项目的开发正在

在大型集装箱货场，一个集装箱被吊上拖车。这里位于第
47 街以北，曾经是哈蒙德肉类加工公司的所在地。

如火如荼地进行着。随着开发商意识到空地的开发潜力，空地成
了炙手可热的商品：潘兴路以北的一些空地售价甚至超过了 30 万
美元。恰佩蒂肉类加工厂是芝加哥的最后一家牛羊肉屠宰场，它
的两家工厂雇用了 125 名员工，其中大部分是西班牙裔。芝加哥
市政府表示，将尽一切努力把恰佩蒂公司留在芝加哥；而恰佩蒂
公司老板已经表示，他们希望搬到旧牲畜场区，那里现在是芝加
哥最成功的规划工业区之一。2007 年时，芝加哥市共有 14 个规
划的工业区，覆盖面积超过 1 万英亩。

　　在北区，阿·芬克尔父子公司宣布，它已被一家德国公司收
购，并将搬离其位于该市克莱伯恩工业区的长期基地，这家有
127 年历史的钢铁制造商自从 1902 年在克莱伯恩工业区落户以来
就一直在这里。阿·芬克尔父子公司的新东家希望将公司继续留

恰佩蒂牛羊肉屠宰与加工公司是芝加哥最后的屠宰场之一，
它正迅速被潘兴西路沿线的住宅开发项目侵占。

在芝加哥，并搬到芝加哥的东南城区，因为那里是芝加哥市的几
乎废弃的钢铁区，所以他们要求政府为其留在芝加哥提供补贴。
阿·芬克尔父子公司的旧址将如何处理仍悬而未决：这家钢铁制
造商希望将其出售用于住宅开发，市政府则希望能吸引其他工业
企业入驻，政府希望制造商不要将其旧场址变成住宅项目[39]。

芝加哥的制造业基地仍在不断受到侵蚀，虽然情况没有
1970—1992 年时那么严重，但工业就业岗位持续下滑。在早些时
候，包括美国钢铁公司、比阿特丽斯食品公司、金宝汤公司和通
用磨坊食品公司在内的许多芝加哥市的顶级制造商都关闭了工厂。
由于制造业资本纷纷撤离该地区，造成芝加哥的制造业基地复苏
缓慢，但其产业多样性得以保持。1985 年以后，这里进入了缓慢
但稳定的衰退期，制造业的工作岗位平均减少了 1.6%；2000—
2003 年，芝加哥地区共有 10.3 万个工业岗位消失，约占全部工
业就业岗位的 18%，而毫无疑问，就业机会的减少对少数族裔社
区的伤害最大[40]。

新移民城市

随着 21 世纪的到来，芝加哥仍然是一座对移民有吸引力的城
市。尽管制造业就业岗位减少，各经济部门增长不平衡，但人们
还是继续从世界各地涌向这座城市。虽说欧洲人在 1950 年前的移
民中占了主导地位，但拉美裔和亚裔在 1965 年后的移民中占主导
地位。此外，大量非洲和加勒比移民的到来也大大增强了芝加哥
地区的种族多样性[41]。

波兰移民对这种人口趋势来说是一个明显的例外。长期以来，
波兰人一直生活在芝加哥市及其郊区。但在第二次世界大战之后，
大量流离失所者涌入，而波兰移民数量却有所下降。随着波兰团
结工会运动的开展，以及苏联解体所引发的政治和经济动荡，波

兰移民人数再次增长。在这些新来的波兰移民中，许多人受过良好的教育，在波兰担任过管理和专业职位。此外，许多人决定在非民族聚居的郊区，而不是在芝加哥原先的波兰裔社区定居[42]。芝加哥的波兰聚居地一直与祖国保持着长期的联系，因此，对许多波兰人来说，芝加哥是一个友好的、甚至可以说是一个"波兰的"城市。

20 世纪 20 年代，圣母圣心会在芝加哥南部修建了瓜达卢佩圣母天主教堂，随后成立了该市第一个墨西哥人教区。教堂内的圣裘德圣祠吸引了包括圣裘德警察联盟年会在内的众多追随者。

2000 年，有 133 797 名波兰移民居住在芝加哥地区，加入这里原本的 90 万波兰裔居民的行列。除了那些以难民身份合法入境或获得必要许可的波兰人之外，还有大量来自波兰的"度假者"，他们时常消失在波兰裔美国人的地下经济中。1986—1996 年，波兰人成为芝加哥人数最多的合法移民群体。在 20 世纪 90 年代，每 5 名波兰移民中就有 2 名定居在芝加哥地区。在芝加哥大都市地区，只有墨西哥移民的人数超过了他们[43]。

墨西哥人在芝加哥的历史也很悠久。早在 1884 年，墨西哥政府就在芝加哥设立了领事馆，以满足不断增长的墨西哥移民人口的需要。根据人口普查，截至 1920 年，芝加哥有 1 224 名墨西哥人，成为美国第 12 大墨西哥人聚居地。新墨西哥移民来自墨西哥全国各地，但主要来自瓜纳华托、哈利斯科、米却肯和萨卡特卡斯四个州。这些移民中的许多人来到铁路、钢铁厂或肉类加工厂工作。到了 1930 年，芝加哥已有 19 516 名墨西哥移民，其中许多人住在罗斯福路和霍尔斯特德街附近，其他人则住在芝加哥的南区和后场社区。在长达 10 年的大萧条期间，墨西哥人也面临着遣返潮，由此芝加哥的墨西哥人口锐减了 75％。截至 1940 年，只有约 7 000 名墨西哥移民仍留在芝加哥。后来，对战争工人的需求促使美国和墨西哥之间签订了《国际劳工协定》（International Bracero Labor Agreements）。在随后的两年里，1.5 万名墨西哥人来到芝加哥。到 1950 年，大约有 2.4 万名墨西哥人到芝加哥安家落户。在 1965 年的移民政策改革后，墨西哥移民的人数开始增加。1986—1996 年，大约 5.4 万名墨西哥人移民到了芝加哥。截至 2004 年，居住在芝加哥大都市区的墨西哥人共有 1 271 710 人，其中居住在郊区的墨西哥人超过了居住在城市的墨西哥人。芝加哥地区超过 40％的外国人来自墨西哥，远远超过了排名第二的波兰人。2004 年时，芝加哥的墨西哥移民人数仅次于洛杉矶[44]。

除了墨西哥人和波兰人，芝加哥还继续吸引着来自东欧和拉丁美洲其他地区的移民。大量的波多黎各人、古巴人、危地马拉人、萨尔瓦多人、哥伦比亚人和其他地区的人来到芝加哥。许多人离开家园是因为国内的政治斗争，还有一些人是因为经济原因。拉美裔人口增长的一个标志就是当地民主党中涌现了一批拉美裔政治家。到 21 世纪初，库克县大约有 25 名拉美裔政治家，拉美裔民主组织已经成为小戴利旗下一支重要的政治力量[45]。

第 26 街是芝加哥墨西哥裔聚居区的核心，这里以前被称作
"捷克人的加州"。图中的大门位于皮尔森公园旧址附近。第 26 街
是北密歇根大街旁边最繁忙的购物街。

在 21 世纪初，这座城市的亚裔人口也开始激增。在过去的 30 年里，亚洲人已经成为美国增长最快的移民群体，仅次于拉美裔。在历史上，华人、日本人和菲律宾人构成了芝加哥的亚洲移民的主体。自 1970 年以来，大量的印度人、韩国人和越南人也加入移民芝加哥的行列。这六个种族群体大约占芝加哥所有亚裔移民的 90%。20 世纪 90 年代以来，巴基斯坦人的移民人数也有所增加。

　　2000 年，印度人成为芝加哥最大的亚裔群体，共有 121 753 名印度移民生活在芝加哥，菲律宾人以 96 632 人排名第二，华人以 75 305 人排名第三，韩国人以 48 467 人排名第四。日本人（23 267人）和越南人（17 326 人）的数量虽然也在增长，但仍远远落后于其他族群。虽然在芝加哥市及其城郊仍有一些传统的亚裔聚居区，但亚裔其实已经散布芝加哥大都市区的大部分地区。杜佩奇县可能是印度裔人口增长最快的社区[46]。

　　1980 年，越南移民陶尊和陶金（均为音译）抵达芝加哥的奥黑尔机场。和许多离开南越的人一样，陶家人在搬到芝加哥北区定居前，也曾在美国全国各地居住过。陶尊（图中间抱孩子者）是南越特种部队的一名老兵，于 1975 年离开西贡。

芝加哥改变了吗？

在过去的 20 年里，即使是不经意的观察者也会看到芝加哥发生了巨大的变化，也许没有什么地方比卢普区的变化更明显了，这里的天际线和住宅构成都已发生改变。在 20 世纪五六十年代，芝加哥为"保护"卢普区，实施了各种城市重建项目，例如南区的草原海岸和湖泊草地住宅保护计划、芝加哥北部的桑德堡村和林肯公园保护计划、位于近西区的伊利诺伊大学芝加哥分校保护计划。这些项目均位于市中心周围，成为把中产阶级与贫民窟隔离开的一道屏障。1957 年曾制定过"中心区规划"，但随着时间的推移，最初的想法在不断发展和变化，城市规划者希望能吸引中高收入居民回到中心城区，以支撑卢普区和城市的税基。与此同时，公共住房建设改变了芝加哥大部分的贫困和少数族裔社区的天际线。位于卢普区的卡布里尼社区和南区的罗伯特·泰勒社区，似乎在地理上重构了这座城市的轮廓。

由于结构、建筑和经济上的诸多原因，再加上只在某些社区建造公共住房的种族主义态度，芝加哥住房管理局的项目，尤其是那些建于 1950 年以后的项目，最后都饱受批评。华盛顿市长在他执政的最后一年，任命文斯·莱恩（Vince Lane）为芝加哥住房管理局的负责人，试图赋予该局新的领导方式和理念。莱恩期望将公共住房转变为经济混合型社区，并希望让这些住宅项目及其居民重新融入城市的结构建设中。芝加哥住房管理局向市议会提出申请并得到了批准，即：在选定的住房项目中，将多达一半的单元租给中等收入居民，以期解决芝加哥住房管理局最紧迫的一些问题。在莱恩刚上任之时，芝加哥住房管理局已经开始对南区奥克兰社区的住宅进行了改造。

这些建筑在1985年就已被腾空，芝加哥住房管理局向租户们承诺最终会让他们回来，并决定将改造重点放在其中的两座建筑上。莱恩向美国房屋及城市发展部提出申请，要求其放弃保守的设计标准，允许芝加哥住房管理局翻新的公共房屋拥有一些自己的特点。莱恩将该项目命名为帕尔克湖广场。芝加哥住房管理局最终在1991年完成了对这两座建筑的改造。1992年底，翻修的所有公寓中都住满了住户，其中一半为中等收入的家庭，不过，大多数原来的居民并没有重新回到这里。莱恩用事实证明，芝加哥的公共住房对中等收入家庭是有吸引力的，帕尔克湖广场项目使芝加哥的官员们相信，他们应该进行更大规模的公共住房建设。

1992年，国会通过了《全民住房机会法案》（Housing Opportunities for People Everywhere Act），俗称《希望六号法案》（HOPE VI）。虽然它最初似乎是一项传统的联邦住房倡议，但在几年内它就从一项简单的住房计划变成了对公共住房的全面改革，这将是20多年来资金投入最多的项目。《希望六号法案》也反映出联邦政策的一些根本性变化。20世纪90年代，联邦政府希望减少预算，将资金重新集中用于以市场为主导的政策补贴。到1996年，当克林顿政府试图击败由右翼控制的国会时，芝加哥的帕尔克湖广场项目为全国提供了一种模式，芝加哥住房管理局的命运也随之注定。

尽管人们普遍认为，吸引中产阶级入住公共住房的尝试注定会失败，但有迹象表明，许多公共住房项目的确吸引了中产阶级居民，也促进了中产化社区的出现。芝加哥住房管理局的规划人员对城市景观非常了解，并且已经开始着手改造这个新扩张的卢普区的外围地区。当联邦政府暂时接管芝加哥住房管理局时，莱恩被迫辞职，芝加哥全面推进在同一社区吸引不同收入群体入住的政策。1995 年，市议会取消了新开发项目必须一对一替换被拆除的公共单元房的要求。大多数芝加哥人并不喜欢芝加哥住房管理局的高层建筑，认为它们是城市景观的污点，因此几乎没有人对此表示反对。然而，住户们还是担心拆迁后的安置问题。到1999 年，芝加哥住房管理局获得了六笔《希望六号法案》联邦援助款，总额近 1.6 亿美元。但随着芝加哥住房管理局拆除了 1.2万多套住房，该项目开始从改造走向了破坏。

由于改造工程和新建工程出现了延误，因此大批公房居民流离失所。美国法律规定为公房居民提供租金优惠，但由于政府部门执行不力，原公房居民很难被列入租金优惠名单。长期以来的官僚低效和公然的种族歧视，使原公房居民并不信任芝加哥住房管理局。而南岸和恩格尔伍德等社区的居民们感到，由于租金优惠政策执行不力而产生的"拆迁难民"正在涌向他们的社区。居民们将芝加哥社区帮派犯罪和暴力事件的增加归咎于大批被拆迁的帮派成员。对此，前第 7 选区议员威廉·比弗斯（William Beavers）表示，他将建造尽可能多的共管公寓，以阻止犯罪团伙进入他的选区。此外，随着大批原公房居民去寻找让他们感到舒适的社区，芝加哥的南郊也受到影响[47]。

随着芝加哥市中心的变化和投资的增加，老年贫困居民处境艰难，没有哪个地方能比北肯伍德社区更能体现这一点了。这个社区最初是一个富裕的郊区，1889 年海德公园社区并入后，芝加哥许多最优秀的家庭都定居此处。然而到了 20 世纪初，这里的名声大不如前，变成了中下阶层和工薪族的聚居之地。第二次世界大战后，由于这里的居民种族变化迅速，海德公园保护计划将东 47 街划为该社区的北部边界，该社区的老住户把第 47 街称为"分界线"。在第 47 街以南，芝加哥大学带动社区日益繁荣，而第 47 街以北的社区则陷入越来越深的贫困之中。1990 年，这里被认为是芝加哥最贫穷的社区[48]。

修复后的神圣家族教堂及其毗邻的圣伊格内修斯大学预备学校矗立在靠近西区的高档社区。1871 年发生火灾时，这片社区的居民还穷困潦倒，而到了 20 世纪后半叶，一切发生了改变。

一旦位于这里的帕尔克湖广场项目吸引了人们对北肯伍德的关注，投资者就开始对这里的老房子、空地产生了兴趣。到20世纪90年代中期，越来越多的新面孔出现在东47街以北的人行道上。在这些陌生人当中，大多数是有钱的非裔美国人，可以说，北肯伍德的中产化发生在黑人族群内部。在北区，受《希望六号法案》的影响，一大批白人城市居民搬进了绿色家园社区。而与北区不同，北肯伍德社区的居民主要是黑人，而长期居住在这里的黑人居民们则担心会被那些愿意支付更高房价的新居民挤走。黑人中上阶层的增长速度不断加快：1990—2000年，年收入超过5万美元的黑人家庭比例翻了一番，从14%升到28%；而年收入超过10万美元的黑人家庭比例则从1%急剧上升至6%。因此，正如一位长期居住在这里的居民所说，"在这里住越来越贵了，所以很多人想要搬走。虽说这里是我们的社区，但是他们正在进行大量的改造，建造共管公寓，而以我们的收入很难负担得起。"阶级差异和中产化带来的压力已经冲击到了第47街以北的住宅。一些人认为种族变化将紧随着北肯伍德社区的阶级变化而来，因为更多的白人搬到了这一地区，并且芝加哥大学也鼓励教职工在该地区买房。总之，尽管社区的种族未来仍然扑朔迷离，但毫无疑问，这种转变的阶级基础已经存在了[49]。

无论中产化是发生在种族界限之内还是之外，都会产生各种各样的社会问题。皮尔森是下西区一个以墨西哥裔为主的社区，目前也在经历着中产化。长期以来，白人艺术家一直占据着霍尔斯特德街以东、第16街以南的工作室。现在，开发商正在该地区建造共管公寓和联排别墅。尽管大学城向北扩展，伊利诺伊大学芝加哥分校也进行了扩建，导致老马克斯韦尔街市场的搬迁，但争取经济适用房的斗争仍在继续。同样的情况也出现在布里奇波特老旧的白人工薪族聚居区，那里正在建造新的联排别墅，甚至还有迷你豪宅。与此同时，较贫穷的墨西哥人和黑人正被迫搬到较偏远的社区，而这些地区又继续被白人所遗弃，这些白人是在多年前搬到这里的。芝加哥的每个人，包括这座城市最新的移民群体，似乎都在流动[50]。

《希望六号法案》对芝加哥公共住房的影响是巨大的。1958年建成的史泰威花园和四年后开业的泰勒家园已不再矗立在丹·瑞恩高速公路旁。史泰威花园的最后一栋高楼于2007年被拆除。一个旨在重新融入城市的新社区正在南州立街上拔地而起。这个被称为"道格拉斯"的南区社区，似乎将走上和北肯伍德社区同样的道路。1980年，全美16个最贫穷的社区中，有10个在芝加哥。1999年，联邦政府将芝加哥住房管理局交还给地方政府。小戴利市长亲自负责公共住房问题，其改造计划很快获得了联邦政府的批准，该市估计大约有6 000户家庭将因改造计划而搬迁[51]。

进入21世纪，芝加哥在美国和世界经济中的地位再次发生了转变。自从丹尼尔·伯纳姆于1909年提出新芝加哥计划以来，已经过去了近一百年。1893年召开的世博会使伯纳姆走上了城市规划师的道路，并发起了"城市美化运动"，这是芝加哥城市规划中最重要的运动之一。也许人们不确定伯纳姆是否说过或写过这样的话：不要制定小规划，因为它们不具备燃起人类激情的魔力，而且小规划也不见得能实现。但他显然更偏爱大而广泛的规划。老戴利也持同样的观点，不仅如此，现在他的儿子小戴利市长也以实际行动在芝加哥践行了这一思想。

　　2007 年，史泰威花园被公园大道的共管公寓、联排别墅和单户住宅所取代。这座高层建筑是伊利诺伊理工学院校园的一部分，位于第 35 街和州立街以北。

　　简·亚当斯家园是芝加哥市首批公共住房开发项目之一，也是 2007 年最后一批被拆除的建筑之一。德里豪斯基金会正在主持一个项目，将这里的一处住宅保留下来作为公共住房博物馆。

　　在小戴利担任市长的第一年，他的政府希望在东南城区修建一个新机场，但计划很快就失败了，部分原因是本要被拆迁的赫格维奇社区居民对此强烈反对，因为拟建的机场将使8 500所房屋和47家共拥有9 000名雇员的当地企业搬迁，这些房屋和企业都在维多利亚克的第10选区。芝加哥市政府表示，拟议中的机场将创造20万个固定工作岗位，但赫格维奇的居民对此并不相信，也不相信对他们未来的规划[52]。于是，小戴利用准备在东南城区建造机场的资金，修建了现代化的中途机场，并不顾郊区居民的反对扩建了奥黑尔机场。2008年，为了增加财政收入，芝加哥市将中途机场私有化。小戴利还对北岛上为企业或私人这样的精英客户提供服务的梅格斯机场另有打算，在与州政府就这个小型机场的未来进行了多年的争论之后，在2003年3月30日凌晨的夜色中，小戴利终于下达了命令，机场工作人员关闭了该机场，在跑道上画上巨大的"×"。就像伯纳姆最初规划的那样，小戴利想把这座岛改造成一座91英亩大的公园。

　　这一举措与小戴利对环境的兴趣十分相符。他很喜欢自己的"绿色"市长这一美誉。与此同时，这也弥补了1909年伯纳姆规划的一部分不足，并与新的城市美化运动相契合。当然，芝加哥军人球场的改造没有遵循城市美化的指导方针，但有人称之为旧楼群的成功再利用。虽然千禧公园的建设成本引来了大量的批评，但公园本身已经证明是一项了不起的成功，并导致其紧邻的北卢普区的房产价值飙升。此外，除了用作溜冰场和偶尔为当地艺术家提供活动场所外，在经过近20年的闲置后，第37号街区终于开始翻建。小戴利的计划当然是雄心勃勃的，他的政府已经将其

位于千禧公园西南角的皇冠喷泉成为芝加哥人和游客游览的
主要景点。尽管千禧公园耗资巨大，但它对芝加哥市及其声誉产
生了非常积极的影响。

中的许多付诸实施[53]。

　　和他的父亲一样，小戴利也对芝加哥产生了巨大的影响。他
们都获益于良好的经济形势和华盛顿特区活跃的民主党政府，他
们都视自己为城市的建设者。但遗憾的是，在执政的后期两人的

政府都曾被丑闻的阴云笼罩。租用
卡车丑闻①以及对市长前赞助人理
查德·索利奇（Richard Sorich）的
起诉和定罪，都让小戴利声誉受损；
而当初他父亲的多位亲密顾问对老
戴利的起诉，也同样给老戴利的政
府蒙上了一层阴影。芝加哥警方对
小戴利在担任州检察官期间刑讯逼
供的调查也一直令人尴尬。

　　21 世纪初的芝加哥和 1837 年
时一样，都处于新时代的前沿。如
今，芝加哥已经进入国际大都市的
行列，芝加哥人正在努力掌握新技
术，并充分利用其长期以来在交通
网络中的枢纽地位。芝加哥虽然已
不再是"世界的屠猪商"，但它仍然
是"铁路的参与者"。芝加哥坐落在
世界上最大的淡水湖旁，紧邻密西
西比河，地理位置十分优越（虽然
地理位置已不再像 19 世纪时那么重

在格兰特公园，一幢新的湖
滨高层住宅楼仿佛为洛根（Log-
an）将军的雕像搭建了相框。在
1968 年的民主党全国代表大会期
间，抗议者在雕像上插起反战旗
帜，使这座雕像受到了全国的关
注。如今，南卢普区已成为芝加
哥最热门的社区。

要了，但它依然是这座城市的王牌）。在新的世纪，芝加哥以其巨大

---

① 租用卡车丑闻是小戴利执政 15 年中最大的丑闻。市政府租用私营卡车公司的车为
政府项目工作，但实际上许多公司很少或根本没有工作却仍获得报酬，并且与黑帮有染。

的智力和财力资源，正在发生着日新月异、翻天覆地的变化。

　　由玛格达莱娜·阿巴卡诺维茨（Magdalena Abakanowicz）设计
的广场于 2006 年 11 月 16 日揭幕，矗立在格兰特公园的西南角。这
套价值 350 万美元的雕塑作品是这位艺术家和波兰文化部送给芝加
哥市的礼物。这 106 个雕像是在波兰的斯莱姆铸造厂制作的。

　　对芝加哥军人球场的改造极具争议性。新的"碗"状结构由霍
拉伯德和鲁特公司直接"放置"在旧结构中。这次改造导致芝加哥
军人球场的"国家标志性建筑"称号被取消。

尾声

变革中的芝加哥和美国

　　在引言中，我已经说明，我要运用传记的方法介绍一座城市的历史，重点介绍那些能反映芝加哥精神的人、地方、事件和关系。但城市是一个复杂的地方，充满着矛盾，既有连续性又有变化。在某些方面，芝加哥从一开始就是一座全球性的城市；但在另一些方面，它时至今日仍然是一座小镇，人们相互联系，即使彼此不相识，但大多数人的朋友或亲戚也有某种关联性。从马奎特和若利埃沿着芝加哥河的南支流逆流而上，一直到今天，芝加哥始终与大西洋和世界经济紧密相连。当年，第一批皮草先被用船运往东海岸，然后又运往欧洲，让这里与旧大陆形成了牢固的联系。如今，芝加哥的贸易商将粮食运往世界各地，并跨越国际日期变更线进行贸易。

　　最初，法国人的到来预示着种族多样性的未来。自此之后，来自不同民族的人们陆续来到芝加哥河畔。欧洲人很快就"淹没"
了这里，带来了无数的语言和习俗，这些语言和习俗首先影响了
那些对伊利诺伊州东北部的河流和平原了如指掌的土著居民——
奥吉布瓦人、迈阿密人和波特瓦托米人。不久，来自非洲、加勒
比地区、亚洲和拉丁美洲的男女也加入族裔和种族的大融合当中，
为芝加哥奠定了真正的全球根基。举个恰如其分的例子，一位叫
让·巴普蒂斯特·普安·德·塞布尔（Jean Baptiste Pointe de Sa-
ble）的皮草商人，是法国人和黑人的混血儿，出生在海地，与一
名波特瓦托米女人结婚，他可以算作第一个永久定居在芝加哥河
沿岸的人。这种奇怪的混合文化很快反映了美国更广泛的民族经
历。芝加哥的社区变化很早就出现了。1837 年，随着撤出的印第
安人跨过密西西比河，原住民离开了芝加哥。从那以后，一批又
一批的芝加哥人来到这里又远走他乡，但芝加哥却从未曾从记忆
中消失。总有新人被吸引到这个充满机会、令人兴奋、喧嚣却充
满梦想的"风之城"，取代离开的人。

在芝加哥历史上所有不变的事情中，有几件格外引人注目。
首先当然是它的种族多样性。在不同时期，这座城市一直是华沙
之外最大的波兰人的城市、布拉格之外最大的捷克人的城市、斯
德哥尔摩之外最大的瑞典人的城市……到 1968 年，住在芝加哥和
库克县的非裔美国人的数量比住在密西西比州的还多。今天，墨
西哥裔和亚裔遍布芝加哥的城市和郊区，是该地区人口最多的族
群。另一个不变之处是其多样化和充满活力的经济。芝加哥的财
富最初依赖于其腹地，无论是毛皮生意还是后来的牛和谷物生意。
那些来到这里的人们迅速开发利用该地区的自然资源，美国贸易

委员会和联合牲畜交易市场应运而生。位于阿什兰大道附近的芝加哥土豆市场一度是世界上最大的土豆交易中心。此外，以麦考密克收割机制造厂为先驱的工业也造就了这座城市。21世纪，芝加哥地区虽然有所衰落，但无论是在过去还是现在，芝加哥的地理位置都决定了它仍是美国最大的工业中心。另外，河流和湖泊也造就了芝加哥，而铁路确保了芝加哥在美国中西部地区的统治地位。如今，芝加哥的机场人满为患，而芝加哥的铁路和卡车在集装箱业务方面占据着主导地位。那些使芝加哥成为19世纪发展最快的城市的因素仍然存在。19世纪和20世纪赋予芝加哥的优势，使它在21世纪真正的全球化经济中仍扮演着重要角色。

2008年8月，丹扎·阿兹特卡民间团体在哈里森公园表演传统的阿兹特克仪式。进入21世纪，芝加哥丰富的民族传统仍然标志着这座城市文化的多样性。

芝加哥的第三个不变之处是政治的作用。在这方面，芝加哥拥有着霸主地位。政治是芝加哥人最喜爱的也是最擅长的活动，尽管有时政治的参与者会无视或歪曲游戏规则。在过去的 50 年里，戴利家族曾在很大程度上主导了全国对芝加哥的看法，而这座城市也一直有着善用权谋的悠久传统。商人曾主宰了早期的政治。1871 年大火之前，大部分市长都是商人出身。尽管自 1931年以来，芝加哥政府基本上由民主党人把持，但实际上各位市长都有各自不同的风格，政治机器和进步主义交替影响着芝加哥政坛，广大公众对市长们有着不同的看法和接受程度。共和党人的影响力主要体现在郊区和下州。偶尔，就像伯纳德·埃普顿在1983 年作为"伟大的白人希望之星"出现时那样，共和党人曾在当地政坛大放异彩；但总体而言，在芝加哥市，还是民主党人说了算，这种情况似乎在 21 世纪还将持续下去。

然而，芝加哥的政治文化有着深厚的根基，它超越了党派的界限，并随着城市经济的发展而发展。在主要由非职业政客担任市长的时代，铁匠和蜡烛制造商都曾成为市长，那时的政治并非"大人物"的政治。随着从政从一种高尚的义务转为政客及其赞助商赚钱的手段，芝加哥政坛进入了一个新时代。公共交通这个新时代一同到来，因为城市必须给公共交通的建造者、天然气管道以及电话服务提供商授予特许经营权。于是，1871 年大火前后，职业政客开始崭露头角。投资者非常愿意花钱请市议员投票，以便使自己获得宝贵的长期特许经营权，为这座新兴的工业城市"服务"。其他人很快就明白了这种"芝加哥方式"，于是出资让芝加哥政府支持自己的各种赚钱项目，在此过程中调整分区法。还有一些人则不顾一切地寻求政治帮助，以保护他们在黑道控制区的酒吧、妓院、赌场和毒品窝点等非法场所。各族裔群体也希望能选出自己的代表，以便从芝加哥这个大馅饼中分得一块。也许，就像在其他许多事情上一样，芝加哥人指望通过向纽约市及其强大的坦慕尼协会学习来应对 19 世纪后半叶新的城市现实。

芝加哥杰出的政治家不胜枚举，从麦克·麦克唐纳、"可疑小子"肯纳、"民主党澡堂"约翰·库格林、"大比尔"汤普森，到绰号为"手推车托尼"的安东·瑟马克和戴利父子。他们中的许多人都很好地诠释了纳尔逊·阿尔格伦（Nelson Algren）对芝加哥精神的看法，即芝加哥是一座"正在建设中的城市"。这座城市的改革者也是人数众多，从反对她们的丈夫在 1871 年大火前后关于慈善所扮演的角色的观点的精英女性开始，到简·亚当斯。1955 年，在理查德·J. 戴利当选市长时，帕迪·鲍勒曾宣称芝加哥还没有准备好进行改革。与鲍勒这样的黑人议员相比，芝加哥的改革者往往带有一种中产阶级精英主义色彩；但从进步主义时代到现在，他们也赢得了地方和全国许多人的认同。如果断言今天的政治斗争与鲍勒时代或 19 世纪末的政治斗争没有差别，那会是十分愚蠢的，然而某些问题的确仍然存在，包括任人唯亲和各种滥用权力。在这些问题上，现代芝加哥的政客们尽管并不像他们的前辈们那样明目张胆，但也并非完全清白。政治游戏依然是这座城市的象征。

芝加哥还有一大特征，它仍然是一座拥有着独特且竞争激烈的街区的城市。虽然人口普查局和其他政府机构（如邮局、警察局和立法机构）对芝加哥的划分有自己的看法，但最终决定社区边界的是市民。这种界限是受多种因素影响的，包括种族、民族和社会阶层，还包括年龄、性取向和文化兴趣等因素。如果你想在芝加哥的官方社区地图上找到里格利维尔，你会很失望，就像你想在南区寻找像后场、卡纳里维尔或汉堡这样的传奇社区一样，但是只要问一问当地的居民，他们就会给你指引正确的方向。问一位居民他们所在社区的边界是什么，他们可能并不太清楚，但他们知道什么时候已身处社区之外，那是一种道不清的感觉。芝加哥的社区边界，甚至社区名字都可能会改变，但当地强烈的身份认同却始终未变。20 世纪 50 年代，没有人会说他们住在东村或北河，但现在大多数人都知道那些新命名的社区在哪里。以天主教教区作为身份认同符号的日子早已成为过去，但它仍然对一些少数族裔社区产生着影响。

当然，这也契合了芝加哥作为一座"正在建设中的城市"的形象。那么，是谁在给社区命名？通常是那些想赚快钱的开发商。在 20 世纪 70 年代末之前，任何人的脑海中都没有南卢普区这个名字，那时它还只是闹市区的一个破旧地区。现在，随着芝加哥人接受了这个非官方的名字，这个本没那么响亮的名字已经打消了房地产开发商企图给这里重新命名的想法。有些东西会改变，有些则不会。

技术变革贯穿芝加哥的改造史。这座城市在 19 世纪之所以发展迅速，是因为它乐于接受技术进步。从很多方面来讲，芝加哥都是东部资本和创造了交通革命的技术联姻的产物。如果没有伊利运河首先使西部地区向纽约市开放，然后伊利诺伊—密歇根运河帮助芝加哥联结密西西比河以及更远的地方，芝加哥将永远不可能像 19 世纪三四十年代那样繁荣昌盛。此后，芝加哥迅速发展成为一个重要的港口，将不断扩张的边疆地区的自然资源与新的资本主义市场体系结合起来。芝加哥河沿岸 41 英里长的地带为工业革命提供了一个天然的扎根之地。到 19 世纪 40 年代末，电报、工厂和铁路都进入了这座城市，芝加哥也随之获得了惊人的发展。南北战争期间，芝加哥作为北方的交通中心和工业枢纽，在与分裂主义者的斗争中蓬勃发展了起来。

接着，先是以公交马车、然后是以有轨电车的形式出现的地方交通系统，使芝加哥的城市边界超越了步行时代。早期的照搬东海岸城市模式的通勤铁路让郊区与城区联结，缆车和电车的出现也进一步扩大了城市的范围，最后，地铁的轰鸣结束了 19 世纪的交通革命。而 20 世纪的飞机以及无处不在的汽车，进一步塑造了芝加哥的城市景观。

直到 20 世纪后半叶，芝加哥一直处于技术变革的最前沿。随后，它开始摇摇欲坠，似乎只是靠着先前在工业革命中的积累才不至于轰然倒下。第二次世界大战结束后，芝加哥的商业和政治领袖意识到，由于大萧条和战争，这座城市 20 年来一直疏于管理，但他们对未来仍持乐观的态度。高速公路、住宅开发和市区重建计划如雨后春笋般蓬勃发展起来。市长老戴利梦想要把芝加哥建设成一座拥有强大工业基础的现代主义城市，他满怀活力和热情去追求这些梦想。但当他去世时，芝加哥和美国刚刚走出越战的阴影，芝加哥面临着政治混乱、去工业化和种族紧张局势加剧的局面。

老戴利去世后的几十年里，芝加哥这座从 20 世纪六七十年代的混乱中崛起的"新城"再次发生了变化。首先，在比兰迪克、华盛顿、小戴利等多位市长的领导下，芝加哥开始应对工业衰落带来的问题，并向一座国际化城市迈进。在卢普区，许多街道开始重新繁荣起来。虽然这种情况更多出现在新中产者居住和娱乐的林肯公园等北区社区，但在重新开发的南区和西区也能看到这种景象。30 年前，没有人能预测到北肯伍德的复兴，也没有人能预测到曾经是蓝领阶层聚居地的布里奇波特会出现百万美元的豪宅。在工薪阶层聚居的格林伍德山，平房和牧场正在被拆除，用于建造更大的住宅。显然，和以往一样，芝加哥又发生了一些变化。

30 年前，芝加哥曾被视为美国工业历史的活化石，它与匹兹堡、克利夫兰、底特律和纽瓦克市看起来就像远古时巨大的乳齿象，与日益郊区化的美国渐行渐远，甚至有些人讽刺地把芝加哥称为杜佩奇县的郊区。芝加哥和美国其他主要城市的人口在继续减少。随着郊区对州和联邦立法机构都开始发挥更大的影响力，芝加哥的政治影响力似乎也消失了。许多观察人士开始认为，芝加哥也许是全球经济的参与者之一，却不会像纽约和洛杉矶那样继续扮演重要角色。随着联合牲畜交易市场的气味和曾经发出耀眼光芒的大高炉的消失，芝加哥的辉煌岁月已经一去不复返了。没有老戴利的芝加哥似乎空空如也，只是一个空壳，即将成为一座巨大的贫民窟。

然而，积极的变化又回来了，以一种意想不到的方式回来了。在比兰迪克、伯恩、华盛顿和索耶执政的年代，政府为振兴卢普区和制造业所做的努力，于 20 世纪 90 年代在小戴利的领导下开始初见成效。和他的父亲一样，小戴利也从经济增长和与联邦政府的友好关系中受益——事实证明，比尔·克林顿执政的几年对这座位于密歇根湖畔的民主党领导的城市十分有利，一个积极的联邦政府的重要性再一次对芝加哥产生了影响。从 19 世纪早期的港口建设、伊利诺伊—密歇根运河的开凿、铁路的扩建，到二战后高速公路和公共住房的建设，芝加哥人一直依赖华盛顿的慷慨资助来发展城市经济。到 20 世纪 80 年代末，联邦政府改革公共住房的尝试也塑造了这座城市。芝加哥再次转型，进入了一个崭新的时代。

在很大程度上，由后老戴利时期的政治混乱和郊区权力的增长造成的芝加哥政治的衰落似乎也被夸大了。事实上，芝加哥作为一座政治重镇已经开始复兴。虽然这座城市确实不再像它曾经吹嘘的那样拥有那么多的州代表和联邦代表，但它仍然拥有足够的影响力。戴利家族又重新出现在美国的政治舞台上，小戴利和他的兄弟比尔在 20 世纪 90 年代都成为国家政治生活中的重要人物。无论是在州选举中还是在国家选举中，人们都很难忽视这座城市的存在。2008 年，伊利诺伊州的州长来自芝加哥，而当时新当选的民主党总统巴拉克·奥巴马（Barack Obama）也是芝加哥南城区人，是白袜队的球迷。自西奥多·罗斯福以来，还没有哪位美国总统像奥巴马这样与一座城市如此紧密地联系在一起。当奥巴马发起历史性的竞选活动，不仅要成为第一位非裔美国总统，而且要成为第一位入主白宫的芝加哥人时，尽管有人批评他的政治背景和他与戴利家族的密切关系，但这恰恰证明，这些对他来说尤为重要。

　　2004 年，就在奥巴马成功当选美国参议员之前，辛西娅·亨德森 (Cynthia Henderson) 博士和她的丈夫普伦蒂斯·杰克逊 (Prentiss Jackson) 在一场筹款活动上欢迎了他。普伦蒂斯·杰克逊是安吉莉娜和乔治·杰克逊的儿子。乔治·杰克逊于 1952 年来到芝加哥，有关他的故事出现在本书第九章。

　　最重要的是，公众对芝加哥和美国城市的态度再次发生了变化。美国人对城市总是爱恨交加。在种族分裂的 20 世纪 60 年代以及之后的日子里，美国人对城市产生了反感；而到了 90 年代，城市开始重新变得有吸引力了。在这种转变中，芝加哥成为其中的主要城市之一。当学者们还在争论芝加哥是否真的是一座全球性的城市时，公众已经有了答案，资源和人力似乎都再次流向了这座喧嚣的中心城市。拥有着丰富的水资源和靠近全国农业中心这样得天独厚的地理优势，这座城市的未来可能再次取决于这些优势，因此，如何利用其"天然"的位置对这座城市的未来至关重要。南卢普区和其他社区现在正在蓬勃发展。正像在多个历史时期一样，芝加哥又一次经历了脱胎换骨般的变化。现在，它既是一座全球性的城市，也是一个总统诞生之地。希望这本书能够触及并部分地解释这些转变。

致

谢

尽管本书的大部分手稿写于我在哥伦比亚大学的办公室和位于南区的家中，但我在克拉科夫、巴黎、胡志明市和意大利时也在为这本书扩充内容。当我在牛津大学康平学堂做访问学者时，这本书的一大部分手稿就已经成形。当时的一位耶稣会成员 Gerry Hughes 博士的支持和友谊，让我至今记忆犹新和感激不尽。Peter Edmunds 博士曾经一边在牛津散步，一边向我解释板球运动；Clarence Gallagher 博士、Richard Randolph 神父、Michael Suarez 博士也慷慨地给予了我他们的友谊和支持。我的同事、牛津大学圣贝尼特学院哲学高级研究员和导师 Brian Klug 博士，为我安排了这次访问，使我有机会与更多学者建立联系，长期以来他一直是我的朋友、顾问和知己。

我在哥伦比亚大学芝加哥分校的同事们，尤其是前文理学院院长 Cheryl Johnson-Odim、现任多米尼加大学教务长 Steven

Kapelke 慷慨地为我提供了休假和延长假期福利，使我得以完成本书。现任文理学院院长 Deborah Holdstein 一直是这个项目的坚定支持者，并为本书提供了资助。人文教育系的主任 Lisa Brock 一直给予我支持和帮助，系行政助理兼办公室主任 Oscar Valdez 经常帮助我解决在写作本书过程中遇到的一些令人困扰的小问题，该部门的行政助理 Krista Macewko Rogers 确保许多事务性问题不会干扰我写作。

这份手稿得益于许多朋友和同事的仔细阅读和建议，尤其是 Perry Duis、Ann Durkin Keating、Arnold Hirsch、Sue Ellen Hoy、Ted Karamanski、Eileen McMahon、Walter Nugent、Mark Rose 和 Ellen Skerrett。还有一些人提供了建议、友好的批评和信息，包括 Roger Biles、Peter McLennon、Janice Reiff 和 Dorota Praszalowicz。此外，我还要感谢我的长期顾问和朋友 Leo Schelbert，他是一名博士生导师，一直激励着我和无数其他人。Richard Rosenthal、John Rosenthal、Lawrence Trickle、Ted Swigon、Zung Dao、Kim Dao、Neal Pagano、Adlar 一家、David H. Krause、Prentis Jackson 一家为我提供了照片、采访机会，我对他们表示感谢。我也非常感谢哥伦比亚大学图书馆学术研究副主任兼馆长 Jo Cates 和她手下的工作人员，他们为我提供了必要的研究帮助。我还要感谢芝加哥公共图书馆特别馆藏与保护部的工作人员。此外，斯珀图斯犹太研究所、芝加哥历史博物馆对我的帮助是最大的。拿撒勒圣玛丽医院档案馆的 Joseph Zurawski 也提供了插图和信息。芝加哥地区仁爱修女会的档案管理员 Joella Cunnane 修女提供了难得一见的照片。Robert Devens 是一位杰出的编辑和朋友，一个人很难同时肩负朋友和编辑的责任，而他不但都做到了，而且非常有耐心。我还要感谢 Bill Savage，他为我的书付出了辛勤的努力，并提出了建议，极大地改进了本书的终稿。最后要感谢的是几位读者：Laura Anderson、Anne Summers Goldberg、Mark Reschke、Emilie Sandoz 和芝加哥大学出版社出色而有礼貌的工作人员，没有他们也就不会有本书的出版。

如果没有我妻子——历史学家 Kathleen Alaimo 的鼓励，这一切也都是不可能实现的。她一直与我休戚与共，在人生的旅途中，再也找不到比她更好的朋友和合作者了，本书就是献给她的。我的两个孩子 Johanna 和 Beatrice 也全力支持我进行本书的写作。现在，当他们开启自己的学术之旅时，希望他们能够理解一本书的真正含义。

最后，我要感谢理查德·H. 德里豪斯基金会及其充满活力的执行董事 Sunny Fischer 先生。基金会慷慨地为本书的部分插图提供了资金。多年来，他们一直慷慨地支持那些铭记并保护芝加哥历史和建筑的人。

作为通常的免责声明的一部分，请允许我说，虽然我收到了很多建议，但我有时会忽略它们并仍按照自己的想法写作。因此，本书的优点来自学术界友人乐于提供的友好建议，任何错误自然都由我自己承担。

注
释

序言

[1] 至少有五本重要书籍专门介绍了一个街区——贫民集聚的后场社区，本书从这些作品中获得了不少二手资料。在我撰写书稿时，几乎每月都有更多类似书籍问世。因此，我搜集了更多原始材料来填补这些二手资料没有涉及的空白。虽然许多历史学家认为《芝加哥论坛报》是记录芝加哥历史的报纸，但实际上，许多优秀报纸都记录芝加哥的过往，如《芝加哥每日新闻》、《国际海洋日报》（*Daily Inter Ocean*）、《先驱美国人报》（*Herald-American*）和《太阳时报》（*Sun-Times*）。我只是有限地使用了这些资源，因此，希望对这座城市的历史感兴趣的读者能够更深入地探查芝加哥历史博物馆、芝加哥公共图书馆和中西部研究图书馆中心收藏的那些报纸。特别建议读者阅读《芝加哥外国语新闻调查》（*The Chicago Foreign Language Press Survey*），它能够提供这座城市的种族新闻资料，是一份不可多得的报告。

第一章

[1] 关于 Marquette 和 Jolliet 的旅程记载主要取自 Reuben Gold Thwaites 编辑、Jacques Marquette 撰写的 *Voyages of Marquette in the Jesuit Rela-tions* (Ann Arbor, Mich., 1966), 59。

[2] Donald L. Miller, *City of the Century: The Epic of Chicago and the Making of America* (New York, 1996), 45 - 47.

[3] Anka Muhlstein, *La Salle : Explorer of the North American Frontier*, trans. Willard Wood (New York, 1994), 87–88.

[4] Bessie Louise Pierce, *A History of Chicago : The Beginning of the City*, 1673–1848 (New York, 1937), 8–11. 这是一套三卷本研究成果中的第一卷。在后面的注释里，这三卷研究成果将分别被提及。

[5] W. J. Eccles, *France in America* (New York, 1972), 233–235. 想更清楚地了解法国人在伊利诺伊州的定居情况，请阅读 Roger Biles, *Illinois* (DeKalb, Ill., 2004)。

[6] de Sable 出生地也许是圣多明各，虽然有些资料说是海地的圣马克，甚或是蒙特利尔或皮奥里亚附近。

[7] 相关记载都很模糊。de Sable 常常被认为是在 1775 年或 1780 年来到芝加哥的，但并没有证据能够证明他是在美国独立战争结束前来到这座城市的。

[8] Jean Baptiste Point de Sable 的名字有很多拼法，本书沿用了芝加哥早期历史的最新研究中的常用拼法。Pierce, *History of Chicago*, I：I, 12, 和 Milo Milton Quaife, *Chicago and the Old Northwest*, *1673–1835* (reprint, Urbana, Ill., 2001), 138–142。有关 de Sable 对芝加哥影响的最新研究是 Christopher Robert Reed, Black Chicago's *First Century*, *1833–1900* (Columbia, Mo., 2005), 27–34；也许对 de Sable 生平探查最全面的当属 John F. Swenson 在由 Ulrich Danckers 和 Jane Meredith 编辑的 *A Compendium of the Early History of Chicago to the Year* 1835 *When the Indians Left* 一书中所写的 "Jean Baptiste Point de Sable：The Founder of Modern Chicago" (River Forest, Ill., 2004), 388–394。

[9] Pierce, *History of Chicago*, 1：12–13.

[10] Reed, *Black Chicago's First Century*, 29–30; Swenson, "Jean Baptiste de Sable."

[11] William H. Keating, Narrative of an Expedition to the Source of St. Peter's River：Lake Winnepeek, Lake of the Woods, &c., &c. (Philadelphia, 1824). 该探险发生在 1823 年。参见 Pierce, As Others See Chicago：Impressions of Visitors, 1673–1933 (Chicago, 1933 [2004]), 31–39 中的摘要。

[12] Pierce, *History of Chicago*, 1：16–37, 46; Dankers 和 Meredith, *Early Chicago*, 23–24; William Cronon, *Nature's Metropolis：Chicago and the Great West* (New York, 1991), 28. 有关芝加哥的贸易及其对环境影响的研究，最优秀的是 Cronon 的著作。

[13] Samuel A. Mitchell, *An Accompaniment to Mitchell's Reference and Distance Map of the United States* (Philadelphia, 1834), 315; Pierce, *As Others See Chicago*, 83.

［14］Dionysius Lardner, *Railway Economy: A Treatise on the New Art of Transport* (New York, 1850), 325.

［15］Robin L. Einhorn, *Property Rules: Political Economy in Chicago, 1833 - 1872* (Chicago, 1991); Pierce, *History of Chicago*, 1: 47.

［16］Miller, *City of the Century*, 70 - 71.

［17］*Chicago American*, June 13, 1835.

［18］*Chicago American*, July 27, 1835.

［19］Stewart H. Holbrook, *The Yankee Exodus* (Seattle, 1968), 68 - 70.

［20］Miller, *City of the Century*, 50.

［21］Jacqueline Peterson, "The Founding Fathers: The Absorption of French-Indian Chicago," in *Ethnic Chicago: A Multicultural Portrait*, ed. Melvin G. Holli and Peter d'A Jones (Grand Rapids, Mich. , 1995) .

［22］Ann Durkin Keating, *Building Chicago: Suburban Developers and the Creation of a Divided Metropolis* (Columbus, Ohio, 1988), 12 - 13; Ann Durkin Keating, *Chicagoland: City and Suburbs in the Railroad Age* (Chicago, 2005), 39 - 43.

［23］*Chicago Tribune*, January 24, 1876.

［24］*Daily Democrat*, September 16, 1852.

［25］Einhorn, *Property Rules*, 31 - 33; Keating, *Chicagoland*, 37 - 38.

［26］*Daily Democrat*, September 18, 1852.

［27］*Chicago Tribune*, December 28, 1850; "Our City" (quoted from *the Cleveland Herald*), *Chicago Tribune*, June 9, 1854; *Chicago Tribune*, May 20, 1856, June 26, 1858, January 25, 1856 (originally printed in *New York Tribune*) .

［28］*Chicago Tribune*, June 4, 1853, June 26, 1858; 要了解密歇根湖上帆船的历史，请参阅 Theodore J. Karamanski, *Schooner Passage: Sailing Ships and the Lake Michigan Frontier* (Detroit, 2001); 要了解帆船灾难事件，请参阅第五章。

［29］W. Williams, *Appleton's Railroad and Steamboat Companion* (New York, 1848), 299 - 301.

［30］Michael P. Conzen, "1848: The Birth of Modern Chicago," in *1848: Turning Point for Chicago, Turning Point for the Region*, ed. Michael P. Conzen, Douglas Knox, and Dennis H. Cremin (Chicago, 1998), 12 - 13; *Chicago Tribune*, December 28, 1850; *Daily Democrat*, September 22, 1852.

［31］Keating, *Chicagoland*, 52 - 61; "Points of the Great Triangle," *Chicago Tribune*, January 25, 1856.

［32］摘自 William Cronon, *Nature's Metropolis*, 155。关于木材贸易的大部分讨论摘自

该书第四章。

［33］*Chicago Tribune*, December 28, 1850, March 9, 1857; *Daily Democrat*, September 20, 1852.

［34］Cronon, *Nature's Metropolis*, chapter 3.

［35］*Chicago Tribune*, March 8, 1856.

［36］Holli 和 Jones 的 *Ethnic Chicago*, 15 中的 Michael P. Funchion, "Irish Chicago: Church, Homeland, Politics, and Class—the Shaping of an Ethnic Group, 1870 - 1900"。

［37］Ellen Skerrett, "The Catholic Dimension," in *The Irish in Chicago* ed. Lawrence J. McCaffrey, Ellen Skerrett, Michael F. Funchion, and Charles Fanning (Urbana, Ill., 1987), 23. 此书是研究居住在芝加哥的爱尔兰移民的经典之作。

［38］Michael F. Funchion, "Political and Nationalist Dimensions," in McCaffrey et al., *The Irish in Chicago*, 61 - 62.

［39］*Chicago Tribune*, April 21, 1852, March 18, 1856.

［40］Christiane Harzig, "Germans," in *The Encyclopedia of Chicago*, ed. James R. Grossman, Ann Durkin Keating, Janice L. Reiff (Chicago, 2004), 333 - 336.

［41］Anita Olson Gustafson, "Swedes," in Grossman et al., *Encyclopedia of Chicago*, 805 - 806; Ulf Beijbom, *Swedes in Chicago: A Demographic and Social Study of the 1846 - 1880 Immigration* (Stockholm, 1971).

［42］"From the Voss Correspondence Society of Chicago to Friends in the Fatherland," in *Land of Their Choice: The Immigrants Write Home*, ed. Theodore C. Blegen (Minneapolis, 1955), 201 - 202.

［43］要了解圣乔治协会的各类活动，请参阅 *Chicago Tribune*, May 2, 1861, September 24, 1861, March 26, 1864, March 27, 1864, May 25, 1866, June 5, 1866, October 4, 1870, July 26, 1871。

［44］Ann Kelly Knowles, "Welsh," in Grossman et al., *Encyclopedia of Chicago*, 868 -869; *Chicago Tribune*, December 12, 1872, August 2, 1875, October 19, 1876, March 3, 1854.

［45］June Skinner Sawyers, "Scots," in Grossman et al., *Encyclopedia of Chicago*, 743; *Chicago Tribune*, December 2, 1852, December 3, 1852, December 2, 1857.

［46］*Chicago Tribune*, April 9, 1856.

［47］*Daily Democrat*, September 28, 1852.

［48］*Chicago Tribune*, June 18, 1853, November 18, 1853, December 2, 1853, January 1, 1856. 仔细阅读报纸上的广告就能了解 19 世纪 50 年代时湖滨大道上的各类商

店和服务。

[49] *Chicago Tribune*, July 11, 1857.

第二章

[1] *Chicago Tribune*, June 12, 1855.

[2] Robert Ozanne, *A Century of Labor-Management Relations at McCormick and International Harvester* (Madison, Wisc., 1967), xv‐xvi, 3‐4.

[3] *Chicago Tribune*, April 6, 1859.

[4] *Chicago Tribune*, January 2, 1854.

[5] 例见 *Chicago Tribune*, April 23, 1849, February 5, 1859 中的广告。

[6] *Chicago Tribune*, January 29, 1857.

[7] *Chicago Tribune*, May 11, 1859.

[8] *Chicago Tribune*, July 2, 1858.

[9] Robin L. Einhorn, *Property Rules: Political Economy in Chicago, 1833 -1872* (Chicago, 1991), 68-75.

[10] *Chicago Tribune*, December 28, 1850.

[11] Harold L. Platt, *Shock Cities: The Environmental Transformation and Reform of Manchester and Chicago* (Chicago, 2005), 78‐80. 关于 1857 年的洪灾，参见 *Chicago Tribune*, February 9 and 10, 1857。

[12] Einhorn, *Property Rules*, 133-137; Platt, *Shock Cities*, 109-113.

[13] Platt, *Shock Cities*, 148.

[14] 相关详细讨论参见 Platt, *Shock Cities* 135-157。

[15] Arnie Bernstein, *The Hoofs and Guns of the Storm: Chicago's Civil War Connections* (Chicago, 2003), 28-30.

[16] Theodore J. Karamanski, *Rally 'Round the Flag: Chicago and the Civil War* (Chicago, 1993), 34‐35. 此处很好地总结了芝加哥在林肯竞选和内战中的作用。

[17] Bernstein, *Hoofs and Guns of the Storm*, 31‐33.

[18] Bessie Louis Pierce, *History of Chicago: From Town to City, 1848 -1871* (New York, 1940), 2: 246‐247.

[19] Karamanski, *Rally 'Round the Flag*, 19‐31, 36.

[20] *Chicago Tribune*, June 2, 1860, November 8, 1860, November 15, 1860, November 27, 1860, April 26, 1862, November 14, 1869.

[21] Pierce, *History of Chicago*, 2: 246‐250; Karamanski, *Rally 'Round the Flag*, 60‐65.

[22] Bernstein, *Hoofs and Guns of the Storm*, 110 – 115.

[23] Pierce, *History of Chicago*, 2: 255 – 262; Karamanski, *Rally 'Round the Flag*, 66 – 92.

[24] Karamanski, *Rally 'Round the Flag*, chapter 4.

[25] Karamanski, *Rally 'Round the Flag*, chapter 5; Bernstein, *Hoofs and Guns of the Storm*, 202 – 206.

[26] Karamnaski 在 *Rally 'Round the Flag* 一书的第 5 章中详细介绍了很多参与者施展的计谋。

[27] Karamanski, *Rally 'Round the Flag*, 189 – 197.

[28] *Chicago Tribune*, May 15, 1861.

[29] Karamanski, *Rally 'Round the Flag*, 160 – 163.

[30] *Chicago Tribune*, January 30, 1862.

[31] *Chicago Tribune*, January 12, 1861, January 16, 1861, March 30, 1861, October 17, 1861.

[32] *Chicago Tribune*, July 27, 1863.

[33] *Chicago Tribune*, December 3, 1864.

[34] *Chicago Tribune*, August 5, 1863, August 23, 1865; "Manufacturers of Chicago," *Chicago Tribune*, September 29, 1865.

[35] *Chicago Tribune*, January 17, 1865.

[36] *Chicago Tribune*, January 13, 1865, January 15, 1865, January 24, 1865; *Act of Incorporation and By-Laws of the Union Stock Yard and Transit Co.* (Chicago, 1865).

[37] Louise Carroll Wade, *Chicago's Pride: The Stockyards, Packingtown, and Environs in the Nineteenth Century* (Urbana, Ill., 1987), 11 – 15. 该书详细介绍了芝加哥作为肉类加工中心的早期发展史。

[38] Wade, *Chicago's Pride*, 47 – 54; Chicago Commission on Historical Landmarks, *Report on the Union Stock Yard Gate* (Chicago, 1971), 4; *Chicago Tribune*, January 1, 2, 1866; William Parkhurst, *History of the Yards, 1865 –1953* (Chicago, 1953), 12.

[39] "First Stock at New Union Yard" (typescript), Stock Yard Collection, Special Collections, University of Illinois at Chicago; Charles R. Koch, "A Country Fair Everyday," *Farm Quarterly* (Spring 1965), 80 – 83, 157 – 158; Union Stock Yard and Transit Co., *81st Annual Livestock Report, 1946* (Chicago, 1946); *Drover's Journal Yearbook of Figures, 1939* (Chicago, 1939), 195; Chicago Commission

on Historical Landmarks, *Report on the Union Stock Yard Gate*, 5.

[40] Wade, *Chicago's Pride*, 65 – 66.

[41] Bertram B. Fowler, *Men, Meat and Miracles* (New York, 1952), 53; Louis F. Swift, in collaboration with Arthur Van Vlissingen, Jr. , *The Yankee of the Yards* (Chicago, 1927), 185 – 192.

[42] Phyllis Bate, "The Development of the Iron and Steel Industry of the Chicago Area," (Ph. D. diss. , University of Chicago, 1949), 10 – 13; Victor Windett, " The South Works of the Illinois Steel Industry," *Journal of the Western Society of Engineers* 3 (Chicago, 1898): 789 – 793, 808; John B. Appleton, "The Iron and Steel Industry of the Calumet Region—a Study in Economic Geography," (Ph. D. diss. , University of Chicago, 1925), iii – iv; William H. Rowan, "History of South Chicago" (typescript), Stephen Stanley Bubacz Collection, University of Illinois at Chicago, Urban Archives, folder 161, p. 9. ; Gladys Priddy, "South Chicago" in Rev. Alfred Abramowicz, *Diamond Jubilee, Immaculate Conception, B. V. M. Parish, 1882 – 1957* (Chicago, 1957), 23.

[43] Harold M. Mayer and Richard C. Wade, *Chicago: Growth of a Metropolis* (Chicago, 1969), 184 – 186.

[44] Joseph L. Arnold, "Riverside," in James R. Grossman, Ann Durkin Keating, and Janice L. Reiff, *The Encyclopedia of Chicago History* (Chicago, 2004), 712.

[45] Ann Durkin Keating, *Chicagoland: City and Suburbs in the Railroad Age* (Chicago, 2005), 148 – 150.

[46] Mabel NcIlvaine, ed. , *Reminiscences of Chicago during the Forties and Fifties*, (Chicago, 1913), 76.

第三章

[1] *Chicago Daily News*, July 7, 1877.

[2] Jevne's letter is reprinted in Bessie Louis Pierce, *As Others See Chicago: Impressions of Visitors, 1673 – 1933* (Chicago, 1933 [2004]), 176 – 179. Odd S. Lovoll, *A Century of Urban Life: The Norwegians in Chicago before 1930* (Chicago, 1988), 80 – 82.

[3] Stewart H. Holbrook, *The Yankee Exodus* (Seattle, 1968), 71; Bessie Louis Pierce, Chicago (Chicago, 1940), 2: 150 – 155; Lovoll, *A Century of Urban Life*, 24.

[4] Harold M. Mayer and Richard C. Wade, *Chicago: Growth of a Metropolis* (Chica-

go, 1969), 54.

[5] Mabel NcIlvaine, ed. , *Reminiscences of Chicago during the Forties and Fifties*, (Chicago, 1913), 59 - 66.

[6] "Chicago Surface Lines—History," http: //hometown. aol. com/chictafan/ctabhist. html (June 21, 2004) .

[7] Dominic A. Pacyga and Ellen Skerrett, *Chicago: City of Neighborhoods* (Chicago, 1986), 165 - 169.

[8] A communard's justification for the burning of Paris: Lissagray, *Les Huit Journées de mai*, 102 - 104, quoted in Stewart Edwards, ed. , *The Communards of Paris, 1871* (Ithaca, N. Y. , 1973), 168.

[9] Carl Smith, *Urban Disorder and the Shape of Belief: The Great Chicago Fire, The Haymarket Bomb, and the Model Town of Pullman* (Chicago, 1995), 19.

[10] Donald Miller, *City of the Century: The Epic of Chicago and the Making of America* (New York, 1996), 161 - 162.

[11] Karen Sawislak, *Smoldering City: Chicagoans and the Great Fire, 1871 -1874* (Chicago, 1995), 46 - 48, 29; Carl Smith, *Urban Disorder and the Shape of Belief*, 22, 47.

[12] Sawislak, *Smoldering City*, 69; Maureen A. Flanagan, *Seeing with Their Hearts: Chicago Women and the Vision of the Good City, 1871 -1933* (Princeton, N. J. , 2002), 20 - 30.

[13] Perry Duis, *Chicago: Creating New Traditions* (Chicago, 1976), 17.

[14] Bessie Louis Pierce, *Chicago* (Chicago, 1957), 3: 7.

[15] *Illinois Staats-Zeitung*, May 2 and 3, 1867, translated and reprinted in Hartmut Keil and John B. Jentz, eds. , *German Workers in Chicago: A Documentary History of Working-Class Culture from 1850 to World War I* (Urbana, Ill. , 1988), 254 - 257; Pierce, *Chicago*, 2: 171 - 179; Richard Schneirov, *Labor and Urban Politics: Class Conflict and the Origins of Modern Liberalism in Chicago, 1864 - 1897* (Urbana, Ill. , 1998), 18, 35; Carl Smith, *Urban Disorder and the Shape of Belief*, 103; Sawislak, *Smoldering City*, 174 - 190, 207 - 210.

[16] Jonathan J. Keyes, "The Forgotten Fire," *Chicago History*, Fall 1997, 52 - 65; Schneirov, *Labor and Urban Politics*, 56 - 57.

[17] *Chicago Daily News*, July 24, 1877.

[18] Carl Smith, *Urban Disorder and the Shape of Belief*, 107 - 109; Paul Avrich, *The Haymarket Tragedy* (Princeton, N. J. , 1984), 26 - 34. 如要了解此次罢工的情况，请参见 *Chicago Daily News*, from July 20 to July 27, 1877。

[19] *Chicago Daily News*，July 27，1877.

[20] 引自 Avrich，*Haymarket*，60。

[21] 引自 Avrich，*Haymarket*，167。

[22] Carl Smith，*Urban Disorder and the Shape of Belief*，111 - 115；Avrich，*Haymarket*，144 - 149.

[23] *Chicago Tribune*，July 1，1885，July 2，1885.

[24] Schneirov，Labor and Urban Politics，168 - 173.

[25] 引自 Avrich，*Haymarket*，185。

[26] 引自 Avrich，*Haymarket*，194。

[27] 全部引自 Avrich，*Haymarket*，197 - 209。

[28] 事件完整描述参见 Avrich，*Haymarket*，特别是第 16、17 章。

[29] 参见 Carl Condit，*The Chicago School of Architecture：A History of Commercial and Public Building in the City Area*，1875 - 1925 (Chicago，1964)，80 - 81.

[30] Daniel Bluestone，*Constructing Chicago* (New Haven，Conn. ，and London，1991)，108 - 115.

[31] 此处皆引自 Pierce，*As Others See Chicago*，230，252，289. Arnold Lewis 深入调查过欧洲人对芝加哥的不同反应，参见其 *An Early Encounter with Tomorrow：Europeans，Chicago's Loop，and the World's Columbian Exposition* (Urbana，Ill. ，1997)；而芝加哥人对发展速度的观点，可参见第 57 页内容。

[32] David M. Solzman，*The Chicago River：An Illustrated History and Guide to the River and Its Waterways* (Chicago，1998)，：30 - 33；Lewis，*An Early Encounter*，25 - 29；Pierce，*As Others See Chicago*，252；Miller，*City of the Century*，426.

[33] Lewis，*An Early Encounter*，30 - 31.

[34] William T. Stead，*If Christ Came to Chicago* (Chicago，1894)，247 - 252；Herbert Asbury，*Gem of the Prairie* (Garden City，N. Y. ，1942)，135 - 141，171 - 176；Norman Mark，*Mayors，Madams，and Madmen* (Chicago，1979)，14；Gilian M. Wolf，Everleigh，"Ada and Everleigh，Minna，" in *Women Building Chicago，1790 - 1990：A Biographical Dictionary*，ed. Rima Lunin Schultz and Adele Hast (Bloomington，Ind. ，2001)，：253 - 255. The classic study of the Levee is Lloyd Wendt and Herman Kogan，*Bosses of Lusty Chicago* (Bloomington，Ind. ，1971) 以 *Lords of the Levee* 为名于 1943 年发表。最近的作品 Karen Abbott，*Sin and the Second City：Madams，Ministers，Playboys，and the Battle for America's Soul* (New York，2007) 是一则有关 Everlegh 姐妹和 Levee 的新闻报道。

第四章

[1] Daniel Rodgers, *Atlantic Crossings: Social Politics in a Progressive Age* (Cambridge, Mass. , 1998); Dominic A. Pacyga, *Polish Immigrants and Industrial Chicago: Workers on the South Side, 1880 - 1922* (Chicago, 2003); Carl Condit, *The Chicago School of Architecture: A History of Commercial and Public Building in the Chicago Area, 1875 - 1925* (Chicago, 1964).

[2] 我对芝加哥西区的这种解读，很大程度上要归功于与 Ellen Skerrett 女士的多次对话。她向我提供了很多信息来源，并无偿分享了她所知道的关于西区爱尔兰裔居民和简·亚当斯的知识。

[3] *Chicago Tribune*, February 13, 1898.

[4] *Chicago Tribune*, February 24, 1889.

[5] 有关古斯岛的内容，参见 Perry R. Duis, *Challenging Chicago: Coping with Everyday Life, 1837 - 1920* (Urbana, Ill. , 1998), chapter 4; Schaack 的引述见于 104 页。

[6] Rev. Harry C. Koenig, ed. , *A History of the Parishes of the Archdiocese of Chicago* (Chicago, 1980) 1: 751 - 754; Ellen Skerrett, "Creating Sacred Space in an Early Chicago Neighborhood," in Ellen Skerrett, *At the Crossroads: Old Saint Patrick's and the Chicago Irish* (Chicago, 1997), 21 - 38.

[7] Ellen Skerrett, "The Irish of Chicago's Hull-House Neighborhood," *Chicago History*, 30, no. 1 (Summer 2001): 22 - 63; 另见 Michael A. Marcotte, "Holy Family Church," *Chicago History*, 22, no. 3, (November 1993): 38 - 51 的摄影随笔。

[8] *Lakeside Annual Directory of the City of Chicago, 1874 - 1875* (Chicago, 1874), 70 - 71, 79.

[9] Robert P. Swierenga, *Dutch Chicago: A History of the Hollanders in the Windy City* (Grand Rapids, Mich. , 2002), 7 - 30.

[10] Jan Habenicht, *Dějiny Čechův Amerických* (St. Louis, 1910), 566 - 567; Alice G. Masaryk, "The Bohemians in Chicago," *Charities*, December 3, 1904, 206; Joseph Slabey Roucek, "The Passing of American Czechoslovaks," *American Journal of Sociology*, March 1934, 612; *Lakeside Annual Directory, 1874 - 1875*, 70 - 71; *The Lakeside Annual Directory of the City of Chicago, 1886* (Chicago, 1886), 45, 55, 60.

[11] Irving Cutler, *The Jews of Chicago: From Shtetle to Suburb* (Urbana, Ill. , 1996), 72 - 91.

[12] Koenig, A History of the Parishes of the Archdiocese of Chicago, 1: 80 - 85, 724;

Chicago Tribune, September 23, 1895, 8.

［13］ *Chicago Tribune*, February 13, 1898.

［14］ Stanley Buder, *Pullman: An Experiment in Industrial Order and Community Planning*, *1880 - 1930*（New York, 1967）, chapters 1 and 2. 数据参见 "The Development of the Sleeping Car," *Manufacturer and Builder* 25, no. 8（August 1894）: 176 - 177。

［15］ Carl Smith, *Urban Disorder and the Shape of Belief: The Great Chicago Fire, the Haymarket Bomb, and the Model Town of Pullman*（Chicago, 1995）, 193 - 200, quote on p. 195.

［16］ Richard T. Ely, "Pullman: A Social Study," *Harper's New Monthly Magazine*, 70, no. 417（February 1885）: 452 - 466.

［17］ Janice L. Reiff, "A Modern Lear and His Daughters: Gender in the Model Town of Pullman," in *The Pullman Strike and the Crises of the 1890s: Essays on Labor and Politics*, ed. Richard Schneirov, Shelton Stromquist, and Nick Salvatore（Urbana, Ill. , 1999）, 65 - 86.

［18］ Ely, "Pullman," 464 - 465.

［19］ Victoria Bissell Brown, *The Education of Jane Addams*（Philadelphia, 2004）, 该书全面研究了简·亚当斯的早年生活。

［20］ 参见 Maureen A. Flanagan, *Seeing with their Hearts: Chicago Women and the Vision of the Good City*, *1871 - 1933*（Princeton, N. J. , 2002）, especially chapter 2。

［21］［Rev. ］David Swing, "A New Social Movement," *Chicago Evening Journal*, June 8, 1889, 4.

［22］ *Chicago Tribune*, April 28, 1895, 47.

［23］ 伊利诺伊大学芝加哥分校创建了一个优秀的网站 http: //www. uic. edu/jaddams/hull/ urbanexp/, 专门介绍赫尔馆其居民的情况：Urban Experience in Chicago: Hull House and Its Neighborhoods, 1889 - 1963；Perry R. Duis 在其 *Chicago: Creating New Traditions*（Chicago, 1976）一书的 57～81 页对城市改革运动给出了最出色、最简洁的解释。

［24］ 简·亚当斯于 1891 年 12 月 3 日向芝加哥妇女俱乐部发表的演讲 "Outgrowths of Toynbee Hall", 见于网站 http: //www. uic. edu/jaddams/hull/urbanexp/。

［25］ Mary Jo Deegan, *Jane Addams and the Men of the Chicago School*, *1892 - 1918*（New Brunswick, N. J. , 1990）对简·亚当斯在创立现代社会学过程中的贡献进行了出色的研究, 其中的第 2 章专门介绍了社会福利机构在性别差异方面的对策。

［26］ 参见 Urban Experience in Chicago Web 网站上的时间表；另见 Allen F. Davis and

Mary Lyn McCree, eds. , *Eighty Years at Hull House* (Chicago, 1969), 22。

[27] Rivka Shpak Lissak, *Pluralism & Progressivism: Hull House and the New Immi-grants, 1880 - 1919* (Chicago, 1989)，第 22 页上针对简·亚当斯和赫尔馆的批评极富争议性。

[28] Lissak, *Pluralism & Progressivism*；尤其参见 chapter 3。

[29] *Zgoda*, April 15, 1897; *Dziennik Chicagoski*, October 19, 1894.

[30] Jane Addams, "Why the Ward Boss Rules," *Outlook* 58, no. 15 (April 2, 1898):
879 - 882.

[31] Gerald R. Larson, "The Iron Skeleton Frame: Interactions between Europe and the United States," in *Chicago Architecture, 1872 - 1922: Birth of a Metropolis*, ed. John Zukowsky (Munich, 2000), 39 - 55.

[32] Carl Condit, *The Chicago School of Architecture: A History of Commercial and Public Building in the City Area, 1875 - 1925* (Chicago, 1964), 28 - 30, 79 - 94.

[33] Condit, *The Chicago School*, 31 - 34.

[34] Lewis, *An Early Encounter*, 61 - 62. Pierce, 其余参见 *Chicago*, 291 - 294.

[35] Joseph M. Siry, *The Chicago Auditorium Building: Adler and Sullivan's Architecture and the City* (Chicago, 2002), 9 - 11, 15, 29, 99 - 101.

[36] Siry, *Chicago Auditorium Building*, 123 - 127, 151; Duis, *Creating New Tradi-tions*, 23 - 24.

[37] Condit, *The Chicago School*, 43 - 47.

[38] Commission on Chicago Historical and Architectural Landmarks, *The Rookery* (Chicago, 1972); Condit, *The Chicago School*, 22, 65 - 69.

[39] George A. Lane, *Chicago Churches and Synagogues: An Architectural Pilgrimage* (Chicago, 1981), 52 - 53.

[40] Louis P. Cain, "Annexation," in *The Encyclopedia of Chicago History*, ed. James R. Grossman, Ann Durkin Keating, and Janice L. Reiff (Chicago, 2004), 21 - 23.

[41] Charles Moore, *Daniel H. Burnham: Architect, Planner of Cities* (New York, 1968 [reprint of 1921 version]), 31 - 44.

[42] James Gilbert, *Perfect Cities: Chicago's Utopias of 1893* (Chicago, 1991), chap-ter 4.

[43] *Chicago Tribune*, October 29, 1893.

[44] Gilbert, *Perfect Cities*, 162 - 163.

[45] Buder, *Pullman*, chapter 12 and pp. 168 - 169; Almont Lindsey, *The Pullman Strike: The Story of a Unique Experiment and of a Great Labor Upheaval* (Chica-

go，1967），122 - 126.

[46] Buder，*Pullman*，chapters 13 - 16.

[47] Gilbert，*Perfect Cities*，193 - 199；Anita Olson Gustafson，"North Park: Building a Swedish Community in Chicago," *Journal of American Ethnic Studies* 22，no. 2 (Winter 2003)：31 - 49.

第五章

[1] David Brody，*Steelworkers in America: The Non-Union Era*（New York，1969）；Raymond A. Mohl and Neil Beitten，*Steel City: Urban and Ethnic Patterns in Gary，Indiana，1906 - 1950*（New York，1986）.

[2] Andrew Wender Cohen，*The Racketeer's Progress: Chicago and the Struggle for the Modern American Economy，1900 - 1940*（Cambridge，2004），108 - 119.

[3] Daniel T. Rodgers，*Atlantic Crossings: Social Politics in a Progressive Age*（Cambridge，1998），74 - 75.

[4] 参见 James R. Barrett，*Work and Community in the Jungle: Chicago's Packinghouse Workers，1894 - 1922*（Urbana，Ill. ，1987），131 - 137，165 - 182；David Brody，*The Butcher Workmen: A Study in Unionization*（Cambridge，1964），42；Dominic A. Pacyga，*The Polish Worker and Industrial Chicago: Workers on the South Side*（Chicago，2003），169 - 180.

[5] Allan Spear，*Black Chicago: The Making of a Negro Ghetto，1890 - 1920*（Chicago，1967），36 - 39.

[6] Dominic A. Pacyga，"Chicago's Ethnic Neighborhoods: The Myth of Stability and the Reality of Change," in *Ethnic Chicago*，3rd ed. ，ed. Melvin G. Holli and Peter d'A. Jones（Grand Rapids，Mich. ，1995），604 - 617.

[7] 关于酒吧方面的探讨，参见 Perry R. Duis，*The Saloon: Public Drinking in Chicago and Boston，1880 - 1920*（Urbana，Ill. ，1983）。而关于酒吧与青少年犯罪问题，参见 Albert Ellis Webster，"The Relation of the Saloon to Juvenile Delinquency"（B. A. thesis，University of Chicago，1912）。

[8] Kenneth Finegold，*Experts and Politicians: Reform Challenges in New York，Cleveland，and Chicago*（Princeton，N. J. ，1995），20 - 25，127；Melvin G. Holli，*Reform in Detroit: Hazen S. Pingree and Urban Politics*（New York，1969），书中提供的重要模型可用以研究那些自称为"结构与社会改革者"的进步主义时代的改革派人士。

[9] Edward R. Kantowicz，"Carter H. Harrison II: The Politics of Balance," in *The Mayors:*

The Chicago Political Tradition , ed. Paul M. Green and Melvin G. Holli （Carbondale, Ill. , and Edwardsville, Ill. , 1987）, 16 - 21.

[10] James L. Merriner, *Grafters and Goo Goos : Corruption and Reform in Chicago* , *1833 - 2003* （Carbondale, Ill. , 2004）, 61 - 88.

[11] Richard Allen Morton, *Justice and Humanity : Edward F. Dunne, Illinois Progressive* （Carbondale, Ill. , 1997）, 9 - 10; Paul Barrett, *The Automobile and Urban Transit : The Formation of Public Policy in Chicago* , *1900 - 1930* （Philadelphia, 1983）, 21.

[12] Barrett, *The Automobile and Urban Transit* , 20 - 23.

[13] Morton, *Justice and Humanity* , 1 - 4; John D. Buenker, "Edward F. Dunne : The Limits of Political Reform," in Green and Holli, eds. , *The Mayors* , 33 - 37.

[14] Andrew Wender Cohen, *The Racketeer's Progress : Chicago and the Struggle for the Modern American Economy* , *1900 - 1940* （Cambridge, 2004）, 111 - 119; Steven L. Piott, "The Chicago Teamsters' Strike of 1902 : A Community Confronts the Beef Trust," *Labor History* 26, no. 2 （Spring 1985）: 250 - 267.

[15] Morton, *Justice and Humanity* , 17 - 18.

[16] Morton, *Justice and Humanity* , 35; Buenker, "Edward F. Dunne," 40 - 41.

[17] Buenker, "Edward F. Dunne," 42 - 49.

[18] Maureen Flanagan, "Fred A. Busse : A Silent Mayor in Turbulent Times," in Green and Holli, eds. , *The Mayors* , 50 - 60.

[19] Howard E. Wilson, *Mary McDowell : Neighbor* （Chicago, 1928）, chapter 7.

[20] 有关儿童权利发展的概述，参见 Kathleen Alaimo, "Historical Roots of Children's Rights in Europe and the United States," in *Children as Equals : Exploring the Rights of the Child* , ed. Kathleen Alaimo and Brian Klug （Lanham, Md. , New York, and Oxford, 2002）, 1 - 24。

[21] Florence Kelley, "The Illinois Child Labor Law," *American Journal of Sociology* 3 （January 1898）: 492 - 495; *Eight Annual Report of the Factory Inspectors of Illinois for the Year Ending December 15* , *1900* （Springfield, Ill. , 1901）, 21 - 26; John R. Commons, "Labor Conditions in Meat Packing and the Recent Strike," *Quarterly Journal of Economics* 19 （November 1904）: 24; Florence Kelley, "The Working Boy," *American Journal of Sociology* 2 （November 1896）: 363.

[22] Kathryn Kish Sklar, *Florence Kelley and the Nation's Work* （New Haven, Conn. , 1995）, 237 - 242.

[23] Anthony M. Platt, *The Child Savers : The Invention of Delinquency* （Chicago,

1969), 3 - 10, 33 - 38.

[24] David Spinoza Tanenhous, "Policing the Child: Criminal Justice in Chicago, 1870 - 1925," 2 vols. (Ph. D. diss. , University of Chicago, 1997), 1: 1 - 9, 136 - 139, 153 - 164.

[25] Victoria Getis, *The Juvenile Court and the Progressives* (Urbana, Ill. , 2000), 书中详细介绍了法院的创立及其对进步主义思想的作用。

[26] 有关市级法院的探讨主要基于 Michael Willrich, *City of Courts: Socializing Justice in Progressive Era Chicago* (Cambridge, 2003)。

[27] 关于宪章改革的精辟探讨, 参见 Maureen A. Flanagan, *Charter Reform in Chicago* (Carbondale, Ill. , 1987)。

[28] Charles Zueblin, "Municipal Playgrounds in Chicago" *American Journal of Sociology* (September 1898): 146 - 148.

[29] *Chicago Record-Herald*, June 1, 1902, Chicago Park District (CPD) Clippings, Vol. 2.

[30] Galen Cranz, *The Politics of Park Design: A History of Urban Parks in America* (Cambridge, 1984), 63.

[31] *Chicago Tribune*, February 5, 1904, CPD Clippings, Vol. 3. ; Cranz, *Politics of Park Design*, 87.

[32] Untitled, undated ms. , Page B, CPD Clippings, Vol. 3.

[33] *The West Parks and Boulevards of Chicago* (Chicago, 1913) .

[34] Daniel Burnham and Edward Bennett, *Plan of Chicago* (Chicago, 1909), 4 - 6.

[35] Robin F. Bachin, *Building the South Side: Urban Space and Civic Culture in Chicago, 1890 - 1919* (Chicago, 2003), 171 - 192.

[36] Perry R. Duis, *Chicago: Creating New Traditions* (Chicago, 1976), 52 - 53.

[37] Burnham and Bennett, *Plan of Chicago*, 32 - 42.

[38] Bachin, *Building the South Side*, 197 - 199.

[39] Duis, *Chicago: Creating New Traditions*, 53 - 55; Ellen Skerrett, "It's More than a Bungalow: Portage Park and the Making of the Bungalow Belt," in *The Chicago Bungalow*, ed. Dominic A. Pacyga and Charles Shanabruch (Chicago, 2001), 99.

[40] Sophonisba Breckinridge and Edith Abbott, "Chicago Housing Conditions IV: The West Side," *American Journal of Sociology*, 17, no. 1 (July 1911): 1 - 34. 虽然本节的大部分以该文为基础, 但 Breckenridge 与 Abbott 在 1910—1915 年的 *Journal of American Sociology* 杂志上发表的一系列相关文章也提供了帮助。

[41] Lloyd Wendt and Herman Kogan, *Big Bill of Chicago* (Indianapolis, 1953),

13 -33.

[42] Douglas Bukowski, *Big Bill Thompson*, *Chicago*, *and the Politics of Image* (Urbana, Ill. , 1998), 18 - 30. 这是 William Hale Thompson 最好的传记。另见 Douglas Bukowski, "Big Bill Thompson: The 'Model Politician,' " in Green and Holli, eds. , *The Mayors*, 61 - 81。

[43] Bukowski, *Big Bill Thompson*, 45 - 48.

[44] Wendt and Kogan, *Big Bill of Chicago*, 141 - 143.

[45] Bukowski, *Big Bill Thompson*, 25, 38 - 40, 52, 67.

第六章

[1] Glen E. Holt and Dominic A. Pacyga, *Chicago: A Historical Guide to the Neighborhoods; The Loop and South Side* (Chicago, 1979), 143; James L. Reidy, *Chicago Sculpture* (Urbana, Ill. , 1981), 221 - 222.

[2] Mary Jo Deegan, *Jane Addams and the Men of the Chicago School*, *1892 -1918* (New Brunswick, N. J. , 1990), 82; *Chicago Tribune*, March 3, 1908. For the police version of the Averbach affair, 参见 Richard C. Lindberg, *To Serve and Collect: Chicago Politics and Police Corruption from the Lager Beer Riot to the Summerdale Scandal* (New York, 1991), 104。另见 Rivka Shpak Lissak, *Pluralism and Progressives: Hull House and the New Immigrants*, *1890 -1919* (Chicago, 1989), 91 -92; Walter Roth and Joe Kraus, *An Accidental Anarchist* (San Francisco, 1998)。

[3] 关于该部分的探讨，参见 Dominic A. Pacyga, "To Live amongst Others: Poles and Their Neighbors in Industrial Chicago, 1865 - 1930", *Journal of American Ethnic History* (Fall 1996): 55 - 74。

[4] Thomas J. Jablonsky, *Pride in the Jungle: Community and Everyday Life in Back of the Yards Chicago* (Baltimore, 1993), 103 - 105.

[5] 有关芝加哥酒馆的详尽描述，参见 Perry R. Duis, *The Saloon: Public Drinking in Chicago and Boston*, *1880 -1920* (Urbana, Ill. , 1983)。

[6] Dominic A. Pacyga, "Chicago's Pilsen Park and the Struggle for Czechoslovak Independence" 一文介绍了皮尔森公园的发展史及一战期间捷克社区的一些大事件，收录在 Leo Schelbert 和 Nick Ceh 编撰 *Essays in Russian and East European History: A Festschrift for Edward C. Thaden* (Boulder, Colo. , 1995), 117 - 129。

[7] Lloyd Wendt and Herman Kogan, *Big Bill of Chicago* (Indianapolis, 1954), 149 -150.

［8］ *Chicago Tribune*, February 27, 1916.

［9］ 此处关于一战的讨论主要基于 Melvin G. Holli, "The Great War Sinks Chicago's German Kultur" in *Ethnic Chicago*, ed. Melvin G. Holli and Peter d'A. Jones (Grand Rapids, Mich. , 1984), 460。

［10］ Edward R. Kantowicz, *Corporation Sole : Cardinal Mundelein and Chicago Catholicism* (NotreDame, Ind. , 1983), 10 - 11.

［11］ *Chicago Tribune*, February 11, 1916, February 13, 1916.

［12］ *Chicago Tribune*, February 13, 1916.

［13］ *Chicago Tribune*, for the following dates: February 14 - 21 and 26, 1916; March 17, 1916; May 16, 1916.

［14］ Rev. Msgr. Harry C. Koenig, S. T. D. , ed. , *A History of the Parishes of the Archdiocese of Chicago* (Chicago, 1980), 2: 968 - 971.

［15］ *Chicago Tribune*, March 2, 1916.

［16］ Koenig. , ed. , *A History of the Parishes of the Archdiocese of Chicago*, 1: 353 - 356.

［17］ *Chicago Tribune*, March 3, 1916, March4, 1916.

［18］ Wendt and Kogan, *Big Bill of Chicago*, 149 - 160, 161 - 171; Bukowski, *Big Bill Thompson*, 66 - 67.

［19］ Holli, "The Great War," 490 - 511.

［20］ James S. Pula, "A Branch Cut Off from Its Trunk—the Affects of Immigration Restriction onAmerican Polonia," *Polish American Studies*, 61, no. 1 (Spring 2004): 40.

［21］ William Z. Foster, *American Trade Unionism* (New York, 1970), 21 - 23; James R. Barrett, *Work and Community in the Jungle : Chicago's Packinghouse Workers, 1894 -1922* (Urbana, Ill. , 1987), 142.

［22］ Dominic A. Pacyga, *Polish Immigrants and Industrial Chicago : Workers on the South Side, 1880 -1922* (Chicago, 2003), 183.

［23］ David Brody, *Labor in Crisis : The Steel Strike of 1919* (New York, 1965), 54, 66 -76; William Z. Foster, *The Great Steel Strike and Its Lessons* (New York, 1920), 29; Pacyga *Polish Workers and Industrial Chicago*, 195 - 197.

［24］ James R. Grossman, *Land of Hope : Chicago Black Southerners and the Great Migration* (Chicago, 1989), 74 - 79. 该书对芝加哥在大迁徙中的作用给出了最好的诠释。

［25］ Allan H. Spear, *Black Chicago : The Making of a Negro Ghetto, 1890 - 1922*

(Chicago，1967)，44 – 46.

[26] Grossman, *Land of Hope*，123 – 128.

[27] Spear, *Black Chicago*，11，14 – 20，130；St. Clair Drake and Horace C. Clayton, *Black Metropolis*，2 vols.（New York，1970），1：61 – 62；Alzada P. Comstock, "Chicago Housing Conditions VI： The Problem of the Negro," *American Journal of Sociology* 28（September 1912）：253 – 254.

[28] Grossman, *Land of Hope*，129 – 130.

[29] Robin F. Bachin, *Building the South Side：Urban Space and Civic Culture*，1890 – 1919（Chicago，2004），247 – 283.

[30] Grossman, *Land of Hope*，143 – 153；William M. Tuttle, *Race Riot：Chicago in the Red Summer of 1919*（New York，1972），96 – 97，159.

[31] 引自 Tuttle, *Race Riot*，131。

[32] Tuttle, *Race Riot*，132 – 142；*Chicago Tribune*，June 6，1919.

[33] Tuttle 在 *Race Riot* 一书中对骚乱的描述堪称经典。至于直接的调查结果和系列访谈内容及其他证据，参见芝加哥种族关系委员会推出的研究报告：*The Negro in Chicago：A Study of Race Relations and a Race Riot*（Chicago，1922）。关于暴徒的民族身份问题，参见 Dominic A. Pacyga, "Chicago's 1919 Race Riot：Ethnicity, Class, and Urban Violence," in *The Making of Urban America*，ed. Raymond A. Mohl（Wilmington，Del.，1987），187 – 207。

[34] 关于 1919 年钢铁工人大罢工和 1921—1922 年肉类加工业罢工的详情，参见 Pacyga, *Polish Immigrants and Industrial Chicago*，chapter 6。

第七章

[1] James S. Pula, "American Immigration and the Dillingham Commission," *Polish American Studies* 38，no. 1（Spring 1980）：5 – 31；James S. Pula, "The Progressives, the Immigrant, and the Workplace：Defining Public Perceptions," *Polish American Studies* 52，no. 2（Autumn 1995）：57 – 69；Dale T. Knobel, *America for Americans：The Nativist Movement in the United States*（New York，1996），258 –261.

[2] John J. Bukowczyk, *And My Children Did Not Know Me：A History of Polish Americans*（Bloomington，Ind.，1987），67.

[3] David M. Young, *Chicago Transit：An Illustrated History*（DeKalb，Ill.，1998），77 – 79；Bruce G. Moffat, *The "L"：The Development of Chicago's Rapid Transit System*，1888 – 1932，*Bulletin 131 of the Central Electric Railfan's Association*

(Chicago，1995)，202 - 215；Alan R . Lind，*Chicago Surface Lines：An Illustrated History* (Park Forest，Ill. ，1979)，221 - 347. Greg Borzo，*The Chicago "L"* (Charleston，S. C. ，and Chicago，2007) 对芝加哥的有轨电车进行了详细描述。

[4] Joseph Bigott，"Bungalows and the Complex Origin of the Modern House" in *The Chicago Bungalow*，ed. Dominic Pacyga and Charles Shanabruch (Chicago，2001)，31 - 52. 另见 Joseph C. Bigott，*From Cottage to Bungalow：Houses and the Working Class in Metropolitan Chicago，1869 - 1929* (Chicago，2001)。

[5] Scott Sonoc，"Defining the Chicago Bungalow," in Pacyga and Shanabruch，eds. ，*The Chicago Bungalow*，7 - 30.

[6] Charles Shanabruch，"Building and Selling Chicago's Bungalow Belt"；Ellen Skerrett，"It's More than a Bungalow：Portage Park and the Making of the Bungalow Belt"；and Dominic A. Pacyga，"Moving on Up：Chicago's Bungalows and the American Dream，" all in Pacyga and Shanabruch，eds. ，*The Chicago Bungalow*；Evelyn M. Kitagawa and Karl E. Tauber，eds. ，*Local Community Fact Book*，*Chicago Metropolitan Area*，*1960* (Chicago，1963)，172 - 173，178 - 179.

[7] Tauber and Kitagawa，*Local Community Fact Book*，*Chicago Metropolitan Area*，*1960*，172 - 173，178 - 179；www. berwyn. net/Berwyn/history. asp (accessed February 23，2005) .

[8] John J. Reichman，*Czechoslovaks of Chicago：Contributions to a History of a National Group* (Chicago，1937)，15 - 16，17 - 19，26 - 27，35 - 37，38 - 43.

[9] 要了解《城市区划法》的发展和实施，请参阅 Andrew J. King，*Law and Land Use in Chicago：A Prehistory of Modern Zoning* (New York and London，1986)。

[10] Pacyga，"Moving on Up，" 130 - 134.

[11] King，*Law and Land Use in Chicago*，70；Thomas Lee Philpott，*The Slum and the Ghetto：Neighborhood Deterioration and Middle-Class Reform*，*Chicago*，*1880 - 1930* (New York，1978)，185 - 189.

[12] Glen E. Holt and Dominic A. Pacyga，*Chicago：A Historical Guide to the Neighborhoods：TheLoop and South Side* (Chicago，1979)，88，99.

[13] Allan H. Spear，*Black Chicago：The Making of a Negro Ghetto*，*1890 - 1920* (Chicago，1967)，chapter 5；James R. Grossman，*Land of Hope：Chicago*，*Black Southerners*，*and the Great Migration* (Chicago，1989)，94.

[14] William Howland Kenney，*Chicago Jazz：A Cultural History*，*1904 - 1930* (New York and Oxford，1993)，xiii，3 - 34，37 - 41.

[15] http：//chicago. urban-history. org/sites/theaters/th _ bo _ 00. htm (April 7，

2006）.

[16] http：//www. scottchilders. com/timecapsule/TCWMAQ. htm（April 6, 2006）; http：//
www. richsamuels. com/nbcmm/wmaq/contents. html（April 6, 2006）.

[17] www. internationalpolka. com/hallof fame/1986/Zielinski. html（April 22, 2005）.

[18] www. worldseries. com（April 6, 2006）.

[19] Keith R. Gill, "Chicago Times-Herald Race of 1895," in Young, *Chicago Transit*,
55 - 56.

[20] *Chicago Tribune*, December 12, 1897.

[21] Young, *Chicago Transit*, 55 - 56.

[22] *Chicago Tribune*, June 30, 1899, July 8, 1899, May 8, 1900, August 4, 1900,
December 11, 1902, February 24, 1905, September 26, 1907, March 22, 1910,
April 23, 1913, February 13, 1915, January 28, 1917.

[23] *Chicago Tribune*, March 20, 1901, March 22, 1901, March 24, 1901.

[24] *Chicago Tribune*, January 6, 1925, January 8, 1925.

[25] *Chicago Tribune*, January 25, 1925, October 31, 1929, November 1, 1929.

[26] *Chicago Tribune*, January 1, 1925.

[27] *Chicago Tribune*, January 1, 1929, January 2, 1929, January 1, 1930.

[28] *Chicago Tribune*, August 1, 1929.

[29] 请参阅 Dennis McClendon 绘制的精彩的地图，见 James R. Grossman, Anne Dur-
kin Keating, and Janice L. Reiff, eds. , *The Encyclopedia of Chicago*（Chicago,
2004）, 420。

[30] *Chicago Tribune*, January 20, 1925, April 26, 1925, May 13, 1925, June 5, 1925,
August 20, 1925, August 30, 1925, October 1, 1925, March 6, 1930; Max Grin-
nell, in *Encyclopedia of Chicago*.

[31] *Chicago Tribune*, March 5, 1927.

[32] *Chicago Tribune*, February 15, 1927.

[33] 参见 Lawrence Bergreen, *Capone: The Man and the Era*（New York, 1994）。这
是有关卡彭及其历史地位写得最棒的一本书。

[34] John Landesco, *Organized Crime in Chicago*, *Part III of the Illinois Crime Sur-
vey, 1929*（Chicago, 1979）, chapter One; Bergreen, *Capone*, 162 - 196.

[35] Bergreen, *Capone*, 207 - 216.

[36] *Chicago Tribune*, December 21, 1927.

[37] *Chicago Tribune*, April 8, 1927.

[38] *Chicago Tribune*, February 23, 1927, April 5, 1927, April 13, 1927.

[39] *Chicago Tribune*, November 23, 1927, November 29, 1927

[40] *Chicago Tribune*, December 6, 1927, December 7, 1927, December 18, 1927.

[41] Bergreen, *Capone*, 305 – 315.

第八章

[1] *Chicago Tribune*, August 25, 1931, October 4, 1931.

[2] *Chicago Tribune*, February 25, 1930.

[3] *Chicago Tribune*, February 28, 1930.

[4] *Chicago Tribune*, March 13, 1930, June 29, 1930.

[5] *Chicago Defender* (National Edition), February 14, 1931, April 23, 1932; Randi Storch, *Red Chicago : American Communism at Its Grass Roots, 1928 –1935* (Urbana, Ill. , 2007), 46, 58 – 59.

[6] *Chicago Tribune*, August 28, 1930, November 12, 1930; Storch, *Red Chicago*, 33 –34, 38.

[7] *Chicago Tribune*, October 11, 1931.

[8] *Chicago Tribune*, August 25, 1931; *Chicago Defender* (National Edition), December 20, 1930, January 10, 1931, December 6, 1931, January 2, 1932.

[9] *Chicago Tribune*, September 8, 1931, November 1, 1932; *Chicago Defender* (National Edition), November 5, 1932.

[10] *Chicago Defender* (National Edition), January 16, 1932; *Chicago Tribune*, July 16, 1932.

[11] *Chicago Tribune*, October 13, 1932, October 27, 1932.

[12] Douglas Bukowski, *Big Bill Thompson, Chicago, and the Politics of Image* (Urbana, Ill. , 1998), 231 – 232.

[13] *Chicago Tribune*, January 16, 1931.

[14] Bukowski, *Big Bill Thompson*, 232.

[15] *Chicago Tribune*, February 22, 1931.

[16] *Chicago Tribune*, February 25, 1931.

[17] *Chicago Tribune*, March 24, 1931.

[18] Alex Gottfried, *Boss Cermak of Chicago : A Study of Political Leadership* (Seattle, 1962), 48 – 61, 169 – 204; *Chicago Tribune*, April 1, 1910.

[19] *Chicago Tribune*, March 27, 1931, April 2, 1931, April 5, 1931, April 8, 1931; Gottfried, *Boss Cermak*, 235 – 237; Bukowski, *Big Bill Thompson*, 236.

[20] Gottfried, *Boss Cermak*, 238 – 243.

[21] Mary J. Herrick, *The Chicago Schools: A Social and Political History* (Beverly Hills, Calif. , 1971), 187 - 190; *Chicago Tribune*, July 16, 1931, July 22, 1931, August 18, 1931.

[22] Herrick, *The Chicago Schools*, 193 - 208; *Chicago Daily News*, November 16, 1932, November 21, 1932.

[23] *Chicago Tribune*, September 29, 1931, August 9, 1933, January 25, 1932; Michael W. Homel, *Down from Equality: Black Chicagoans and the Public Schools, 1920 -1941* (Urbana, Ill. , 1984), 50; Herrick, *The Chicago Schools*, 209 - 215; *Chicago Tribune*, January 25, 1932; Roger Biles, *Big City Boss in Depression and War: Mayor Edward J. Kelly of Chicago* (DeKalb, Ill. , 1984), 23; Gottfried, *Boss Cermak*, 238 - 287.

[24] Gottfried, *Boss Cermak*, 288 - 335.

[25] 引自 Milton Rakove, *We Don't Want Nobody Nobody Sent: An Oral History of the Daley Years* (Bloomington, Ind. , 1979), 9。

[26] Biles, *Big City Boss*, 6 - 11.

[27] 参见 Biles, *Big City Boss*。

[28] 参见 the Chicago History Museum's Web site at http: //www. chicagohs. org/history/century. html for an overview of the fair (July 24, 2006). For a study of the fair's architecture, see Lisa D. Schrenk, *Building a Century of Progress: The Architecture of Chicago's 1933 -1934 World's Fair* (Minneapolis, 2007)。

[29] *Chicago Tribune*, February 24, 1938, March 9, 1938.

[30] *Chicago Tribune*, July 10, 1938, July 23, 1938, July 25, 1938, August 13, 1938.

[31] *Chicago Tribune*, October 17, 1938, June 19, 1939.

[32] *Chicago Tribune*, March 15, 1939, March 16, 1939; *Chicago Daily News*, March 15, 1939, March 16, 1939; *Zprava Tajemnika kIV. Sjezdu Cesekeho Národního Sdružení V Americe, konanem 1. , 2. a 3, zá 1945'v Chicagu*, 1 - 3; 在捷克斯洛伐克遗产博物馆、图书馆和档案馆，以及伊利诺伊州北河畔，用以宣传 Masaryk 讲话的传单。

[33] 参见 Clifford R. Shaw, *The Jack-Roller* (Chicago, 1966; original edition 1930); Frederick M. Thrasher, *The Gang* (Chicago, 1927); John Bartlow Martin, "A New Attack on Delinquency: How the Chicago Area Project Works," *Harper's Magazine* (May 1944), 502 - 503。

[34] 参见 Steven Schlossman and Michael Sedlak, *The Chicago Area Project Revisited* (Santa Monica, Calif. , 1983); and Dominic A. Pacyga, "The Russell Square Com-

munity Committee: An Ethnic Response to Urban Problems," *Journal of Urban History*, February 1989, 159 - 184。

[35] 对早期的加工厂后院社区委员会的两项经典研究分别是：Robert A. Slayton, *Back of the Yards: The Making of a Local Democracy* (Chicago, 1986), and Thomas J. Jablonsky, *Pride in the Jungle: Community and Everyday Life in Back of the Yards Chicago* (Baltimore, 1993)。

[36] Jack M. Stein, "A History of Unionization in the Steel Industry in the Chicago Area" (MA thesis, University of Chicago, 1948), 38 - 66.

[37] Robert A. Slayton, "Labor and Urban Politics: District 31, Steel Workers Organizing Committee, and the Chicago Machine," *Journal of Urban History*, November 1996, 39 - 41.

[38] 有关这些事件的系列采访，请参阅 Alice and Staughton Lynd, eds. , *Rank and File: Personal Histories by Working—Class Organizers* (Princeton, N. J. , 1973, 1981), 95 - 96。

[39] Slayton, "Labor and Politics," 41 - 45.

[40] *PWOC—CIO News*, October 1, 1938, November 5, 1938, December 5, 1938, December 12, 1938, February 20, 1939, March 20, 1939, April 17, 1939, July 26, 1939.

[41] *Chicago Tribune*, October 5, 1939, October 7, 1939, October 10, 1939, October 17, 1939.

[42] *Chicago Tribune*, October 21, 1939, January 18, 1940, February 10, 1940.

[43] *Chicago Tribune*, February 29, 1940, February 26, 1940, March 11, 1940, April 4, 1940, September 15, 1940.

[44] *Chicago Tribune*, March 6, 1941.

[45] *Chicago Tribune*, October 2, 1941.

[46] Perry Duis and Scott LaFrance, *We've Got a Job to Do: Chicagoans and World War II* (Chicago, 1992), 33 - 34. 令人惊讶的是，关于芝加哥在第二次世界大战中所扮演的角色却鲜有报道。这本书最好地全面展现了这座城市的战时经历。

[47] *Chicago Tribune*, December 9, 1941.

[48] Duis and LaFrance, *We've Got a Job to Do*, 67 - 70.

[49] *Chicago Tribune*, December 11, 1942, January 8, 1942, January 11, 1942.

[50] *Chicago Tribune*, January 14, 1942, March 12, 1942.

[51] Duis and LaFrance, *We've Got a Job to Do*, 8 - 9, 14.

[52] *Chicago Herald-American*, September 5, 1943, September 8, 1943, September

15，1943，September 16，1943，September 17，1943；*Chicago Defender*（National Edition），April 1，1944，June 24，1944，February 6，1943.

［53］Duis and LaFrance，*We've Got a Job to Do*，40 – 42，48 – 57，92 – 102.

［54］*The Columbian*（a newsletter of the employees of Columbia Aircraft Production，Inc. Somerville，N. J.），July 14，1944.

［55］See Marilynn Johnson，*The Second Gold Rush：Oakland and the East Bay in World War II*（Berkeley，Calif.，1993）.

［56］Carl Abbott，*The Metropolitan Frontier：Cities in the Modern West*（Tucson，Ariz.，1993）是对西部扩张最好的诠释。

［57］Philip M. Hauser and Evelyn M. Kitagawa，eds.，*Local Community Fact Book for Chicago，1950*（Chicago，1953）.

［58］*Chicago Defender*，January 23，1943，June 26，1943，September 25，1943，February 5，1944；Duis and LaFrance，*We've Got a Job to Do*，84.

第九章

［1］"Clouter with Conscience，" *Time*，March 15，1963. Retrieved from http：//www. time. com/time/archive/preview/0，10987，870170，00. html（June 4，2005）.

［2］芝加哥民谣歌手 Steve Goodman 写了一首名为 "Daley's Dead" 的歌，他在歌中写道："如果天堂就像第 11 选区，你必须认识一个人才能得到你应得的奖赏，那该怎么办？"

［3］我对戴利的讨论很大程度上依赖 Roger Biles 的杰出传记 *Richard J. Daley：Politics，Race，and the Governing of Chicago*（DeKalb，Ill.，1995）。

［4］Fay Lee Robertson，"A Study of Some Aspects of Racial Succession in the Woodlawn Community Area of Chicago"（masters thesis，University of Chicago，1955），40 – 43. St. Clair Drake 和 Horace R. Cayton 对芝加哥非裔美国人社区的经典研究 *Black Metropolis：A Study of Negro Life in an American City*，2 vols. 仍然是研究黑人社区发展的重要资料。

［5］要了解伍德朗的简史，请参阅 Evelyn M. Kitagawa and Karl E. Taeber，eds.，*Local Community Fact Book：Chicago Metropolitan Area，1960*（Chicago，1963），98 – 99；Chicago Fact Book Consortium，ed.，*Local Community Fact Book：Chicago Metropolitan Area，1990*（Chicago，1995），138 – 139。要了解 20 世纪 50 年代和 60 年代初的情况，请参阅 Irving A. Spergel and Richard E. Mundy，"A Community Study，East Woodlawn：Problems，Programs，Proposals"（report，School of Social Service Administration，University of Chicago，1963）. Jack Lait and Lee Mortimer, *Chicago Confidential* (New York, 1950), 291。

[6] 对"第二贫民区"的经典研究见于 Arnold Hirsch, *Making the Second Ghetto：Race and Housing in Chicago, 1940－1960* (Chicago, 1998)。

[7] 对 Prentiss and George Jackson 的采访, 1998 年 1 月 16 日; 对 Angeline Jackson 的采访, 1997 年 1 月 6 日。

[8] 对 Prentiss and George Jackson 的采访。

[9] *Chicago Daily News*, April 28, 1959.

[10] 对 Theodore J. Swigon, Jr. 的采访, 1997 年 12 月 26 日。

[11] 对 John Rosenthal 的采访, 1997 年 1 月 7 日。

[12] 对 Swigon 的采访。

[13] 关于 St. Xavier University 的历史, 参见 Joy Clough, RSM, *First in Chicago：A History of Saint Xavier University* (Chicago, 1997)。

[14] *New World*, November 11, 1958, August 22, 1958, August 29, 1958.

[15] Rev. John J. McMahon, *City of Chicago Catholic Map and Directory, 1954/1955* (Chicago, 1954). Rev. Msgr. Harry C. Koening, STD, ed., *A History of the Parishes of the Archdiocese of Chicago*, 2 vols. (Chicago, 1980).

[16] 关于海德公园城市更新计划最好的讨论是 Hirsch, *Making The Second Ghetto* (Chicago, 1998)。参见第五章。引自 *Chicago Defender* (City Edition), October 4, 1958。

[17] *Chicago Daily News*, April 23, 1958; *Woodlawn Booster*, July 1, 1958, July 23, 1958.

[18] "Special Bulletin—United Woodlawn Conference," July 29, 1958," WBCC Papers, Box 1, Folder 11. *Woodlawn Booster*, July 30, 1958, November 19, 1958, January 28, 1959; Letter to Julian Levi from Ruth C. Porter, April 28, 1958, in Despres Collection, Box 203, File 5.

[19] Robert Slayton, *Back of the Yards：The Making of a Local Democracy*, 227－228; Thomas J. Jablonsky, *Pride in the Jungle：Community and Everyday Life in Back of the Yards Chicago* (Baltimore, 1993), 148.

[20] John T. McGreevy, *Parish Boundaries：The Catholic Encounter with Race in the Twentieth-Century Urban North* (Chicago, 1996), 110－111.

[21] New World, April 25, 1958. 另见 Rudolph M. Unger, The Community of Fuller Park：Those Were the Days My Friend (self-published, 1997)。

[22] *New World*, May 16, 1958.

[23] *New World*, June 20, 1958, September 26, 1958.

［24］*Chicago Defender*（City Edition），March 16，1957；*Chicago Daily Defender*，June 27，1957.

［25］*Chicago Defender*（City Edition），March 16，1957.

［26］*Chicago Defender*（City Edition），March 16，1957；*Chicago Daily Tribune*，March 13，1957，March 14，1957.

［27］*Chicago Daily Tribune*，March 13，1957，March 14，1957，March 18，1957；*Chicago Defender*（City Edition），March 16，1957.

［28］*Chicago Daily Defender*，March 18，1957.

［29］*Chicago Daily Defender*，March 20，1957，June 27，1957；对 Michael Griffin 兄弟和 Basil Rothweiler，FSC 的采访。

［30］当工薪阶层的白人社区将任何非裔美国人的存在都视为一种威胁时，黑人中产阶级却在南区的部分地区以及密歇根州的避暑胜地蓬勃发展。要获得对非裔美国中产阶级的精彩描述，请参见 Robert B. Stepto，*Blue as the Lake：A Personal Geography*（Boston，1998）。

［31］引自 Richard Harris，"Chicago's Other Suburbs," *Geographical Review*，84，no. 4（1994）. Retrieved from www. questia. com（June 3，2005）。

［32］Austin Weber，"The Hawthorne Works," *Assembly Magazine*，August 14，2002. Retrieved from http：//www. assemblymag. com/CDA/ArticleInformation/coverstory/BNPCoverStoryItem/0，6490，98914，00. html（June 9，2005）.

［33］Harris，"Chicago's Other Suburbs. "

［34］Pierre de Vise，*A Social Geography of Metropolitan Chicago：Trends and Characteristics of Municipalities in the Chicago Metropolitan Area*（Chicago，1960）.

［35］参见 Arnold R. Hirsch，*The Making of the Second Ghetto*，chapter 1。

［36］*New World*，January 24，1958.

［37］De Vise，*A Social Geography of Metropolitan Chicago*，20–25.

［38］Irving Cutler，*The Chicago-Milwaukee Corridor：A Geographic Study of Intermetropolitan Coalescence*，Northwestern University，Studies in Geography No. 9 Evanston，Ill. ，1965），163–173，193–194，228–229.

［39］Chicago Plan Commission，Chicago Industrial Study，Summary Report（Chicago，1952）.

［40］Todd J. Tobutis，"Park Forest," *Encyclopedia of Chicago*. Retrieved from http：//www. encyclopedia. chicagohistory. org/pages/957. html（June 10，2005）. See also Gregory C. Randall，*America's Original G. I. Town：Park Forest*，*Illinois*（Baltimore，2000）. 参见 Park Forest Public Library 网站，http：//

www. pfpl. org/PARKFOR. html（June 10，2005）。

[41] 要了解对 Leona DeLue 的采访，请访问下列网址 http：//www. eliillinois. org/30531
_ 00/HTML/ohtranscriptsleona-delue. htm （June 10， 2005）。

[42] 要更详细地了解芝加哥郊区的多样性，请参阅 Ann Durkin Keating， *Chicago-
land: City and Suburbs in the Age of the Railroad* （Chicago，2005）；de Vise，*A
Social Geography of Metropolitan Chicago*，20 -25。

[43] Glen Holt and Dominic A. Pacyga， *Chicago: An Historical Guide to the Neighbor-
hoods* （Chicago，1979），chapter 2.

[44] "Prince in Armour," *Time*， September 16， 1957. Retrieved from http：//
www. time. com/time/archive/preview/0， 10987， 809926， 00. html? internalid＝
related （June 1， 2005）.

[45] "Armour to Halt Slaughtering Operations at Chicago and Six Other Meat Plants,"
National Provisioner， June 13， 1959， 34；"Equipment at Three Closed Armour
Plants to be Sold," *National Provisioner*， July 18， 1959， 54. "Armour's Star,"
Time， March 3， 1961. 见 http：//www. time. com/time/archive/preview/0，
10987， 897706， 00. html? internalid＝related （June 1， 2005）. "Huge Cattle
Feeding Program Gets Underway in Alabama," *Butchers' Advocate*， January 21，
1959， 6；*Swift & Company Year Book* （Chicago，1956，1959，1960，1961）；
Butchers' Advocate， April 1， 1959， 39。

[46] "The Prince， the General， and the Greyhound," *Time*， May 9， 1969. Retrieved
from http：//www. time. com/time/archive/preview/0， 10987， 844837， 00. ht-
ml? internalid＝related （June 1， 2005）.

[47] Zarko G. Bilbija and Ezra Solomon， *Metropolitan Chicago: An Economic Analysis*
（Glencoe， 1959）. Retrieved from www. questia. com （June 4， 2005）. Chicago
Plan Commission， Chicago Industrial Study， Summary Report （Chicago， 1952），
9. Joseph Russell， Jerome D. Fellman， and Howard G. Roepke， *The St. Lawrence
Seaway: Its Impact, by 1965, upon Industry of Metropolitan Chicago and Illi-
nois Waterway-Associated Areas*， 2 vols. （Chicago，1959），1: 10 - 13；Ray Vick-
er， "From Sand Dunes to Steel," in *The Chicago Story*， ed. Alan Sturdy （Chicago，
1954）， 3， 44 - 45， 312 - 316；Russell Freburg， "Candy Capital of the World," in
Sturdy， ed. ， *Chicago Story*， 48， 331 - 332.

[48] South Side Planning Board， An Opportunity to Rebuild Chicago through Industrial
Development of the Central South Side （Chicago， 1953）.

第十章

[1] Roger Biles, *Richard J. Daley: Politics, Race, and the Governing of Chicago* (DeKalb, Ill. , 1995), 32 – 35.

[2] "Clouter with a Conscience," *Time*, March 15, 1963. 见 http://www.time.com/time/archive/preview/0, 10987, 870170, 00. html (June 4, 2005)。

[3] *Chicago Sunday Tribune*, January 4, 1959.

[4] 要了解芝加哥市中心的发展情况，请参阅 Carl Condit, *Chicago, 1930 – 1970: Building, Planning , and Technology* (Chicago, 1974)。有关地铁建设的统计信息，请参阅书中表 2。要了解伊利诺伊大学芝加哥校区的选址之争，请参阅 George Rosen, *Decision-Making Chicago-Style: The Genesis of a University of Illinois Campus* (Urbana, Ill. , 1980); *Chicago Daily News*, January 6, 1959。

[5] Sudhir Alladi Venkatesh, *American Project: The Rise and Fall of a Modern Ghetto* (Cambridge, 2000), ix.

[6] Devereux Bowly, Jr. , *The Poorhouse: Subsidized Housing in Chicago, 1895 –1976* (Carbondale, Ill. , 1978), 18 – 33.

[7] Bowly, *The Poorhouse*, 34 – 55.

[8] 有关 Home Owners Loan Corporation and the Federal Housing Administration 的影响力，参见 Arnold Hirsch, *Making the Second Ghetto: Race and Housing in Chicago, 1940 –1960* (Chicago, 1998), and Kenneth Jackson, *Crabgrass Frontier: The Suburbanization of the United States* (New York, 1985)。

[9] D. Bradford Hunt, "Understanding Chicago's High-Rise Public Housing Disaster," in *Chicago Architecture: Histories, Revisions, Alternatives*, ed. Charles Waldheim and Katerina Rüedi Ray (Chicago, 2005), 301 –313.

[10] Bowly, *The Poorhouse*, 115 – 116.

[11] *Chicago Defender* (City Edition), June 19, 1957.

[12] Bowly, *The Poorhouse*, 124 – 125.

[13] Janet L. Smith, "Diminishing High-Rise Public Housing," in Waldheim and Ray, eds. , *Chicago Architecture*, 292 – 300.

[14] 引自 Sudhir Alladi Venkatesh, *American Project*, 13 – 14。

[15] 参见 J. S. Fuerst, *When Public Housing Was Paradise* (Urbana, Ill. , 2005) . "Project rats" quote from Smith, "Diminishing High-Rise Public Housing," 298。

[16] Gregory D. Squires, Larry Bennett, Kathleen McCourt, and Philip Nyden, *Chicago: Race, Class, and the Response to Urban Decline* (Philadelphia, 1987),

102 -109.

[17] *Chicago Daily Tribune*, January 1, 1959. 要了解芝加哥市政府对西区种族迅速变化的影响, 请参阅 Amanda Seligman, *Block by Block: Neighborhood and Public Policy on Chicago's West Side* (Chicago, 2005)。要了解单一种族群体和教区社区对种族变化的反应, 请参阅 Eileen M. McMahon 的优秀研究: *What Parish Are You From? A Chicago Irish Community and Race Relations* (Lexington, Ky., 1995)。

[18] *Chicago Daily News*, January 2, 1959.

[19] Ray, The *American Automobile*, 180 - 189; *NADA Magazine*, January 1958, 32 - 34; *Chicago Daily Tribune*, December 24, 1958.

[20] *Chicago Daily Tribune*, December 18, 1958, December 26, 1958; Jon C. Teaford, *The Rough Road to Renaissance: Urban Revitalization in America, 1940 - 1985* (Baltimore: John Hopkins University Press, 1990), 103.

[21] 参见 Dominic A. Pacyga, "The Busiest, the Most Dangerous, the Dan Ryan," in Jay Wolke, *Along the Divide: Photographs of the Dan Ryan Expressway* (Chicago, 2004)。

[22] *Chicago Daily News*, December 26, 1958.

[23] David Cowan and John Kuenster, *To Sleep with the Angels: The Story of a Fire* (Chicago, 1996).

[24] *Chicago Daily Tribune*, December 15, 1958, December 25, 1958.

[25] *Chicago Daily Tribune*, April 2, 1959, April 5, 1959, April 8, 1959, April 9, 1959, April 22, 1959.

[26] 引自 F. Richard Ciccone, *Daley: Power and Presidential Politics* (Chicago, 1996), 16. 这是一部了解戴利作为总统权力掮客的最佳之作。

[27] Joe Smith, *Sin Corner and Joe Smith: A Story of Vice and Corruption in Chicago* (New York, 1963)是一位卷入丑闻的非裔美国人的自传体小说。要了解萨默代尔丑闻, 请参阅 Richard C. Lindberg, *To Serve and Collect: Chicago Politics and Police Corruption from the Lager Beer Riots to the Summerdale Scandal* (New York, 1991), chapter 11。

[28] Ciccone, *Daley*, chapter 2.

[29] Ciccone, *Daley*, 5 - 6.

[30] Biles, *Daley*, 71 - 73.

[31] 引自 Ciccone, *Daley*, 135。

[32] Biles, *Daley*, 73 - 74.

[33] Adam Cohen and Elizabeth Taylor, *American Pharaoh*; *Mayor Richard J. Daley—His Battle for Chicago and the Nation* (Boston, New York, and London, 2000), 280 – 283.

[34] "Clouter with a Conscience."

[35] Biles, *Daley*, 77 – 83.

[36] 引自 Cohen and Taylor, *American Pharaoh*, 310。

[37] 参见 Ciccone, *Daley*, chapter 7。引自 LBJ on p. 186。

[38] 全部引自 Cohen and Taylor, *American Pharaoh*, 318 – 319。

[39] 引自 Ciccone, *Daley*, 192 – 193。

[40] James R. Ralph, Jr., *Northern Protest*: *Martin Luther King, Jr., Chicago, and the Civil Rights Movement* (Cambridge, 1993), chapter 1.

[41] 引自 Ciccone, 123。

[42] Ralph, *Northern Protest*, 218 – 219.

[43] *Chicago Tribune*, December 31, 1967.

[44] *Chicago Tribune*, January 1, 1968.

[45] Ciccone, *Daley*, 224 – 227.

[46] 引自 Biles, *Daley*, 144。

[47] *Chicago Tribune*, April 7, 1968.

[48] Biles, *Daley*, 146 – 147.

[49] 引自 *Chicago Tribune*, April 7, 1968。

[50] David Faber, *Chicago '68* (Chicago, 1994), 165 – 167.

[51] Faber, *Chicago '68*, chapter 7.

[52] Biles, *Daley*, 168 – 182; *Chicago Tribune*, July 29, 1970.

[53] Biles, *Daley*, 190 – 196.

[54] 引自 Biles, *Daley*, 197。

[55] 要了解更多关于丑闻的信息，请参阅 Biles, *Daley*, chapter 9。

第十一章

[1] 参见 History Makers 网站上的弗罗斯特传记，www. thehistorymakers. com/biography/biography. asp? bioindex＝530&category＝politicalMakers（June 18, 2005）。

[2] 参见 St. Jerome Croatian Catholic Parish 网站，http：//www. stjeromecroatian. org/eng/bilandic. html（June 20, 2005）。

[3] 取自芝加哥公共图书馆网站中有关芝加哥灾难的内容，http：//www. chipublib. org/004chicago/disasters/snowstorms. html（June 19, 2005）。

[4] 参见 David Bensman and Roberta Lynch, *Rusted Dreams: Hard Times in a Steel Community* (New York, 1987)。

[5] Linda Pendelton, *Portrait of a Steelworker*, http://www.globalchicago.org/reports/arch/MedillReport/portrait％200f％20a％20steel％20worker.pdf (June 20, 2005, 2-3).

[6] 要回顾美国钢铁工业的早期发展，请参阅 Dominic Pacyga, *Polish Immigrants and Industrial Chicago: Workers on the South Side, 1880-1922* (Chicago, 2002)。

[7] 1980—1984 年，我作为芝加哥东南城区历史项目的副主任，见证了本节描述的许多事情。

[8] David Bensman and Mark R. Wilson, "Iron and Steel," in *Encyclopedia of Chicago*, http://www.encyclopedia.chicagohistory.org/pages/653.html (June 20, 2005).

[9] Austin Weber, "The Hawthorne Works," *Assembly Magazine* (August 14, 2002). Retrieved from http://www.assemblymag.com/CDA/ArticleInformation/coverstory/BNPCoverStoryItem 0, 6490, 98914, 00.html (June 10, 2005). For the MJ Railway, see Manufacturer's Junction Railway, http://www.omnitrax.com/mj.shtml retrieved (June 20, 2005).

[10] *Chicago Tribune*, June 28, 1987; Connie Lauerman, "The Clybourn Experiment—the Fit May Not Be Perfect, but the Goal Is to Gentrify an Urban-Wasteland without Losing Its Industrial Muscle," *Chicago Tribune Sunday Magazine*, February 18, 1990.

[11] Lester Thurow, "Why Their World Might Crumble: How Much Inequality Can a Democracy Take?" *New York Times Magazine*, November 19, 1995. Janet L. Abu-Lughod, *New York, Chicago, and Los Angeles: America's Global Cities* (Minneapolis, 1999), 274-278.

[12] Abu-Lughod, *America's Global Cities*, 322-327. 要了解战争对美国西部城市发展的影响，请参阅 Carl Abbott, *Metropolitan Frontier: Cities in the Modern American West* (Tucson, Ariz., 1993); Ann Markusen, Peter Hall, Sabina Dietrich, and Scott Campbell, *The Rise of the Gunbelt: The Military Remapping of Industrial America* (New York, 1991)。

[13] 要了解迪尔伯恩公园的发展和芝加哥的商业社区是如何合作的，请参阅 Lois Wille, *At Home in the Loop: How Clout and Community Built Chicago's Dearborn Park* (Carbondale, Ill., 1997)。

[14] 引自 Ellen Warren, "Jane Byrne Reconsidered: No Apologies, No Regrets," *Chicago Tribune Magazine*, December 5, 2004, 14。

［15］ Samuel K. Gove and Louis H. Masotti, *After Daley: Chicago Politics in Transition* (Urbana, Ill. , 1982), xi.

［16］ Jane Byrne, *My Chicago* (Evanston, Ill. , 2003), 271 - 275.

［17］ 要了解简·伯恩早期有趣的心理，请参阅 Kathleen Whalen Fitzgerald, Brass: *Jane Byrne and the Pursuit of Power* (Chicago, 1981)。

［18］ Wille, *At Home in the Loop*, 106 - 121.

［19］ Paul M. Green, "The 1983 Democratic Mayoral Primary: Some New Players—Same Old Rules," in *The Making of the Mayor: Chicago 1983*, ed. Melvin G. Holli and Paul M. Green (Grand Rapids, Mich. , 1984), 17 - 38. 另见 Paul Kleppner, *Chicago Divided: The Making of a Black Mayor* (DeKalb, Ill. , 1985)。

［20］ Don Rose, "How the 1983 Election Was Won," in Holli and Green, eds. , *Making of the Mayor*, 101 - 124.

［21］ William J. Grimshaw, *Bitter Fruit: Black Politics and the Chicago Machine, 1931 -1991* (Chicago, 1992), 185 - 186.

［22］ Melvin G. Holli and Paul M. Green, *Bashing Chicago's Traditions: Harold Washington's Last Campaign* (Grand Rapids, Mich. , 1989), 27 - 33.

［23］ 有关华盛顿市长经济政策的讨论，请参阅 Pierre Clavel 和 Wim Wiewel 编辑的 *Harold Washington and the Neighborhoods: Progressive City Government in Chicago, 1983 -1987* (New Brunswick, N. J. , 1991)。

［24］ Ross Miller, *Here's the Deal: The Buying and Selling of a Great American City* (New York, 1996), 182.

［25］ 引自 Holli and Jones, *Bashing Chicago Traditions*, 50。

［26］ 关于 1987 年选举的讨论，大多来自 Holli and Jones, *Bashing Chicago Traditions*; *Chicago Tribune*, April 8, 1987。

［27］ 引自 Holli and Jones, *Bashing Chicago Traditions*, 188。

［28］ *Chicago Tribune*, November 26, 1987.

［29］ *Chicago Sun-Times*, December 2, 1987; *Chicago Tribune*, December 7, 1987; Gary Rivlin, *Fire on the Prairie: Chicago's Harold Washington and the Politics of Race* (New York, 1992), 413 - 420.

［30］ 有关 1989 年选举的讨论，请参阅 Paul M. Green and Melvin G. Holli, eds. , *Restoration 1989: Chicago Elects a New Daley* (Chicago, 1991)。

［31］ *Chicago Sun-Times*, December 6, 1990, April 7, 1991; Dick Simpson, *Rogues, Rebels, and Rubber Stamps: The Politics of the Chicago City Council from 1863 to the Present* (Boulder, Colo. , 2001), 253 - 262.

[32] *Chicago Tribune*, November 25, 1996, December 1, 1996; *Chicago Sun-Times*, January 24, 1996, November 15, 1996.

[33] *Chicago Sun-Times*, April 23, 2003.

[34] 有关戴利的计划和可能的替代方案的讨论，请参阅 Joel Rast, *Remaking Chicago: The Political Origins of Industrial Change* (DeKalb, Ill., 1999)。

[35] *Chicago Tribune*, January 4, 2000.

[36] Fassil Demissie, "Globalization and the Remaking of Chicago," in *The New Chicago: A Social and Cultural Analysis*, ed. James B. Koval, Larry Bennett, Michael I. J. Bennett, Fassil Demissie, Roberta Garner, and Kijong Kim (Philadelphia, 2006), 24–27.

[37] David Moberg, "Economic Restructuring: Chicago's Precarious Balance," in Koval et al., eds., *The New Chicago*, 32–43.

[38] Andrew J. Krmenec, "Chicago: Transportation and Trade Gateway to the Midwest," in *Chicago's Geographies: Metropolis of the 21st Century*, ed. Richard P. Greene, Mark J. Bouman and Dennis Grammenos (Washington, D. C., 2006), 87–102; "ProLogis Acquires Illinois Land for Logistics Park," *Reuters*, June 11, 2007. Retrieved from www. reuters. com/article/companyNewsAndPR/idUSN1146469520070611 (August 28, 2007). "Exurbia on Board with Railport: Union Pacific Finds a Welcome Site," *Crain's Chicago Business*, March 26, 2001.

[39] *Chicago Tribune*, October 21, 2006, December 8, 2006, January 12, 2007.

[40] Marc Doussard and Nik Theodore, "From Job Loss to Jobless Recovery: Chicago's 30 Years of Uneven Growth," in Greene et al., eds., *Chicago's Geographies*, 103–112.

[41] Koval 等编辑的 *The New Chicago* 收录了有关芝加哥最新移民团体的各种文章。

[42] 关于波兰移民及其被芝加哥较老的波兰社区接纳的最好讨论见 Mary Patrice Erdmans, *Opposite Poles: Immigrants and Ethnics in Polish Chicago, 1976–1990* (University Park, Pa., 1998)。

[43] Mary Patrice Erdmans, "New Chicago Polonia: Urban and Suburban," in Koval et al., eds., *The New Chicago*, 115–127; *Chicago Sun-Times*, December 8, 1996.

[44] Dennis Grammenos, "Latino Chicago" in Greene et al., eds., *Chicago's Geographies*, 205–216. 要了解墨西哥移民到芝加哥的早期历史，请参阅 Gabriela F. Arrendondo, *Mexican Chicago: Race, Identity, and Nation, 1916–1939* (Urbana, Ill., 2008)。

[45] 要了解拉丁裔移民对芝加哥的影响，请参阅 Wilfredo Cruz, *City of Dreams: La-*

tino Immigration to Chicago (Lanham，Md. ，2007)。关于波多黎各裔芝加哥人的两项出色的研究见 Ana Y. Ramos-Zayas，*National Performances*：*The Politics of Class*，*Race*，*and Space in Puerto Rican Chicago* (Chicago，2003) 和 Gina M. Perez，*The Near Northwest Side Story*：*Migration*，*Displacement*，*and Puerto Rican Families* (Berkeley，Calif. ，2004)。

[46] Siyoung Park，Su-Yeul Chung，and Jongnam Choi，"Asians in Chicago" in Greene et al. ，eds. ，*Chicago's Geographies*，217 - 231. 要了解这座城市的印度裔社区，请参阅 Padma Rangaswamy，*Namaste America*：*Indian Immigrants in an American Metropolis* (University Park，Pa. ，2000)。

[47] 有关这一讨论主要参见 Daniel J. Hammel，"Public Housing Chicago Style：Transformation or Elimination?" in Greene et al. ，eds. ，*Chicago's Geographies*，172 - 188. 另见 Larry Bennett，"Transforming Public Housing," in Koval et al. ，eds. ，*The New Chicago*，269 - 276。

[48] Mary Pattillo，*Black on the Block*：*The Politics of Race and Class in Chicago* (Chicago，2007)，7. 这是一部研究芝加哥黑人中产化的最佳之作。

[49] 引自 Pattillo，*Black on the Block*，85。有关非裔美国人收入和芝加哥大学作用的数据，参见第10～11页。

[50] 要了解种族和民族群体对芝加哥社区的影响，参见 William Julius Wilson and Richard P. Taub，*There Goes the Neighborhood*：*Racial*，*Ethnic*，*and Class Tensions in Four Chicago Neighborhoods and Their Meaning for America* (New York，2006)。

[51] Gregory D. Squires，Larry Bennett，Kathleen McCourt，and Philip Nyden，*Chicago*：*Race*，*Class and the Response to Urban Decline* (Philadelphia，1987)，24；Larry Bennett，"Transforming Public Housing," in Koval et al. ，*The New Chicago*，269 - 276.

[52] *Chicago Tribune*，February 21，1990，February 22，1990.

[53] 要了解千禧公园，参见 Timothy J. Gilfoyle，*Millennium Park*：*Creating a Chicago Landmark* (Chicago，2006)；要了解包括芝加哥军人球场在内的体育场馆，参见 Costas Spirou and Larry Bennett，*It's Hardly Sportin'*：*Stadiums*，*Neighborhoods*，*and the New Chicago* (DeKalb，Ill. ，2003)。

图书在版编目（CIP）数据

湖畔风城：芝加哥的喧嚣与梦想 / （美）多米尼克
·A. 帕西加（Dominic A. Pacyga）著；迟文成，谢军，
张宏佳译. -- 北京：中国人民大学出版社，2022.11
书名原文：Chicago：A Biography
ISBN 978-7-300-28574-0

Ⅰ.①湖… Ⅱ.①多… ②迟… ③谢… ④张… Ⅲ.
①城市史－芝加哥 Ⅳ.①K971.2

中国版本图书馆 CIP 数据核字（2022）第 082665 号

列城志

湖畔风城：芝加哥的喧嚣与梦想

［美］多米尼克·A. 帕西加（Dominic A. Pacyga）　著

迟文成　谢军　张宏佳　译

Hupan Fengcheng

出版发行	中国人民大学出版社			
社　　址	北京中关村大街 31 号		**邮政编码**	100080
电　　话	010 - 62511242（总编室）		010 - 62511770（质管部）	
	010 - 82501766（邮购部）		010 - 62514148（门市部）	
	010 - 62515195（发行公司）		010 - 62515275（盗版举报）	
网　　址	http://www. crup. com. cn			
经　　销	新华书店			
印　　刷	涿州市星河印刷有限公司			
规　　格	148 mm×210 mm　32 开本		**版　　次**	2022 年 11 月第 1 版
印　　张	18.25 插页 4		**印　　次**	2022 年 11 月第 1 次印刷
字　　数	380 000		**定　　价**	98.00 元

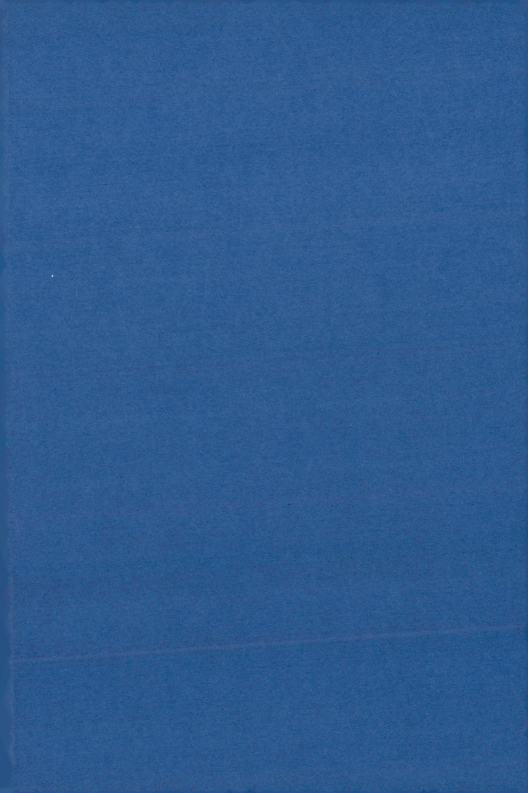